21世纪应用型本科财税系列规划教材

社 会 保 障 学

（第五版）

高 丹　安仲文　主　编

江燕娟　夏艳玲　副主编

U0656858

东北财经大学出版社
Dongbei University of Finance & Economics Press

大　连

图书在版编目（CIP）数据

社会保障学 / 高丹，安仲文主编． —5版． —大连：东北
财经大学出版社，2025.6． —（21世纪应用型本科财税系
列规划教材）． —ISBN 978-7-5654-5640-4

Ⅰ.C913.7

中国国家版本馆CIP数据核字第2025K0N946号

社会保障学

SHEHUIBAOZHANGXUE

东北财经大学出版社出版

（大连市黑石礁尖山街217号　邮政编码　116025）

网　　　址：http：//www.dufep.cn

读者信箱：dufep@dufe.edu.cn

大连永盛印业有限公司印刷　　东北财经大学出版社发行

幅面尺寸：148mm×210mm　　　字数：400千字　　　印张：13.125

2025年6月第5版　　　　　　　2025年6月第1次印刷

责任编辑：田玉海　孟　鑫　　　　　责任校对：那　欣

封面设计：原　皓　　　　　　　　　版式设计：原　皓

书号：ISBN 978-7-5654-5640-4　　　　定价：36.00元

第五版前言

社会保障事关每个国民的切身利益，已经成为当代社会不可或缺的民生保障机制和整个社会和谐发展的维系与促进机制，对缓解社会摩擦、协调社会利益、维护社会稳定起着重要作用，是社会普遍关心的问题。

本书系统地阐述了社会保障的起源与发展，介绍了中外社会保障的历史沿革和改革现状，论述了社会保障的基本理论，全面概括了各项社会保障制度的主要内容，并对中外社会保障制度进行了比较分析，探讨了我国社会保障改革发展的方向。本书特点鲜明、内容新颖、论述深刻、体系完整、栏目丰富。

第五版进行了较大幅度的修改，每章开篇配有专题导入案例；章后配有练习与思考，以帮助学生复习。为推进课程思政建设，第五版特别增加了"思政课堂"栏目，将章节知识与国家改革发展成就相联系，加强学生对社保专业知识和我国改革实践的整体把握。章节内容上，第五版全面补充了党的二十大报告等中央文件中关于社会保障领域的精神和发展战略，将最新的与社会保障相关的法律、法规、政策及改革举措在书中详尽阐述。

本书适合普通高等学校劳动与社会保障、人力资源管理、公共管理与财政学等专业用作教材，同时也可作为从事社会保障工作的专业人员的培训教材和学习资料。为方便教学，本书配有电子课件，选用本教材的老师请登录"www.dufep.cn"免费下载，章末习题的答案要点也包含在课件中。

本书由高丹、安仲文担任主编，江燕娟、夏艳玲担任副主编。安仲文负责全书大纲的拟定、总纂和审定，高丹负责协调具体的编写和修订工作。各章编写的分工是：第一章、第七章、第十一章由广西建设职业技术学院安仲文编写；第二章、第三章由广西财经学院张娜编写；第四章由广西财经学院覃双凌编写；第五章、第八章由广西财经学院高丹编写；第六章、第十章由广西财经学院江燕娟编写；第九章由广西财经学院李黎编写；第十二章由广西财经学院夏艳玲编写。

在本书的编写过程中，编者参阅了许多近年来出版的社会保障类专著、教材、论文，借鉴和吸收了国内外众多学者、同仁的研究成果，在此，谨致以诚挚的谢意。我国社会保障制度一直处在改革和完善的进程中，由于编者能力有限，疏漏和不妥之处在所难免，敬请读者批评指正。

编　者

2025 年 3 月

目 录

第一章

社会保障概述

学习目标

本章作为社会保障学的导入章节，重点介绍社会保障的基本知识。通过本章的学习，要重点掌握社会保障学的基础理论内容，特别是社会保障的概念、社会保障体系、功能模式等；要了解社会保障的历史沿革，特别是国内外重要社会保障变革。学习完本章后，对社会保障这一领域要有初步的认知。

关键概念

社会保障　社会保障体系　社会保障模式

案例

让工伤失能者更体面地生活

29岁的董某由奶奶一手拉扯长大，6年前因工外出期间发生交通事故，造成高位截瘫，生活完全依赖年近八旬的奶奶照顾。"自己都78岁了，身体越来越差，将来谁来照顾董某？"奶奶说。今年67岁的步某，因油罐车爆燃致全身大面积烧伤、双眼失明、右脚指头切除，40余年来完全依赖妻子照顾。随着妻子年龄增长，加之步某长期卧床，病情逐渐加重，妻子照顾步某越来越吃力……

据统计，Q市现有1 190名工伤一至四级失能人员，600余人需长期住院治疗和持续康复治疗。该群体因工受伤、因工失能，却一直游离于医保部门长期护理保险、民政部门残疾人入住养老机构补助等保障政策之外，属于"政策真空"和"资助盲区"，住院难、保障水平低、家庭负担重。

为尽快解决这一重大民生问题，Q市人力资源和社会保障局创新引入商业保险作为工伤保险的有益补充，发动社会养老服务机构参与照护，自2023年1月1日起，开始试行补充工伤保险与伤养服务相结合的新型工伤保障制度。

伤养服务分为居家伤养和住院伤养。居家伤养依靠伤养服务机构定时定项为工伤失能人员提供上门服务，住院伤养由伤养服务机构设置工伤失能人员伤养专区，提供治疗康复服务。同时，伤养服务衔接医保门诊大病、长期护理保险等政策，一并解决伤养期间工伤失能人员的照料和治疗非工伤疾病的多重需求。

工伤保险、商业补贴、智慧照护康复……一系列政策组合拳，让许多因工伤而困于生活的职工看到希望。

Q市新型工伤保障制度中，治疗康复所发生的费用，在工伤保险"三个目录"和康复项目范围内的，由工伤基金据实限额支付；养老照护所发生的费用，根据工伤失能人员生活护理依赖等级由个人承担，按照指导价实行限额结算；个人承担的养老照护费用再由商业保险公司给予适当补贴。

截至2023年6月底，Q市全市共有580家企业5万余人参加补充工伤保险；已有231人享受伤养服务，工伤基金支付给伤养服务机构约395万元，商业保险公司拨付养老照护补助19.2万元，项目预期整体收支平衡。

Q市人力资源和社会保障局有关负责同志表示，在半年试行基础上，Q市将进一步优化制度，努力探索一条让工伤失能劳动者更体面生活的"Q市道路"。

资料来源：佚名.青岛让工伤失能者更体面生活［EB/OL］.（2023-09-26）. https://www.mohrss.gov.cn/gsbxs/GSBXSgongzuodongtai/202309/t20230926_507036. html.此处为节选.

［分析要点］社会保障事业；政策组合拳。

［问题］

1.一个国家为什么要建立社会保障制度？

2.案例中提到的政策改革是针对哪些民生问题所开展的？

社会保障是工业革命和社会化大生产的产物，也是经济发展与现代社会文明的标志。它最早在德国产生，经过一个多世纪的发展，目前世界上大多数国家都已建立了较完整的社会保障体系。社会保障制度已经成为当代社会不可或缺的一种社会经济制度，是经济发展的安全网和社会的稳定器。它对保障公民基本生活、缓解社会摩擦、维护社会稳定、促进经济发展起着重要的作用。

第一节　社会保障的概念与特征

一、社会保障的概念

社会保障（social security）一词，原意是指"社会安全"，最初出现于美国1935年制定的《社会保障法》，由于它简明、扼要、表述明确，后被国际劳工组织接受，沿用至今。社会保障是一项综合性的社会事业，与各国的国情密切相关，关于社会保障概念的界定，目前国内外学术界尚无统一的定论。

一般来讲，社会保障指国家通过立法和行政措施设立的保障社会成员基本生活安全项目的总和。它是国家为了保持经济和社会稳定，依据保护与激励相统一的原则，对公民在年老、患病、遭遇灾害而面临生活困难的情况下，通过国民收入分配和再分配，由政府和社会依法给予物质帮助和社会服务，以保障公民的基本生活需要的制度。这一定义包括了如下要点：

1.社会保障的责任主体是国家或政府

国家是社会保障的最终责任承担者，具体表现为：国家通过立法建立社会保障体系；国家通过预算等形式提供财政支持；国家通过组织、领导、管理，确保其良性运行。

2.社会保障的对象是全体国民

社会保障制度的出现以社会生活存在风险为前提。近代大机器生产使劳动分工越来越社会化，传统的家庭难以抵御各种风险，只有通过国家和社会的力量才能抵御。

虽然在社会保障制度建立之初，保障的对象是一些因年老、伤残、疾病等原因而生活困难的人，但随着社会经济的发展，全民性的保障必将代替选择性的保障，全体国民都将享有获得国家和社会的帮助和保护的权利。

3.社会保障的目标是保障社会成员的基本生活

社会保障实质上是一种国民收入再分配，它通过经济手段和服务手段，给予弱势群体及生活困难的家庭一定的物质帮助，目的是保障社会成员的基本生活需求，避免因收入差距过大而引起社会动荡，维护社会安定。

4.社会保障制度须依法建立

社会保障作为一种重要的社会再分配制度，必须依靠国家的强制力来保证其实施。各国社会保障的成功经验表明，只有用法律的形式明确相关各方的权利和义务，才能使社会保障制度顺利推行，才能实现社会公平、公正。

二、社会保障的特征

（一）社会性

社会性是现代社会保障制度最基本的特征。这里的社会性不是一个泛指的概念，而是指人类生存保障方式的社会化，是现代社会保障制度与历史上传统的生存保障方式的一个根本性区别。

在农业自然经济的条件下，人们的基本生活保障主要是依赖家庭和个人的自我保障，虽然也有政府的赈灾、救荒和对少数贫残孤寡者的救济，但其覆盖面和持续性都是很有限的。

现代社会保障制度是通过建立一套社会化的安全保障机制，把社会成员的生存安全保障从传统的家庭及个人保障的基础上搬到了社会共同保障的基石上。它运用的就是前述的依靠组织形成的社会整体保障能力，为遭遇生存风险的社会局部提供安全保障的基本原理，故而呈现出高度的社会性。

其具体表现为：

（1）这种社会化的保障制度，是由作为全社会的代表——国家建立和实施的。

（2）社会的各类主体，包括国家、企业和个人都被纳入了这个制度体系之中，共同参与、共同负责，使社会的生存风险由全社会以组织起来的整体力量来共担。

（3）保障覆盖的对象是社会的每个成员，任何个人在面临天灾人祸、生老病死等生存风险而无法维持其基本生活时，都可以依法从国家和社会获得基本的生活保障。

（4）社会保障基金、设施等保障资源是通过国民收入的分配与再分配机制建立起来的，它是为全社会的保障需求服务的。

这种高度社会化的安全保障机制，是以现代化的生产力和社会化的大生产方式为基础的。

它使人类生存安全保障的能力得到了一次大解放，使人类生存保障的方式产生了一次质的飞跃。社会保障制度实际上就是社会化的安全保障制度，社会性无疑是它最本质的特征，其他特征都是由社会性特征派生而来的。

（二）强制性

强制性是现代社会保障制度的又一基本特征，它是保证社会化的保障制度得以建立的必不可少的手段。

社会保障的实施是对社会利益格局的一种调整，没有必要的强制是无法建立起社会保障制度的，甚至建立了也无法正常运行。因此现代社会保障制度都是国家通过立法建立的，其运作也必须严格依法行事，社会保障制度强制性的具体表现是：

（1）社会任何组织与个人是否参与社会保障体系，不是取决于他们的自由选择，而是由法律做出明确规定、强制执行的。一个青年工薪劳动者不能因为还年轻、在几十年后才可领取养老金，就不参加社会养老保险。一个企业也不能因为要增加利润而拒绝缴纳社会保险费。

（2）社会保障制度的各类主体，包括政府、企业和个人都必须按照法律严格地履行社会保障的义务和职责，任何主体包括政府都不能随心所欲地拒不履行自己的职责和应尽的义务，依法履行社会保障的职责和义务是受到法律强制性制约的。

（3）社会保障对象享受保障权利时也不是随意的，同样必须依法行事，受法律的强制性约束。社会保障对象依法享受的待遇不能因为保障对象的意愿而随意更改，也不能因为管理机构等原因而随意增减。任何人和机构都不能随意阻止社会保障对象合法地享受其权利。

（4）社会保障的管理运作及程序也是由法律明确规定，受法律强制性约束的。保障基金的筹集、储存、运营，保障待遇的支付，保障对象资格的审核，保障设施的管理、使用、维护，都必须依法行事，并接受社会监督。任何违反法定规则和程序的行为都是不允许的。

（三）互济性

互济互助是社会保障制度基本的功能性特征。社会保障发挥其社会化保障功能就是通过社会成员之间的互助互济与自我保障相结合来实现的。没有互济就没有社会保障，社会保障的待遇和服务设施，无论以何种形式、由谁出面来提供，归根到底都是社会劳动者创造的财富。

社会保障制度不论由谁来组织实施，归根到底都是社会成员之间在互助互济。正是这种社会化了的互助互济才使"整体为局部"提供保障的机制得以实现。社会保障实际是社会成员自己在为自己提供保障，但又不同于传统的个体的自我保障，是社会化互济基础上的社会整体性的自我保障。

在社会保障的互济互助中，社会成员之间的权利与义务在实质上是平等的，但这种平等不是简单的对等交换。社会保障的互济是与国民收入的再分配相结合的，是要将一部分收入较高的社会成员的收入转化为社会贫弱群体的保障资源。这就是所谓的"转移性支付"，即把收入从相对富裕的人手中转移到相对贫困的人手中。但这种转移性支付从根本上说仍然是互济的，因为对劳动力生产与再生产的维护，对社会贫弱群体的救助是保持社会稳定、促进社会经济发展的前提，其结果是包括较高收入阶层在内的社会整体都受益。实现社会公平是社会自身发展的客观需要，并不只是对某种人道主义理念的追求。

社会保障的互济性一般有两种实现形式：一是制度化的互济，即社会成员按社会保障法律履行自己的义务，通过社会保障制度的运作实现互济；二是非制度化的互济，这主要是社会成员或团体，在其他社会成员遭遇生存风险时，在制度规定的义务以外，给予自愿的支援和帮助，如社会福利性捐助，支援灾区活动或在日常生活中开展人人为我、我为人人的互助互济活动，以及社区互助服务等。

（四）福利性

现代社会保障的实质是一种社会性福利，无论它的基本目标还是发展方向，都具有一种广义的福利性。社会保障最基本的目标是为无法维持基本生活的社会成员提供基本生活保障，给予其物质和服务的帮助。这种保障就是社会向这部分成员提供的福利。

随着经济和社会发展水平的提高，现代社会保障不仅要实现它的基本目标——保障社会成员的基本生活，而且日益强调其对全体社会成员生活福利增长的作用，把改善和提高全体社会成员的物质生活与精神生活的质量，作为社会保障发展的要求和方向，使社会保障有了普遍福利的意义。但社会福利的发展必须适合各个国家的国情，必须与社会经济的发展水平相适应，不能脱离实际。

上述四个方面的基本特征是现代社会保障制度内在规定性的表现，它们之间既有区别又有着内在的必然联系，是一个统一的有机整体。

第二节　社会保障制度的变迁

一、社会保障制度的形成与发展

社会保障制度的产生与发展是社会选择的结果。社会保障制度最初是人类为了抵御大自然和社会经济生活中的各种风险，必须依靠群体的力量而出现的。在人类社会不断发展变化的过程中，社会保障制度也在逐步发展。

（一）社会保障制度的萌芽

现代社会保障制度的萌芽阶段产生于工业革命最先兴起的英国，其标志是17世纪初颁布的《济贫法》（Poor Laws），它使社会保障体系的最低层次的措施以社会救助的形式出现了。

16世纪末17世纪初，英国的封建社会开始解体，资本主义生产关系依托着新兴的毛纺工业迅猛地发展起来。新贵族的圈地运动使大批农民被剥夺土地后在城镇沦为贫困者；产业革命使大批手工业者因为大机器生产的推行而失去了原有的工作，失去了生活保障。与此同时，由于宗教改革，王室剥夺了大量的教会财产，被从原教会土地上赶走的农民，也纷纷进入了城市，城市的无业者与贫民骤增，社会动荡不安。为了缓解社会矛盾、维持国家的稳定，1601年英国女王正式颁布了《伊丽莎白济贫法》（即旧济贫法），在一定程度上解决了贫困问题。但随着农村圈地运动的深入和城镇产业革命的发展，该法案后来已经不适应当时的发展趋势，不断暴露出它的局限性。因此，在1834年英国又通过了《伊丽莎白济贫法》修正案（即新济贫法）。两部《济贫法》虽然确认了政府对社会救济事业所负有的责任，但仍把社会救济看作对贫民的"恩赐"，把贫困和接受救济看作一种耻辱与罪恶，甚至把丧失自由和公民权作为获得救济的先决条件。这表明，《济贫法》并没有完全摆脱前社会化保障方式的特征。所以它具有某种过渡性，只是现代社会保障制度的一个萌芽。

（二）现代社会保障制度的形成与初步发展

现代社会保障制度是19世纪30年代至20世纪30年代逐步形成的。其产生的标志是，社会保障制度的核心部分——社会保险制度首先在德国颁布实施。

德国是世界上最早以立法的形式推出社会保险的国家。19世纪80年代，俾斯麦执政的德国政府为了统治阶级的自身利益，先后以法律形式强制实施了三项法案：1883年的《疾病社会保险法》、1884年的《工伤事故保险法》、1889年的《伤残和老年保险法》。这三项法案的出台，标志着现代社会保障制度的产生。

德国政府在世界上率先推出和实施社会保险制度有其自身的历史背景。1871年德国统一后建立了德意志帝国，其统治阶级雄心勃勃，企图加快国内经济发展，对外扩大殖民势力。为了实现这些目标，政府必须对内安抚好工人群众，调和劳资关系，解除劳动者对各种风险的担忧。

而事实上，19世纪中后期，由于马克思主义在工人中的传播，德国工人运动迅速发展起来。一方面，工人阶级强烈要求政府出台保护劳工权益的社会政策措施；另一方面，工人自发地组织起各种互济的基金会，作为风险的补救措施。这种自愿的互助组织到1885年已经吸收了70多万名会员。统治阶级为了缓和劳资矛盾，瓦解工人自发组织的群众性组织，被迫推出带有强制性的社会保险制度。此外，主张劳资合作和社会改良政策的德国新历史学派也为社会保障制度的出台从思想理论上奠定了基础。

德国社会保险制度建立后，很快为欧洲各国所效仿。1890—1919年间，奥地利、丹麦、挪威、荷兰、意大利、英国、法国等国都纷纷建立了社会保险单项或者几个项目的法规。这样，在20世纪初，社会保障制度在欧洲大陆已经基本确立。

社会保障制度在社会救助中萌芽，以社会保险为主干，继续向外扩展，它以美国1935年颁布世界上第一部《社会保障法》为标志，终于使社会保障制度在世界范围内发展起来，形成了比较完整的经济、社会制度。

（三）社会保障制度的全面发展

在社会保障制度的发展历史中，第二次世界大战（以下简称"二战"）可以作为一个分水岭。

社会保障在二战前只是各国缓和劳资矛盾的一种应急措施，这主要表现在保障对象有限、社会保障项目少、支付标准相对较低上。在二战之后，社会保障则变成各国政府稳定经济和社会的一种战略性的长远政策，资本主义各国普遍建立了社会保障项目系统化、网络化的社会保障体系。

社会保障制度的全面发展时期是在20世纪的40—60年代。这一阶段以1948年英国第一个宣布建成"福利国家"为标志。1944年，时任英国首相丘吉尔委托牛津大学经济学院院长贝弗里奇爵士制订英国公共保障计划。这位被称作"福利国家之父"的爵士发表了《社会保险和联合服务》（1942）与《自由社会的充分就业》（1944）的研究报告，即著名的《贝弗里奇报告》。

《贝弗里奇报告》提出：社会应保证全体公民免受贫苦、愚昧、疾病、失业与肮脏之苦，国家对每个公民从摇篮到坟墓、由生到死的一切生活与危险，都给予安全保障，即建立全社会的国民保险制度。《贝弗里奇报告》二战后成为英国工党政府社会立法的白皮书。

英国政府在《贝弗里奇报告》的基础上，先后颁布实施了《国民健康服务法》（1946）、《家属津贴法》（1945）、《国民保险法》（1946）、《国民救济法》（1948）等一系列法案，使英国社会保障制度得到了全面的发展。

1948年，时任英国首相艾德礼宣布英国第一个建成了福利国家。接着，西欧、北欧、北美洲、亚洲的发达国家也陆续宣布实施"普遍福利政策"，社会保障制度进入全面发展阶段。

东欧和亚洲的社会主义国家则依照苏联模式，建立了以国家保障为特征的社会保障制度，接着世界上许多发展中国家也先后建立了自己的社会保障制度。这样，社会保障制度被全世界各国普遍认可并成为各国共同采用的社会经济政策。

20世纪70年代至今，社会保障制度进入调整和改革阶段。以1973年中东石油危机为开端的经济滞胀宣告了二战后前所未有的经济繁荣的结束，社会保障制度陷入了困境，福利国家的弊端也日渐显现。在这种形势下，新一轮的社会保障制度改革全面展开。世界各国根据自身情况，开始设定更适合自己的社会保障制度，差异化逐渐拉大。

二、中国社会保障制度的形成与发展

1949年以后，我国建立和发展了适应计划经济体系的社会保障制度，并形成了较为完整的体系。但其在制度结构、相关责任主体的权责关系以及基金的运行机制方面存在许多弊端。改革开放以后，随着市场经济的发展，传统的社会保障制度越来越不适应新的体制，因此，20世纪80年代初，我国对社会保障制度进行了全面的改革。目前，我国已初步建立了以社会保险、社会福利、社会救助制度为主体的社会保障体系。随着我国社会经济的发展，社会保障制度将逐步规范与完善。

中国社会保障制度大体经历了如下几个阶段的变迁与发展。

（一）第一阶段：企业保险和社会保险混合的体制

新中国成立后，社会保障制度建设主要是确立了企业职工的社会保险体系和政府机关、事业单位的社会保障体系。

在企业职工的社会保险体系方面，1951年2月26日，政务院正式颁布《中华人民共和国劳动保险条例》（以下简称《劳动保险条例》，后经过多次补充修改）。它是我国第一个社会保障法规，确立了我国传统社会保险体系的基本框架与制度安排。《劳动保险条例》具体规定了职工在疾病、伤残、伤亡、生育及年老后获得必要物质帮助，职工的直系亲属也可享受一定的保障。该条例规定，社会保险基金由工会统筹使用，其中70%由企业工会使用，30%上缴全国总工会，由总工会在全国范围内调剂使用。至1956年，全国国营企业、公私合营企业、私人企业中94%的职工享受社会保险的保障。另外，《劳动保险条例》还具体规定了养老保险和医疗保险的享受资格和待遇水平。

在政府机关、事业单位的社会保险方面，1952年《关于全国各级人民政府、党派、团体及所属事业单位的国家工作人员实行公费医疗预防的指示》和《关于各级人民政府工作人员在患病期间待遇暂行办法》、1955年《国家机关工作人员退休处理暂行办法》等规定了行政事业单位的社会保障待遇，而且保障水平稍高于企业。

从20世纪50年代初到1966年期间，社会保障制度有基金、有管理、有监督，基金的收缴、管理和监督是分离的，在人口老龄化结构轻且经济发展较快的情况下，这一制度运行良好。

这一保险制度有以下特点：其保障的对象是城镇企业职工；是一种部分险种的"一揽子"计划；与中国当时高就业、高福利、低工资的政策一致，没有失业保险内容；在风险分散的机制上，是以企业社会保险为主、辅之以社会保险的混合制度。

（二）第二阶段：转向企业保险

1966—1976年左右，社会保障停滞，上述企业劳动保险制度有了很大的变化。

首先，随着新中国成立初期所有制改造的完成，城镇公私合营企业和私人企业几乎消失，占绝对地位的是国营企业，集体企业只是国营企业的补充，这样，劳动保险的对象只有国营企业和集体企业的职工。

其次，在管理上有了很大变化，1969年，财政部规定："国营企业一律停止提取劳动保险金，企业的退休职工、长期病号和其他劳保开支在营业外开支。"与前期的保险制度相比，这一规定意味着劳动保险由企业保险为主辅之以社会保险的混合制度走向彻底的企业保障制度；同时保险基金停止了积累。

没有积累的企业保险制度在计划经济向市场经济转变的过程中日益

暴露出其缺陷。在计划经济体制下，国有企业不是责任主体，企业支付给员工的保险金最终都是由国家承担的。全面的职工福利包括福利设施、职工住房、福利补贴、文化体育设施等也由国家供给。在这个意义上，中国的社会保险实质上就是苏联模式下的"国家保险"，只不过表现为待遇是由企业发放的。

（三）第三阶段：社会保障制度的构建

从20世纪80年代开始，中国进行了构建新中国社会保障制度的探索，经过20余年的努力，社会保障制度的框架已大体确立。

20世纪80年代初，当市场经济开始引入中国城镇企业时，利益机制也引入了国有企业，企业由于职工人口结构不同而出现负担畸轻畸重的问题，于是，出现了企业劳动保险社会化的改革要求。因为企业的压力首先来自退休金制度，所以改革是由退休金保险开始的。早期的改革强调的是国家、企业和个人的责任分担，是筹资的多渠道问题。

至20世纪90年代，中国老龄化问题日益突出，改革的重心转向了收支平衡问题。以1997年《国务院关于建立统一的企业职工基本养老保险的决定》的发布为标志，"独立于企事业单位之外的"社会统筹与个人账户相结合的部分积累社会养老保险制度就应运而生了。进入21世纪，面对人口老龄化的冲击，原劳动和社会保障部于2003年通过了《企业年金试行办法》，倡导建立多层次的养老保障体系。实现"老有所养"是广大人民群众的热切期盼，也是社会保障的重要目标。

根据党的十七大和党的十七届三中全会做出的决策部署，近年来我国下大力气建立城乡社会养老保险制度。2009年下半年，国务院决定开展新型农村社会养老保险试点，2011年启动城镇居民社会养老保险试点。2012年上半年，国务院决定在全国所有县级行政区全面开展新型农村社会养老保险和城镇居民社会养老保险工作。至此，我国覆盖城乡居民的社会养老保障体系基本建立。

20世纪80年代中期，竞争机制引入了事业单位中的医疗卫生业，由于企业付费的劳动医疗保险制度格外容易产生道德风险，加之人口老龄化，企业的医疗保险费用沉重到非创新制度不可的地步，于是劳保医疗制度的改革也提上了日程。

从1989年发布《公费医疗管理办法》到1994年的"两江试点"（在

江苏省镇江市、江西省九江市组织开展城镇职工医疗保险制度改革试点，一般称为"两江试点"）工作的全面开展，再到1998年底发布《国务院关于建立城镇职工基本医疗保险制度的决定》，我国医疗保险事业成功地实现了从公费医疗到保险医疗的过渡。在此基础上，为了深化医疗保险改革，使"人人享有医保"，国家各部委又陆续出台了一系列措施，如2003年的新型农村合作医疗制度以及2007年启动的城镇居民基本医疗保险等。

（四）21世纪以来，我国社会保障的快速发展

2000年，国务院发布了《关于完善城镇社会保障体系的试点方案》，包括八个部分，内容涉及城镇职工基本养老、基本医疗、失业等社会保险制度以及城市居民最低生活保障制度，并规定国有企业下岗职工基本生活保障向失业保险并轨。由此，中国社会保障改革又一次热起来，社会保障学专家高书生把这年称为"中国社会保障年"。

2003年，中央推进农村新型合作医疗试点；废除了收容遣送制度；养老金开始社会化发放；《中华人民共和国工伤保险条例》（以下简称《工伤保险条例》）颁布。

2004年是中国社会保障改革具有里程碑意义的一年，社会保障制度以修正案的形式明确载入《中华人民共和国宪法》；企业年金开始试行；《军人抚恤优待条例》发布。

2006年，《农村五保供养工作条例》的颁布意味着社会保障体系建设的范围进一步扩大。15个部门联合发布《关于加强孤儿救助工作的意见》。这一年，在党的十六届六中全会发布的公报中，提出了下一阶段社保工作的目标："2020年，覆盖城乡居民的社会保障体系基本建立。"到2020年建立完善的中国特色的社会保障体系，并覆盖全国居民。

2007年，《关于开展城镇居民基本医疗保险试点的指导意见》《关于在全国建立农村最低生活保障制度的通知》《廉租住房保障办法》《关于2008年调整企业退休人员基本养老金的通知》纷纷出台，宣告了新社保体系几大核心制度进入建设阶段。

2008年，人事部、劳动和社会保障部的合并使得社会保障地位进一步确立，对民政部内部机构的改革体现出强化社会救助与福利慈善事

业的倾向。修订后的《中华人民共和国残疾人保障法》通过并实施，围绕残疾人生活保障的多个政策纷纷出台。

2009年，新型农村社会养老保险制度试点启动，农民历史上第一次获得了政府发给的养老金——这被称作取消农业税以后最大的惠农政策。

2010年，历经多年审议的《中华人民共和国社会保险法》终于出台，成为当年社会保障领域最重大的事件，是我国社会保障改革的又一里程碑，使我国社会保险制度进入法治化轨道，公民参加社会保险、享受保险待遇的合法权益有了法律保障。这一年，《工伤保险条例》进行了修订。

2011年，城镇居民社会养老保险试点工作于7月1日启动，计划到2012年基本实现城镇居民养老保险制度全覆盖。城镇居民社会养老保险与2009年建立的新型农村社会养老保险制度初步构成了我国养老保障制度的基本框架，标志着我国覆盖城乡居民社会保障体系的主要制度都建立起来了。

2012年，《中华人民共和国老年人权益保障法》大幅修订，《中华人民共和国军人保险法》颁布。城乡居民养老保险实现了制度全覆盖，大病医疗保险的开展弥补了全民医保体系的不足。

2013年，我国社会保障新政密集出台，党的十八届三中全会做出《关于全面深化改革若干重大问题的决定》，明确了全面深化社会保障制度改革的目标任务。《中华人民共和国老年人权益保障法》正式实施，《国务院关于加快发展养老服务业的若干意见》发布，有关主管部委推出的儿童福利系列政策、企业（职业）年金税收优惠政策、廉租房和公租房并轨政策等，都是惠及民生并增进人民福祉的新政。

2014年，国务院公布并实施《社会救助暂行办法》，印发了《关于建立统一的城乡居民基本养老保险制度的意见》和《关于促进慈善事业健康发展的指导意见》。人社部、财政部印发《城乡养老保险制度衔接暂行办法》。

2015年，《国务院关于机关事业单位工作人员养老保险制度改革的决定》发布，决定自2014年10月1日起，改革机关事业单位工作人员养老保险制度。这标志着我国养老保险"双轨制"终结。同年，《中共中央、国务院关于构建和谐劳动关系的意见》发布。国务院办公厅印发《关于全面实施城乡居民大病保险的意见》。《基本养老保险基金投资管理办法》发布。

2016年是全面深化改革的重要年份，第十二届全国人民代表大会第四次会议通过《中华人民共和国慈善法》；中共中央、国务院印发《"健康中国2030"规划纲要》。国际社会保障协会（ISSA）第32届全球大会将"社会保障杰出成就奖"（2014—2016）授予中华人民共和国政府。国务院颁布《全国社会保障基金条例》并印发了《关于整合城乡居民基本医疗保险制度的意见》《"十三五"加快残疾人小康进程规划纲要》以及特困人员等群体的保护关爱相关意见。

2017年党的十九大胜利召开。在养老金迎来"13连涨"之际，国务院制定并实施了《"十三五"国家老龄事业发展和养老体系建设规划》，原卫计委等13部门联合发布了《"十三五"健康老龄化规划》，养老服务保障事业的重要性明显提升。民政部、财政部、人社部、原卫计委、原保监会、原国务院扶贫办联合发布了《关于进一步加强医疗救助与城乡居民大病保险有效衔接的通知》，跨省异地就医实现了异地结算。国务院发布了《划转部分国有资本充实社保基金实施方案》和《志愿服务条例》。国务院办公厅发布了《关于加快发展商业养老保险的若干意见》。

2018年，是我国社会保障事业在组织、结构上做出重要调整的一年。作为最重要的社会保障制度安排，职工基本养老保险中央调剂金制度的建立意味着基本养老保险向全国统筹迈出的实质性的第一步。退役军人事务部成立，标志着我国建立起统一的军人保障管理体制。国家医疗保障局成立，进一步理顺中国医疗保障管理体制。社会保险费由税务部门统一征收，结束了矛盾众多的分割征收管理体制。生育保险与医疗保险正式合并实施，标志着社会保险制度结构正在发生变化。

2019年，党的十九届四中全会首次提出"民生保障制度"的概念，将其作为中国特色社会主义制度体系的重要构成部分加以阐述。我国"一老一小"领域获得更多关注。国务院办公厅发布《关于促进3岁以下婴幼儿照护服务发展的指导意见》《国家积极应对人口老龄化中长期规划》《关于推进养老服务发展的意见》。民政部正式设置"儿童福利司"与"养老服务司"。

2020年，是决胜全面小康、决战脱贫攻坚之年。党的十九届五中全会指出，我国人民生活水平显著提高，已经建成世界上规模最大的社会保障体系，基本医疗保险覆盖超过13亿人，基本养老保险覆盖近10亿人，这是决胜全面建成小康社会取得的决定性成就。会议通过的《中共中央关于制定国民经济和社会发展第十四个五年规划和二○三五年远景目标的建议》中首次提出"实施积极应对人口老龄化国家战略"，也明确提出"实现基本养老保险全国统筹，实施渐进式延迟法定退休年龄"。

2021年，中国共产党百年华诞。在"十四五"规划开局之年，中共中央政治局就"完善覆盖全民的社会保障体系"进行第二十八次集体学习，从中我们可以看出我国社会保障事业高质量、可持续发展的方向。

社会保险基金监管力度空前，国务院发布《医疗保障基金使用监督管理条例》，实现医疗保障法治化。国务院办公厅发布了《关于推动个人养老金发展的意见》，中共中央、国务院发布了《关于优化生育政策促进人口长期均衡发展的决定》和《关于加强新时代老龄工作的意见》等。

2022年，党的二十大胜利召开。党的二十大报告中明确提出："健全社会保障体系。社会保障体系是人民生活的安全网和社会运行的稳定器。健全覆盖全民、统筹城乡、公平统一、安全规范、可持续的多层次社会保障体系。"

同年，习近平总书记发表重要文章《促进我国社会保障事业高质量发展、可持续发展》，全面论述我国社会保障体系建设的理念、目标与行动方案，为全面建成中国特色的社会保障制度提供了强大的理论指引。

直至目前，一个具有中国特色、覆盖城乡居民的新型社会保障体系已经基本形成，无论是建章立制还是扩大覆盖面，无论是提高保障水平还是增加保障投入，中国正在一步一个脚印地探索符合中国国情的、具有中国特色的社会保障之路。

第三节　社会保障体系与功能

一、社会保障体系

社会保障体系是指社会保障各个组成部分所构成的整体，包括各个社会保障项目的结构及运行机制。

许多国家的社会保障制度都是从个别社会保障项目的设置逐渐发展完善起来的。在不同的国家与时期，社会保障项目的设置是不同的，并因保障对象的保障需求的变化而变化。世界各国社会保障制度的具体项目可以说是千差万别的。但由于社会保障的客观需求是有规律的，所以其基本内容还是有共同点的，概括起来，现代社会保障体系一般由社会救济、社会保险、社会福利、社会互助和社会优抚几大子系统构成。

中国社会保障体系的构建是以国际惯例为参照，以经济的发展和国民的需求为依据的。

与我国现实国情相适应的社会保障体系子系统的框架结构为：社会救助——最低层次的社会保障，保障公民的最低生活需求；社会保险——基本保障，保障劳动者失去劳动能力从而中断收入后仍能享有基本生活待遇；社会福利——增进城乡全体公民生活福利的高层次的社会保障；社会优抚——特殊性质的社会保障，保障军人及其眷属以及因维护国家或社会利益、从事公务活动而使生命或健康受到损害的人员及其眷属的基本生活待遇。这一体系如图1-1所示。

（一）社会救助

社会救助是劳动者在不能维持最低限度的生活水平时，根据有关法律规定，有权要求国家和社会按照法定的标准向其提供满足最低生活需求的资金和物质援助的一种社会保障制度。社会救助是最早出现的社会保障子系统。

通过社会救助，那些无生活来源的人、因遭受自然灾害而生活一时困难的人、生活在法定的最低生活水平线以下的人能够获得最起码的生活保障。社会救助的经费来源主要是政府财政税收拨付或由特别税捐辅助，还有社会团体或个人提供的捐赠。

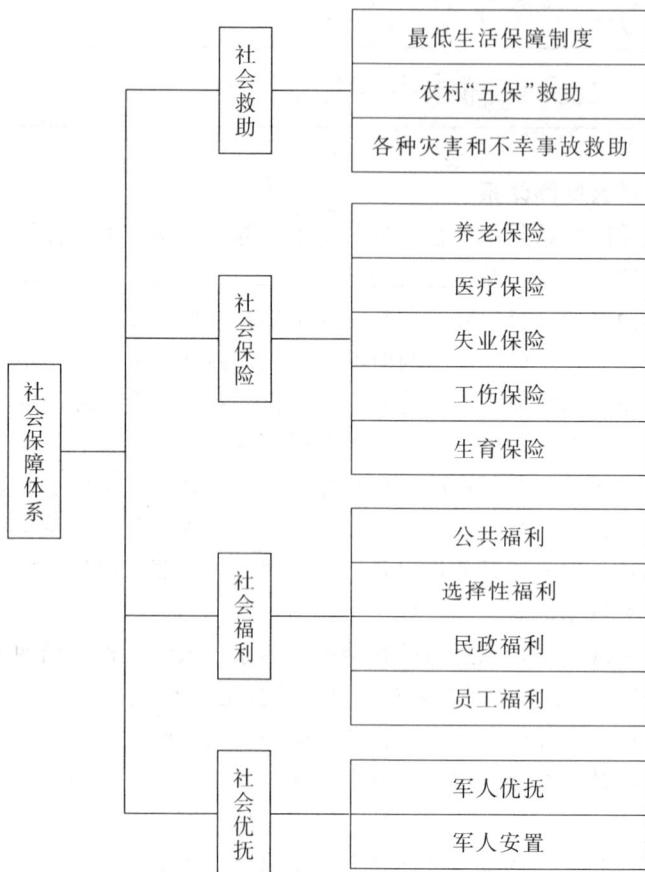

社会保障体系
├─ 社会救助
│   ├─ 最低生活保障制度
│   ├─ 农村"五保"救助
│   └─ 各种灾害和不幸事故救助
├─ 社会保险
│   ├─ 养老保险
│   ├─ 医疗保险
│   ├─ 失业保险
│   ├─ 工伤保险
│   └─ 生育保险
├─ 社会福利
│   ├─ 公共福利
│   ├─ 选择性福利
│   ├─ 民政福利
│   └─ 员工福利
└─ 社会优抚
    ├─ 军人优抚
    └─ 军人安置

图 1-1　中国社会保障的基本体系及构成项目

　　我国的社会救助制度包括：城镇居民最低生活保障制度、农村"五保"救助制度以及灾害救济等。

　　（二）社会保险

　　社会保险指劳动者由于年老、疾病、生育、死亡、工伤等原因造成正常的谋生能力中断或永久性丧失，从而丧失生活来源时，根据立法，其本人及其所供养的家属可以享受由国家和社会提供的必要的物质帮助和社会照顾。

　　社会保险是社会保障制度的核心部分。我国社会保险制度主要包括：养老保险、医疗保险、工伤保险、失业保险及生育保险等。社会保险的保障对象是劳动者，是人口群体中最多、最重要的部分，它所承担的风险最多，包括劳动者在全部生命周期中发生的会使之失去工资收入的生、老、病、伤、残、失业等所有风险，所占用的资金也是社会保障基金中的最大部分。社会保险的显著特点是：服从权利与义务相关的原则，必须尽到缴纳保险费的义务，才能享受得到补偿的权利。

（三）社会福利

社会福利是指国家和社会为帮助社会成员改善生活条件，提高自身素质，以适应经济和社会发展需要而实行的制度、采取的措施和举办的事业的统称。它是在劳动报酬和基本生活保障之外的给付和服务。

我们在此所讨论的社会福利是与社会保险、社会救助、社会优抚相提并论的狭义的社会福利。它主要由公共福利事业、局部性或选择性的福利措施、员工福利、特殊社会福利（亦称民政福利）等组成。

社会福利与社会保险、社会救助不同，它的保障对象广泛，面向全体公民，免费或减费提供劳务、物质帮助，为公民减轻负担，提高公民生活质量。

社会福利的资金来源是各级政府财政预算拨付、社会组织的专项基金以及群众集资等。

（四）社会优抚

社会优抚指国家和社会依照法律对社会上的特殊公民——为保卫国家安全而作出贡献和牺牲的军属、烈属、残疾军人、退伍官兵等所给予的优待和抚恤。

社会优抚是社会保障中的特殊保障，这些公民对国家和社会做出了重大贡献，因此为他们提供的保障金比较高，而且还提供服务。社会优抚在理论上也可以归入选择性社会福利。

除基本的以国家为主体的社会保障项目外，一些民间的、自发的互助保障形式也同时存在并发挥着相应的保障功能。

例如，慈善事业、社区服务、企业年金、各类商业人身保险、家庭保障等，这些都是以非政府的企业或者民间组织为主体，在政府的支持和引导下，对特定人群实施的保障，是国家法定社会保障制度的有益补充。

二、社会保障的功能与原则

社会保障的功能是指社会保障在实施过程中所发挥出来的实际效能和作用。而在实际操作中，它又必须遵循各种原则，以保障制度的良性运行。

（一）社会保障的功能

1.对国民经济持续增长的推动功能

（1）通过维护劳动力的再生产与扩大再生产来维护国民经济的健康运行。

劳动力是任何经济活动的第一要素，劳动者的生存、健康和劳动技能的发展如果受到整体威胁与损害，就可能使劳动力的再生产与扩大再生产过程受到破坏，从而使整个国民经济的运行受到影响。

社会保障制度的主干部分就是为社会劳动者提供社会保险，在他们遇到生、老、病、死和失业等生存风险时能获得可靠的收入保障与社会服务，使劳动力的恢复和延续过程不致中断。

社会保障制度还通过对劳动者的医疗保健，加强劳动技能培训、发展社会的文化卫生教育事业等措施，促进全社会劳动者的生理和心理素质的不断提高，推动社会劳动力的扩大再生产，以适应国民经济增长的需要。对劳动力资源的保护，从根本上奠定了国民经济持续增长的基础。

（2）通过对社会保障基金的筹集与支付来调节社会的总需求与总供给，促进经济的平衡运行和稳定增长。

当经济高涨时，就业增加，社会保障经费的征集增多，而支付会相对减少，这对旺盛的需求有一定的抑制作用。

当景气度下降、经济衰退时，失业率上升，贫困现象增多，社会保障经费的征集会相对减少，而支付却增加，这就会扩大社会的总需求。而且对社会贫弱成员的救助，扩大的是社会的有效需求，会给经济的发展带来活力，刺激经济的复苏。

社会保障的这种调节功能，可在一定程度上缓和经济的周期性波动。

（3）通过统一的、社会化的保障体系，促进劳动力的合理流动，有利于发挥市场机制的作用，优化劳动力资源的配置。

随着科学技术的进步和市场需求的变化，由产业结构变动引起的劳动力需求结构的变化是经常发生的。

为了使劳动力资源能在全社会范围内优化配置，需要形成统一的劳动力市场，促进劳动力合理流动。统一的社会化的保障体系，如全国性的养老保险、失业保险、医疗保险等就能保证劳动力的流动不因社会保障关系而受阻，保证劳动力在流动过程中的安全，从而有利于劳动力市场功能的发挥。

（4）通过对社会保障基金的筹集，可调节社会的消费结构和增加社会的积累。

社会保障制度以立法的形式，强制社会成员依法缴纳社会保障费，在遭遇生存风险时使用。这就使得社会成员的部分现时消费转化成了未来消费，有利于社会成员树立起储蓄与风险防范的观念，有利于个人终身消费的平衡。

社会保障还强调公共福利消费和保障基本生活消费，这有利于调节整个社会的消费结构，抑制奢侈性消费，扩大社会化的大众服务性消费，促进社会生活质量的提高与社会服务业的发展。

许多国家还将社会保障费的结余和储备基金在安全高效的前提下，依照法规和一定程序进行组合投资，进入资本市场，使原来的消费基金在一定条件下转化成了积累资金，从而增加了社会的积累，推动了经济的增长。

现代社会保障制度对国民经济的积极作用是显而易见的。但如果政策失当，社会保障需求不切实际地过分膨胀，或保障机制失调，也可能给社会经济带来负面影响。

2.对社会稳定发展的促进功能

现代社会保障制度被称为社会的"安全网""稳定器"，对社会生活的稳定有着非常重要的作用，而且对促进社会的文明进步有着非常积极的作用。

（1）通过对社会成员基本生活需求的保障建立社会安全机制，可以减少因此而产生的社会动荡。

任何社会都有两种机制，即动力机制与稳定机制。在经济与社会发展中，特别是在市场经济的条件下，由于市场竞争和市场自发性的缺陷，产生社会矛盾与社会风险是不可避免的，市场又不具备自发解决这些矛盾的机制，而人们温饱的满足是最基本的需求，是社会和国家长治久安的根本前提，如果大批社会竞争中的弱者的基本生活无法得到保障，就必然会产生社会动荡。因此，社会保障制度为所有社会成员，特别是社会贫弱群体提供的基本生活的保障，就起到了社会稳定器的作用，使社会的动力机制与稳定机制互相协调，互相促进。

（2）通过社会保障基金的收支，对国民收入的分配与再分配进行调节，以克服社会的分配不均，缩小社会的贫富差距。

社会保障基金主要来源于国家的财政拨款和企事业单位及个人的社会保障缴费，其中财政拨款来自税收，一般高收入者缴纳的税、费都较高，而广大的低收入阶层却是保障待遇的主要享受者。因此，社会保障实际上调节着不同阶层社会成员之间的收入分配关系，把一部分富裕阶层的收入转移给了贫困阶层，起着缩小社会贫富差距、缓和社会矛盾的作用，有利于公平与效率的统一。

（3）通过提倡权利与义务相结合的社会保障事业，能促进人们自强自立意识的树立和互助互济人道主义精神的发扬，调整人与人之间的相互关系，推动社会的文明与进步。

社会保障是全体社会成员共同承担社会的生存风险，增进社会生活福利的公益事业，社会成员在享受保障权利的同时要履行相应的义务，自强自主是获得社会福利的重要条件，个人享受的保障待遇与劳动贡献往往是紧密相联的。

积极的社会保障措施引导人们努力劳动、增加收入，提高自己可享受的保障水平。

同时，社会保障又是互济性的福利事业，无论资金的使用，还是社会服务，社会保障事业都是建立在人们互助互济基础上的，它引导人们扶危济贫、互相帮助，发扬人道主义精神。这对调整人际关系，提高人们的道德水准和精神文明程度，增强人们的社会参与意识和社会责任感，都有着十分积极的意义。

（二）社会保障的原则

1.社会保障水平适度的原则

社会保障水平反映社会保障制度对国民基本生活保障程度的高低。

它通常以某一国家某一时期社会保障支出与该国 GDP 的比例来衡量。社会保障水平是一个质与量相统一的概念。

在一定的生产力水平条件下，社会保障水平既非越高越好，也非越低越好。"适度"意味着最优，对社会保障水平而言，"适度"意味着在财务上是可持续的。

适度社会保障水平主要通过社会保障给付标准的社会适当性来体现。适度社会保障水平的确立要与社会保障的基本功能相适应，也就是适度社会保障水平能够达到这样的作用：

（1）既保证社会稳定，又促进经济发展；

（2）既有利于社会公平，又有利于提高效率；

（3）既能够保证公民的基本生活，又能够激励公民积极劳动；

（4）既能提高公民素质，又能促进社会进步。

2.公平与效率兼顾的原则

社会保障制度以实现社会公平为根本目的，公平是社会保障的本质属性，也是社会保障制度所要遵循的首要原则。这是指通过社会保障待遇的给付，缩小社会成员的收入差距，实现社会公平是最终目的。而效率作为实现这一目的的基础，是社会保障的另一主要原则。

在社会保障制度建立初期，许多国家并没有意识到这一原则的重要性，而是一味地强调公平，但由于社会保障是无偿的或者低偿的，相对于人们的需求，各国的投入愈来愈多，一些国家因此背上了沉重的财政负担。

鉴于上述弊端，20世纪70年代之后，各国纷纷把效率作为实施社会保障的另一重要原则。

此处的效率既指社会保障带来的社会效率，也指其制度自身的效率：社会效率是指因为社会保障的实施，使得人们风险减少，生活得到保证，劳动力再生产得以延续等；制度自身的效率则是指社会保障基金的收缴、运营是否完善，覆盖率、待遇给付是否合理，是否达到公平的目标等。

总之，公平的原则与效率的原则是统一的不可分割的，片面强调任一方面都可能导致社会的无序和动荡，只有将二者结合起来，在公平的社会环境下提高效率，才能实现社会的进步和发展。

3.权利与义务对等的原则

社会保障是国家赋予人们的一种权利，保障人们获得一定的待遇，与此同时，个人也必须承担相应的义务，这集中体现在社会保障的核心部分——社会保险中。

社会保险以立法的形式，确保人们在丧失生活来源或生活发生困难时得到一定的补偿和帮助，以维持基本生活。而这项权利的享有是以个人及其所在单位，按时足额缴纳保险费为前提的，只有履行了相应的义务，才能享有规定的权利。

第四节　社会保障模式

一、社会保障模式的概念

社会保障模式是对不同社会保障制度的内在基本规定性及主要运行原则的概括和总结，它反映了一个国家在某一历史时期社会保障的战略方向。

现代社会保障制度自产生以来，在一个多世纪的发展历程中，已经由单一的项目制度发展成为包含众多子系统的社会保障体系。然而，由于世界各国社会制度不同、经济发展水平不等、文化历史差异，社会保障制度的实施有先后之别，因此，在确定社会保障的目标和保障的水平与范围方面存在着差异。依据社会保障资金筹集和供给方式的不同，国际上社会保障的模式归纳起来主要有四种：投保资助模式、福利国家模式、强制储蓄模式、国家统筹模式。

二、主要社会保障模式

（一）投保资助模式

投保资助模式是指当前由德国、美国和日本等一些国家采用的以各种社会保险项目为主要形式的社会保障制度。

投保资助型模式是最早出现的社会保障模式，因此也被称为"传统型"社会保障模式。其目标是为公民提供一系列的基本生活保障，使公民在失业、年老、伤残以及由于生育或死亡而需要特别支出的情况下，得到经济补偿和保障。

投保资助模式起源于德国，在20世纪30年代的经济大萧条时期和第二次世界大战后，美国和德国等国家将俾斯麦创建的社会保障制度进一步完善，最终发展成为以"权利和义务对称"为条件的、以单位和个人投保为主的投保资助型社会保障制度。

它的主要特征是：权利与义务相对称；贯彻"选择性"原则（即选择部分人实行），强调待遇与收入及缴费相联系，并有利于低收入者，支付有一定期限；费用由个人、单位和政府三方负担，个人和企业缴费为社会保险基金的主要来源；以保障基本生活水平为原则；待遇给付标准与劳动者的个人收入和缴费相联系；强调公平与效率兼顾，既要保证每一个公民都能享有一定的社会保障待遇，又不能影响市场竞争活力。

（二）福利国家模式

福利国家模式是指以英国、瑞典为代表的一些欧洲国家实行的由国家高度统一管理和支配的社会保障制度模式。其目标在于对每个公民由出生到死亡的一切生活及危险，诸如疾病、灾害、老年、生育、死亡以及鳏、寡、孤、独、残疾都给予安全保障。

福利国家模式社会保障制度最早产生于英国。英国是福利国家模式的最早倡导者和实践者。

贝弗里奇改进社会福利的报告成为政府社会立法的白皮书，指导英国在战后建立了福利国家，也对其他欧洲国家产生了直接影响。

比如，瑞典按照这种模式构建了全面的保险和优厚的补贴制度，使瑞典获得了"福利国家的橱窗"的美誉。其基本特征是：全民保障；实行"收入均等化、就业充分化、福利普遍化、福利设施体系化"和包括"从摇篮到坟墓"的各种生活需要在内的社会保障制度，统一标准缴费，统一标准支付；社会保障资金来源于国家一般性税收；实行广泛而优厚的公共津贴制度，津贴与个人收入及缴费之间缺乏联系；财政负担沉重。

（三）强制储蓄模式

强制储蓄模式是一种个人缴纳保险费的社会保险制度。

这种模式强调雇员的个人缴费和个人账户的积累，退休者的社会保障权益来自本人在工作期间的积累，且所积累的资金通过投资基金进行运作。

强制储蓄模式社会保障制度以新加坡、智利为代表,在西方福利国家大幅度削减政府开支、进行社会保障政策调整的同时,以新加坡和智利为代表的发展中国家和地区也积极地进行了探索。

依据基金管理运营方式的不同,可将强制储蓄模式进一步分为两种类型:一种以新加坡为代表,其核心是政府集中管理和运营基金;另一种以智利为代表,其核心是由私营基金管理公司市场化运营基金。这种模式的基本特征是:建立个人账户,缴费全部记入雇员的个人账户;个人账户积累的基金实行市场化投资运营,养老金待遇取决于个人账户的积累和投资回报。

(四)国家统筹模式

实行国家统筹模式社会保障制度的主要是解体前的苏联和东欧的原计划经济国家。

这种模式的理论依据是以马克思的"扣除学说"①和列宁的"国家保险理论"②,列宁不仅系统地阐述了"国家保险"的概念和内容,而且提出了包括伤残保险、疾病保险、养老保险、生育保险、遗属保险等内容的完整的社会保障体系,还提出了社会保障补偿性原则和统一管理的特性。

与这种模式相适应,国家是社会保障的主体,从上至下统一由政府社会保险部门直接管理和操作。以生产资料公有制作保证,由国家和单位负担各项社会保障的全部费用,个人不需要缴费。

解体前的苏联、东欧的原计划经济国家、改革前的中国,其保障模式都属于此类型。

上述四种社会保障模式从其所体现的责任归属来看,福利国家模式和国家统筹模式社会保障制度强调政府的责任;投保资助模式社会保障制度突出政府、企业和个人三个方面的责任;强制储蓄模式社会保障制度则更强调个人责任。

这四种模式的比较归纳请见表1-1。

---

① 即马克思所说的社会保障基金属于社会总产品六项扣除中的第六项扣除,也就是为劳动能力丧失的人等设立的基金。
② 即列宁在1912年提出的"最好的工人保险是国家保险"。

表1-1 社会保障模式比较

模式类型		代表国家	基本特征	费用来源	责任归属
福利国家模式		英国、瑞典	全民保障；措施系统完善；津贴广泛而优厚，与个人收入及缴费不联系；收支标准统一；财政负担沉重	国家一般性税收	政府
投保资助模式		德国、美国、日本等	权利与义务相对应；支付限期；保障基本生活；强调公平与效率兼顾	个人、单位、政府	三方
强制储蓄模式	集中管理和运营基金	新加坡	强制劳资双方缴费并记入个人账户；基金投入资本市场，保值增值	雇主、雇员	个人
	私营公司市场化运营基金	智利		雇员	
国家统筹模式		解体前的苏联、东欧的原计划经济国家	保障丧失劳动能力或失业的工人及其家属；支付标准为全额工资；统一办理保险	企业、国家	政府

思政课堂 ▬▬▬▬▬▬▬▬▬▬▬▬▬▬▬▬▬▬▬▬▬▬▬▬▬▬

我国建成世界上规模最大、功能完备的社会保障体系

党的十八大以来，以习近平同志为核心的党中央坚持以人民为中心的发展思想，把让老百姓过上好日子作为一切工作的出发点和落脚点。习近平总书记高度重视就业和社会保障工作，强调要推动实现更加充分更高质量的就业，健全覆盖全民、统筹城乡、公平统一、可持续的多层次社会保障体系。

各地区、各部门坚决抓好贯彻落实，推动我国就业和社会保障工作取得历史性重大成就，有效改善了人民生活，为经济平稳运行、社会和谐稳定提供了有力支撑，为如期全面建成小康社会、实现第一个百年奋斗目标提供了有利条件。

※城镇新增就业人数年均超过1 300万人

这十年，就业局势保持总体稳定，在14亿多人口的大国实现了比较充分的就业。我国就业优先战略深入实施，积极的就业政策不断丰富发展，就业优先导向显著增强。十年来，失业水平保持低位，城镇调查失业率总体低于预期控制目标。劳动者合法权益得到有效维护，劳动关系保持总体和谐稳定。劳动者职业技能素质持续提升，技能人才队伍建设不断加强。全方位公共就业服务体系基本建立，春风行动、百日千万网络招聘等特色活动成效明显，人力资源服务业规模发展壮大。

※社会保险基金年度收支规模超过13万亿元

这十年，我国社会保障体系建设进入快车道，经过不懈努力，建成了具有鲜明中国特色、世界上规模最大、功能完备的社会保障体系。坚持社会保障水平与经济发展相适应，社会保险待遇水平稳步提高。围绕记录一生、保障一生、服务一生，五级社保经办管理服务网络基本形成，国家社会保险公共服务平台上线运行，管理服务规范化、标准化、信息化水平显著提升。

这十年，我国围绕兜底线、织密网、建机制，推进社会保障全覆盖、保基本、多层次、可持续发展，制度改革取得重要突破，覆盖范围不断扩大，基本养老、失业、工伤三项社会保险参保人数分别从2012年的7.9亿人、1.5亿人、1.9亿人，增加到2022年6月的10.4亿人、2.3亿人、2.9亿人，其中养老保险十年增加2.5亿人。

※当前企业职工基本养老保险基金累计结余5.1万亿元

养老金关系亿万退休人员的生活。党的十八大以来，按照党中央统一部署，连续调整退休人员基本养老金，退休人员的养老金水平不断提高。

经过30多年的不断改革和完善，尤其是党的十八大以来，养老保险事业快速发展，制度运行更加稳健，基金更可持续，为确保养老金按时足额发放积累了坚实的物质基础。

资料来源：赵晓雯.迎二十大·数说十年 | 我国建成世界上规模最大、功能完备的社会保障体系［EB/OL］.［2022-08-25］. http://news.china.com.cn/2022-08/25/content_78388871.html.此处为节选.

練習与思考

一、单项选择题

1.社会保障制度旨在满足人们的（　　）。

A.小康生活需要　　　　　　　B.基本生活需要

C.富裕生活需要　　　　　　　D.现代化生活需要

2.社会保障的保障对象是（　　）。

A.劳动者　　　　　　　　　　B.企业职工

C.全体公民　　　　　　　　　D.行政、事业单位职工

3.英国1601年颁布的（　　）是西方最早的以法律形式确定的社会救助制度。

A.《国民救助法》　　　　　　B.《济贫法》

C.《补充救助法》　　　　　　D.《国民保险法》

4.社会保障体系的核心是（　　）。

A.社会救助　　　　　　　　　B.社会福利

C.社会保险　　　　　　　　　D.社会优抚

5.新加坡实行的是（　　）的社会保障模式。

A.投保资助型　　　　　　　　B.福利国家型

C.国家统筹型　　　　　　　　D.强制储蓄型

二、多项选择题

1.我国的社会保障制度的特点有（　　）。

A.强制性　　　　　　　　　　B.社会性

C.福利性　　　　　　　　　　D.互济性

2.在我国，由国家财政支撑的保障项目包括（　　）。

A.养老保险　　　　　　　　　B.社会救助

C.社会优抚　　　　　　　　　D.社会福利

E．失业保险

3.社会保障制度产生和发展的原因是（　　）。

A.自给自足生产发展的结果

B.家庭保障不能解决社会风险

C.劳资关系协调发展的需要

D.市场经济发展的需要

4.社会保障的实施原则有（   ）。

A.保障水平适度的原则   B.公平效率兼顾的原则

C.权利义务对等的原则   D.普遍性原则

5.现代社会保障制度具有的基本功能有（   ）。

A.有利于社会和谐   B.维护社会稳定

C.保持社会公平   D.促进经济发展

三、思考题

1.社会保障具有哪些基本特征？

2.社会保障是如何产生的？

3.社会保障应遵循哪些原则？

4.当今世界上主要的社会保障模式有哪些？

5.结合我国基本国情思考我国应该采用哪种社会保障模式。

第二章

社会保障管理

学习目标

本章主要阐述社会保障管理的基本逻辑、体制建构原则，通过本章的学习，重点掌握我国社会保障事业管理体制的变革，特别是五次机构改革及职能调整为社会保障事业带来的变化，逐步化解社会保障管理中的很多矛盾、不均衡、不公平等问题。

关键概念

社会保障管理　社会保障管理体制　社会保障监管

案例

持续推进社保制度改革：管理服务水平显著提升

社会保障能够保障人们在年老、失业、患病、工伤、生育时的基本收入和基本医疗，解除人们的后顾之忧。习近平总书记指出，社会保障是保障和改善民生、维护社会公平、增进人民福祉的基本制度保障，是促进经济社会发展、实现广大人民群众共享改革发展成果的重要制度安排，是治国安邦的大问题。

珠江入海，一桥连接三地。桥的那端，是澳门居民黎先生从小生长的家，桥的这端——广东珠海，是他持有居住证的家。2020年，59岁的黎先生通过珠海和澳门的媒体了解到，持有珠海市居住证的未就业澳门居民可参加珠海市城乡居民基本养老保险，便在珠海市办理了相关参保手续。

2021年1月，黎先生又在新闻上看到，澳门工会联合总会的下属网点可以办理珠海社保的相关业务，于是前往该机构了解和办理了珠海市城乡居民养老保险的趸缴及养老金申领业务。不出两个工作日，珠海市社会保险基金管理中心便收到澳门工会联合总会移交的黎先生的申请资料，并"打包办"其城乡居民养老保险的趸缴及养老金申请业务。"在澳门可以领取珠海的社保待遇，而且在家门口就办完了所有业务，感谢有这么好的政策，为贴心的社保服务点赞！"他不禁感叹。

党的十八大以来，在国家政策框架下，我国相继出台持外国人永久居留证，港澳台居民居住证参保等政策，让更多的异乡人有了家的温暖。黎先生的故事，只是我国社保管理服务水平显著提升的"冰山一角"。

十年来，围绕记录一生、保障一生、服务一生，全国建立起5 400多个县级以上社保经办机构，五级社保经办管理服务网络基本形成，国家社会保险公共服务平台上线运行，管理服务规范化、标准化、信息化水平显著提升，群众社保事务就近办、线上办、快速办更加方便快捷。全国医保异地就医结算网基本建成，实施异地就医报销跨省通办。

截至2022年6月底，社会保障卡持卡人数超过13.6亿人，其中电子社保卡领用人数超过5.75亿人。国家社会保险公共服务平台累计访问量已经超过36亿人次，方便了群众跨省通办、一网通办。国家社会保险公共服务平台开通全国性、跨地区的52项社保公共服务，累计访问量超30亿人次。

资料来源：邱玥.持续推进社保制度改革：织密一张网 铺就幸福路［N］. 光明日报，2022-09-15（5）.此处为节选.

［分析要点］社保服务管理水平现代化新形势下的社会保障管理体制改革方向。

［问题］

1.建设中国特色的社会保障体系的总体目标是什么？

2.通过案例，你觉得我国的社会保障服务管理有哪些改进之处？

社会保障管理是由各级政府、专门社会保障机构、社会组织、民间团体等通过制定和组织实施社会保障法规政策，对社会保障事务进行的总体规划、组织、协调、控制及监督等活动的总称。

第一节　社会保障管理的原则和内容

一、社会保障管理的原则

（一）依法管理

社会保障制度的强制性和法治化决定了社会保障管理系统是依法运行的。

在实施中应严格按照现行法律、法规、政策运行，并接受监督系统和全体社会成员的公开监督。因此，社会保障管理只能在法律制度的严格规范下行使自己的行政权力，而不允许随意变更法律制度。可见，依法管理是对社会保障管理的基本要求。

社会保障管理的基本任务就是保障现行社会保障法律、法规、政策的贯彻执行，利用行政手段来维护整个社会保障体系的正常运行。因而，社会保障管理是执行法治，并确保法治的一个工具。

（二）专业化管理

社会保障管理的专业化体现在以下两个方面：

一是现代社会保障管理系统在政府管理体系中，是一个相对独立的系统。尽管少数社会保障事务与其他部门的工作具有传统的不可分割性，但绝大多数社会保障事务，如养老保险和失业保险，必须由专门的部门管理才能保证保险项目的实施。

二是对不同的社会保障子系统或子项目实行专业化管理。在由多个部门分管社会保障事务时，各管理部门不仅应分工明确，而且彼此之间要平行协调，不存在相互制约、相互交叉的关系。只有这样，才能理顺整个社会保障管理体制的关系，确保政令畅通，从而使社会保障制度的整个目标得以实现。

（三）集中统一管理

政府机构集中统一管理社会保障事务是社会保障理论界公认的一项

基本原则，也是许多国家的社会保障发展实践所证实了的必由之路。不过，各国在集中统一管理的程度方面却表现出了较大差异。综观各国集中统一管理的方式，大致有三种：

一是对主要社会保障事务实行高度集中统一的管理，即建立一个全国统一的社会保障管理机构，管理主要的社会保障事务，次要的社会保障事务则由其他个别机构管理，从而可以称之为高度集中统一型管理。

二是强调对社会保障体系中的某一子系统的集中统一管理，从而可以称之为适度集中统一型管理。

三是强调对某一项目的集中统一管理，如对教育福利、社会保障基金等，建立专门的管理机构或由某一部门统一管理，从而可以称之为项目集中统一型管理。

在一个国家或地区，上述三种管理形式可能同时并存，也可能只存在一种或两种，至于一个国家或地区究竟采取何种集中统一管理或上述两种或三种兼而有之，则主要由该国的政治制度和历史文化传统等诸因素决定。

（四）属地管理为主，系统直属管理为辅

由于各类各项社会保障项目都是直接面向社会成员的，因此，为了保证有效实施，通常要在一定区域内设置实施机构来具体组织实施，实现的也主要是一定区域范围内的共济性。因此，世界各国社会保障管理都实行属地管理为主、系统直属管理为辅的原则。

具体说来，一般的社会保障事务通常是在国家统一的法律、法规规范下，由中央政府或国家社会保障主管部门制定统一的原则性政策或法规，具体由各地区组织实施，并由各地区的社会保障管理机构承担起主要的管理职责，同时对地方政府直接负责。

对社会保险尤其是养老保险等具有积累性和流动性的项目，则需要由国家或者省一级直接管理并采取直属的组织方式来实施。划分属地管理与系统直属管理的权限或职责的基本依据是中央政府与地方各级政府的社会保障职责的划分。

二、社会保障管理的内容

社会保障管理包括社会保障的行政管理、基金管理和对象管理三个方面。

（一）社会保障的行政管理

社会保障的行政管理是指国家和政府通过制定社会保障的法律和政策，对社会保障工作实施相关决策并进行监督的过程，包括社会保障政策法规管理和社会保障机构管理两方面的内容。

社会保障的政策法规管理是指政府制定社会保障的政策法规和运用政策法规实行管理和监督的过程。

社会保障机构管理是指由政府设立的专门机构，依法对社会保障制度进行规划、组织、实施和监督的专门组织管理体系。其核心职责是通过法律和政策手段，履行社会保障管理职责和提供社会保障服务，以确保全体公民（或特定群体）在养老、医疗、失业、工伤、生育等风险中获得基本的经济保障和社会服务，促进社会公平与稳定。

（二）社会保障的基金管理

社会保障的基金管理是指由专门的社会保障基金的管理机构依据相关的法律、法规，对社会保障基金的管理模式、运行条件和运作模式进行的规划和监督。

社会保障基金管理的主要内容包括：社会保障基金的筹集和支付，社会保障基金的投资运营等。

社会保障基金管理的基本目标是：保证基金的完整和安全，实现基金的保值和增值，满足给付的短期和长期需要，避免发生支付危机。

（三）社会保障的对象管理

社会保障的对象管理是指对社会保障的享受对象进行一系列日常性的管理。

社会保障的对象分为在职的与已经离职的或没有职业的两部分。其中，在职社会保障对象一般由其所在的单位提供一系列的日常服务；已经离职或未参加工作的社会保障对象，则需要通过社会化管理，这些特殊对象包括退休或退职的老年人、鳏寡孤独者、失业者、残疾人等社会保障对象。

社会保障的对象管理工作包括：社会保障对象的登记、审查；保障金的发放；丧失劳动能力的医学鉴定；劳动技能的培训和职业介绍；无生活自理能力人员的家务助理等。

第二节　社会保障管理体制

社会保障管理体制是社会保障制度的组织保证。

从广义上说，社会保障管理体制是指国家管理社会保障事业的组织机构、管理制度和管理方法的总称，它涉及社会保障体系的方方面面，如社会保障立法、社会保障具体的规章制度和方法，机构设置及职能权限，社会保障基金的管理监督、社会保障业务经办等。

狭义的社会保障管理体制是指社会保障机构的设置及职能权限的划分，是社会保障管理主体之间有关权力划分的制度安排。其核心内容是社会保障管理机构的设置和职能划分，其主要目标在于保证国家社会保障制度、政策和法律得以公平、有效地贯彻实施，维护社会稳定。但是，社会保障管理机构本身不能等同于社会保障管理体制。

一、社会保障管理体制的内容

从社会保障体系正常运行的客观需要出发，社会保障管理体制主要包括以下基本内容。

（一）专业化的社会保障管理机构

现代社会保障制度是工业化和社会化的产物，因此，社会保障事业是一项社会化事业。

随着生产的社会化和生活的社会化程度越来越高，社会保障的内容也越来越丰富，涉及的关系也越来越复杂，因而就需要有社会化、专业化的社会保障管理。

世界各国的实践证明，为了适应日益复杂的社会保障事务的需要，社会保障事业必须由专门的政府机构来管理，即对社会保障事务的管理应当是该机构的基本或主要的职责，而不是附带职责；对各级政府，社会保障管理机构则是政府系统中不可缺少且日益重要的组成部分。

社会保障管理机构是代表国家履行社会保障职责的载体，负责社会保障法令的贯彻、监督和审查，维持社会保障制度正常运行，是社会保障事业的组织者、实施者和管理者。

分工合理、职责分明是实施社会保障管理的前提条件。作为实施社会保障管理的主体，每一个社会保障管理机构都应有其特定职责；每一个组织、机构及管理人员个人都必须且只需承担起自己的特定管理职责，而不能相互交叉和混合。职责的明确性和特定性是避免社会保障管理过程中相互扯皮、不负责任等现象产生的基本前提之一。

（二）稳定的社会保障制度

一方面，社会保障管理机构的权威应由相应的法律或法规赋予，同时由政府授权管理，每一管理部门的权威都只限于法律和政府授权的范围之内，不得越权行事；另一方面，社会保障管理组织系统又是分层级的，如中央级、省级等，对每一级管理机构行使权威的范围，从最权威机构内的不同层级乃至管理者个人，都需要制定法律、法规以明确其行使权威的"权威线"。

例如，有的社会保障管理机构从中央到地方形成一个直属系统，则下级机构仅仅是上级管理机构的派出机构；又如，一些国家对公务员社会保险的管理是按照中央公务员和地方公务员划分的，属于中央公务员的社会保险事务由中央有关管理机构直接管理，属于地方公务员的社会保险事务则归地方有关管理机构管理，两者既不交叉也无隶属关系，其管理的权威性就应限于各自管辖范围内并不能越界。所以，制定社会保障管理的法律制度，明确不同社会保障管理机构的特定权威，应是社会保障管理体制的一个重要组成部分。

（三）明确的目标模式

虽然从总体上来说，社会保障管理的基本目的是维护整个社会保障制度的正常运行，但各国的社会保障管理发展实践证明，任何国家的社会保障事务都不可能由一个管理部门管理。它通常由一个以上的部门主管，多个部门分担一定的管理职责。所以，不同的管理部门应当有自己的管理目标。

比如，专门管理社会救助的部门的管理目标是确保社会救助的宗旨得到实现；专门管理社会保险的部门的管理目标是确保社会保险从基金筹集、管理、运营到支付过程的正常运行。

二、社会保障管理机构的分类

社会保障管理机构又称社会保障组织，是代表国家履行社会保障职责的载体。在当今社会，社会保障组织系统已成为一个独立的社会管理和社会工作系统，在现代社会中发挥着重要作用，扮演着十分重要的角色。

社会保障管理机构可以按照不同的标准进行分类：

（一）按权限划分

社会保障管理机构按其权限来划分，可以分为三个层次：

第一层次是中央级管理机构，即国家社会保障主管部门，负责制定全国性的社会保障政策，编制社会保障事业发展规划和年度工作计划并组织实施，代表国家行使对社会保障工作的监督检查职权，如国务院下设的社会保障人力资源部。

第二层次是地方级管理机构，即地方各级社会保障主管部门，负责贯彻中央社会保障法律和政策，制定地方性社会保障规定，负责地区内社会保障基金的统筹和使用，对本地区社会保障工作进行监督和检查，如在省辖地级市、区、县人民政府设立的人力资源和社会保障局、民政局。

第三层次是基层社会保障管理机构，即具体实施社会保障工作的执行机关，是社会保障工作的具体实施者。

上一层次对下一层次主要是政策法规的领导和业务指导，不存在直接的行政隶属关系。

（二）按职能性质划分

社会保障管理机构按其职能性质来划分，可分为四种：

一是社会保障主管机构，即负责制定社会保障政策并组织实施，对社会保障工作进行监督检查的机构；

二是社会保障经办机构，即负责社会保障经费的征缴、对职工各项社会保险进行登记、审核并发放社会保障费的具体机构；

三是社会保障基金经办机构，即专门负责社会保障基金投资、运营和管理的机构，在人事组织上接受行政管理机构安排，在业务上接受行政管理机构指导，在基金财务上接受财政部门的管理和监督；

四是社会保障监督机构，即对社会保障经办机构和社会保障基金经办机构进行全面监督管理的机构。

第三节　我国社会保障管理体制的现状

一、我国社会保障管理体制的历史沿革

（一）1998 年以前的社会保障管理体制改革

新中国成立后，中央人民政府政务院下设了劳动部和内务部，管理社会保障工作。

1951 年颁布的《劳动保险条例》规定，劳动部是全国企业劳动保险业务的最高监督机关，中华全国总工会为全国企业劳动保险事业的最高领导机关，负责统筹全国的劳动保险工作。内务部负责管理机关事业单位的社会保险，以及社会救济、社会福利和优抚安置等工作。

1956 年，社会主义改造完成后，国家对整个经济的管理逐步形成了以计划经济为主体的管理体制。国务院决定所有企业的劳动保险事业管理由中华全国总工会负责，各地工会组织为执行劳动保险业务的基层单位。由此形成了企业职工劳动保险方面由政府和工会分工合作、各司其职的管理体制。

"文化大革命"期间，社会保障工作受到了很大的冲击。

首先，社会保障管理机构发生了变化，各级工会组织陷于瘫痪，无法承担社会保障业务管理机构的职责。1968 年，国家计委劳动局发出通知，要求各地劳动部门统管各地的劳动保险工作，由此确定了由政府部门独揽劳动保险事务的管理格局。

其次，社会保障的社会化调节功能受到削弱。1969 年，财政部发出通知，规定国营企业一律停止提取劳动保险金，职工劳保福利改由各企业自行负责。社会保障实质上变成了"企业保障"。1969 年，内务部被撤销后，原内务部负责的社会保障管理职责分别移交给财政部、卫生部、公安部和国务院政工组负责，由此形成了社会保障事业政出多门、多头管理的格局。

"文化大革命"结束后，我国的社会保障管理机构又面临新的一轮重组。1978 年 2 月，第五届全国人民代表大会第一次会议决定设立民政部，负责社会救济、社会福利、优抚安置和农村社会保障制度建设等方

面的工作。

1978年10月，中国工会第九次全国代表大会决定恢复劳动保险工作，陆续组建各级工会组织。

1979年7月，国家劳动总局设置了保险福利局，全国各地劳动部门相继建立了保险福利处（科）。

1982年5月，国务院精简机构，组建了劳动人事部，内设保险福利局，重新统一管理企业劳动保险工作。民政部内设八个司局，主要职责集中在基层政权建设、优抚安置、救灾救济和城市社会福利等。

1986年，针对农村劳动者社会保险的特殊性，确定由民政部设立农村社会保险司负责指导农村的养老保险工作。

1988年，全国人大批准《国务院机构改革方案》，改革方案的核心目的在于转变政府职能。该方案决定撤销劳动人事部，重建劳动部和人事部，二者按照分工，分别管理企业和机关事业单位的社会保险工作和职工福利。

1989年，劳动部决定将省、市、县各级劳动部门所属的社会保险机构名称统一为"社会保险事业管理局"或"社会保险事业管理处"。

1991年，《国务院关于企业职工养老保险制度改革的决定》发布后，我国社会保障管理体制基本形成了劳动部门负责城镇企业，人事部门负责国家机关和事业单位，民政部门负责农村及乡镇企业的"三驾马车"的管理格局。

此外，中国人民保险公司负责管理集体企业的养老保险，卫生部、财政部负责管理事业单位的公费医疗，中华全国总工会负责管理职工互助保障，铁路、煤炭、电力等11个行业分别负责管理本行业内养老保险等有关事务。

按照《国务院关于机关和事业单位工作人员工资制度改革的通知》（国发〔1993〕79号）、《国务院办公厅关于印发机关、事业单位工资制度改革三个实施办法的通知》（国办发〔1993〕85号），从1993年10月11日起，在进行机关事业单位工资改革的同时，改行新的退休待遇计发办法，即机关事业单位工作人员不再完全执行国发〔1978〕104号文件确定的退休金计发办法，也不实行企业职工改革中实行的结构性基本养老金计发办法。

1995 年 3 月，《国务院关于深化企业职工养老保险制度改革的通知》（国发〔1995〕6 号）明确规定要实行社会统筹和个人账户相结合的基本养老保险制度。

1993 年的机构改革中，民政部增加农村社会保险司，强化了民政社会保障的宏观管理职能。当时，城乡双轨的社会保险格局形成，劳动部主要负责城镇人口的社会保险，农村人口社保事务则交由民政部负责。

我国 1998 年以前的社会保障管理体制可归纳为表 2-1。

表 2-1　　　　　我国 1998 年以前的社会保障管理体制

国务院	中央统筹	劳动部	社保局	城镇企业职工基本养老保险
				城镇企业职工医疗保险
				城镇企业职工工伤保险
				城镇企业职工失业保险
			社保局	保局：城镇企业职工生育保险
			社保局	养老基金经办
		人事部	社保司	机关事业单位职工养老保险
		财政部	社保司	全国养老保险基金财务监督
		民政部	农保司	农村养老保险
			基金管理中心	基金经办机构
		卫生部	政策法规司	机关事业单位职工公费医疗
				机关事业单位职工医疗保险
		体改委	分配和社会保障司	
	行业统筹	电力部、铁道部、煤炭部、邮电部、交通部、水利部、中国人民银行、民航总局、有色金属工业总公司、石油天然气总公司、中国建筑工程总公司		

（二）1998 年的社会保障管理体制改革

1998 年 3 月，第九届全国人民代表大会常务委员会第一次会议审议通过了《国务院机构改革方案》，新一届中央政府在原劳动部的基础上组建劳动和社会保障部。

新划入劳动和社会保障部的社会保险职能有：原人事部承担的机关事业单位工作人员社会保险职能、民政部承担的农村社会保险职能、卫生部承担的公费医疗管理职能、原国务院医疗保险制度改革小组办公室承担的医疗保险制度改革职能。

1998年4月1日，劳动和社会保障部正式成立，并在此基础上建立了新的由政府统一集中管理的社会保障管理体制，即由中央政府设立劳动和社会保障部，下辖养老保险司、医疗保险司、失业保险司、农村社会保险司和社会保险基金监督司；在省级政府设立社会保障厅，在市级单位设立社会保障局，实行统一政策、统一制度、统一标准、统一表格、经费统收统支。管理机构包括行政管理机构和业务管理机构两个部分，也就是说，政府除了要承担立法、监督责任之外，还要负责社会保障的业务管理，包括受保人的登记和审查，保障基金的筹集、计算和支付，保障基金的使用、调剂和运营等责任。从劳动和社会保障部内设机构来看，它对社会保障事务的管理职责仅限于社会保险事务。

1998年的机构改革，民政部进行了内设机构和人员的大规模精简，改革后民政部的职能共有18项，包括管理全国社会救济、社会福利、优抚安置等社会保障事务的职能。其中，优抚司和安置司合并；社区服务和社区建设的职责归于基层政权司；明确负责建立和实施城乡居民最低生活保障制度、组织协调抗洪救灾等新的职能；将农村养老保险职能移交新成立的劳动和社会保障部。

此外，财政部社会保障司负责管理中央财政社会保障支出，拟定社会保障资金的财务管理制度，组织实施对社会保障资金使用的财政监督。

为了避免社会保障管理上的"条块分割"问题，国务院决定将原实行行业系统统筹的11个行业内部社会保障事务管理权移交给地方，于同年颁布了《国务院关于实行企业职工基本养老保险省级统筹和行业统筹移交地方管理有关问题的通知》，实行按行政区划的归属进行社会化发放。此外，民政部承担除社会保险之外的其他大部分社会保障制度、计划和项目的管理，如社会救助、社会福利、优抚安置等。

2000年，经党中央、国务院批准，"全国社会保障基金理事会"成立，该理事会为国务院直属事业单位，受国务院委托，负责管理中央集中的社会保障基金。

至此，形成了以劳动和社会保障部与民政部为主体的"部门分工、适度统筹"的管理格局。

1998年的改革后至2008年的社会保障管理体制可归纳见表2-2。

表2-2　　我国1998年的改革后至2008年的社会保障管理体制

国务院	劳动和社会保障部	法制司	
		养老保险司	基本养老保险
			遗属保险
			机关事业单位企业补充养老保险
		医疗保险司	医疗保险
			工伤保险
			生育保险
		失业保险司	失业保险
		农村社会保险司	农村养老保险
		社保基金监督司	保险基金管理
	民政部	优抚安置局	
		救灾救济局	
		社会福利和社会事务局	
	财政部	社会保障基金预算和决算	

（三）2008年的社会保障管理体制改革

进入21世纪以后，随着社会保障制度走向法治化、规范化和覆盖面的进一步扩大，为加强对社会保障事务的管理，2004年2月，民政部增设了最低生活保障司，承担的主要职能有城市居民最低生活保障及医疗救助等相关工作，有农村特困户、五保户的救济，农村合作医疗，农村最低生活保障的探索等业务工作；救灾救济司在保留救灾处的基础上，新成立了备灾处和社会捐助处，救灾的责任分工进一步细化。同年3月，劳动和社会保障部将医疗保险司所负责的工伤保险工作分离出来，专门成立了工伤保险司。

2006年10月，党的十六届六中全会通过的《中共中央关于构建社会主义和谐社会若干重大问题的决定》提出，到2020年基本建立覆盖城乡居民的社会保障体系。

2007年10月，党的十七大再次重申，要"加快建立覆盖城乡居民的社会保障体系，保障人民基本生活"。

为进一步推动城乡社会保障工作和谐有序发展，党的十七大提出"建立健全决策权、执行权、监督权既相互制约又相互协调的权力结构和运行机制"的行政管理体制改革新思路。

2008年2月，党的十七届二中全会通过《关于深化行政管理体制改革的意见》，拉开了大部制改革的序幕。在这一轮的大部制改革中，劳动和社会保障部与人事部合并为人力资源和社会保障部，原劳动和社会保障部主管社会保险事务的内设机构，从机构名称到职责划分基本上原封不动地被合并进来。同时组建国家公务员局，由人力资源和社会保障部（简称人社部）管理。

而2008年的机构改革中，民政部的社会保障职能则通过内设机构的调整有所加强，原最低生活保障司改为社会救助司，负责城乡居民最低生活保障、"五保户"的社会救济政策、健全城乡社会救助体系等工作。

社会救助司的设立，体现了民政部加强社会救助职责和统筹城乡救助体系建设的职能；原救灾救济司更改为救灾司，使救灾职能从一般性的民政救济中剥离，凸显了救灾工作在民政体系中的重要作用，加快了中国救灾工作体系的建设步伐；原社会福利和社会事务司被拆分成社会福利和慈善事业促进司与社会事务司，这表明国家对社会慈善事业的关注已经上升到政府机构设置的层面。同时，全国老龄委办公室设在民政部，与中国老龄协会合署办公。

2008年的大部制改革后，人社部机构没有重大调整，但在具体的职能划分上不断调整以适应社会需求和改革发展的需要。

2013年，《国务院机构改革和职能转变方案》提出，城镇职工基本医疗保险、城镇居民基本医疗保险、新型农村合作医疗的职责等，整合由人社部门统一承担。

2016年，根据《国务院关于整合城乡居民基本医疗保险制度的意见》，此前城乡双轨制的医保制度终结，逐步建立起统一的城乡居民基本医疗保险制度。

2018年的国务院机构改革中，组建了国家医疗保障局，统一整合了人社部的城镇职工和城镇居民基本医疗保险、生育保险职责，原国家卫计委的新型农村合作医疗职责，国家发展改革委的药品和医疗服务价格管理职责，民政部的医疗救助职责。组建退役军人事务部，整合了民政部的退役军人优抚安置职责，人力资源和社会保障部的军官转业安置职责，以及中央军委政治工作部、后勤保障部有关职责。保留全国老龄工作委员会，日常工作由国家卫生健康委员会承担。民政部代管的中国老龄协会改由国家卫生健康委员会代管。组建应急管理部，剥离了民政部的救灾职责。

2023年3月，中共中央、国务院印发《党和国家机构改革方案》，将科学技术部的负责引进国外智力工作职责划入人力资源和社会保障部，在人力资源和社会保障部加挂国家外国专家局牌子。

《党和国家机构改革方案》强化了民政部门对老龄事业的职责，原由国家卫生健康委员会负责的组织拟定并协调落实应对人口老龄化政策措施、承担全国老龄工作委员会的具体工作等职责划入民政部；全国老龄工作委员会办公室改设在民政部，强化其综合协调、督促指导、组织推进老龄事业发展职责；中国老龄协会重新划回民政部代管。

总体来看，大部制改革并没有从根本上改变"两家主管"社会保障事务的格局，即人力资源和社会保障部主管社会保险，民政部主管社会救济、社会福利和社会优抚，"建立统一的社会保障管理机构"的任务还没有完成。

此外，国家卫生健康委员会、住房和城乡建设部、财政部、审计署及国家发展和改革委员会均设有相应的社会保障部门，分别承担不同的管理职能。

当前，我国社会保障主要管理机构及职责见表2-3。

社会保障主要管理部门与社会保险经办机构、社会保障基金运营机构、社会保障监督机构共同构成了我国社会保障管理体系。

表 2-3

部门	职责
人力资源和社会保障部	社会保障的最高主管机构，地方设立人力资源和社会保障厅（局），隶属于各级人民政府，在各自的权限范围内执行社会保障法律法规的规定，对社会保障制度的建立、运行进行管理和监督。2023年机构改革后，人社部内设机构调整为23个，其中10余个司局与社会保障事业直接相关
民政部	负责管理全国的社会救助、社会福利、优抚事业等
国家卫生健康委员会	有权参与医疗保障制度的改革，研究和拟定相关配套政策
财政部	管理中央财政社会保障支出；拟定社会保障基金的财务管理制度；组织实施对社会保障基金使用的财政监督

二、我国社会保障管理体制的具体情况

（一）对于社会保障管理体制的一些争论

关于中国应当建立何种模式的社会保障管理体制，学者的讨论主要集中在三个方面：一是政府应该承担什么样的责任；二是中国是否需要建立统一的社会保障管理机构；三是如何划分中央政府与地方政府之间的权责。

政府在社会保障管理中究竟应该扮演什么角色，如何发挥作用和发挥什么样的作用，是社会保障管理体制改革绕不过去的话题。

主张实行自治管理模式的学者认为，我国的社会保障管理应实行自治管理模式，即社会保障管理不隶属于任何政府机构。保险机构的最高领导权属于代表大会，雇主和雇员各占一半。代表大会选举产生理事会，而理事会采取集散结合的管理模式。

郑功成（2004）认为，中国社会保险的管理模式应当由政府集权管理向多元合作的自治管理模式转化，成立政府、雇主代表、劳工代表和专家组成的社会保险管理委员会（3+1模式），实行自治管理。

主张在社会保障管理体制中发挥政府主导作用的学者认为，中国的历史文化传统是中央集权制管理，政府具有较高的权威，社会成员对政府的认同度也较高，由政府来推行和发展社会保障阻力较小，效率较高，而市场只能在社会保障管理中发挥补充作用。政府的职能主要体现在三个方面：收入分配、资源配置、熨平经济周期稳定经济。收入分配主要应该集中在社会保障体制建设。政府更应该关心的是设计一套机制来使社会中的民众基本上无差异地享受经济发展带来的由政府提供的成果和福利。社会保障制度的完善才是政府本职工作的重要组成部分。

另有部分学者主张发挥政府和市场的双重作用，实行混合型社会保障管理模式。这种观点认为，政府的长期目标应是发展竞争性的社会保障基金，而近期政府应承担公共社会保障计划的主导责任，应通过立法来明确国家、企业和职工三方面的责任，并建立科学有效的资金筹集制度。

关于中国是否需要建立统一的社会保障管理机构，学者们的看法不尽相同。

有学者认为，我国社会保障事业中存在的诸多问题，症结在于管理体制不统一，因此主张建立统一的管理机构，组建国家社会保障部，将劳动和社会保障部门及民政、人事等部门中的有关社会保障职能分离出来，成立专门的、统一的社会保障部门，统一管理全国社会保障事务。

也有学者认为，不能追求高度集中统一的社会保障管理模式，而应当建立分散和集中相统一的管理体系。根据各项社会保险管理要求上的差异，把共性较强的项目集中起来，实行统一管理，如在养老保险、医疗保险、住房公积金的管理上具有较多的共性，可实行集中化管理。而把特殊性较突出的项目单列，由相关部门进行分散管理。

中央政府和地方政府的权责划分是社会保障管理体制建设需要解决好的问题。有学者认为，目前我国社会保障管理中普遍存在权力划分不清的现象。中央政府和地方政府在社会保障管理、实施和监督运行机制方面，缺乏相互配合和有效协作，甚至出现相互推诿的现象。中央政府应承担社会保障的监督和管理及对地方政府的指导与监督责任，地方政府应该更多地承担社会保障组织实施的责任。从社会保障事权划分的角度来看，政策法规制定权、大规模的社会保障项目管理权、全局性的社会保障项目的资金供给和补偿权宜由中央政府承担，而政策执行权、较小规模的社会保障项目管理权以及地方属性更多的社会保障项目的资金供给和补偿权则可划归地方政府。

（二）我国社会保障管理体制存在的问题

1.社会保障法治建设仍显不足

《中华人民共和国社会保险法》（以下简称《社会保险法》）由第十一届全国人民代表大会常务委员会第十七次会议于2010年10月28日通过，2011年7月1日起施行。但从一项社会保障事业来看，立法缺乏整体规划，立法空白甚多，目前与社会保障直接相关的法律法规约20余部，包括《中华人民共和国劳动法》《中华人民共和国工会法》《中华人民共和国行政处罚法》《中华人民共和国残疾人保障法》等，社会保障立法统一性尚嫌不够。

完备的社会保障立法体系应由社会保障基本法、社会保险法、社会救济法、社会福利法、社会优抚安置法以及社会保障争议法组成。当前，所制定出台的社会保障法规之间、不同制度之间缺少必要衔接。国务院及其职能部门颁布的社会保障方面的法规、规章等，参与立法的国务院的许多部门所制定的社会保障法规，至少有100件。由于缺乏基本法律，各地立法立规的差异也较大。

2.社会保障管理政出多门

经过多次政府职能转变和行政机构改革，我国在2008年组建了人力资源和社会保障部，实现了对社会保险的统一管理，但随着机构改革的不断深化，仍没能从根本上解决"政出多门、政事不分"的问题。社会保障各项目的决策、经办、监督职能分散在不同部门却由同一部门负责管理，行政与事业、运行与监督、宏观调控与微观管理相互混杂，客观上说是"一套班子"就包办了社会保障各个环节的大小事务，造成政事不分、监督不严的后果，容易引发社会保障基金被挪用滥用、投资不力导致亏损等一系列突出问题。

3.社会保障监管"虚化"问题

我国社会保障政策的制定、实施、检查和监督大多都是由社会保障管理部门进行的。决策制定者同时又是决策执行者和监督者，这就导致了社会保障监管的"虚化"。社会保障具体事务监管中最突出的问题是社会保障基金管理，影响社会保障基金安全。要让社会保障制度实现其维护社会公平正义和保障国民共享发展成果的功能，就必须提高管理层级。养老保险应当尽快实现全国统筹，这样才能使养老保险制度真正起到维护公平正义和实现共享发展成果的作用。同时，社会保障具体事务管理中的某些人为因素可能导致社会保障待遇不公。实际工作中，行政权力的干涉和法律监管的缺位，可能变相损害社会保障权利人的正当权益。

4.社会保障管理信息化建设有待完善

加强社会保障管理信息化建设是扩大社会保障覆盖面，提高社会保障水平，让更多的群众享受经济发展成果的必要措施，我国社会保障管理信息化建设近年来取得了显著进展，正在向全国统一、互联互通的方向加速推进。

截至2023年底，社保"一卡通"，全国社保卡持卡人数超13.8亿，覆盖97%人口，逐步实现社保、就医、金融等功能集成和数据的标准化管理。

国家建立了社会保险公共服务线上平台、国家医保信息线上平台，实现了线上办理个人社保权益、养老金测算、医保办理等多种业务的全国通办服务，极大地推进了我国社会保障系统的信息化建设进程。

在社会救助领域，民政部自2010年起推动建立全国低保信息系统，逐步实现低保业务的数字化管理，从中央到省、市、县的四级民政部门已基本实现联网，部分地区通过地方政务平台实现了跨部门信息核验，该系统已覆盖全国绝大多数地区，实现了低保对象信息的电子化录入、审核和动态管理，但仍存在一些不足之处，例如，在省级互通互联层面，尚存在数据共享壁垒，偏远地区基层网点数字化能力较弱，影响服务效率。

5.社会保障的社会化程度低①

近年来，社会保障经过一系列改革，取得了很大进展。但是由于社会保障被多部门分割，各部门又各自为政，致使不同企业的缴费标准难以统一，负担轻重不一、职工的保障程度有明显差异；政府行政机构之外的事业化管理机构缺乏或不健全；社会对政府及社会保障职能机构的监督机制没有建立起来，这样既不利于企业的公平竞争，也在很大程度上降低社会保障的保障功能。

---

① 蒲春平，唐正彬.劳动法与社会保障法［M］.北京：航空工业出版社，2013：308.

三、我国社会保障管理体制改革的方向

（一）逐步持续健全我国社会保障相关法律法规

在某种意义上可以说，社会保障法律制度的完善与否，已经成为体现一个国家社会文明进步程度的标志之一。应该采取循序渐进的办法制定社会保障的相关法律法规。社会保险和社会救助在实际生活中处十分重要的地位，对于保障公民的基本生活意义重大。

（二）进一步理顺社会保障管理体制管理体系

目前，我国社会保障管理政出多门、缺乏统一性的弊端十分不利于公民在生活遭遇困境时享受到及时和充分的社会保障。要解决这个问题，当务之急是理顺社会保障的管理体制，统筹协调好人社部门、民政部门、财政部门等多部门的职责分配。人力资源和社会保障部门负责机关事业和企业基本养老保险政策、标准的制定和监督执行；社会保障经办机构负责参保登记、缴费记录、个人账户管理、统筹基金的核算调度、退休人员的待遇核定、查询服务等一系列工作。

首先，可以建立一个协调全国社会保障工作的机构，加强决策协调。可以考虑在国务院设立最高层次的决策协调机构，这一机构的成员由社会保障所涉及部门的负责人组成。社会所有行业的社保工作都收归这一机构负责管理，解决目前社会保障管理政出多门的弊端。

其次，需要进一步加强建立社会保障社区服务体系，加强社会保障政策落实。具体来说，就是在全国广泛建立社区社会保障工作服务站。社区社会保障工作服务站的主要职责是以社区为单位，提供社会保障服务，包括社会保障费用的征缴和发放、家庭真实生活水平调查、社会保障资讯服务等内容。

社区社会保障工作服务站的工作人员可以由三个部分组成：一是极少数的国家工作人员，每个服务站一两个人即可；二是身体仍健康的退休职工，这部分人将会越来越多，而且相当多人愿意发挥余热；三是"平民服务者"。

（三）持续强化建立系统的社会保障监管机制

社会保障监管主要是对社会保障政策法规的执行情况和社会保障基金的收支活动进行监督和管理。

系统的社会保障监管机制对保证社会保障制度的有效实施和健康运

行起着重要的作用，大致包括以下内容：

一是人民代表大会的监督。

人民代表大会利用其立法和监督的职能对同级和下级政府的社会保障工作实施监督，制定相关法律政策，审批有关社会保障资金预算和决算方案，并与其他监管部门一起对社会保障行政管理部门和社会保障基金管理中心进行监督。

二是健全的社会保障争议解决机制。

健全的社会保障争议解决机制可以使公民在认为所获得待遇不符合本人应得到的水平时，有权申请复核、申诉和起诉，从而有效地维护自己的社会保障权利。

三是发挥新闻媒体、民间组织和社会公众的社会监督作用。提高社会保障管理的工作效率，改善社会保障政策的实施效果。

（四）加强全国统一的居民社会保障信息数据库建设

针对我国流动人口不断增加的现实，加强全国统一的居民社会保障信息数据库建设显得尤为迫切。

经过几年的建设和发展，我国社会保障管理信息化工作取得了一定的进展。特别是省市两级数据中心建设及公共服务系统建设等方面全面推进，取得了阶段性成果。

2004年我国完成了部、省劳动保障业务专网建设，原劳动和社会保障部与32个省级单位（含新疆生产建设兵团）全部实现联网。鉴于居民身份证已在全国范围统一，当前可以考虑实施的措施是增加居民身份证的信息容量，将居民的收入、纳税、社会保险缴费情况等社会保障信息涵盖其中，实现居民社会保障信息全国联网，省、自治区、直辖市建立大型数据库，记录、存储所有企业、个人的相关信息，实行有效监控。个人账户资金应集中管理。税务部门负责征收社会保障费（税），财政部门管理社会统筹基金财政专户，筹集并拨付对社会保障的预算补助资金，对社会保障基金进行财务监督。

（五）实行以社会化管理为主的管理模式[①]

需要尽快提高社会保障管理的社会化水平，实现与经济社会发展相

---

① 蒲春平，唐正彬.劳动法与社会保障法［M］.北京：航空工业出版社，2013：309.

适应的管理。实行社会化管理需要建立社会化的运行机制，实现组织机构社会化、服务人员社会化、服务对象社会化、基金筹集社会化等。

必须遵循企业发展规律，将原来大部分归单位管理的社保对象移交给相关的社会公共机构去管理，达到真正意义上的社会化。

思政课堂

建设高质量的社会保障体系

党的二十大报告指出："高质量发展是全面建设社会主义现代化国家的首要任务。"贯彻新发展理念、推动高质量发展，是关系现代化建设全局的一场深刻变革。党的二十大报告还指出："社会保障体系是人民生活的安全网和社会运行的稳定器。"因此，建设高质量的社会保障体系是高质量发展战略的重要内容，是中国式现代化的应有之义。当前，我国已经建立了社会保障体系，初步形成了防范化解社会风险的安全网，并为提升人民生活品质提供了基本保障。

※养老保障体系建设

我国已经建立了由职工基本养老保险、城乡居民基本养老保险、老年人社会救助等构成的保障体系。党的二十大报告指出，我们还要"完善基本养老保险全国统筹制度"，以提高养老保险的规模效应，解决养老保险所面临的问题。

党的二十大报告强调，我们要"发展多层次、多支柱养老保险体系"。虽然，养老保障体系建设具有普惠性、公益性，但是人们的需求具有多样化特征。所以，我们应当建立相应的补充保险来满足多层次需求。

※医疗保障体系建设

当前，我国基本医疗保险的覆盖率和基本养老保险的覆盖率有所不同。基本养老保险是面向劳动年龄人口，而基本医疗保险是面向全体人民。

党的二十大报告指出，我们还要"推动基本医疗保险、失业保险、工伤保险省级统筹"。基本医疗保险也应当由户籍地参保向居住证所在地参保转型。同时，基本医疗保险权益也要实现顺畅转接。另外，我们还应当逐步提高医疗保障水平。

※就业保障体系建设

当前，我国建立了由失业保险、就业促进、就业援助等构成的就业保障体系。

失业保险是指国家通过立法强制实行的，由用人单位、职工个人缴费及国家财政补贴等渠道筹集资金建立失业保险基金，对因失业而暂时中断生活来源的劳动者提供物质帮助以保障其基本生活，并通过专业训练、职业介绍等手段为其再就业创造条件的制度。健全就业保障体系的一个重要方面，就是提高失业保险的统筹层次。党的二十大指出，失业保险也要进行省级统筹。同时，失业保险也要实现权益的顺畅转接。

※伤残保障体系建设

当前，我国伤残保障体系由工伤保险、残疾人保障、职业病防治等构成。

工伤保险是指劳动者在工作中或在规定的特殊情况下，遭受意外伤害或患职业病导致暂时或永久丧失劳动能力以及死亡时，劳动者或其遗属从国家和社会获得物质帮助的一种社会保险制度。

资料来源：褚福灵.建设高质量的社会保障体系［EB/OL］.［2022-11-10］，http://www.71.cn/2022/1110/1184579.shtml.此处为节选.

练习与思考

一、单项选择题

1.社会保障管理应采取（　　　）管理方式。

A.属地管理为辅，系统直属管理为主

B.属地管理为主，系统管理为辅

C.跨地区管理为主，属地管理为辅

D.跨地区管理为辅，属地管理为主

2.（　　　）是实施社会保障工作的执行机关，是社会保障工作的具体实施者。

A.人力资源和社会保障部　　　　B.社会保障厅

C.民政厅　　　　　　　　　　　D.县民政部门

3.下列社会保障管理机构中，（　　　）是负责社会保障费的征缴、对职工各项社会保险进行登记、审核并发放社会保障费的具体机构。

A.社会保障业务主管机构

B.社会保障经办机构、财政部门

C.社会保障基金经办机构

D.社会保障监督机构、税务部门

4.社会保障的对象包括（　　）。

A.在职人员和离职人员

B.离职人员和无职人员

C.在职人员和无职人员

D.在职人员、离职人员和无职人员

5.1998年以前，我国机关事业单位职工养老保险由（　　）负责管理。

A.财政部　　　　　　　　　　B.民政部

C.人事部　　　　　　　　　　D.劳动部

二、多项选择题

1.社会保障管理的原则包括（　　）。

A.依法管理　　　　　　　　　B.专业化管理

C.区域分割管理　　　　　　　D.集中统一管理

E.属地管理为主，系统直属管理为辅

2.社会保障管理的内容主要包括（　　）。

A.社会保障的法制管理　　　　B.社会保障的行政管理

C.社会保障的内部管理　　　　D.社会保障的基金管理

E.社会保障的对象管理

3.下列属于社会保障对象的是（　　）。

A.退休老人　　　　　　　　　B.失业者

C.残疾人　　　　　　　　　　D.鳏寡孤独者

E.离职老人

4.按照我国1998年建立的社会保障体制，下列社会保障项目属于劳动和社会保障部管理的是（　　）。

A.基本养老保险

B.医疗保险

C.机关事业单位企业补充养老保险

D.生育保险

E.社会优抚

5.下列属于我国现阶段社会保障管理体制问题的是（　　　　）。

A.社会保障管理法治建设滞后　　　B.社会保障政出多门

C.社会保障监管"虚化"　　　　　　D.社会保障管理信息化落后

E.社会保障管理人治色彩浓重

三、思考题

1.为什么社会保障管理要坚持属地原则？

2.社会保障管理体制的主要内容是什么？

3.我国的近几次的国务院机构改革对社会保障事业有着怎么样的影响？

4.我国目前社会保障管理体制存在的问题是什么？如何进行改革？

5.谈谈你对社会保障管理信息化的看法，你了解金保工程吗？

第三章

社会保障基金

学习目标

社会保障基金是依据国家立法，为了实现社会保障制度正常运行而积累的基金。通过本章的学习，要了解社会保障基金的含义，了解社会保障基金管理的必要性，初步掌握社会保障基金筹集、支付、投资运营、监管的基本概念和理论，并理解和分析我国当前社会保障基金管理面临的主要问题。

关键概念

社会保障基金　社会保障基金筹资　社会保障基金支付　社会保障基金投资运营　社会保障基金监管　缴费确定型　待遇确定型　现收现付制　完全积累制

案例

医保基金不能成为医疗机构的"唐僧肉"

安徽芜湖二院超收 21 万元医疗费、违规使用医保基金事件余波未平，又有医院被曝在医保基金使用上"栽了"。据湖南省医疗保障局官网消息，中南大学湘雅医院在 2022 年 1 月 1 日至 2022 年 12 月 31 日期间违法违规使用医疗保障基金，被处以罚款 98 万余元。而 2023 年 3 月，该院才因为重复收费、超标准收费被罚248万元。

违规使用医保基金的医院，恐怕并非个例。国家医疗保障局（以下简称"国家医保局"）2022年度医保基金飞行检查情况公告显示，被抽查的48家定点医疗机构，全部存在重复收费、超标准收费、分解项目收费问题；46家存在串换药品、医用耗材、诊疗项目和服务设施问题；43家将不属于医保基金支付范围的医药费用纳入医保基金结算等。

显然，一些医院将医保基金当成了"唐僧肉"，变着法子从中敲骨吸髓。问题之所以高发、多发，也是因为医疗机构的骗保手法越来越细密、隐蔽，加上医疗信息内容专业且庞杂，给社会监督造成了不小的难度。以芜湖二院事件为例，如果不是当事人以博士"调查研究"的心态和方法较真到底，最终能否揭露此事就很难说。但显然，发现问题不能全靠个人，更要从制度上堵住漏洞。

目前，对于违法违规使用医保基金问题，主要治理措施包含飞行检查、专项整治等，这些举措也确实起到了一定效果。国家医保局数据显示，2018年至2022年，对违法违规的医药机构处理154.3万家次，追回医保基金771.3亿元，曝光典型案例24.5万件。

但近两年曝光的案例也显示，仅依靠抽查等手段是不够的，医保基金各种"跑冒滴漏"的老问题尚未得到根治，保障医保基金安全的制度性笼子需要进一步扎牢，日常监管尤其要得到强化。

由于医保基金数据量庞大，治理不妨引入大数据，运用技术手段提高监督效率。2023年5月，国家医保局公布《医疗保障基金智能审核和监控知识库、规则库框架体系（1.0版）》，通过明确知识库和规则库，医保部门可以通过智能监管系统将监管关口前移，自动拦截"明确违规"的行为，提示违反合理使用类规则的"可疑"行为。这样的举措有必要进一步落实到位，以细化、强化日常监督网格。

另外，也应加大对违法违规行为的追责处罚力度，让医院和责任人付出代价。同在2023年5月，国务院办公厅印发了《关于加强医疗保障基金使用常态化监管的实施意见》，提出加强医保部门与公安、财政、卫生健康、中医药、市场监管、药品监管等部门的贯通协同，并对涉嫌违纪和职务违法、职务犯罪的问题线索及时移送纪检监察机关，建立健全重要线索、重大案件联查联办和追责问责机制，强化震慑效应。尤其对一些问题频发的医院，追责问责不能只停留在通报、罚款层面，还应处罚到人。

医保基金是普通民众的看病钱、"救命钱"，是社会安全感的重要来源，绝不允许有人对其动歪脑筋、打坏主意。给医保基金扎牢防护网，需要制度建设持续发力，让其无缝可钻，也让以身试法者付出沉重代价。

资料来源：佚名.扎牢制度笼子，严防医保基金变"唐僧肉"［EB/OL］.［2023-12-05］. https：//www.thepaper.cn/newsDetail_forward_25542626.

［分析要点］社会保障基金管理；大数据的应用。

［问题］

1.医保基金何以成为"唐僧肉"？

2.医保基金的多方监管机制如何建构？

3.大数据技术的应用能够为基金管理模式转变带来什么？

第一节　社会保障基金概述

社会保障基金是社会广大人民群众的生存保障，是社会安定团结的稳定器，自19世纪社会保障基金的概念初步形成以来，社会保障基金的重要性一直备受社会各界的关注。中国是一个人口大国，人口总量位居世界第一，而且老龄人口比重大，如何管好用好社会保障基金是关系到亿万老年人生存状态的重大问题。

一、社会保障基金的概念与构成

社会保障基金是根据国家有关法律、法规和政策的规定，为实施社会保障制度而建立起来、专款专用的资金。按功能分，社会保障基金由基本保障基金、补充保障基金和全国社会保障基金构成。

基本保障基金，是由社会救助基金、社会保险基金、社会福利基金和社会优抚基金共同构成的资金综合。社会保险基金是社会保障基金中最重要的组成部分，通过雇主和雇员共同缴纳社会保险费的方式构成，包括养老保险基金、医疗保险基金、工伤保险基金、失业保险基金和生育保险基金。其中，我国的基本养老保险和医疗保险的基金又分为社会统筹基金和个人账户基金。

补充保障基金，如企业补充养老保险基金（也称"企业年金"）、企业补充医疗保险基金、社会互助保障基金、个人储蓄积累保障基金，起到弥补基本保障基金保障水平偏低的缺点、增加福利的作用。

全国社会保障基金，由中央财政预算拨款、国有资本划转、基金投资收益和以国务院批准的其他方式筹集的资金构成，主要用于弥补今后人口老龄化高峰时期的社会保障需要，是中央政府专门用于社会保障支出的补充、调剂基金，属于社会保障的后备储备金。

二、社会保障基金的特点

（一）强制性

社会保障是国家通过立法手段来实施的一种强制性的保障手段。政府所设立的社会保障项目不能由单位和个人自由选择，凡是属于法律法规或地方政府的条例统一确定的，劳动者个人作为被保障的一方均无自由选择与更改的权利。

强制性是社会保障的显著特征，也是社会保障基金的基本特征。其原因在于只有强制征集，社会保障基金才能获得稳定可靠的来源，从而真正保障社会资源的合理分配，实现维护公平、保障效率的制度设置的初衷。国家作为全社会公民法定的权力代行者，有义务保障每一个社会成员的基本生存权利，因为这是从基本的保障生存权的角度出发的。同时，我们注意到，社会生活中的劳动者同时也是社会财富的创造者，其所创造的社会财富是国家和社会存在和发展的基础，所以国家应当采取强制措施来保障劳动者和社会中其他公民的基本生活需要。因此，社会保障基金在筹集、管理以及使用中均具有较高的强制性。基金管理机构必须对社会保障基金的投资运营、一揽子投资组合以及投资数额的确定负责，这一过程均是依法运行的。

（二）基本保障性

社会保障最初在设立的时候是以为社会成员提供一定时期的保障为目的的。现代的社会保障依然是以此为宗旨的。所以，现代的社会保障基金所能提供的仍旧是以一定时期劳动者的基本生活需要为基准，既保证社会保障体系的参保人原有生活水平不变，又保证参保人在获得社会保障体系的保障后不能从中获得额外的收益。

基本生活水平是与一国、一地区、一定时期的经济发展水平相适应的，其可以根据该时期、该地区的劳动者的平均工资水平而定，每一参保者从社会保障中获得的物质补偿不能超过其处于工作状态时的工资收入。各国依据自身相应的经济水平制定了相应的有差别的保障金额，但各国在社会保障的补偿数额上均是以保障参保人的基本工资收入为准则的。

（三）统筹的互济性

社会保障基金通过对单位、个人征收社会保障费（税）形成专用的社会保障基金，该笔基金的存在使得社会劳动者在经济上体现了共同承担社会风险的特点。具体就是，使得高收入者缴纳的社会保障费较低收入者要高，但其所获得的社会保障水平在许多情况下与低收入者一致，社会保障基金体现了较强的社会统筹互济功能。

（四）积累性

在完全积累制或部分积累制情况下，由于从社会保障缴费到社会保障金支出有一个较长的时间差，从根本上要求社会保障基金管理机构能够利用积累形成的社会保障基金进行投资组合管理，在动态经济条件下实现社会保障基金的安全营运、有效投资和保值增值。从而在提高资本形成效率、实现社会保障制度、资本市场与国民经济的互动协调发展的基础上，使社会劳动者因社会保障基金的积累而得益，进一步增进社会保障制度的福利性。

三、社会保障基金的功能

社会保障基金是从事社会保障经济活动的物质基础。建立社会保障基金在实现社会保障的职能、调整社会经济关系和实现社会保障的储蓄功能方面具有重要作用。

（一）实现社会保障的职能

社会保障制度被称为经济社会的稳定器和调节器。社会保障职能的实现必须具备一定数量的保障基金作为物质保证，其主要是凭借劳动者、企业缴纳的保险费和国家财政资助所建立起来的社会保障基金。它可以使被保险人在遭到意外灾害或因年老、疾病、伤残、失业时从社会或国家得到物质帮助和经济补偿，从而分散风险，保证被保险人的基本生活需要，促进社会安定。

（二）调整社会经济关系

在市场经济条件下，存在公平与效率之间的矛盾。建立社会保障基金是国家实现社会保障政策和实行国民收入分配和再分配的物质条件，也是国家调节个人收入分配的一种经济手段。

国家运用法律手段、经济手段和分配政策，来调节社会收入分配差距过大的矛盾。运用社会保障制度主要是调节过高收入，调节消费需求，即通过社会保障制度由国家、单位和个人共同负担社会保险基金，将一部分消费基金转化为社会保障基金，起到调节社会分配、调节供求、调节个人收入分配的作用。这种通过建立社会保障基金的手段来调整经济、调节分配关系的办法，既有利于建立健全社会保障制度，又有利于推动国民经济发展和维护社会安定团结。

（三）实现社会保障的储蓄功能

储蓄是投资的前提条件，没有储蓄，就没有投资。

一方面，建立社会保障基金可以为实现社会保障的储备功能创造条件。通过多种渠道筹措的社会保障基金收入，减去社会保障制度的各项支出后，如果存在财政余额，则可作为储备基金，用于购买国债、存入银行或用于社会投资，在促进国民经济和社会发展的同时实现社会保障基金的保值增值。

另一方面，被保险人按照法律规定缴纳社会保险费，有利于发展个人储蓄性社会保障，提高自我保障意识，充分发挥社会保障在调节收入分配中的功能。

第二节　社会保障基金的筹集

社会保障基金的筹集是社会保障基金管理的主要对象之一。

社会保障的基金管理是指由专门的社会保障基金管理机构依据相关的法律、法规，对社会保障基金的管理模式、运行条件和运作模式进行的规划和监督。

除了社会保障基金的筹集外，社会保障基金管理的主要对象还包括：社会保障基金支付、社会保障基金的投资运营和社会保障基金的监管。

一、社会保障基金的筹集原则

（一）效率与公平相结合原则

公平与效率问题是社会保障的核心问题，公平是一个很宽泛的社会范畴。

一般来说，人们理解的公平就是公正、公道、均等、平等。从经济学的角度看，公平有三层含义：一是机会公平（起点公平），即人们在市场竞争中是否享有同等的参与机会、获胜机会和被选择的机会，比如投资机会、就业机会和受教育机会。二是过程公平，即在市场竞争中按同等规则、制度竞争。三是结果公平，即每人都具有相同的社会地位、收入水平、生活水平和共同的生活前景。由此可见，公平是一个相对的动态概念，理解公平的概念不能分割它的三个方面。

所谓效率，从宏观角度讲是资源配置的最优状态。从微观角度讲是产出与投入的对比关系。它体现的是人们在改造自然、社会和人类自身活动中所具有的能力、达到的水平。

社会保障作为二次分配制度，在完成筹资的过程中，应采取个人账户与社会统筹相结合的模式，以体现社会的公平与效率。一方面，通过社会统筹安排，高收入者承担更多的社会保障义务，低收入者相应承担较少的缴费义务；另一方面，通过建立与个人缴费相联系的个人账户，强调个人的义务和对个人的激励，从而提高缴费的效率。

（二）社会性原则

基金筹集的社会性原则取决于社会保障制度的普遍性要求。所谓社会保障制度的普遍性，是指社会保障应在尽可能广的范围内实施，覆盖尽可能多的社会成员或全体社会成员。

社会保障制度的普遍性，还表现在它的国际性上。随着全球经济一体化的推进，国家之间的移民、贸易和人民交往越来越多，在其他国家建立生产厂家的情况也屡见不鲜，社会保障的实施范围已超越了一国边境，成为国家之间相互交往需要解决和谈判的重要问题之一，许多国家之间为了保护旅居国外的本国人平等享受社会保障的权利与义务，以及从贸易竞争等立场出发，都订有双边或多边社会保障互惠协定。

国际劳工组织很早就致力于这方面制度的发展，推出了若干公约和建议书，如《社会保障最低标准公约》《建立维护社会保险权利的国际制度公约》等。与此相对应，社会保障基金的筹集必须坚持社会性原则的方向。

（三）强制性原则

一般认为，社会保障是由政府管理的一项事务，该项制度调整的是社会利益冲突问题。由于企业的目标是追求利润最大化，降低人工成本是实现这一目标的措施之一，所以企业不会主动为社会保障基金增加投入，而社会成员又要求实现社会公平，分享社会发展成果。故国家应当而且也能够主动地利用对社会政治经济活动的干预手段，通过立法、行政等调整利益冲突，建立符合社会公共利益的社会保障制度，强制性筹集社会保障基金。

事实上，这只为社会保障及其基金筹集的强制性提供了部分解释。理论上，社会保障基金筹集不能采取自愿而要进行强制更深层次的根源在于，由于个人的财富、面临的风险等因素不同而具有不同的效用函数，因而具有不同的保障需求以及为获得同样的保障而愿意支付的价格不同。

特别是对于社会保障由国家这样的大组织提供来说，组织内的个人都有采取策略式行动的倾向，因为个人的利益取向同组织的利益取向并不能完全吻合，结果社会保障成为了一种公共品或准公共品，"搭便车"的行为就会在组织及其制度内泛滥，如果没有强有力的强制手段约束，制度就会崩溃或不能充分发挥作用。

（四）统一性与多层次性相结合原则

所谓统一性，是指社会保障某一具体项目在基金筹集的基本模式和基本政策上要统一。

所谓多层次性筹集基金，是指其具体方法和措施要与社会保障的具体项目相适应，依据不同项目的特点确定基金筹集应采取的对策。

一般来说，社会保障基金筹资的总原则是"以支定收，收支平衡"，即按照预计需要支付的社会保障费用总额来确定社会保障资金的筹集，筹集的社会保障基金和按规定需要支付的社会保障费用要大体平衡。这一原则有两种实现形式：近期横向收支平衡和远期纵向收支平衡。所谓横向平衡，是指当年某项社会保障计划所筹集的资金总额与该计划或需要支付的费用总和保持平衡；所谓纵向平衡，是指从被保障者在投保期间提取的基金总和（包括基金投资运营的利润等）与其在享受该项保障计划待遇期间所需支付费用总和保持平衡。

（五）经济适度原则

经济适度原则是指社会保障水平不仅在待遇上，而且在基金筹集上要与经济发展水平和经济运行规律相适应。基金筹集和待遇水平事实上是一个事物的两个方面，在微观管理层面上则体现为基金收支平衡原则，坚持这个原则的根本目的在于保持社会保障制度的可持续发展。

二、社会保障基金的来源

社会保障资金来之于社会，用之于社会，社会保障基金的筹集渠道是多元化的。国家财政支持、用人单位缴费和个人缴费是社会保险基金的主要筹资渠道。

随着积累型社会保险基金制度的建立和各国金融市场发展的日益完善，投资盈利正逐渐成为社会保险基金的另一主要来源。

（一）国家财政

为社会成员提供社会保障，是现代社会政府的重要职能。国家财政在承担对低收入贫困阶层的援助以及社会的共同福利上，作用是不可替代的。

政府的社会保险拨款分三种：一是将社会保险支出纳入国家预算的预算拨款；二是根据社会保险项目的实际需要，分项补助的专项拨款；三是临时拨款，即根据意外事件发生的需要，进行应急性拨款。

政府拨款有两种方式：一是事先拨付，即预先确定好国家预算用于社会保障的数额，作为社会保障机构的经费，如数拨出；二是事后拨付，即按社会保险发展规划预先向保险部门收付后，如有缺口，由政府拨款填补，这就是通常讲的"国家扮演最后出场的角色"。但国家不论采取哪一种拨款形式，所给出的资金都构成社会保险基金的一部分。

此外，国家财政在社会保险中也承担了部分责任，如允许企业为职工缴纳的社会保险费在税前列支，在社会保险基金收支不平衡而出现赤字时，国家财政提供补贴。国家财政在社会保障基金的筹集中发挥着极其重要的作用。

（二）用人单位

集体或企业团体作为社会的基本经济单位，有为其职工提供一部分社会保障基金的义务。职工不仅在其工作期间因病因伤时有权利获得基本医疗和基本生活保障，而且有权利在他们年老丧失劳动能力以后获得基本生活的保障，这就要求用人单位为其向社会保险机构缴纳社会保险费。这样，才能解除劳动者的后顾之忧，有利于稳定职工的工作情绪，调动其积极性。

用人单位的这种负担，不是一种"额外"负担或财政性、社会性负担，而是一种"经济性"负担，是用人单位对职工的一种责任的具体体现。所以，用人单位为职工缴纳的社会保险费，可以在税前列支，成为人工成本的一部分，其实质是来源于职工必要劳动的一部分扣除。

（三）个人

每个有劳动能力和收入来源的社会成员，都有责任为自己的养老保障及其他保障提供一定的资金。因为，谁都会遇到养老、失业、疾病、工伤等社会风险和自然灾害造成的风险，这时他（她）都需要得到基本生活的保障。

个人承担一部分保障费用，既有利于减轻社会压力和国家财政负担，能够完整体现社会保障的权益结合，增强个人的责任心和自我保护意识，又有利于加强对社会保障基金的管理和监督。

（四）其他来源

1.社会捐赠

社会捐赠是由社会团体、经济组织和个人自愿向社会保障部门捐款。在西方国家，个人慈善性捐款已成为社会第三次分配的主体，由此所募集的资金，成为社会保障收入的重要组成部分。

例如，截至2024年3月9日，中国体育彩票全国统一发行以来，已累计筹集公益金超8 000亿元，广泛用于补充社会保障基金、教育助学、扶贫、红十字等多项社会公益事业。

《中国慈善捐赠2024》报告显示，2023年度，中国社会组织和红十字会合计接收捐赠款物合计1 510亿元，其中企业捐赠1 156亿元，占比76.58%，自然人捐赠339亿元，占比22.42%，其他捐赠15亿元。

2.投资盈利

投资盈利，即社会保障基金投资营运所获得的收益。在发达国家，社会保障基金投资的回报率较高，投资收益相当可观。

2023年底，《全国社会保障基金境内投资管理办法（征求意见稿）》向社会公开征求意见，全国社保基金的投资范围覆盖到国债、企业债、股票等11类产品和工具。

截至2023年底，股票类、股权类资产最大投资比例分别可达40%和30%，进一步提高全国社保基金投资灵活度，有利于持续支持资本市场发展。

三、社会保障基金的筹集模式

（一）现收现付制

现收现付制是指一定时期内（通常为一年）以横向收支平衡为原则筹集社会保障基金的模式。

具体做法是政府先做出一年内社会保障所需费用的测算，然后按照一定比例分摊到参加该保障措施的所有单位和个人，本期征收、本期使用，收支当年基本保持平衡，不为以后时期的支付储备资金。

现收现付制具有如下优点：一是不用考虑储备，提取比例可以及时、灵活调整，操作比较简便，预测、计划比较容易；二是开始时缴费率低、收费率逐步提高，初建制度时易于出台；三是没有积累基金，无资金贬值的风险和资金保值增值的压力；四是管理方便，收支关系清楚。

现收现付制也存在缺点：第一，如果一国人口的年龄结构严重老化或者经济持续衰退，缴费比例会不断上升，易造成雇主、雇员和政府的负担加重，甚至会出现支付危机。第二，这种方式由于缴费比例、待遇水平基本统一、固定，难以适应地区间、雇主间经济条件及享受待遇人数存在较大差异的情况，操作上遇到的阻力较大。第三，代际转移使劳动者的权利与义务关系难以准确体现，容易造成代际矛盾。

（二）完全积累制

这是一种根据远期纵向收支平衡原则筹集社会保障基金的模式，即劳动者退休后享受社会保障待遇所需费用总和与其工作时投保期间累积的社会保险费总和连同其投资收益相互平衡。

采取这种筹资模式时，首先要对未来时期全国或本地区社会经济发展状况，有关人口的健康水平、就业率、退休率、工资增长率、利息率、死亡率、预期平均寿命等进行宏观的预测，在此基础上预测未来时期各项社会保障待遇所需的保障基金总量，从而确定一个可以保证在相当长的时期内收支平衡的总平均收费率，然后按照这个总平均收费率来筹集资金。

完全积累制的优点有：第一，可在较长时期内分散风险，提取费率稳定使社会保障有比较稳定的经济来源。第二，劳动者的权利义务关系非常清楚，能避免逃费和代际冲突。第三，能形成庞大的基金积累，预防人口老龄化的冲击，使社会保障有一个稳妥的资金保证，并且能够通过储蓄效应、投资效应促进经济发展。

完全积累制的缺点有：第一，实施时间跨度长，从开始就业到退休养老长达数十年，面临物价、生活费用指数上升和基金贬值的矛盾，特别是在通货膨胀条件下社会保障基金难以保值，需要对社会保障费用开支进行准确的预测和管理，涉及的因素较多，在操作上有一定的难度。第二，初期可能产生在职劳动者须同时为自己未来和已退休的劳动者供款的双重压力，负担较重。第三，易产生挪用等问题，对资金的管理要求较高。

（三）部分积累制

部分积累制综合了现收现付制和完全积累制两种方式的优点，既可满足当年开支的需要，又能适应长期的需要，从而充分发挥社会保险的保障功能，维护社会安定。

但采用这种筹资方式，要求在相应的设计上周密科学，对管理水平的要求也较高，否则，可能会集中两种方式的缺点。同时，必须使积累基金在保值增值的条件下运行，否则会因物价上涨、通货膨胀而使积累基金部分失去应有的作用。

四、社会保障基金筹集的方式

社会保障基金筹集方式，是指筹集社会保障基金所采取的具体手段。一个国家社会保障基金的筹集方式取决于社会保障体系总体的要求，由于社会保障体系内容的多样性和社会保障基金来源的多渠道以及筹集模式的多样化，社会保障基金的筹集手段也是多种多样的。

从世界各国的实践经验来看，筹集方式归纳起来主要有三种：

一是统筹缴费，即由雇主和雇员以缴费的方式来筹集社会保障基金。

二是社会保障税，即国家为筹集社会保障基金而征收的一种有特定目的的税。这是世界多数国家普遍采用的一种筹集方式。自从美国1933年开创此种征收方式以来，征收社会保障税成为世界各国筹集社会保障基金的主要有效手段。

三是预算基金账户，即社会保障金融化，是一种强制储蓄形式。具体办法是将雇员的缴费和雇主为雇员缴纳的缴费存入个人账户，这笔款项及由此产生的利息，其所有权归雇员个人，政府仅有部分使用权和调剂权。因此，在性质上更接近于商业保险。新加坡实行的就是这种方式。

我国目前社会保障基金筹集方式主要是社会统筹缴费，这种方式主要是由各地方政府根据社会保障项目分别制定缴费标准和办法进行征收。

第三节　社会保障基金的支付

一、社会保障基金支付的含义

社会保障基金支付，又称为社会保障基金的给付，是指按照社会保障制度规定的条件、标准和方式，由社会保障管理部门将资金支付给社会成员，使其享受相应的社会保障待遇的行为，具体内容包括支付的条件、支付的项目、支付的方式、支付的标准、支付的记录、支付的效果和支付的监督。[①]

第一，支付的条件。

支付的条件是指什么样的人才给予支付，包括居住年限、公民身份、缴费时间、缴费数额等。

---

① 吕学静.社会保障基金的管理［M］.北京：首都经济贸易大学出版社，2014：68.

第二，支付的项目。

支付的项目是指社会保障基金的最终用途和使用方向，又称为支付的范围。

社会保险待遇支出是社会保障基金支出中最基本、最重要的支出。社会保险基金的支付项目通常包括养老、医疗、失业、工伤和生育保险待遇的支出。

第三，支付的方式。

支付的方式按支付的周期划分为定期支付和一次性支付；按支付的标准划分为比例支付和均一支付；按支付形式划分为货币支付、实物支付和服务支付。

第四，支付的标准。

支付的标准是指根据支付的条件确定支付的水平。支付标准是否合适通常用适度性指标来衡量，一般把社会保障总支出占国内生产总值（GDP）的比重作为评估社会保障水平的主要指标。

第五，支付的记录。

支付的记录是指社会保障基金按个人、地区、行业的发放情况记录，全国的汇总记录反映在一定时期内社会保障支出的动态情况。

第六，支付的效果。

支付的效果是指社会保障基金发放后各方面的反应，收支对比分析以及在安定居民生活、保护人民健康、挽回灾害损失等方面的情况。

第七，支付的监督。

支付的监督是指由专门的社会保障基金监督机构对社会保障基金发放过程予以监督，防止基金的挪用、挤占以及贪污、浪费等现象的发生。

社会保障基金的支付不能和社会保障基金的支出画等号。后者是指社会保障基金的流出，其范畴要大于社会保障基金的支付，支出的范围不仅包括社会保障基金的支付，还包括社会保障管理费用的支出。

社会保障管理费用是指，社会保障管理机构及其人员在社会保障运行、管理与服务过程中产生的相关经费，如经办人员工资、办理社会保险资金银行业务方面的手续费等。我国由国家财政单独拨款解决社会保障管理费用。

二、社会保障基金的支付模式

社会保障基金的支付模式主要有待遇确定型和缴费确定型两种，还可以将这两种模式结合起来形成一种混合型。这三种支付模式多用于养老保险基金的支付管理。

（一）待遇确定型[①]

1.含义

待遇确定型（defined benefit，DB），又名确定给付制，是根据雇员参加养老保险计划的年数和工资收入水平预先确定其退休后的养老保险计划水平，再依照精算原理确定其缴费水平。

2.特点

第一，以支定收。

养老金支付方案预先确定，确定的变量有工龄和某段时间的工资水平，养老保险缴费率随之确定。

第二，收入关联。

养老保险待遇是以现实收入状况为基础确定的，与预期退休前的实际收入直接相关，而与其缴纳的养老保险费的多少只有间接关系，体现了养老保险制度的互济性。

第三，保险主办方承担风险。

由于在待遇确定型的养老保险计划下，待遇水平是预先承诺的。因此，社会养老保险的基金支付风险由保险主办方（通常是政府）承担。

第四，初始无基金。

通常养老保险计划的主办方根据工作年数承诺给付，对建立保险计划时有一定工龄的雇员在过去的工作贡献予以养老承诺，使不同年龄的雇员得到平等的对待。

承诺的给付从建立保险计划起就形成净债务，需由其他方面的基金补充或者由在职人员分摊。

第五，精算定成本。

每年缴费水平的确定必须通过精算养老保险计划的预定实际成本。实际成本由计划承诺的给付水平、计划参加人员的死亡率、未来工资增

① 林义.社会保险基金管理［M］.3版.北京：中国劳动社会保障出版社，2015：72-74.

长率、养老基金投资收益、计划的管理费用等决定。

第六，待遇调整灵活。

在待遇确定型养老保险计划中，养老金的支付能随物价、通货膨胀态势和现实工资收入的变化而调整，保障退休者能享受社会发展的成果。

第七，易被老雇员接受。

在待遇确定型养老保险计划中，养老金支付的承诺水平与雇员的工作年数和在职期间的工资有关，因此更受老雇员欢迎，能起到稳定员工队伍的作用。

（二）缴费确定型[①]

1.含义

缴费确定型（defined contribution，DC），即先经过预测确定缴费水平，据以筹集养老保险基金，基金逐渐积累并获得投资收益，雇员退休时，以其相应的缴费及投资收益在退休时的积累额为基础发放养老金。

2.特点

第一，支付与缴费和投资收益关联。

缴费确定型养老保险计划不承诺最低支付水平，雇员未来养老金的多少取决于缴费多少和投资收益率。

第二，机理简单，透明度高，易被接受。

缴费确定性的养老保险计划采用个人账户方式，建立了缴费和享受待遇之间的直接联系，强调劳动者的自我积累和自我保障意识。同时，个人账户余额可以继承和转移，有利于劳动者流动。

第三，生命周期收入再分配。

缴费确定型的养老保险计划实际是个人生命周期收入的再分配，可抑制超前消费，鼓励对退休储蓄早做安排。

第四，劳动者自担风险。

个人账户的积累额是退休后养老金的基础，养老基金的投资风险、长寿风险由劳动者自担。

---

① 林义.社会保险基金管理［M］.3版.北京：中国劳动社会保障出版社.2015：77-76.

表3-1总结了两种模式的特点。

表3-1   **DB制与DC制的比较简表**

项目	DB制	DC制
财务平衡	年度收支平衡	生命周期内收入再分配
给付基础	退休前工资收入	缴费与投资收益累积值
支付风险承担	制度的主办者	制度的参保者
机制透明度	较低、激励机制较差	较高，激励机制较好
适用性	多适用于现收现付制的筹资模式	多为适用于基金制的筹资模式
营运成本	一般认为较低	大多认为较高
养老金水平	给付水平较高	投资收益较高
发展趋势	减少；受过去工作贡献者的欢迎	增多；受未来工作者的欢迎

第四节　社会保障基金的投资运营

一、社会保障基金投资运营的含义及意义

社会保障基金投资运营是指社会保障基金管理机构或委托机构，将社会保障基金投入国家政策和法律许可的金融资产或实际资产，以使社会保障基金在一定时期内获得预期收益，实现保值和增值的基金运营行为。

社会保障基金的保值、增值是社会保障制度得以顺利运行的关键，有着重大而深远的意义。

（一）有助于加快积累实质性社会保障基金

国外商业性保险和社会保险发展的经验表明，积累保障基金可以通过扩大覆盖面、征收保险税费的方式来实现。但是，以增收税费的方式积累保障基金，相应加大了保险机构所承担的风险，并且，这种保障基金积聚得越多，风险就越大。因此，通过收付方式积聚的保障基金是一种非实质性保险基金。

积累实质性的保障基金主要依靠保险机构管好、用活已有的保障基金，争取投资盈利。在西方国家，投资收益成为有效社会保障基金积累最重要的来源。

（二）有助于降低社会保障税费率，减轻企业的经济负担，提高企业的竞争力

现收现付制的社会保障制度随着社会保障事业不断发展，社会保障支出水平逐步提高，国家必然相应提高社会保障税费率，从而加重企业的经济负担。

相反，在"基金"式社会保障制度下，通过有效地运用社会保障基金并获取预期投资回报，就能降低企业的社会保障成本，提高企业在国内市场乃至国际市场的竞争力。

（三）能直接支援经济建设，提高社会保障在国民经济中的地位

社会保障基金由社会保障专管部门掌握，按照国家有关法规、政策进行各项投资活动，不仅加大了社会保障的偿付力度，而且为资金投放企业的风险管理、技术改造和扩大再生产提供了可靠资金来源，有效地支援了经济建设。

同时，社会保障基金的有效运用，能使各行业从中看到社会保障调节国民经济的作用并支持社会保障事业的发展。

（四）有利于完善资本市场，提高资金的使用效率

在发达市场经济的条件下，社会保障基金进入资本市场是资本市场本身发育的必要条件。据统计，某些发达国家仅养老基金就占资本市场资金的1/3以上，可以说没有社会保障基金的投入，就不可能形成完善的资本市场。

二、社会保障基金投资运营原则

一般来说，要保证社会保障基金在投资运营中实现良性循环，应遵循以下几个基本原则：

（一）安全性原则

社会保障基金设立的目的在于保障社会成员的基本生活，是保障人们生存权的最后一道防线。因此，安全性是社会保障基金投资运营的首要原则。

在市场经济条件下，投资与风险是一对"双胞胎"，在将社会保障

基金进行投资时，应该尽量规避风险，确保投资的安全。特别是要制定相应的投资限制政策，最大限度地确保在基金资产安全的前提下，使基金资产能够得到一定程度的增值。

（二）流动性原则

社会保障基金投资的最终目的是确保社会保障支付的需要。因此，社会保障基金在投资时应该保持一定的流动性。

在选择投资项目时，应注意投资的结构，既要保证基金投资的长期效益，又要保障基金的短期支付能力。如果将所有的基金都投资于长期项目或难以变现的不动产项目，一旦出现给付需要，就可能入不敷出，进而影响社会保障基金的正常运行。

（三）长期收益性原则

社会保障事业是一项长期事业，需要长期收益作为保障。社会保障基金是一种可以长期投资的基金，短期的收益具有波动性和不确定性，会影响社会保障基金的收益水平。因此，社会保障基金投资应立足于长远。

可以由国家社会保障基金管理机构和基金管理公司确定一个合适的安全收益率以指导基金的投资，该投资收益率可以考虑比照所有基金的平均收益率制定。例如，不能低于所有基金平均收益率的70%或者硬性规定一个具体的最低收益率指标，瑞士养老保险基金的投资收益率就不能低于4%。

为了保证基金投资至少达到最低收益率，必须有储备作为担保，可供选择的方式有：一是社会保障基金以自有资产作为基础，从基金资产中提取一定比例资产作为储备；二是出资成立担保基金；三是向保险公司投保；四是在基金管理公司自身力量不能确保基金投资的最低收益率水平时，可以适当考虑国家财政补贴。

（四）多样性原则

任何投资方式都存在风险，根据投资风险理论，为了使社会保障基金的投资风险最小化，最有效的办法就是采取多样化的投资组合，即通过将资金进行分散搭配，并投资于多种渠道项目，扩大投资的范围，进而相对降低投资的风险，保证投资的收益。

三、社会保障基金的主要投资途径

多元化投资模式是指投资者将资金分散投入收益、风险、期限都不相同的若干种项目上，借助多样化效应，分散单项资产风险，保证在各个时期、各个项目上"东方不亮西方亮"，进而降低所承受的投资总风险。在现有的资本市场条件下，只要政府在投资的限制上放松管制并给予适当的扶持，社会保障基金完全可以通过银行存款、债券、股票、不动产、投资基金以及国际资本市场等多样化的组合投资来实现其保值增值的投资运营目的。

（一）银行存款

银行存款从广义上讲也是一种投资，这种投资的特点是，安全可靠、操作简单、流动性最强，虽可以收取一定利息但收益率低，在发生通货膨胀时，基金有贬值风险。就投资营运的目的性来看，银行存款并不会带来真正意义上的收益，只适宜维护社会保障基金的流动与周转。因此，社会保障基金投资机构通常不会仅是简单地将基金存入银行，而是会选择最佳的存款组合。

（二）债券

债券是发行人依照法定程序并约定一定期限内还本付息的一种有价证券。

债券按发行主体可分为国家债券、地方债券、金融债券、公司债券、国际债券。

投资于债券的优势是，收益相对稳定且较高，投资的风险较小，特别是政府债券由于没有违约风险，安全性高且收益稳定。因此，对于社会保障基金来说，这是一种比较稳妥的投资工具。当前，我国债券除国库券外，还有企业债、金融债、地方政府债等。

（三）股票

股票是指股份有限公司发行的、表示其股东按其持有的股份享受权益和承担义务的可转让的凭证。

购买股票是一种收益率高、变现能力强的投资方式，同时又是一种复杂而充满风险的金融活动。

与国债和银行存款相比，股票投资的风险相对要大些。二级市场的股票的价格是不稳定的，时起时落，变幻莫测，既可能给投资者带来丰厚的收益，也可能使投资者遭受各种损失甚至要承担巨额亏损的危险。但仔细分析，投资股票的风险除来自由整个经济形势所决定的股票市场的系统风险之外，更主要的是来自股票发行单位所形成的非系统风险。而来自股票发行单位的风险通过对发行单位的研究、分析和选择以及运用巧妙的投资策略，在一定程度上是可以降低甚至避免的。如果在政策上再给予适当的扶持，投资股票的收益完全是可以得到保障的，其风险也可以降低到一个可以预计的程度。

从世界范围看，随着资本市场的不断完善以及养老保险私有化浪潮的推进，股票在养老基金投资组合中的比例会呈上升趋势。但目前，各国对社会保障基金投资于股票市场，通常持更为谨慎的态度。

（四）投资基金

投资基金又称共同基金、合作基金，是一种社会化的信托投资工具。它是指基金公司或其他发起人向投资者发行收益凭证，将大众手中零散资金集中起来，委托具有专业知识和投资经验的专家进行管理和运作，并由信誉良好的金融机构充当所募集资金的信托人或保管人。投资基金的优势是专家理财、组合投资、规避风险、流通性强、收益高且稳健。

我国投资基金虽然在20世纪90年代初期就已起步，但是直至1997年11月中国证监会颁布了《投资基金管理暂行规定》，才标志着我国投资基金规范发展的开始。从所有已上市交易的现存基金的投资业绩和投资回报来分析，于1998年推出的证券投资基金明显处于优势。从这些证券投资基金公布的业绩和回报来看，我国社会保障基金应根据自身状况，在进行可行性分析的基础上，积极委托投资基金代理基金运营。

（五）不动产

不动产投资主要指房地产投资，还包括公共基础设施建设（公路、铁路、桥梁等具体项目）。不动产投资的主要特点是投资周期长，涉及面广，过程复杂、资产流动性低，收益周期长，一般风险较大。一般情况下，鉴于房地产受经济周期波动的影响和管理成本较高等特点，多数国家对其投资比重严格限制，但与高科技或风险投资相结合的新型房地产投资仍具有广阔的市场。

（六）国际资本市场

在资本达到一定规模时，可以考虑到国外资本市场上进行投资。智利国内非银行储蓄机构（养老基金与互助基金）把个人小额储蓄聚集起来，当这些储蓄不断扩大、开始拥有国内的大量资产时，就允许养老基金向海外市场投资，现在比重已达到了30%。这样做可以使养老基金避免利率风险，增加其投资多样性，还可以抵消其他资本向智利流入。随着世界经济的全球化、一体化发展，各国的货币管制都有放松的趋势，出于分散投资风险和追求高投资收益率的需要，社会保障基金投向国外资本市场的数量将会增大。

按照我国相关法律法规的规定，可以进入资本市场的社会保障基金有全国社会保障基金、基本养老保险基金和企业年金。三种社会保障基金投资运营的现行法律依据分别为：《全国社会保障基金条例》（中华人民共和国国务院令第667号）、《全国社会保障基金投资管理暂行办法》（2001年12月13日起实施，2023年12月发布修订征求意见）、《企业年金基金管理办法》（2011年2月12日人力资源和社会保障部、银监会、证监会、保监会令第11号公布，根据2015年4月30日《人力资源和社会保障部关于修改部分规章的决定》修订）、《关于扩大企业年金基金投资范围的通知》（人社部发〔2013〕23号）、《基本养老保险基金投资管理办法》（国发〔2015〕48号）、《人力资源和社会保障部关于调整年金基金投资范围的通知》（人社部发〔2020〕95号）等文件通知精神。

2023年12月6日，财政部联合人力资源和社会保障部对《全国社会保障基金投资管理暂行办法》进行修订，起草《全国社会保障基金境内投资管理办法（征求意见稿）》。该征求意见稿共10章、58条，明确社保基金会可采取直接投资、委托投资或者以国务院批准的其他方式开展投资运营。在投资范围上，该征求意见稿将此前专项批复进行整合，并适当优化调整投资范围，兼顾基金安全和保值增值需要。该管理办法中共有11类产品和工具，主要调整内容包括：一是纳入历年专项批复内容，具体包括同业存单、政策性和开发性银行债券、地方政府债券、企业债、债券回购、直接股权投资、产业基金、市场化股权投资基金、优先股、资产证券化产品、公开募集基础设施证券投资基金等。二是结合金融市场发展变化，参考基本养老保险基金、企业年金基金投资，增加和调整全国社保基金投资范围，具体包括公司债、非金融企业债务融资工具、养老金产品等。三是根据金融市场发展，适当增加套期保值工具，具体包括股指期货、国债期货、股指期权等。此外，明确社保基金会直接投资范围限于银行存款、同业存单，符合条件的直接股权投资、产业基金、股权投资基金（含创业投资基金）、优先股，经批准的股票指数投资、交易型开放式指数基金。同时考虑到全国社保基金规模较大，已形成投资规模效应，为进一步促进全国社保基金保值增值，考虑参考基本养老保险基金投资监管办法和实践、结合相关监管改革方向，适度下调管理费率、托管费率上限。社保基金会开展直接股权投资和私募股权基金投资，要坚持安全至上、优中选优原则，审慎选择投资项目和股权基金管理人，科学论证投资价值，全面研判防范风险，严格执行投资决策委员会审议和内部控制等相关制度，确保基金安全和保值增值。

第五节　社会保障基金的监管

一、社会保障基金监管的含义[①]

（一）社会保障基金监管的内涵

社会保障基金监管是指国家行政监督机构、专职监督部门及社会公众主体为防范和化解风险，根据国家法规和政策规定，对社会保障基金参保人和受益人资格，经办机构、运营机构或其他中介机构的管理过程及结果进行的评审、认证和鉴定。

相对社会保障基金管理，社会保障基金监管的范围要小，前者包括了后者，后者是前者中的一环。

（二）社会保障基金监管的内容

1.社会保障基金征缴的监管

第一，对征缴机构行为的监管。

监管的内容包括：征缴机构是否按规定的项目和标准及时足额征缴

① 宋明岷.社会保障基金管理：理论、实践与案例［M］. 上海：复旦大学出版社，2012：213-218.

社会保险费；是否擅自提高或降低社会保险费的征缴比例，擅自对企业减免应收保险费等。

第二，对缴费单位行为的监管。

监管的内容包括：缴费单位拖欠、拒缴、截留应缴社会保险费的情况，有无隐瞒工资总额情况。

2.社会保障基金支付的监管

第一，对经办机构或社会化发放机构行为的监管。

监管的内容包括：是否存在任意扩大基金开支范围和标准的行为，是否存在虚列支出、转移资金等行为。

第二，对参保单位或参保人行为的监管。

监管的内容包括：参保单位是否有多报离退休人数或死亡不报行为，参保人有无骗取社会保险金行为。

3.社会保障基金结余的监管

社会保障基金结余的监管是指对社会保险基金结余管理规定执行情况的监管。

监管的内容包括：是否及时将社会保险基金存入社会保险基金财政专户，实行收支两条线管理等。

4.社会保障基金投资的监管

社会保障基金投资的监管包括对社保基金投资管理机构的资格认定、设置社保基金投资工具和比例限制、实施最低相对收益率担保、建立完备的信息披露与报告制度和发挥中介服务机构的监督作用。

（三）社会保障基金的监管体系

1.社会保障基金监管的主体

社会保障基金监管的主体可分为政府监管主体和非政府监管主体两类。

政府监管主体根据政府部门职能分为立法部门、司法部门和行政部门三类。

非政府监督主体有审计和金融机构、行业协会、中介机构、新闻媒体、工会监督等。

我国社会保障基金监管的主体由人力资源和社会保障部及各级人社厅、局，财政部及各级财政厅、局，全国社会保障基金理事会、审计、税务、邮政部门和中国人民银行分支行等组成。

2.社会保障基金监管的客体

社会保障基金监管的客体可分为三类：第一类是基金的具体征收、储存、支付机构，如各级社保经办机构；第二类是基金的运营机构，如基金公司、证券公司、投资基金及其托管银行等；第三类是基金的缴纳人和受益人，如参保的各类企业和劳动者个人等。

3.社会保障基金监管的手段

社会保障基金监管的手段，是社会保障基金监管部门实施监管工作方法的总称，是基金监管方式的具体体现，主要有法律手段、行政手段和经济手段。

二、对社会保障基金投资运营的监管

为了维护社会保障制度参与者的利益，应通过建立专业的监管机构和投资监管制度，对社会保障基金的投资运营实施有效的监管，以保证社会保障基金投资决策的科学性、透明度和民主化，提高投资项目选择的合理性和安全性。

从实践来看，监管社会保障基金投资主要遵循下列两个原则。

（一）数量限制性原则

实行数量限制性原则主要基于以下几个原因：第一，缺乏基金管理的经验，尤其是缺乏充分的风险评估模式，就意味着社保基金要承担过度的风险；第二，资本市场缺乏流动性和透明度；第三，脆弱的资本市场可能阻碍社保基金改革的可持续发展；第四，对社保基金总体风险的限制可以减少由政府对社保基金担保所引发的道德风险问题；第五，对于那些承担巨额社保债务的国家来说，向基金制转变的成本较高，而要求社保基金投资于政策债券可以减少这一巨额成本。

数量限制性原则的主要内容包括：第一，基金的投资品种和投资组合一般都是由监管者指定的，通常包括规定基金可以投资的品种，限制基金进行股票、国外证券等高风险投资，如《基本养老保险基金投资管理办法》（国发〔2015〕48号）第三十七条中规定了养老基金投资比例；第二，规定对每种金融产品的投资限额；第三，规定投资于单个企业或证券发行人所发行证券的最高比例；第四，要求基金的投资管理人进行规范、详尽的信息披露，有时甚至要求披露资产净值。在该原则下，现场监管的方法也使用较多，有些国家规定，所有社保基金每年都要接受一次现场检查评估。

对社保基金的投资品种及其资产指标实行严格的数量限制，在一定程度上有助于规避基金投资的风险，较适合于那些金融体系发育程度较低、资本市场透明度较低、社保基金的发展历史较短的国家。

与发达国家相比，发展中国家政府对社保基金投资倾向于采取这种严厉的限制措施，但不适当的定量限制监管可能对基金投资产生一些消极影响，如限制了投资的分散化、投资缺乏灵活性、减少收益等。

（二）谨慎人原则

历史上，谨慎人原则起初主要适用于英美法系国家，如英国、美国、澳大利亚、加拿大等。

近年来许多非英美法系国家开始放松对社保基金的投资限制，逐渐引入谨慎人原则，如日本、意大利、智利等。例如，2003 年欧盟议会及理事会通过《关于职业退休基金机构活动及其监管者指导令（Directive 2003/41/EC）》，要求成员国将谨慎人原则确定为养老金投资的基本原则。

谨慎人原则起源于信托法。在信托法中，谨慎人原则是指受托人（fiduciary）必须以一个合理谨慎的人在管理相同性质和目的的信托或资产时应当运用的注意、技能、谨慎及勤勉来履行其义务。

谨慎人原则在本质上是一个行为导向规则，其主要关注受托人如何勤勉地履行所肩负的义务。

"谨慎"主要通过投资管理人投资决策和管理风险的程序来实现，而非通过界定某项具体的投资和风险本身为不谨慎来体现。只要是通过一个完善的程序进行投资决策，即使是最为激进和非传统类别的投资也可能符合谨慎的要求。

谨慎人原则一般包括管理人的技能标准、分散化原则、忠实义务、委托的规则等。

也正因为谨慎人原则具有较强的灵活性和适应性，对于各方当事人而言，该原则在适用过程中同时也存在着较大的不确定性。采用谨慎人原则的监管模式要求一个国家具有发育成熟的金融市场，基金管理和投资运营机构的治理结构规范，监管机构的执法能力较强等。

在不具备前述条件的情况下，谨慎人原则的模式难以防范基金管理运营机构的道德风险，难以确保基金资产的安全。

此外，依据谨慎人原则，基金受托人或资产管理人被要求像一个被委托管理他人钱财的普通谨慎人那样行事，而为了确定一个普通谨慎人是如何行事的，受托人或管理人往往会将同类机构的平均水平或相关的指数作为参考的基准，在一个国家证券市场规模很小的情况下，这种参照基准的做法，极易导致基金投资的趋同行为，并降低基金投资组合资产的流动性。

我国《基本养老保险基金投资管理办法》（国发〔2015〕48号）、《全国社会保障基金投资管理暂行办法》（2023年12月修订）、《基本养老保险基金投资管理办法》（国发〔2015〕48号）、《企业年金基金管理办法》（2011年2月12日人力资源和社会保障部、银监会、证监会、保监会令第11号公布，根据2015年4月30日《人力资源和社会保障部关于修改部分规章的决定》修订）、《人力资源和社会保障部关于调整年金基金投资范围的通知》（人社部发〔2020〕95号）、《全国社会保障基金投资管理暂行办法》（2001年12月13日起实施）、《企业年金基金管理办法》（人力资源和社会保障部第11号令）都对基金投资管理人和从业者有严格的要求。

一个国家选择何种监管模式，往往受制于多方面因素的影响，其中包括本国金融市场的发育程度、养老基金治理结构和专业机构运作的规范程度、监管机构的行政执法能力、监管报告制度的完备情况以及司法救济和法律责任制度等。

各国对养老基金的投资实行监管的目标是实现基金投资的安全性和收益性，而其关键在于设计具体制度时如何在社保基金投资的安全性和收益性之间寻找最佳结合点。

为实现这一目标，各国往往综合运用各种监管模式，而不是单纯地采取一种监管模式。

思政课堂

人社部：养老保险全国统筹2022年1月起实施

党中央、国务院高度重视养老保险全国统筹工作。2018年7月，我国建立实施了基金中央调剂制度，适度均衡省际之间养老保险基金负担，迈出了全国统筹的第一步。2016—2020年三项社会保险基金收支情况如图3-1所示。

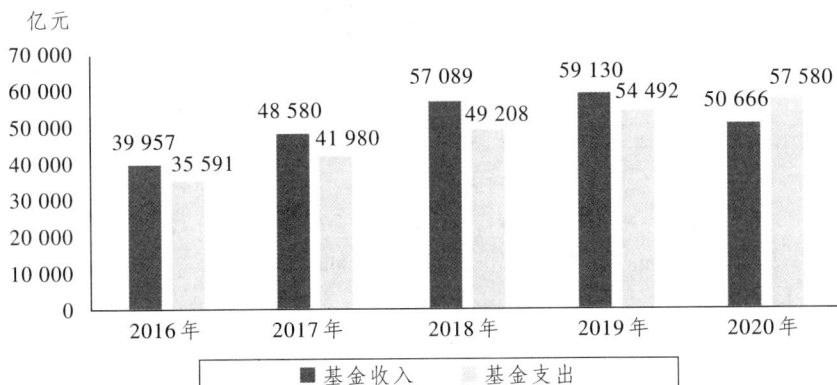

图3-1 三项社会保险基金收支情况（2016—2020年）

2022年，国务院印发的《"十四五"国家老龄事业发展和养老服务体系规划》明确提出，要尽快实现企业职工基本养老保险全国统筹。2018—2021年，中央调剂制度实施四年间，共跨省调剂资金6 000多亿元，其中2021年跨省调剂的规模达到2 100多亿元，有力支持了困难省份确保养老金按时足额发放。

国民经济研究所表示，现行的基本养老保险采取社会统筹与个人账户相结合的方式，资金筹集由国家、单位和个人共同负担。因此，基本养老保险全国统筹，并不意味着大家到手的养老金一样多，其主要解决的是养老金统筹调度的问题。养老金实全国统筹的一个重要影响，是缓解不同区域之间收支不平衡的问题，在全国范围内调剂使用基金，能为养老金的余缺调剂、足额发放提供坚实保障。

中央财政对养老保险的补助力度不会减小。全国统筹制度实施后，将在全国范围内对地区间养老保险基金当期余缺进行调剂，用于确保养老金按时足额发放，这就在制度上解决了基金的结构性矛盾问题，困难地区的养老金发放更有保障。人社部将会同有关部门加强全国统筹调剂资金的管理，确保基金安全、调拨顺畅。

全国统筹制度实施以后，将建立中央和地方政府的支出责任分担机制，中央财政对养老保险的补助力度不会减小，保持稳定性和连续性。在此基础上，地方政府的支出责任将更加明确，各级政府的责任都将进一步压实。

全国统筹以后，通过加强对养老保险政策、基金管理、经办服务、信息系统等方面的统一管理，将有利于进一步提升整体保障能力，增强制度的统一性和规范性，更好地确保养老金按时足额发放，为参保企业和参保人员提供更加方便、快捷的服务。

资料来源：佚名.4年间跨省调剂6000多亿元！人社部：养老保险全国统筹今年1月起实施，中央财政对养老保险补助力度不会减小［EB/OL］.［2022-02-22］. https://www.nbd.com.cn/rss/zaker/articles/2135108.html.

［分析要点］养老保险全国统筹；基金管理方式转变。

［问题］

1.养老保险基金的改革发展经历了怎样的过程？

2.养老保险基金的全国统筹对基金管理方式带来怎样的挑战？

练习与思考

一、单项选择题

1.下列不属于现收现付制优点的是（　　　）。

A.缴费率低　　　　　　　　　B.无须考虑储备

C.易受通货膨胀的影响　　　　D.管理方便

2.（　　　）是实现社会保障基金保值、增值的关键。

A.社会保障基金管理　　　　　B.社会保障基金筹集

C.社会保障基金支付　　　　　D.社会保障基金投资

3.社会保障应在尽可能广的范围内实施，覆盖尽可能多的社会成员，这是指社会保障基金筹集的（　　　）原则。

A.强制性　　　　　　　　　　B.公平性

C.社会性　　　　　　　　　　D.统一性

4.一般来说，社会保障基金筹集的总原则是（　　　）。

A.以收定支，收支平衡　　　　B.以支定收，收支平衡

C.量能征收，收支平衡　　　　D.公平分担，收支平衡

5.一般来说，给付风险由政府承担的养老金待遇给付类型是

(   )。

    A.缴费确定型   B.待遇确定型

    C.收入确定型   D.确定支出型

二、多项选择题

1.下列属于社会保障基金筹集渠道的是（   ）。

    A.预算拨款   B.用人单位负担

    C.个人缴费   D.社会捐赠

    E.投资盈利

2.社会保障基金筹资模式包括（   ）。

    A.现收现付制   B.完全积累制

    C.部分积累制   D.完全个人缴费制

    E.年金返还制

3.我国社会保险基金支出项目包括（   ）。

    A.医疗保险支出   B.养老保险支出

    C.工伤保险支出   D.生育保险支出

    E.失业保险支出   F.社会保险管理服务费支出

4.社会保障基金的特点包括（   ）。

    A.强制性   B.基本保障性

    C.针对特定保障对象   D.统筹的互济性

    E.保值增值性

5.社会保障基金投资的原则包括（   ）。

    A.安全性原则   B.流动性原则

    C.高收益原则   D.长期收益性原则

    E.多样性原则

三、思考题

1.社会保障基金的特点是什么？

2.社会保障基金的筹资模式有哪些？各有什么优缺点？

3.社会保障基金的支付模式有哪些？

4.社会保障基金投资的原则是什么？主要途径有哪些？

5.思考社会保障基金监管的意义以及监管的原则。

第四章

养老保险

学习目标

养老保险是社会保障制度中重要的组成部分，关系到每个人"老有所养"的切身问题。通过本章的学习，要了解养老保险的含义与特征、基本框架，熟悉我国当前养老保险体系，并能借鉴外国养老保险制度的经验教训，理解我国当前养老保险制度存在的问题，思考解决的方法。

关键概念

养老保险　社会统筹账户　职工基本养老保险　个人账户　机关事业单位养老保险　城乡居民基本养老保险　三大支柱　企业年金

案例

个人养老金制度落地一年，广州开户突破600万

2022年10月26日，《个人养老金实施办法》正式出台，并在全国36个先行城市或地区先行实施，标志着个人养老金制度正式落地。当前，我国已建立起以基本养老保险、企业年金和职业年金、个人养老金制度为"三支柱"的养老保险制度体系。个人养老金是指政府政策支持、个人自愿参加、市场化运营、实现养老保险补充功能的制度。截至2023年10月底，广东省先行地区（省直、广州、深圳）已开通个人养

老金账户逾600万户，居全国前列。

个人养老金的参加人应当是在中国境内参加城镇职工基本养老保险或者城乡居民养老保险的劳动者。

在广东，除广州、深圳入选个人养老金先行城市外，省直参保人也一并纳入。只要基本养老保险关系在先行城市或地区的劳动者，不受实际工作地、个人养老金资金账户开立地等影响，都可以参加个人养老金。每年缴纳个人养老金额度上限为1.2万元，参加人可以选择按月、分次或者按年度缴费，并能享受缴费和投资环节免税。

参加个人养老金是在享受基本养老保险待遇的基础上增加一份养老收入，同时也可以为参保人提供个税优惠。比如，陈先生全年收入30万元，减去专项附加扣除项目后全年应纳税所得额20万元，适用税率为20%，陈先生若选择缴纳1.2万元个人养老金，那么他在缴纳环节可以减2 400元（12 000×20%）的税。在这种设计下，当前收入越高的人，享受到的税收优惠就越高，最高每年可减税5 400元。若缴费20年，税收优惠总额可达几万元。若考虑税率降档因素，实际税优总额会更高。

此外，个人养老金参加人可以自主选择购买符合规定的储蓄存款、理财产品、商业养老保险、公募基金等个人养老金产品。个人养老金资金账户实行封闭运行，其权益归参加人所有。除参加人达到领取基本养老金年龄、完全丧失劳动能力、出国（境）定居，或者具有其他符合国家规定的情形外，参加人不得提前支取。

资料来源：李克军，张琳瑞.广东个人养老金开户突破600万［N］.南方日报，2023-11-02.

［分析要点］个人养老金制度；鼓励性政策。

［问题］

1.个人养老金制度的特点有哪些？作用是什么？

2.个人养老金对于解决个人的养老问题是否有帮助？

养老保险是为保障劳动者在因年老丧失劳动能力、退出社会劳动领域后的基本生活需要而设立的一种社会保障制度。

养老保险是社会保险的重要组成部分，是最复杂的一项社会保险，它体现了劳动者权利与义务的一致性。

第一节　养老保险概述

一、养老保险的含义与特征

（一）养老保险的含义

养老保险，又称为老年保险或年金保险，是指劳动者在达到国家规定的解除劳动义务的劳动年龄界限，或因年老丧失劳动能力的情况下，能够依法获得经济收入、物质帮助和生活服务的社会保险制度。

这一概念主要包含以下三层含义：

（1）养老保险是在法定范围内的老年人完全或基本退出社会劳动生活后才自动发生作用的。这里所说的"完全"，是以劳动者与生产资料的脱离为特征的；所谓"基本"，指的是参加生产活动已不再是主要社会生活内容。需强调的是，法定的年龄界限（各国有不同的标准）才是切实可行的衡量标准。

（2）养老保险的目的是保障老年人的基本生活需求，为其提供稳定可靠的生活来源。

（3）养老保险以社会保险为手段来达到保障的目的。养老保险是世界各国较普遍实行的一种社会保障制度。

（二）养老保险的特征

养老保险是社会保险的主要险种之一，是社会保险制度的重要组成部分，属于社会保障体系的范畴。

无论在哪个国家，养老保险都是依法规范并以社会保险形式所体现的一种政府行为。

养老保险具有以下主要特征：[①]

1.强制性

国家通过立法，强制用人单位和个人依法参加养老保险，履行法律义务，缴纳养老保险费，待劳动者达到法定退休年龄时，可向社会保险

---

① 曹雪琴.我国公共养老保险资产积累特征、预算约束与对策［J］. 安庆师范学院学报，2008（8）.

部门领取基本养老金，享受基本养老保险待遇，保障退休以后的基本生活。

任何单位和个人都不能按照自己的意愿和利益得失来决定是否参加基本养老保险。劳动者作为社会成员，通过劳动为社会创造财富，并从社会得到相应的回报，社会财富的积累是人类社会赖以存在和发展的物质基础，也是养老保险制度建立并发挥作用的前提。因此，当劳动者年老丧失劳动能力后，国家有责任采取强制手段，通过社会养老的形式，维护劳动者的根本利益，依法保障他们老有所养的基本权利。

2.互济性

生产的发展和社会的不断进步，使得家庭规模逐步缩小，人口寿命延长，人口老龄化进程加快，仅仅依靠家庭和企业或单位养老的传统格局已经难以维持。所以，必须由国家建立社会养老保险制度，按照大数法则，在全社会范围内统一筹集资金，统一调剂使用，依靠全社会的力量均衡负担和分散风险。

一般来说，养老保险费用应由国家、企业或单位、个人三方共同负担，并在较高的层次上和较大的范围内实现养老保险费用的社会统筹与互济。

3.社会化管理

养老保险是社会保险中涉及范围广、影响大、享受人多且时间较长、费用支出庞大的保障项目。

几乎每个人都要经历年轻力壮和年老体衰的过程，老年人的今天就是青年人的明天，他们的生活有了保障也就解除了青年人的后顾之忧。所以，养老保险的管理工作，应该在专门机构的指导下，通过现代化、专业化、社会化的管理方式实现养老保障的方便、高效。

4.资金来源广泛

在劳动者达到国家规定领取养老金条件之前，相关机构必须筹集一笔专项资金，专款专用，以保证养老金正常发放。

在大多数国家，养老资金多采用多方筹集，或企业、个人和国家三方负担，或集体与个人双方负担的方式，以扩大资金来源。

二、构建养老保险制度的原则①

（一）权利与资格条件相对应的原则

通常，享受养老保险权利必须具备一定的资格条件，这也是社会保险权利与义务基本对等的原则要求。

在不同的国家，对于资格条件的规定也是不同的，一般包括劳动义务与贡献、投保期限等。因此，实施这一原则的具体形式大体可以分为以下几种：

1.享受养老保险的权利与劳动义务对等的原则

这一原则要求享受养老保险是以劳动者达到一定年龄后退出工作岗位为依据的。人的实际劳动年龄上下限是有差别的，国家规定的退休年龄是以立法形式确定的一个统一标准。

劳动者到了退休年龄之后，国家依据退休制度，一方面要妥善安排他们退出原来的工作岗位，另一方面还要保障他们获得物质帮助和社会服务的权利。根据这一对等原则，确定养老保险的条件和待遇水平时，必须以劳动者退休前为社会所做劳动贡献的时间长短和贡献大小为依据。例如，大多数国家制定养老金标准都要依据原来的工资标准、职位高低等。

2.享受养老保险的权利与投保对等的原则

这一原则要求享受养老保险的人也承担相应的保险费用。要获得老年社会保险的权利，必须以参加社会保险并缴纳保险费（税）为条件。一般来讲，缴纳保险费（税）的时间越长，享受到的养老保险待遇就越高；超过法定的投保年限就可享受更高的待遇；不到法定的投保年限就少得或得不到养老金。

3.享受养老保险待遇与工作贡献相联系的原则

虽然现代养老保险和福利以及社会服务制度是在承认所有老年人都对社会有贡献的前提下实行的，而且在很多福利国家老年人的待遇水平比较高，社会福利的覆盖面很宽，但是在社会保障或社会待遇的实际操作上，也是根据老年人的历史贡献而有所区别的。

在经济发展水平较低的发展中国家，对老年人的保障和待遇标准的

---

① 张琪.社会保障概论［M］. 2版.北京：中国劳动社会保障出版社，2013：153-154.

差别更加明显。在具体实施中，养老金和福利待遇也要根据多种条件确定。

例如，我国目前对历史贡献不同的老年退休者在退休待遇上的差别就是比较明显的，最突出的是离休人员的养老金和社会福利待遇高于退休人员的养老金和社会福利待遇。

（二）保障基本生活水平的原则

养老金是老年人生活主要的甚至是唯一的经济来源，因此，在养老保险的基本方针中，首先应明确的就是要使养老金水平合理，能够满足在一定时期老年人的基本生活开支需求。

在确定养老金待遇时，既要考虑到与在职时工资收入应有适当的差别，还要考虑到与在职时的生活水平不能差距过大，下降过多。此外，由于养老金待遇是终身给付的形式，还要考虑如何抵消物价上涨的影响，保证实际养老金收入水平不致降低。

（三）分享社会经济发展成果的原则

随着社会经济的发展，人均消费水平不断提高，如果老年人的收入水平长期不变，即使考虑到物价上涨的因素而给予一定的补贴，也会出现相对下降的状况，使之与在业者的生活水平差距过大。

退休者虽然已经退出了劳动领域，但他们在几十年的劳动中，为社会扩大再生产做出了应有的贡献，社会发展的新成果，正是在他们所创建的基础上得来的。

实行适度的分享原则，有利于退休者继续发挥余热，并鼓励在业者安心工作，努力生产。

分享原则的实施，一般是由国家根据一定时期生产发展水平和人民生活的改善程度，并考虑在业者工资水平的增长，相应地调整和提高养老金待遇标准，或者是不定期地向退休者发放一定数额的生活补贴。

三、养老保险制度的基本框架[①]

（一）养老保险制度的法律文件

养老保险制度的法律文件主要包括由国家及主管部门颁布的待遇给付条件、待遇给付标准、保险基金社会统筹规定、关于养老保险管理机

[①] 张琪.社会保障概论［M］. 2版. 北京：中国劳动社会保障出版社，2013.

构的编制规定，以及各项具体措施等。

（二）领取养老保险待遇的资格条件

作为发放养老金的依据，领取养老保险待遇的资格条件国际上一般包括退休年龄、工龄或缴费年限、居住年限三个方面，但具体到每个国家又有所不同。

有的国家规定，投保人达到一定的年龄，并缴纳一定数额保险费或投保满一定年限，方有资格领取养老金；有的国家要求养老金领取者要达到一定的年龄，并且有若干年的工龄；有的国家只要达到退休年龄并在该国居住过一定年限就发放普惠型养老金。

目前以年龄和投保年限作为条件的国家占大多数。对未达到规定条件的，则没有领取保险待遇的资格或只享受减额保险待遇。

（三）养老保险基金的筹集模式与费率的规定

养老保险基金的筹集模式与费率的规定主要包括基金筹集的模式选择、筹集的地域与对象范围、保险费的计提基数、费率（即计提比例）、基金的来源等。

（四）养老待遇的给付

养老待遇的给付主要包括待遇给付的项目、待遇水平、给付标准及计算办法，退休金的计发途径以及退休金的调整等。而养老保险待遇给付范围的大小、项目的多少取决于一国国情、经济发达程度、保险制度建立的早晚等因素。

（五）养老保险运行管理机构的设置与运营

养老保险运行管理机构的设置主要包括行政管理机关、事务管理机构、基金运营机构、监察机构的设置、岗位与人员配备以及权限划分等。

养老保险的运营是指，将养老保险基金中暂时不用于支付的节余基金，利用其收支的时间差，通过各种为法律允许可以增值的途径，实行不断增值的资金使用行为。

养老保险运行管理得良好与否，直接影响到社会经济活动，关系到退休人员的生活保障和整个社会的稳定。

养老保险制度的基本结构可概括为表4-1。

表 4-1**养老保险制度的基本结构**

制度类别	主要内容
养老保险制度的法律文件	国家及主管部门颁布的退休办法，待遇给付标准、保险基金社会统筹规定，以及各项具体措施等
待遇给付的资格条件	退休年龄、连续工龄、缴费年限、所在部门与工种等
基金筹集模式与费率确定	模式选择、缴费基数与费率的确定、统筹区域与对象、基金来源、运营与监督等
养老待遇给付	给付项目、待遇水平、计算标准、调整办法、计发途径等
管理机构的设置与运营	养老保险行政机关、业务监督机构设置、各级权限划分、岗位与人员配置

四、社会统筹与个人账户的含义

所谓社会统筹，是指社会保险的资金由政府出面，按照社会统一的标准和原则，依法将分散在各部门、各企业的资金集中起来，统一管理，统一分配使用。

实行社会统筹的目的主要有两个：一是实现养老保险的社会化，改变过去既充分供给又分散管理的不合理状况，逐步实现地区乃至全国养老保险的一体化；二是解决分散管理下企业间出现的负担不均问题，有利于养老保险的互济。

所谓个人账户，也称个人基金账户，就我国基本养老保险制度而言，它有三层含义：一是个人账户的基金实行强制性个人缴纳积累；二是个人账户归个人所有、个人使用，不作社会互济，职工在职时基金管理采取完全积累的方式，退休后按月支付使用，可以继承；三是基本养老金个人账户的支付具有缴费限定性，与职工本人在职时的贡献大小和工资多少相关。

实行个人账户充分调动了个人积累的积极性，避免或降低了社会保障中的道德风险，较好地体现了义务和权利对等关系。

从管理角度看，还可以提高管理的透明度，增强管理机构的责任感。同时，在市场经济条件下，还有利于劳动力的流动。

缴费工资，是参保单位及其职工缴纳养老保险费时的缴费基数。城镇各类企业以本企业上年度的平均工资为缴费基数。城镇各类企业职工以本人上年度平均工资为缴费基数。

城镇个体工商户和灵活就业人员以当地上年度在岗职工平均工资为缴费基础。根据《关于工资总额组成的规定》(国家统计局令〔1990〕1号)，工资总额是指各单位在一定时期内直接支付给本单位全部职工的劳动报酬总额，包括计时工资、计件工资、奖金、津贴和补贴、加班加点工资、特殊情况下支付的工资。

第二节 外国养老保险

一、外国养老保险制度的主要模式

世界各国的养老保险制度千差万别。根据养老保险制度的总体设计，可将其分为四种模式，即国家统筹模式、投保资助模式、强制储蓄模式、福利国家模式。[①]

(一)国家统筹模式

国家统筹模式由国家承担劳动者的全部养老责任，国家事先对社会保障费用作预留和扣除，工薪劳动者在年老丧失劳动能力之后，均可享受国家法定的社会保险待遇。

保险覆盖在职职工，没有工作就没有保险；个人不需要缴费，养老保险所需的全部资金都来自国家的财政拨款；保险待遇水平与劳动者本人的在职工资高低紧密关联；实行"现收现付"制。这种模式仅在少数社会主义国家实行，苏联是这一类型的首创与代表，我国改革开放前也实行这种方式。该制度是计划经济的产物，国家把养老保险作为一项制度来实施。

国家统筹模式养老保险在一定历史时期对于稳定社会、保障劳动者的晚年生活起到了积极作用。但是，随着社会经济的发展和人口老龄化的加快，特别是转入市场经济新体制后，国家统筹模式养老保险制度暴

---

① 吕学静.社会保障国际比较 [M]．北京：首都经济贸易大学出版社，2007：129.

露出很多弊端。例如，资金来源过于单一，导致国家或企业背上沉重的财政包袱；劳动者本人不缴纳任何费用，造成劳动者缺乏自我保障意识，国家和企业身上的包袱越背越沉重等。

（二）投保资助模式

投保资助模式又称为自保公助模式，是社会共同负担、社会共济的养老保险模式。这种模式由劳动者个人参保，国家提供一定的资助。每一个劳动者和未在职的普通公民，都属于社会保险的参加者或受保对象；在职的企业雇员必须按工资的一定比例按期缴纳社会保险费，未在职的社会成员必须向社会保险机构缴纳一定的养老保险费，作为参加养老保险所履行的义务，这样才有资格享受社会保险。同时，企业或雇主也必须按企业工资总额的一定比例定期缴纳保险费。

按照投保的情况不同，领取的保险金分为三个层次：

第一层次为国家法定退休金，包括普遍养老金和雇员退休金两种。普遍养老金覆盖全体国民，不管有无工作及收入多少，只要达到一定的年龄，并且向社会保险机构缴纳过一定的保险费，每一个老年人都有权利享受此保险金。通常，在实行普遍养老金的国家，公务员有补充退休金。雇员退休金，只有企业的雇员才能享受，雇主和政府工作人员没有此保险。企业的雇员只要按规定缴纳保险费，达到法定退休年龄，就可享受雇员退休金。雇员缴费按照工资的一定比例进行，工资过低不缴费，工资超过一定数额的部分也不需缴费。

第二层次为企业补充退休金（企业年金）。这种保险一般由企业实施，企业为吸引、保留优秀员工，提高雇员退休生活水平实施该保险，具体投保及领取办法由企业自行规定。各企业实行的补充退休金标准各不相同，但一般由雇主投保，雇员中途离开企业一般无权领取补充退休金。

第三层次为个人养老保险，包括养老储蓄、养老互助储蓄及人寿保险等。未被企业养老保险覆盖的个体劳动者和想提高老年保障水平的人可以按照自己的需要参加个人养老保险。

投保资助模式起源于德国，后为美国和日本等效仿，是目前世界上大多数国家实行的养老保险方式。我国自20世纪90年代以来对养老保险制度进行了改革，基本目标就是向投保资助模式方向发展。根据我国经济水平和职工的承受能力以及劳动力结构复杂、层次不一的特点，实行国家、企业和个人共同负担的投保资助模式，建立社会统筹与个人账户相结合的养老保险制度。

（三）强制储蓄模式

强制储蓄模式由企业和个人缴纳保险费，国家不进行直接投入，只给予一定的政策优惠。采用这种保障方式的国家以新加坡和智利为典型代表，少数亚非发展中国家也采用这种保障方式。

新加坡的基本做法是由政府制定《中央公积金法》，并成立一个权威性的社会保险机构——中央公积金局，制定养老保险的方针政策，进行日常管理；每个雇员都有自己的社会保险卡，上面记录着自己的缴费情况；政府对养老保险金缴费给予税收和利率的优惠。智利则允许自由选择不同的市场化的私营公司来运作养老储蓄金。

在这种模式下，可积累大量的社会保险基金，配以良好的资金运营管理，可以为退休者提供高水平的保障。新加坡的公积金制度建立以来，运转良好，不仅为退休者支付了充足的退休金，而且还有相当大的结余。截至2023年底，新加坡中央公积金的资产管理规模达5 710亿新加坡元。国家利用公积金购买国家债券，解决了居民住房建设资金短缺的问题；通过公积金在国家建设项目上的投资，还实现了国家经济的高速增长，并进一步提高了劳动者收入水平，为公积金提供了更多的资金来源，形成了良性循环。

但是，这种模式也有一定的局限性，要求企业和劳动者的投保费率较高，必须在经济发展速度较快、水平较高的情况下才能实行。经济发展水平不高的国家实行这一制度的效果并不理想，其主要原因就是社会投保能力不足，致使资金短缺，不能实现良性运行。

（四）福利国家模式

福利国家模式主要在英国、北欧国家（如瑞典、挪威）推行，部分英联邦国家（如新西兰）也采用类似制度。该制度作为福利政策的一项主要内容，强调普遍性和人道主义，把所有老年人作为普遍养老金的发放对象，退休者还享受与收入关联的年金。普遍养老金的基金来源于税收，由国家和企业承担，个人不缴纳或只缴纳少部分保险费。

福利国家模式形成于第二次世界大战前后，1948年英国工党政府宣布英国成为福利国家。福利国家模式下的普遍养老保险分为两类：一类是全民定额制（如英国、北欧）：资金来自税收，覆盖全体居民；另一类是收入关联制（如瑞典）：养老金与历史收入挂钩，资金由雇主、雇员和政府共担。20世纪70年代以来，福利国家模式逐渐暴露出一些问题，政府为了保持高水平的福利待遇，不得不实行高税收，导致高负担，最终导致社会福利的危机。福利国家在危机面前，必须采取改革措施，从而造成了政治上的被动局面。

这四种养老保险模式的比较可归纳为表4-2。

表4-2　　　　　　　　　养老保险四种模式的比较

模式分类	责任分担	覆盖范围	保障水平	缴费	管理
国家统筹模式	国家财政包揽所有退休费用	国有、集体企业职工和国家机关、事业单位工作人员	保障层次单一，保障水平高	个人无须缴费	管理简单、粗放
投保资助模式	国家同企业、个人分别负担养老保险责任	覆盖范围广，普遍养老金覆盖所有居民	多层次保障，满足投保人不同需求	保险费由企业和个人缴纳	管理体系相对复杂，管理成本高
强制储蓄模式	国家财政不支付保险费，政府只提供税收优惠政策	覆盖范围广，几乎覆盖所有居民	保障水平高	保险费由企业和个人缴纳	公积金局统一管理或私营公司分散运作
福利国家模式	国家和企业承担责任	覆盖全体居民	保障水平高	国家和企业承担，个人缴纳少部分或不缴纳	管理体系复杂，成本较高

二、各国养老保险制度比较

（一）德国——投保资助型养老保险

德国是欧洲人口老龄化程度最高的国家。

2010年，德国人口约8 180万，65岁及以上老人占20.6%。

1889年德国颁布《残疾和老年保险法》，第一个建立了社会养老保险，为其他国家所效仿。在其后百余年中，德国对养老保险制度进行了多次重大改革，经过2001年和2004年两次重点改革后，德国养老保险正式构建了经济合作与发展组织（OECD）建议的三支柱模式。

1.第一支柱：基本养老保险

2004年后的基本养老保险，在改革前作为第一支柱的法定义务养老保险、比照法定养老保险运行的农民养老保险和特定职业养老保险的基础上，增加了"吕鲁普养老金"。法定义务养老保险是德国社会保障制度的主要组成部分，是强制性的养老保险制度，覆盖了近90%的从业人员。德国法定义务养老保险制度情况如表4-3所示。吕鲁普养老金在德国官方也被称为"基础养老金"（basis-rente），是一种可以享受政府大数额、高比例退税方式的私人自愿投保的商业保险，虽然在设计上与法定养老保险相似，但采用资本积累制融资结构。国家为基本养老保险提供税收上的优惠政策，养老保险支出可作为特别支出享受个人所得税减免的待遇。基本养老保险采用延迟纳税制度，2005年到2040年为过渡期，延迟纳税制度分步骤实施。[①]

表4-3　　　　　德国法定义务养老保险制度情况简表

覆盖范围	所有雇员劳动者及独立经营者
资金来源	由雇主、雇员、政府三方共担，缴费率2020年之前控制在20%以内，2030年之前控制在22%以内；公务员养老金列入财政预算
受益条件	男65岁、女60岁（2012—2025年将退休年龄统一提高至67岁）；投保35年。年满63岁且缴满45年养老保险者，可以提前退休并可获得全额养老金
待遇水平	养老金给付根据可持续因子进行自动调整。替代率逐步降至40%左右
管理机构	联邦政府一般监督，各保险机构管理业务

注：可持续因子主要反映全社会养老保险费缴纳人数与全社会养老金领取人数之间的相互关系和变化趋势，即整个养老保险系统的赡养比率。

2.第二支柱：补充养老保险

补充养老保险保留了企业年金，增设了自愿参加的"里斯特养老金"，政府对个人参保缴费给予较高的税收优惠和补贴，特别适合低收

① 于秀伟. 从"三支柱模式"到"三层次模式"——解析德国养老保险体制改革［J］. 德国研究，2012（2）：70-79.

入或多子女的劳动者。①

德国的企业补充养老保险不是法定的，而是企业雇主与雇员自愿达成协议办理的。保险费由企业和个人承担。雇员退休时可领取企业养老金，也可以提前领取，条件是支付养老金的承诺已经满10年，或者在本企业工作满12年，支付养老金的承诺满3年。尽管企业补充养老保险是宝贵的补充，不过德国设立补充养老保险的企业较少。第二支柱的补充养老保险也可以享受国家税收上的一些优惠政策，同时也采用延迟纳税制度，但不设过渡期。

3.第三支柱：个人储蓄性养老保险

个人储蓄性养老保险由个人自愿参加，原则上不能享受政府的税收优惠政策，但对于人寿保险产品在征税上也有一定的优惠，例如只对收益部分征税。

参加个人储蓄性养老保险的人数占参加各类养老保险总人数的10%左右，参保者大都是医生、律师、零售商等高收入者，保费完全由个人支付，私人保险公司将保费存入银行，以利息支付养老金。

（二）美国——多层次的养老保险

美国于1935年制定《社会保障法》，开始实行养老保险制度。1946年颁布《遗属养老保险法》，1959年颁布《病残保险法》。

美国养老保险由社会养老保险、企业年金和个人储蓄养老三部分组成。

1.社会养老保险

美国的社会养老保险制度是强制性养老保险计划，又称老年、遗属和残疾保险计划，是美国建立最早的社会保障制度，也是覆盖最广的险种。根据美国社安署（Social Security Administration）的统计，2024年约有6 800万人领取退休金，退休人士每月平均领取1 913美元的退休金，领取社安金的人数是1974年的两倍多，2023年用于退休金的支出为1.35万亿美元，占联邦政府总支出的22%。②

① 柳如眉，柳清瑞.人口老龄化、老年贫困与养老保障——基于德国的数据与经验［J］.人口与经济，2016（2）：104-114.
② 俞飞.高龄浪潮来袭 美日如何养老？［N］.中国经营报，2014-08-18.

美国的社会养老保险制度情况参见表4-4。

表4-4　　　　　　　　**美国的社会养老保险制度情况简表**

覆盖范围	雇员及独立劳动者
资金来源	雇主、雇工和自谋职业者缴纳的工薪税、社会保障收入所得税、信托基金投资利息和政府补贴。其中工薪税是其主要来源，约占所有来源的90%
受益条件	67岁全额领取（1960年后出生者），62岁起可提前领取（扣减30%），须缴费满40季度
待遇水平	待遇水平以基本保额为基础进行计算，基本保额又是以职工工作期间缴纳的工薪税（最高35年）扣除前的收入为基础进行计算的。保险待遇还受到当年社会保障工资基数的限制，也就是受可缴纳的社会保障工薪税的最大工资基数的限制[2] 基本保险：替代率约40%，低于OECD的平均水平50% 辅助保险：退休后，其65岁以上配偶可享受保险金的50%，若有条件领取的投保人死后，其无工作满60岁的配偶可代其全额领取，未满18岁的子女，也可领基本保险金的50%
管理机构	社会保障署集中统一管理

2.职业年金和企业年金

针对政府雇员的职业年金和企业雇员的企业年金同属美国的第二支柱养老保险制度。

（1）职业年金。

职业年金的覆盖范围主要是公共部门的雇员，包括联邦政府和地方政府公务员、公立学校老师、非政府组织雇员等。

该制度属强制性公共退休金制度，在管理上采取集中管理，在给付上是按公式计算的DB制，退休金的多寡取决于雇员服务年限、退休前最后收入和退休年龄等因素，在财务上采取积累制，基金实行市场化运作，政府实施谨慎性监管。因而，投资收益是该制度的重要收入来源，其他资金来源为雇主供款和雇员供款。雇员供款率在5%～9%，随投资收益高低调整。[2]

---

① 胡淼.美国"三支柱"模式对我国养老保障制度的启示 [D]. 开封：河南大学，2013：20.
② 李珍.社会保障理论 [M]. 3版. 北京：中国劳动社会保障出版社，2013：189-190.

（2）企业年金。

企业年金又称私人养老金计划，是雇员福利计划的一个重要组成部分。美国约有50%的私营企业雇员参与了该计划。企业年金制度有两种基本形式：缴费确定型和待遇确定型。缴费确定型计划基金积累额由数十年投资回报率决定。待遇确定型计划事先确定退休后可享受的退休金。

企业年金由雇主缴费，雇员可缴可不缴。雇主缴费作为税前列支，雇员的缴费也不作为应税收入。企业年金委托人寿保险公司、商业银行信托部或个人受托人作为投资代理人，提供养老金的方法多半使用人寿保险和年金保险方法。

3.个人储蓄养老计划

个人储蓄养老计划是指由个人建立的一种符合联邦所得税法规定的享有税收优惠的退休储蓄账户。凡是具有纳税收入的公民都可以自愿参与该计划，主要包括个人退休账户和罗斯个人退休账户。

美国享受税收优惠的个人储蓄养老计划账户最早设立于1974年，通常称为个人退休账户。个人退休账户允许每个人每年向指定账户存入一定数额资金，这笔钱不作为当年个人收入，不必缴纳当年税费。存款限额最初是每年2 000美元，2001年布什政府的一揽子减税法案中提高到3 000美元，2005—2007年为4 000美元，2008年为5 000美元。该账户具有良好的转移机制，可随职工的工作变动而转移。

1997年，罗斯个人退休账户通过《税收减免法》提出并设立。该账户同时适用于个人退休账户，并且可以是年金或者账户的形式。罗斯个人退休账户与个人退休账户之间有很多共通之处，其开设不受年龄限制。但是它们之间有一个很重要的区别：向罗斯个人退休账户缴费不可以减税，并且不受到了70.5岁必须从账户中提款的制约，而且即使职工达到70.5岁，仍然可以继续向罗斯个人退休账户缴费。[①]

（三）英国——福利国家型养老保险

20世纪初，英国政府制定《老年赡养法》《国民保险法》等一系列法案，首次进行了养老保险立法。现行养老保险立法是根据1978年开始生效的《社会保障法》建立起来的，1992年《社会保障法》又对国

---

① 胡森.美国"三支柱"模式对我国养老保障制度的启示［D］.开封：河南大学，2013：17.

家基本养老金制度作了进一步补充。英国养老保障制度由三个支柱组成，即国家基本养老保险、职业养老金和个人储蓄性养老保险。

1. 国家基本养老保险

国家基本养老保险包括对每个人提供的基本养老金和对雇员提供的与收入相关联的国家养老金，两者都采用现收现付制。

2000年英国基本养老保险制度情况参见表4-5。

表4-5　　　　　　　2000年英国基本养老保险制度情况简表

覆盖范围	全体公民
资金来源	雇主缴费12.2%，雇员收入在上下限之间者缴10%或8.2%，低于下限者缴2%，超过上限部分不缴 自我雇用者每周固定缴6.55英镑，加上年利润的6.3% 自愿投保人每周缴6.54英镑；政府补贴很大部分
受益条件	男满65岁，女满60岁，缴费满156周
待遇水平	定额养老金：标准很低，一般相当于退休前个人平均收入的20% 收入关联养老金：保证年指数化净收入的1.25%，不超过20年 高龄金：年满80岁者每月32.25英镑
管理机构	社会保障部（现已改组为就业和养老金部）统一管理，非政府部门具体实施

2. 职业养老金

职业养老金是由私人和公共部门的雇主给雇员提供的，包括待遇确定型、缴费确定型和混合型三种计划类型。绝大多数大公司提供的都是职业养老金计划。

职业养老金是英国养老金体系中最重要的组成部分。职工退休后由国家基本养老金提供最低生活保障，而退休后主要收入来源是职业养老金，所以英国职业养老金计划占有相当重要地位。该计划规模相当庞大，截至2004年4月底，参与的总成员数超过2 500万（包括公共事业职业养老金计划的人员）；截至2009年底，英国职业养老金资产高达1.5万亿英镑，资产规模在全球仅次于美国。

3. 个人储蓄性养老保险

个人储蓄性养老保险主要向自雇人员和没有参加职业养老金计划的人群提供，通常是缴费确定型计划。

个人储蓄性养老保险鼓励个人向保险公司投保养老保险，平时缴纳保险费，年老时享受养老金。

这种私人养老保险，往往是经过投保人对各种养老保险办法权衡比较之后，认为最为有利才被选中的一种形式，它基本上属于一种储蓄养老、由保险公司经营的特种保险。

（四）新加坡——强制性个人储蓄型养老保险

新加坡于1953年通过《中央公积金法》。现行的《养老保险法》于1985年颁布，并经1991年修订。

新加坡养老保险制度同其中央公积金制度是分不开的。

中央公积金制度是一项储蓄和保险兼备的强制的一揽子社会保障制度。新加坡中央公积金是一个缴费确定型的完全积累制度，没有收入再分配的功能。

个人的养老待遇水平完成取决于个人账户的积累，政府只提供最低收益率保证和税收优惠。个人账户中积累的基金严格按照政府制定的投资政策，由特定的机构进行集中管理和投资。新加坡养老保险制度情况参见表4-6。

表4-6　　　　　　　**新加坡养老保险制度情况简表**

覆盖范围	所有公共和私人部门的雇员
资金来源	雇主雇员共同缴纳，国家对公积金不征税，并提供支付担保缴费率
受益条件	55岁
待遇水平	一次性领取保险费+至少2.5%的复利（每年调整）；保留全额退休金账户（FRS）（2023年标准为19.2万新元）
管理机构	劳工部一般监督，中央储蓄基金会具体管理（三方理事会）

（五）智利——私营化的养老保险

1918年，智利建立了第一个为白领工人和蓝领工人提供退休金的养老计划，1924年开始实施职工社会保险制度。

20世纪80年代初进行的退休金制度私有化改革取得了举世公认的巨大成功，新的退休金制度被誉为"智利模式"。现行《养老保险法》在1980年颁布。

智利现行养老保险体制包括养老、遗属抚恤和非因工伤残三项内容，实行强制性储蓄，建立个人账户，将强制性储蓄的功能私人化。

它与新加坡模式的区别在于其基金管理采用分散的管理模式，基金由私营的养老基金管理公司分散管理和市场化运营。智利养老保险制度情况参见表4-7。

表4-7 **智利养老保险制度情况简表**

覆盖范围	所有1983年后参加工作的有工资收入的公民；1982年底前参加工作者自由选择新旧制度
资金来源	雇主不缴费，雇员缴费，缴费率约为工资的10%
受益条件	男性满65岁、女性满60岁；或未到退休年龄非因工伤残
待遇水平	退休前10年月平均工资的60%。缴费20年者不足部分政府每月补贴60美元；残疾人按照致残前10年月平均工资的60%领取致残生活费，直至死亡
管理机构	联邦政府一般监督，各保险机构管理业务，私营的养老基金管理公司负责投资运营

第三节 我国职工基本养老保险制度

目前，我国的养老保险体系主要有"三根支柱"。

第一根支柱称为基本养老保险，指城镇职工基本养老保险和城乡居民基本养老保险，2015年机关事业单位养老保险与企业养老保险合并。

第二根支柱称为补充养老保险，指职业年金和企业年金。

第三根支柱是个人储蓄个人养老金（如个人储蓄、商业寿险等）。

一、我国城镇职工基本养老保险的产生与发展[①]

（一）创建时期（1951—1966年）

中华人民共和国成立不久，政务院于1951年正式公布实施了《劳动保险条例》，开始只在很小的范围内实行，为了适应社会、经济发展需要，进行了几次修改。

---

① 张琪.社会保障概论［M］.北京：中国劳动社会保障出版社，2008：166-169.

1953年1月2日，政务院公布了修订后的《劳动保险条例》，在养老保险方面，实施范围覆盖到了商业、外贸、粮食、供销合作、金融、民航、石油、地质、水产、国营农牧场、造林等产业部门。按规定，实行《劳动保险条例》的企业，必须缴纳企业职工工资总额的3%作为社会保险基金。其中，30%上缴中华全国总工会作为社会保险总基金，70%存于企业工会委员会，作为保险基金，用于退休退职等专用。

1955年12月29日，国务院颁布了《国家机关工作人员退休处理暂行办法》，首次对国家机关工作人员的退休条件和退休待遇作了规定：男年满60周岁，女年满50周岁，满足一定的工作年限，即可退休。退休费按工作年限的长短，以退休时基本工资的50%~80%计发，经费完全来源于财政拨款。

1958年2月9日，国务院颁布了《关于工人、职工退休处理的暂行规定》。这是我国第一部统一养老保险制度的单独法规，国家对企业、事业单位和机关、人民团体的工作人员实行了统一的养老保险制度，并制定了因公因病完全丧失劳动能力人员的退休办法。

（二）受冲击时期（1966—1976年）

"文化大革命"时期，企业职工养老保险制度受到冲击，企业缴纳不起社会保险基金，社会保险机构被撤销，社会保险工作的管理难以开展、执行。

1969年2月，财政部发出《关于国营企业财务工作中几项制度的改革意见（草稿）》，规定"国营企业一律停止提取劳动保险金"，"企业的退休职工，长期病号工资和其他劳保开支，改在营业外列支"。此后，社会保险失去了统筹调剂职能，社会保险变成了"企业保险"，社会养老保险也只成了"企业养老保险"。

（三）恢复时期（1977—1991年）

1978年6月2日，国务院颁布了《关于安置老弱病残干部的暂行办法》和《国务院关于工人退休、退职的暂行办法》（国发〔1978〕104号），经试点，于1979年全面实施。

党的十一届三中全会后，针对"文化大革命"中实行的企业保险存在的问题，党和国家进行了一系列的恢复重建工作。当时，全国退休人数由1966年的100万人增至1986年的1 800多万人，养老金支出由1966

年的不到 4 亿元增至 170 亿元，企业之间的养老保险费用负担水平极不平衡，许多老企业已无力承担巨额的养老保险费用，"企业保险"名存实亡，政府不得不实行财政补贴予以扶持。

1985 年 9 月 23 日，中共中央发布《关于制定国民经济和社会发展第七个五年计划的建议》，并在第六届全国人民代表大会第四次会议上通过，成为养老保险工作的指导性纲领。

（四）改革探索时期（1992 年至今）

1995 年 3 月，国务院发布《国务院关于深化企业职工养老保险制度改革的通知》（国发〔1995〕6 号），确定了我国企业职工养老保险制度改革的目标和"社会统筹与个人账户相结合"的原则，对基本养老保险计发办法、个人账户管理的建立等主要问题，做出了重大改革。它是企业职工养老保险制度改革的第二个里程碑，统账结合模式是具有中国特色的制度创新。

在社会统筹与个人账户相结合的试点改革中，各地区的具体方案并不一致，尤其是个人账户的大小不等，不利于养老保险制度走向统一。国务院于 1997 年 7 月颁布了《关于建立统一的企业职工基本养老保险制度的决定》（国发〔1997〕26 号），该文件鉴于对 1995 年 6 号文件的不同理解所出现的不同的改革方案和运作模式，进一步统一了全国的改革方案，是企业职工养老保险制度改革的第三个里程碑。

2005 年 12 月 31 日，《国务院关于完善企业职工基本养老保险制度的决定》（国发〔2005〕38 号）出台，在扩大基本养老保险覆盖范围、逐步落实个人账户和改革基本养老金计发办法等方面做出新的规定，是养老保险制度改革的第四个里程碑。

随着我国人口流动的普遍化、老龄化程度的加剧，我国十余年的企业职工基本养老保险遇到了制度性障碍，影响企业退休职工及时有效地享有养老保险。为解决这一问题，我国各省陆续出台企业职工养老金省级统筹制度，以化解养老保险关系转移接续中的障碍问题。

2018 年 6 月，国务院印发《关于建立企业职工基本养老保险基金中央调剂制度的通知》，决定建立养老保险基金中央调剂制度，自 2018 年 7 月 1 日起实施。建立养老保险基金中央调剂制度的主要内容是，在现行企业职工基本养老保险省级统筹基础上，建立养老保险中央调剂基金，对各省份养老保险基金进行适度调剂，确保基本养老金按时足额发放。

2022年1月，企业职工基本养老保险启动全国统筹。全国统筹的目的在于解决我国区域之间发展不平衡、人口年龄结构等差异造成的各省之间养老保险基金结构性矛盾突出的问题。

全国统筹可以统一退休职工基本养老金的确定和调整方法，从而实现地区之间参保职工基本养老金权益的平等。至此，职工基本养老保险在建立25年后，步入了全国统筹时代。

二、我国城镇职工基本养老保险制度的内容

根据《社会保险法》（2018年最新修订）、《国务院关于完善企业职工基本养老保险制度的决定》（国发〔2005〕38号）以及相关规范，我国城镇职工基本养老保险制度主要包括如下内容：[①]

（一）覆盖范围

城镇各类企业及其职工、个体工商户和灵活就业人员。

（二）养老保险费的来源及比例

根据《中华人民共和国社会保险法》第十条，职工基本养老保险由用人单位和职工共同缴纳；根据《中华人民共和国社会保险法》第十条、第二十三条，灵活就业人员参加职工基本养老保险、职工基本医疗保险，由个人缴费。

根据《国务院关于完善企业职工基本养老保险制度的决定》（国发〔2005〕38号）和《国务院办公厅关于印发降低社会保险费率综合方案的通知》（国办发〔2019〕13号）规定，养老保险单位缴存比例由20%降至16%，个人缴存比例为8%。退休后按企业职工基本养老金计发办法计发基本养老金。

基本养老保险基金主要来源于企业缴费与劳动者个人缴费。

城镇各类企业及其职工的缴费办法：企业按本企业工资总额的20%缴费，全部记入社会统筹账户，职工个人按本人工资收入的8%缴费，记入个人账户。

个体工商户和灵活就业人员的缴费办法：城镇个体工商户和灵活就

---

① 郑功成.社会保障概论［M］.上海：复旦大学出版社，2005：152-153.

业人员按当地上年度在岗职工平均工资的20%缴费，其中8%记入个人账户。

（三）支付条件

根据现行政策，享受基本养老保险金需要具备的条件为：

第一，本人达到法定退休年龄并办理了退休手续。

2024年9月，第十四届全国人民代表大会常务委员会第十一次会议通过《关于实施渐进式延迟法定退休的决定》，自2025年1月1日起施行。该决定主要内容为：从2025年开始到2039年，用15年的时间，将法定退休年龄调整到男职工63周岁，女职工58周岁或55周岁。

同时，《国务院关于渐进式延迟法定退休年龄的办法》规定，养老金最低缴费年限也逐步提高。从2030年1月1日起，用10年时间，将职工按月领取基本养老金最低缴费年限，由目前的15年逐步提高至20年，每年提高6个月。

第二，所在单位和个人依法参加基本养老保险并履行缴费义务。

个人累计缴费时间满15年（含视同缴费年限）为最低缴费年限。个人缴费年限不满15年的，在退休时有三种选择：一是将其个人账户中个人缴费的累积额一次性退回给本人，不再享受基础养老金待遇；二是继续缴满15年；三是可以申请从城镇职工养老保险转入城乡居民养老保险，待达到城乡居民养老保险规定的领取条件时，按照城乡居民养老保险办法计发相应待遇。

（四）计发办法

城镇职工基本养老保险金按照"老人"、"中人"和"新人"区别计发办法，即"老人"老办法、"中人"逐步过渡、"新人"新办法。

"老人"是指《国务院关于建立统一的企业职工基本养老保险制度的决定》（1997年）实施以前的退休人员。对于"老人"的养老金计发，仍按原来的规定，同时随基本养老金调整而增加。

"中人"是指《国务院关于建立统一的企业职工基本养老保险制度的决定》（1997年）实施以前已参加工作（保险），实施后才退休的参保人员。他们的基本养老金采用"过渡性办法"计发，由基础养老金、个人账户养老金和过渡性养老金三部分组成。缴费年限累计满15年的"中人"，在发给基础养老金和个人账户养老金的基础上，再发给过渡性养老金。过渡性养老金计算标准为职工1997年后工作年限的总缴费工资的指数化的1%～1.4%，具体由各地政府按照基本待遇水平确定。对于达到退休年龄但缴费年限不满15年的人员，不发给基础养老金；个人账户储存额一次性支付给本人，终止基本养老保险关系。

"新人"是指《国务院关于建立统一的企业职工基本养老保险制度的决定》（1997年）实施以后的参保人员。他们的基本养老金主要来源于基础养老金和个人账户养老金。"新人"缴费年限累计满15年，退休后按月发给基本养老金。退休时的基础养老金月标准以当地上年度在岗职工月平均工资和本人指数化月平均缴费工资的平均值为基数，缴费每满1年发给1%。个人账户养老金月标准为个人账户储存额除以计发月数，计发月数根据职工退休时城镇人口平均预期寿命、本人退休年龄、利息等因素确定。

第四节　我国机关事业单位养老保险制度

新中国成立以来，我国机关事业单位一直实行与企业不同的养老保险制度。历经改革，国务院于2015年1月颁布《关于机关事业单位工作人员养老保险制度改革的决定》（国发〔2015〕2号），目的在于改革现行机关事业单位工作人员退休保障制度，逐步建立独立于机关事业单位之外、资金来源多渠道、保障方式多层次、管理服务社会化的养老保险体系，标志着我国机关事业单位工作人员养老保险与企业职工养老保险"双轨制"的合并。

一、我国机关事业单位养老保险制度的产生和改革

（一）创建和调整时期（1949—1965年）

新中国成立初期，我国在城镇建立了以劳动保险为主体的社会保障制度。1951年颁布的《劳动保险条例》涉及多种所有制经济职工的养老保险内容，但是该条例并未涉及我国机关事业单位职工的相关社会保险。

1955年12月，国务院发布《国家机关工作人员退休处理暂行办法》

和《国家机关工作人员退职处理暂行办法》，明确表示国家机关工作人员中还不能立即实行劳动保险条例，从而建立起区别于企业的国家机关事业单位养老保险制度。

1958年2月，国务院修改通过了《国务院关于工人、职工退休处理的暂行规定》，明确规定了可以申请退休的工作人员的条件，实际上是把企业和机关事业单位分设两套的养老保险纳入同一个制度设计内。但由于种种原因，1958年后这一趋同进程被迫中止。

（二）停滞和恢复时期（1966—1991年）

1966—1976年，新中国初步形成的社会保障制度受到严重影响。在这个特殊历史时期，机关事业单位的养老保险制度出现了倒退的局面，达到退休年龄的工作人员无法办理退休手续，也就无法正常退休，无法领取到应得的养老金待遇，不得已的情况下只能留在工作岗位上，使机关事业单位的人员无法正常地流动。

1978年国务院发布了《关于安置老弱病残干部的暂行办法》和《国务院关于工人退休、退职的暂行办法》（国发〔1978〕104号），明确规定工人的退休费、退职生活费，企业单位由企业行政支付；党政机关、群众团体和事业单位，由退休、退职工人居住地方的县级民政部门另列预算支付。

（三）改革时期（1992年至今）

由于机关事业单位养老保险养老金计发办法与企业职工不同，机关事业单位退休人员的养老保险待遇长期高于企业职工，人员流动不畅，引发社会公平问题。因此，我国从1992年开始事业单位养老保险试点改革。

1992年，原人事部下发《人事部机关、事业单位养老保险制度改革有关问题的通知》（人发〔1992〕2号），并在云南、江苏、福建、山东、辽宁、山西等省开始局部试点，但这次试点由于诸多原因没有在全国推开。

在经历了局部试点改革之后，国务院于2008年通过《事业单位工作人员养老保险制度改革试点方案》，人力资源和社会保障部在2009年1月正式下发《事业单位养老保险制度改革方案》，重新启动事业单位养老保险制度改革，决定在山西、上海、浙江、广东、重庆先期开展试点，与事业单位分类改革试点配套推进。试点的主要内容包括：建立"社会统筹和个人账户相结合"的模式，养老保险费用由单位和个人共同负担，退休待遇与缴费相联系，基金逐步实行省级统筹，建立职业年金，实行社会化管理服务等。未进行试点的地区仍执行现行事业单位退休制度。^①

2015年1月14日，国务院发布《关于机关事业单位工作人员养老保险制度改革的决定》（国发〔2015〕2号），标志着机关事业单位与企业职工养老保险制度并轨。

二、我国机关事业单位养老保险制度的内容

根据《中华人民共和国社会保险法》（2011年7月1日起施行）和《关于机关事业单位工作人员养老保险制度改革的决定》（国发〔2015〕），改革后的机关事业单位养老保险制度的主要内容与城镇职工基本养老保险制度大体相同。

（一）关于改革范围

按照公务员法管理的单位、参照公务员法管理的机关（单位）、事业单位及其编制内的工作人员参加机关事业单位养老保险。这样规定，与现行机关事业单位编制管理和经费保障制度是相适应的。

（二）关于缴费比例

单位按工资总额的20%缴费；个人按本人缴费工资的8%缴费，本人缴费工资高于当地在岗职工平均工资3倍的部分不纳入缴费基数，低于平均工资60%的以60%为基数缴费，即"300%封顶、60%托底"。个人缴费全部记入个人账户，统一计息。这与企业职工基本养老保险政策保持一致，以利于实现制度衔接。

（三）关于基本养老金待遇确定机制

改革后，基本养老金待遇分为两部分：一是基础养老金，以社会平均工资和本人缴费工资的平均值为基数，每缴费1年计发1个百分点，即缴费年限越长，待遇水平越高；二是个人账户养老金，累计历年个人缴费的本息，除以规定的计发月数，即缴费越多，待遇水平越高。这样规定，与企业职工的基本养老金待遇计发办法相一致。

---

① 潘锦棠.社会保障学 ［M］. 2版.大连：东北财经大学出版社，2015：97-98.

（四）关于改革前后待遇的衔接政策

实行"老人老办法、新人新制度、中人逐步过渡"。对改革前已退休的"老人"，维持原待遇不变，并参加今后的待遇调整；对改革后参加工作的"新人"，将来退休时的基本养老金为基础养老金与个人账户养老金两部分之和；对改革前参加工作、改革后退休的"中人"，改革前的工作年限确定为"视同缴费年限"，在发给基础养老金和个人账户养老金的同时，再依据视同缴费年限长短等因素发给过渡性养老金。同此设定一定期限的过渡期，在过渡期内实行新老办法对比，"保低限高"。这样，基本可以保证原有的合规待遇水平不降低。

（五）关于基本养老金待遇调整机制

改革后，统筹考虑机关事业单位与企业退休人员基本养老待遇调整问题。这有利于体现再分配更加注重公平原则，避免因待遇调整机制不同而导致相互攀比。

（六）关于基金管理和监督

具备条件的省（自治区、直辖市）可以从改革一开始就实行省级统筹；暂不具备条件的，可先实行省级基金调剂制度，并积极创造条件，加快向省级统筹过渡。机关事业单位养老保险基金单独建账，与企业职工基本养老保险基金分别管理使用。基金纳入社会保障基金财政专户，实行收支两条线管理，专款专用，确保安全。

（七）关于养老保险关系转移接续

参保人在机关事业单位养老保险制度内同一统筹范围转移，只转养老保险关系，不转统筹基金；在机关事业单位养老保险制度内跨统筹范围转移，或者在机关事业单位和企业之间转移的，转移个人账户累计储存额的同时，转移部分统筹基金。无论哪种转移方式，工作人员转移前后的缴费年限（含视同缴费年限）都连续计算。

（八）关于职业年金。

职业年金的资金来源由两部分构成：单位按工资总额的8%缴费，个人按本人缴费工资的4%缴费，两部分资金构成的职业年金基金都实行个人账户管理。工作人员退休时，依据其职业年金积累情况和相关约定按月领取职业年金待遇。这有利于构建多层次养老保险体系，优化机关事业单位退休人员养老待遇结构。

（九）关于经办服务。

机关事业单位养老保险原则上实行属地化管理。各地社会保险经办机构按照国家统一制定的业务经办流程和信息系统，开展机关事业单位养老保险经办管理服务，退休人员的基本养老金由社保机构支付，确保按时足额发放。在京中央国家机关及所属事业单位养老保险由人力资源和社会保障部专门管理，京外单位的由所在地区管理。这有利于事权财权相统一，也有利于经办服务和信息安全。各地区可结合实际确定本地区的经办管理体制。表4-8总结了《关于机关事业单位工作人员养老保险制度改革的决定》（国发〔2015〕2号）实施前后，我国机关事业单位养老保险的异同点。

表4-8　　　　　我国机关事业单位养老保险改革前后情况比较表

项目	改革前	改革后
覆盖范围	国家机关和事业单位员工	按照《中华人民共和国公务员法》管理的单位、参照《中华人民共和国公务员法》管理的机关（单位）、事业单位及其编制内工作人员
保险缴费	财政拨款	单位按本单位工资总额的20%缴费，个人按本人工资收入的8%缴费
支付条件	到达法定退休年龄，连续工龄一般要求10年	到达法定退休年龄，最低缴费年限（含视同）累计满15年
支付水平	与就业工资关联	基础养老金+个人账户养老金

第五节　我国城乡居民基本养老保险制度

一、我国城乡居民基本养老保险制度的背景和意义

城乡居民基本养老保险制度是在"新型农村社会养老保险"（简称"新农保"）和"城镇居民养老保险"的基础上合并统一起来的。

2009年9月1日国务院发布《关于开展新型农村社会养老保险试点

的指导意见》（国发〔2009〕32号），建立新农保。

2011年6月7日《国务院关于开展城镇居民社会养老保险试点的指导意见》（国发〔2011〕18号）发布，决定在全国推行城镇居民社会养老保险试点。

2014年2月21日《国务院关于建立统一的城乡居民基本养老保险制度的意见》（国发〔2014〕8号）的发布，标志着城乡居民基本养老保险制度正式建立。

2015年，31个省、自治区、直辖市和新疆生产建设兵团相继出台了制度整合的政策文件，基本实现了制度名称、政策标准、经办服务、信息系统"四统一"。

城乡居民基本养老保险制度的建立意味着中国在居民养老保险方面率先实现了城乡一体化。统一的城乡居民基本养老保险制度，是消除城乡差异、使城乡居民公平享有保障制度的体现，特别是有利于流动人员就业，加强流动人口权益保障，对农民工来说有利于养老保险的转移，也有利于跨省市的劳动力流动。

截至2022年末，全国基本养老保险参保人数达10.5亿人；全国社会保障卡持卡人数达13.68亿人，覆盖96.8%人口；电子社保卡领用人数达7.15亿人，全年累计访问量达112.85亿人次。

将党的十八大以来"整合城乡居民基本养老保险和基本医疗保险制度"的制度设计理念变为现实，是全面构建"以增强公平性、适应流动性、保证可持续性为重点"的"覆盖城乡居民的社会保障体系"的重要一环。

正如党的二十大报告中提出的"党的十八大以来，中国建成世界上规模最大的社会保障体系，人民群众获得感、幸福感、安全感更加充实、更有保障、更可持续""健全覆盖全面、统筹城乡、公平统一、安全规范、可持续的多层次社会保障体系"。

二、我国城乡居民基本养老保险制度的内容

城乡居民基本养老保险在内容上与城镇居民养老保险、新农保基本相同，如保留了自愿参保原则、三方资金来源、设立个人账户等，相异之处主要有：

（1）增加个人缴费档次的选择，最高档次为2 000元/年，为居民养老保险待遇水平的提高创造了可能性；

（2）取消了领取养老金资格条件中的捆绑条件，即不再如"新农合"中要求符合领取条件的还需要"符合参保条件的子女应当参保缴费"；

（3）增加了城乡居民养老保险制度内部转移接续的等规定。

《国务院关于建立统一的城乡居民基本养老保险的意见》（国发〔2014〕8号）具体规定如下：

（一）覆盖范围

年满16周岁（不含在校学生），非国家机关和事业单位工作人员及不属于职工基本养老保险制度覆盖范围的城乡居民。

（二）保险缴费

城乡居民养老保险来源由个人缴费、集体补助、政府补贴构成。

1.个人缴费

个人缴费标准目前设为每年100元、200元、300元、400元、500元、600元、700元、800元、900元、1 000元、1 500元、2 000元12个档次。省（自治区、直辖市）人民政府可以根据实际情况增设缴费档次，最高缴费档次标准原则上不超过当地职工基本养老保险的年缴费额。人力资源和社会保障部会同财政部依据城镇民收入增长等情况适时调整缴费档次标准。

2.集体补助

有条件的村集体经济组织应当对参保人缴费给予补助。

3.政府补贴

中央财政对中西部地区按中央确定的基础养老金标准给予全额补助，对东部地区给予50%的补助。

地方人民政府应当对参保人缴费给予补贴，补贴标准不低于每人每年30元；对选择较高档次标准缴费的，适当增加补贴金额；对选择500元及以上档次标准缴费的，补贴标准不低于每人每年60元。

国家为每个参保人员建立终身记录的养老保险个人账户，个人缴费、地方人民政府对参保人的缴费补贴、集体补助及其他社会经济组织、公益慈善组织、个人对参保人的缴费资助，全部记入个人账户。个人账户储存额按国家规定计息。

（三）支付条件

参加城乡居民养老保险的个人，年满60周岁、累计缴费满15年，且未领取国家规定的基本养老保障待遇的，可以按月领取城乡居民养老保险待遇。

新农保或城乡居民养老保险制度实施时已年满60周岁，不用缴费，可以按月领取城乡居民养老保险基础养老金；距规定领取年龄不足15年的，应逐年缴费，也允许补缴，累计缴费不超过15年；距规定领取年龄超过15年的，应按年缴费，累计缴费不少于15年。

（四）保险支付

城乡居民养老保险待遇由基础养老金和个人账户养老金构成，支付终身。

1.基础养老金

中央确定基础养老金最低标准（目前为98元/人月），建立基础养老金最低标准正常调整机制。

2.个人账户养老金

个人账户养老金的月计发标准，目前为个人账户全部储存额除以139（与现行职工基本养老保险个人账户养老金计发系数相同）。参保人死亡，个人账户资金余额可以依法继承。

（五）转移接续

参加城乡居民养老保险的人员，在缴费期间户籍迁移、需要跨地区转移城乡居民养老保险关系的，可在迁入地申请转移养老保险关系，一次性转移个人账户全部储存额，并按迁入地规定继续参保缴费，缴费年限累计计算；已经按规定领取城乡居民养老保险待遇的，无论户籍是否迁移，其养老保险关系不转移。

三、城乡居民基本养老保险制度的改革完善

经过试点和广泛宣传后，2014年，我国顺利建立起统一的城乡居民基本养老保险制度，这一制度一经发布，便引发全国人民的关注，并受到欢迎，参保比例连年上升。

2018年3月26日，经党中央、国务院批准，人力资源和社会保障部、财政部印发《关于建立城乡居民基本养老保险待遇确定和基础养老金正常调整机制的指导意见》（人社部发〔2018〕21号）（下文简称

《指导意见》），提出提高全国城乡居民养老保险基础养老金最低标准的方案。

该《指导意见》是顺应城乡居民呼声和期盼、提高城乡参保老年居民待遇水平、切实增强城乡居民的获得感幸福感安全感的具体行动，有利于稳定城乡居民参保预期，有利于城乡居保事业长期稳定发展。

（一）《指导意见》的调整内容

1.调整标准和时间

自2018年1月1日起，全国城乡居民基本养老保险的基础养老金最低标准提高至每人每月88元，即在原每人每月70元的基础上增加18元。

2.资金来源

提高标准所需资金，中央财政对中西部地区给予全额补助、对东部地区给予50%的补助。

（二）《指导意见》完善和建立的四个机制①

1.完善待遇确定机制

中央根据全国城乡居民人均可支配收入和财力状况等因素，确定全国基础养老金最低标准；地方根据当地实际提高基础养老金标准，对65岁及以上参保居民予以适当倾斜；对长期缴费、超过最低缴费年限的，应适当加发年限基础养老金；个人账户养老金由个人账户全部储存额除以计发系数确定，个人账户储存额由个人缴费、集体补助、政府补贴和投资收益等构成。

2.建立基础养老金正常调整机制

人社部会同财政部参考城乡居民收入增长、物价变动和职工基本养老保险等标准，适时提出调整方案，报请党中央和国务院确定；地方基础养老金的调整，由当地人社部门会同财政部门提出方案，报请同级党委和政府确定。

3.建立个人缴费档次标准调整机制

各地要合理确定和调整城乡居民基本养老保险缴费档次标准，最高缴费档次标准原则上不超过当地灵活就业人员参加职工基本养老保险的

---

① 叶昊鸣.我国将完善建立城乡居民基本养老保险四大机制［EB/OL］.（2018-03-29）.https://www.gov.cn/xinwen/2018-03/29/content_5278277.htm.

年缴费额；对重度残疾人等缴费困难群体，可保留现行最低缴费档次标准。

4.建立缴费补贴调整机制

各地要建立缴费补贴动态调整机制，引导城乡居民选择高档次标准缴费；鼓励集体经济组织提高缴费补助，鼓励其他社会组织、公益慈善组织、个人为参保人缴费加大资助。

四、个人养老金制度

2022年4月21日，国务院办公厅发布了《关于推动个人养老金发展的意见》，提出在中国境内参加城镇职工基本养老保险或者城乡居民基本养老保险的劳动者，可以参加个人养老金制度。

2022年11月4日，人力资源和社会保障部、财政部等五部门联合发布《个人养老金实施办法》。同日，原银保监会发布《商业银行和理财公司个人养老金业务管理暂行办法（征求意见稿）》。

党的二十大报告中提出了"完善基本养老保险全国统筹制度，发展多层次、多支柱养老保险体系"的要求。个人养老金制度的加速落地是落实党的二十大精神的重要民生举措。

（一）什么是个人养老金

根据《个人养老金实施办法》相关规定，个人养老金是指政府政策支持、个人自愿参加、市场化运营、实现养老保险补充功能的制度。

个人养老金实行个人账户制，缴费完全由参加人个人承担，自主选择购买符合规定的储蓄存款、理财产品、商业养老保险、公募基金等金融产品（以下统称"个人养老金产品"），实行完全积累，按照国家有关规定享受税收优惠政策。

（二）个人养老金的定位

我国多层次、多支柱养老保险体系中，个人养老金是我国养老保险体系的"第三支柱"。

第一支柱是基本养老保险，包括职工基本养老保险和城乡居民基本养老保险，属于公共养老金，由国家、单位、个人共同承担。

第二支柱是企业年金和职业年金，由单位和职工共同缴费，国家给予政策支持。

第三支柱是个人储蓄性养老保险和商业养老保险，目前个人养老金制度的推行就是对我国多层次养老保险体系这一块短板的补充。

（三）个人养老金的适用范围

适用于个人养老金的参加人、人力资源和社会保障部组织建设的个人养老金信息管理服务平台、金融行业平台、参与金融机构和相关政府部门等。

个人养老金的参加人应当是在中国境内参加城镇职工基本养老保险或者城乡居民基本养老保险的劳动者。

金融行业平台为金融监管部门组织建设的业务信息平台。参与金融机构包括经金融监管机关确定开办个人养老金资金账户业务的商业银行，以及经金融监管部门确定的个人养老金产品发行机构和销售机构。

第六节　企业年金

一、企业年金的含义与种类

企业年金即企业补充养老保险，是指企业及其职工在依法参加基本养老保险的基础上，依据国家政策和本企业经济状况，通过集体协商自主建立的、旨在提高职工退休后生活水平、对国家基本养老保险进行重要补充的一种重要的养老保险形式。一般而言，企业年金具有由企业发起建立、经办方式多样化、国家给予一定的税收优惠政策、企业年金基金实行市场化投资运营、政府在年金的建立和管理中不承担直接责任等几个主要特征。

国际上通常也将企业年金计划按照资金筹集和运作模式的区别分为"缴费确定计划"（DC计划）和"待遇确定计划"（DB计划）。所谓"缴费确定计划"，指企业为职工缴纳企业年金，职工退休后的企业年金水平的高低主要取决于在业时缴费的多少；所谓"待遇确定计划"，指企业事先不缴费，或企业缴费到投资机构，并不记在职工的账户上，待职工退休后由企业提供事先许诺的企业年金。

二、发展企业年金的意义

企业建立企业年金，有利于完善职工薪酬体系，展现企业良好文化、增强人才吸引力、稳定职工队伍。职工参加企业年金，有利于在基本养老保险的基础上，另外增加一份养老积累，进一步提高退休后的收入水平和生活质量。

一位美国学者曾经说过："从整个社会经济制度来看，没有哪位雇主有权利让员工在10年、20年乃至40年的工作中耗尽其职业生命，然后，像一条被遗弃在海上的破船那样让剩余的生命在社会上漂流。"

人类文明发展到如今，每一位雇主都应当为其员工在某种程度上承担养老的义务已成为国际社会的共识，具体而言，发展企业年金具有以下意义：

（一）有利于完善多层次的养老保险制度

近几年来，我国的基本养老保险制度逐步实施成熟，对有力保证企业退休人员养老金发放、促进企业改革、维护社会稳定发挥了重要作用。

从国外经验来看，除建立基本养老保险制度外，还应该大力发展企业年金作为基本养老保险制度的重要补充，才能够真正形成多层次的养老保险制度。

（二）有利于提高企业退休人员的生活水平

基本养老保险只能保障退休人员的基本生活，替代率一般在50% ~ 60%。

建立企业年金和完善多层次保障体系，可以将养老金替代率提高到80%以上，进一步提高退休人员的生活水平。

（三）有利于增强企业的人才竞争能力

在现代企业制度下，企业之间的竞争实质上就是人才的竞争。企业为增强自身的凝聚力，不仅要靠职工在职期间的优厚待遇吸引优秀人才，还要着眼长远，以优厚的退休待遇留住人才。

（四）有利于促进经济发展和资本市场发育

企业年金基金实行完全积累模式，企业年金形成的基金积累，需要通过投资运营实现保值增值。

在这一过程中，企业年金基金可以用于国家经济建设。同时，通过市场化的方式进行管理和运营，也有利于资本市场的发展，实现企业年金基金、经济发展、资本市场的相互促进和良性互动。

三、我国企业年金的建立与发展

我国的企业年金制度是随着经济体制改革的不断深入，适应建立完善社会保障体系的需要，在不断总结国内外企业年金发展经验的基础上，逐步建立、发展和完善的，大体分三个阶段。

（一）启动阶段（1991—1995年）

1991年，《国务院关于企业职工养老保险制度改革的决定》第一次提出要"逐步建立起基本养老保险与企业补充养老保险和职工个人储蓄性养老保险相结合的制度"，将补充养老保险制度构建成为国家养老保险体系的三个重要支柱之一，首次表达了国家对企业补充养老保险所持的支持和鼓励态度，确立了补充养老保险的法律地位。

1994年颁布的《中华人民共和国劳动法》（以下简称《劳动法》）提出"国家鼓励用人单位根据本单位实际情况为劳动者建立补充养老保险"，明确了建立补充养老保险并非强制性的，建立与否根据本单位实际情况决定。

1995年，《国务院关于深化企业职工养老保险制度改革的通知》提出："企业按规定缴纳基本养老保险费后，可以在国家政策指导下，根据本单位经济效益情况，为职工建立补充养老保险。补充养老保险和个人储蓄性养老保险，由企业和个人自主选择经办机构。"明确了举办补充养老保险的重要前提是必须参加国家基本养老保险，并且补充养老保险的经办机构由企业和个人自主选择。

（二）探索阶段（1995—2003年）

1995年，劳动部印发的《关于建立企业补充养老保险制度的意见》提出了关于企业补充养老保险的实施条件、决策程序、资金来源、制度模式以及经办机构的若干政策性意见，明确了我国企业补充养老保险为"缴费确定计划"个人账户模式。

1997年，国务院发布的《关于建立统一的企业职工养老保险制度改革的决定》提出"要在国家政策指导下大力发展企业补充养老保险，同时发挥商业保险的补充作用"，它明确了我国企业补充养老保险和基本养老保险的关系，并第一次原则性地提出了要发挥商业保险的补充作用。

2000年，国务院印发的《关于完善城镇社会保障体系的试点方案》

对企业补充养老保险的名称、税收政策、管理政策等有了较大突破，把企业补充养老保险更名为"企业年金"。税收政策上明确了企业可设立企业年金，其缴费在工资总额 4% 以内的部分可以从成本中列支，明确了企业年金基金实行市场化管理和运营的基本方向和原则。

（三）发展阶段（2004 年至今）

2004 年，原劳动和社会保障部发布了《企业年金试行办法》，奠定了我国当前企业年金制度的基本框架，是我国企业年金法规建设迈出的重要一步，标志着我国开始全面推行企业年金制度。随着企业年金政策的普及，企业对企业年金制度的认知度不断提高，国有企业、私营企业、外资企业等具备条件的企业逐步建立起企业年金制度。

截至 2016 年底，全国建立企业年金的企业有 7.6 万户，参加职工为 2 325 万人，企业年金基金积累额为 1.1 亿万元。随着《企业年金试行办法》施行 10 余年，部分条款不符合市场的需要、与现行政策不平衡、不利于保护职工企业年金权益、覆盖面偏窄等问题也逐渐暴露。

2017 年 12 月，人社部、财政部正式印发《企业年金办法》，并于 2018 年 2 月 1 日起施行。企业（职业）年金作为我国多层次养老保险制度的第二大支柱，其制度的完善是落实全面建成多层次社会保障体系的重要举措。

《企业年金办法》进一步完善了企业年金制度的内在要求，扩大了企业年金覆盖面；有利于企业长远发展的同时也能更好地保护职工的企业年金权益；有利于适应市场发展需要，促进企业年金市场健康发展；更重要的是，建立企业年金制度的企业能够享受国家税收优惠政策，符合国家规定的缴费部分，企业缴费可以在税前扣除，个人缴费可以从当期的应纳税所得额中扣除。

四、我国企业年金的制度框架

为建立多层次的养老保险制度，推动企业年金发展，更好地保障职工退休后的生活，人力资源和社会保障部根据《中华人民共和国劳动法》《中华人民共和国劳动合同法》《中华人民共和国社会保险法》《中华人民共和国信托法》和国务院有关规定，制定了《企业年金办法》。

（一）企业年金的适用范围

根据《企业年金办法》，"企业年金，是指企业及其职工在依法参加基本养老保险的基础上，自主建立的补充养老保险制度。"企业年金主要适用于企业及其职工，但经过多年的改革发展，企业职工基本养老保险已覆盖城镇各类企业及其职工、社会组织及其专职工作人员、机关事业单位编制外工作人员等，因此，只要参加了企业职工基本养老保险的用人单位及其职工，都可以建立企业年金制度，包括国有大型企业、改制后的民营企业和民办高校等民办非企业单位等。

（二）企业年金的管理模式

企业年金实行完全积累，为每个参加企业年金的职工建立企业年金个人账户。职工企业年金个人账户下设企业缴费子账户和个人缴费子账户，分别记录企业缴费分配给个人的部分及其投资收益，以及本人缴费及其投资收益。

企业年金基金采用信托模式管理，企业自主选择具备企业年金管理资格的金融机构受托管理，投资运营收益并入企业年金基金。

（三）企业年金建立的程序

企业和职工建立企业年金，应当依法参加基本养老保险并履行缴费义务，企业具有相应的经济负担能力。企业和职工一方通过集体协商确定建立企业年金，制订企业年金方案。

企业年金方案应当包括参加人员、资金筹集与分配的比例和办法、账户管理、权益归属、基金管理、待遇计发和支付方式、方案的变更和终止、组织管理和监督方式、双方约定的其他事项等内容。

企业年金方案应当提交职工大会或者职工代表大会讨论通过，并报送所在地县级以上人力资源和社会保障部门。

（四）企业年金的资金来源

企业年金所需费用由企业和职工个人共同缴纳。企业缴费每年不超过本企业职工工资总额的8%，企业和职工个人缴费合计不超过本企业职工工资总额的12%。

具体所需费用，由企业和职工一方协商确定。

企业当期缴费记入职工企业年金个人账户的最高额不得超过平均额的5倍。职工个人缴费由企业从职工个人工资中代扣代缴。

五、我国企业年金制度的改进路径①

随着经济社会发展，健全完善我国的多层次、多支柱养老保险体系还存在参保扩面资源日趋收紧、企业年金覆盖面不够广泛、个人养老金参保积极性不高、基金收支压力逐年增大等问题，应重点从以下四个方面下功夫：

一是推进全民参保。全面实施全民参保计划，加大部门参保数据共享力度，切实摸清灵活就业人员、新就业形态从业人员和农民工参保底数，完善参保制度，优化缴费方式。

二是持续提升年金覆盖面。探索引入企业年金自动加入机制，提升企业年金参与率。通过财政补助、税收抵扣、降低参与门槛等优惠政策，推动中小企业建立企业年金。

三是积极推进个人养老金制度落地。增强中低收入劳动者参与个人养老金的税收优惠和经济激励，提升普通劳动者参保意愿。规范商业银行、理财公司和保险机构个人养老金业务，增加更多的个人账户养老金高息专属金融产品，积极推广看得懂、算得清的养老基金产品。加强个人养老金业务监管，强化投资者保护，实现个人养老金良性运行和安全规范发展。

四是强化基金监管。开展基金中长期收支预算分析，运用各类统计数据加强预测研判，建立预警机制，坚持精算平衡。完善基金监管机制，加强内控管理，严厉打击欺诈骗保、套保违法行为，守护好人民群众的每一分"养老钱""保命钱"。

思政课堂

促进中国养老金事业高质量发展

2023年8月19日，第四届全国养老金高峰论坛在北京举行，本届论坛的主题是"促进中国养老金事业高质量发展"。

全国人大常委会委员、中国社会保障学会会长郑功成在致辞中指出，在党和政府的高度重视下，我国创造了人类养老金制度发展史上的两个奇迹：一是覆盖面快速推进，短期内实现了老年人皆享养老金

---

① 杨勤，薛惠元，李明.发展多层次，多支柱养老保险体系——让养老更踏实 老人更安心［N］.中国劳动保障报，2023-06-27.

的宏伟目标；二是养老金水平持续提高，实现了养老金待遇 19 年连涨。然而，现行制度安排还存在诸多不足，养老保险领域的有为政府与有效市场均未全面实现，深化改革与制度建设的任务还特别繁重。他认为，我国现已处在深化养老金制度改革最艰难之处、最紧要的关键期，从增量改革向结构优化的转变必然涉及既有利益格局的深刻调整。要建立高质量的中国特色养老金制度体系还需完成十项重大任务：一是坚守基本养老保险制度促进社会公平、实现互助共济的社会保障本色，不受私有化的大账户制、全账户制的错误主张影响；二是坚定推进法定养老金制度全国统一；三是均衡用人单位与个人缴费负担；四是厘清国家财政与法定养老金制度的关系；五是缩小不同群体的法定养老金差距，促进制度公平；六是赋予制度参数弹性，走出政策僵化的困境；七是创造优良政策环境，充分发挥市场机制建构多层次养老金体系的积极作用；八是实现养老保险基金保值增值，壮大战略储备基金；九是削减养老金制度承担的超额责任，降低公众对养老金的预期；十是让养老保险制度步入法治轨道，为全体人民提供清晰、稳定的预期。

中国社会保险学会会长胡晓义发表题为"新时代呼唤新的养老保险顶层设计"主旨演讲并提出"新时代养老保险（保障）高质量可持续发展总体方案"的设想架构。方案主要包括七项重点任务：一是制订实施高质量的全民参保计划；二是优化"两大平台""三个层次/支柱"结构，主动谋划居民向职工参保的转化，强化第二、三支柱的支持政策；三是重组两类基本养老保险"统账结合"结构，探讨将职工养老保险个人账户改为"记点制"的可能，增强居民养老保险个人账户的互济性；四是完善企业职工养老保险全国统筹从"央地分担式"走向"统管式"，进一步明确各级财政的责任分担；五是推进包括延迟退休、调整个人账户养老金计发公式、提高最低缴费年限、完善缴费标准确定机制、细化待遇调整机制等重要的参量改革；六是加紧筹集和规范使用战略储备基金，增大规模，有序支出；七是推动养老金与老年服务、老年就业的综合治理，与就业、劳动关系、老年服务、失能照护等协同推进。方案实施需要依靠三个保障措施，一是进一步理顺社保行政、监督、经办管理体制，二是采用多种新技术定期制发社会保险经验生命表、开展国家社会保险精算，三是加快养老保险立法。

资料来源：中国社会保障学会养老金分会.第四届全国养老金高峰论坛在京举行，百余专家学者共议养老事业高质量发展［EB/OL］.［2023-08-21］. https：//www.caoss.org.cn/news/html？id=13493.此处为节选.

练习与思考

一、单项选择题

1.世界上最早建立养老保险职工个人缴费、个人账户积累、多个私人管理公司共同管理基金的退休金制度的国家是（　　　）。

A.美国 　　　　　　　　　　B.英国

C.智利 　　　　　　　　　　D.法国

2.我国养老保险基金筹集模式采用（　　　）。

A.现收现付制

B.完全积累制

C.分步积累制

D.部分积累制

3.企业缴费每年不超过本企业职工工资总额的（　　　）。

A.8% 　　　　　　　　　　B.4%

C.11% 　　　　　　　　　　D.20%

4.国家规定，城镇（　　　）的单位及其职工都可以建立企业年金。

A.企业 　　　　　　　　　　B.企业、事业单位

C.所有用人单位 　　　　　　D.以上都不对

5.我国基本养老保险企业缴费进入社会统筹账户，企业缴费不得超过企业工资总额的（　　　）。

A.18% 　　　　　　　　　　B.20%

C.15% 　　　　　　　　　　D.14%

二、多项选择题

1.养老保险的主要特征有（　　　）。

A.强制性

B.互济性

C.社会化管理

D.资金来源广泛

2.养老保险制度的主要模式有（　　　）。

A.投保资助模式

B.福利国家模式

C.自我保障模式

D.国家统筹模式

3.我国建立企业年金必须同时具备的条件是（　　　）。

A.依法参加基本养老保险，并履行缴费义务

B.具有相应的经济负担能力

C.为行政事业单位

D.已经建立集体协商机制

4.根据现行政策，我国享受基本养老保险金需要同时具备的条件是
（　　　）。

A.本人达到法定退休年龄并办理了退休手续

B.所在单位和个人依法参加基本养老保险并履行缴费义务

C.个人连续累计缴费时间满15年

D.必须是企业职工

5.我国多层次养老保险制度包括（　　　）。

A.城镇职工基本养老保险

B.城乡居民基本养老保险

C.企业年金

D.个人养老金

三、思考题

1.什么是养老保险？它有哪些特征？

2.分析我国基本养老保险制度中个人账户和社会统筹相结合的模式。

3.我国现行机关事业单位养老保险制度的内容是什么？它与企业养老保险制度"并轨"后，机关事业单位的退休人员所领到的养老保险待遇与企业退休人员的是否存在差异？

4.简述我国城乡居民基本养老保险的内容。

5.简述企业年金的含义和发展企业年金的重要性。

第五章

医疗保险

学习目标

医疗保险是涉及面最广、运作机制最复杂的一个险种，在社会保障体系中占有重要地位。通过本章的学习，要了解医疗保险的含义、特征和类型，掌握医疗保险基金的筹资和支付，了解外国的医疗保险模式，熟悉我国医疗保险制度体系及改革和发展历程。

关键概念

医疗保险　医疗保险模式　职工基本医疗保险　企业补充医疗保险

案例

到 2025 年底，住院费用跨省直接结算率提高到 70% 以上

2022 年 7 月 26 日，国家医保局、财政部共同印发了《关于进一步做好基本医疗保险跨省异地就医直接结算工作的通知》。通知中指出，参保人员完成先备案、选定点、持码卡就医三个主要步骤，即可实现跨省异地就医直接结算。通知还进一步细化了可以申请办理跨省异地就医直接结算的人员分类。

通知介绍，参保人员实现跨省异地就医直接结算的主要步骤包括：首先，参保人员跨省异地就医前，可通过国家医保服务平台 APP、国家异地就医备案小程序、国务院客户端小程序或参保地经办机构窗口等线上线下途径办理异地就医备案手续。

其次，参保人员完成异地就医备案后，在备案地开通的所有跨省联网定点医疗机构均可享受住院费用跨省直接结算服务；门诊就医时，需先了解参保地异地就医管理规定，如果参保地要求参保人员选择一定数量或在指定级别跨省联网定点医药机构就医购药，按参保地规定执行。

最后，参保人员在入院登记、出院结算和门诊结算时均须出示医保电子凭证或社会保障卡等有效凭证。跨省联网定点医药机构对符合就医地规定的门（急）诊、住院患者，提供合理、规范的诊治及医疗费用的直接结算服务。

通知中进一步细化可以申请办理跨省异地就医直接结算的人员分类，现主要分为2大类，其中又细分6小类，一大类是跨省异地长期居住人员，其中包括异地安置退休人员、异地长期居住人员、常驻异地工作人员等长期在参保省外工作、居住、生活的人员。另一大类是跨省临时外出就医人员，其中又包括异地转诊就医人员，因工作、旅游等原因异地急诊抢救人员以及其他跨省临时外出就医人员。

此外，跨省异地就医直接结算费用医保基金支付部分实行先预付后清算，预付资金原则上来源于参保人员所属统筹地区的医疗保险基金。跨省异地就医的费用按照就医地目录、参保地政策结算。

通知中规划，2025年底前，我国跨省异地就医直接结算制度体系和经办管理服务体系将更加健全；住院费用跨省直接结算率提高到70%以上，普通门诊跨省联网定点医药机构数量实现翻一番，群众需求大、各地普遍开展的门诊慢特病相关治疗费用逐步纳入跨省直接结算范围，异地就医备案规范便捷，基本实现医保报销线上线下都能跨省通办。

资料来源：柴嵘.到2025年底，住院费用跨省直接结算率提高到70%以上[N].北京日报，2022-07-26.

［分析要点］多层次医疗保障体系；城乡医疗保险异地结算。

［问题］

1.过去，我国城乡居民医疗保险异地结算的障碍体现在哪些方面？

2.谈谈医疗保险异地结算困难的原因是什么。

3.在人口流动性背景下，如何解决医疗保险异地结算困难问题？

医疗保险是社会保障制度的重要组成部分，是为劳动者提供必要医疗服务、保障公民健康生活的保障制度。医疗保障也是全世界最早立法的社会保障制度。由于医疗保险与每个人的健康和生活密切相关，世界各国对此都高度重视，大多数国家都建立了社会医疗保险制度。

第一节　医疗保险概述

一、医疗保险的含义与特征

（一）医疗保险的含义

医疗保险与人们日常生活的关系最为密切，对提高人们的生活质量的作用也最为明显。但由于医疗保险在各国的运作模式、内涵与外延均有不同，名称也就不尽相同，有的称为疾病保险，有的称为医疗保险，还有的称为健康保险，因此，国内外学术界对此尚无统一的概念和定义。

本章采用国内学者郑功成教授对医疗保险的界定，即把医疗保险作为社会保险制度中的一个项目来定位，专指社会医疗保险，它是由国家立法规范并运用强制手段，向法定范围内的劳动者及其他社会成员提供必要的疾病医疗服务和经济补偿的一种社会化保险机制。这一概念的界定，包括如下五层含义：

第一，医疗保险是由国家立法强制实施的。

1883年5月31日，世界上第一部社会保险法律《疾病社会保险法》在德国诞生。从19世纪末到20世纪末，全世界有110多个国家通过立法先后建立了自己的社会医疗保险制度，立法规范和强制实施构成了各国社会医疗保险的共同特点，法律不仅规范了主体各方的权利和义务，而且对保险对象范围、医疗保障待遇以及强制实施的程序等亦做出了明确规范，从而体现了社会医疗保险与自愿参与的商业医疗保险的区别。

第二，医疗保险的对象通常是劳动者，尤其是工薪劳动者。

这一点与其他社会保险相似，均是从保护劳动力和解除劳动者的后顾之忧出发的。不过，在一些国家的社会医疗保险制度中，亦会放宽到劳动者的家属。

第三，医疗保险强调权利义务相结合和互助共济。

对于每一个人来说，其生病和受伤害的概率是不可预测的，而对于一个群体来说，则可以通过大数法则预测。因此，社会医疗保险通过保险精算，确定被保险人的缴费（税）义务和获取医疗服务或补偿医疗费用的权利，履行缴费义务构成社会成员获得医疗保障权利的前提条件。

同时，由于每个参与者是否患病以及何时患病都具有不确定性，真正享受社会医疗保险待遇的人及受益多少也是不确定的，正是在这种不确定中，大数法则与互助共济功能才在社会医疗保险中得到了充分体现。

第四，医疗保险保障的内容主要是疾病。

劳动者面临的风险很多，与身体直接相关的事件既有疾病，也有职业伤害、生育等，但社会医疗保险保障的主要是各种疾病，而职业伤害风险由工伤保险制度来承担，生育事件由生育保险制度来承担。不过，在一些国家亦将女职工的生育行为纳入医疗保险范围，或者另由普惠性质的生育津贴来保障。

第五，医疗保险必须社会化。

与其他保障制度相比，医疗保险服务更强调社会化，因为医疗保险服务必须由第三方即医疗机构来提供，这就使得医疗保障制度不可能由社会保险机构直接实施，而只能由众多的医疗机构来承担组织实施任务，故其并非供给者与受益方的直接对应行为。

需要指出的是，在把握医疗保险（本章专指社会医疗保险）概念并将其与商业医疗保险或者健康保险加以区别的同时，还应当区分医疗保险与医疗保障两个概念。

尽管在某些国家或地区以及一些文献中，医疗保险与医疗保障被混用，但一般而言，医疗保障的范围要大得多，医疗保险只是医疗保障的一种方式。

以中国为例，医疗保险仅指社会保险制度中的基本医疗保险，而医疗保障的相关政策还有农村合作医疗、补充医疗保险、社会医疗救助以及妇幼保健、儿童免疫、地方病防治、传染病防治等，这些制度安排与医疗保险共同构成了中国的医疗保障体系。

（二）医疗保险的特征

同其他社会保险一样，医疗保险也具有保险的两大职能：风险转移和补偿转移，即把个体身上的由疾病风险所致的经济损失分摊给所有受同样风险威胁的成员，用集中起来的医疗保险基金来补偿由疾病所带来的经济损失。但由于疾病风险和医疗服务需求的特殊性，又使医疗保险在实践中有一些突出的特征。

1.保险对象的广泛性

医疗保险是社会保险各个项目中保障对象范围最广的保险项目之一，因为疾病风险是每个人都可能遭遇到且难以回避的。这是医疗社会保险区别于其他社会保险的一个显著特征。

其他社会保险项目，如失业保险、养老保险、生育保险等虽然也是国家在社会范围内广泛实施的社会保障制度，但其实际发生率会因保障条件的限制而受到限制。例如，一部分受保对象可能一生都不会失业而不必为其提供失业保险帮助。养老保险和生育保险的对象则都是特定的：前者仅对特殊年龄阶段的受保者提供帮助；后者则仅对生育妇女提供实际帮助。

2.保险对象受益的长期性

由于疾病的发生是随机的、突发的，一次疾病的时间通常也不会太长，所以每次的补偿期也较短。不过，由于人的一生中不可避免地要生病，医疗保险也就会伴随参加保险人员的一生。医疗保险的补偿通常是短期的，这一点显然与其他社会保险有很大区别。

3.保险待遇的差异性

社会医疗保险是一种医疗费用补偿机制，这种费用补偿待遇非定额补偿，它与缴费多少无关，而与医疗费用直接相关，即患者获得的费用补偿不是取决于其缴过多少医疗保险费，而是取决于病情轻重、疾病发生的频率以及实际需要。

由于不同疾病所需要的医疗费用有比较大的差异，因此，不同受保者其所患疾病不同，治疗疾病所需要的费用不同，其所实际享受的保险待遇也会有比较大的差异。这一特点是其他社会保险形式所不具备的。

社会医疗保险待遇的差异性并不否认其相同项目保障标准的统一性和规范性，也就是说，相同疾病的保险待遇标准是相对统一的，保险基金的支付和管理方式也是统一的，不同的只是不同疾病的受保者所实际享受的医疗保险待遇，这种差异是由治疗费用需要数额的差异决定的，是统一性和规范性前提下的差异，并且，所有受保者享受这种保险待遇差异性的机会是均等的，因此也是受保者在机会均等前提下存在的必要的差异。

4.保险涉及关系的复杂性

医疗保险涉及政府、用人单位、医疗机构、社会保险机构、医药机构和患者个人等多方之间复杂的权利义务关系。例如，在医疗服务消费中，医疗服务提供者始终处于主动地位，其服务供给也处于相对的垄断地位，而患者的医疗消费却是被动的，患者很难真正通过市场手段来选择医疗服务的内容和数量。

对个人来说，患病时的实际医疗费用是无法事先确定的：支出多少不仅取决于疾病的实际情况，医疗处置、医药服务提供者的行为甚至可能的道德风险等对医疗费用也会产生一定的影响，加之患者（特别是重病患者）本身急切治疗以求速愈的心理，也易使他们提出过高的医疗要求，不主动控制医疗费用的支出。

要处理好这样复杂的关系，必然要兼顾主体各方的权益并对各利益主体形成一种制衡机制。因此，医疗保险制度的有效性不仅取决于其本身的科学、合理性，同时还与公共卫生资源的合理配置、医疗卫生体制（重点是医疗机构）、医药流通体制等紧密相关。医疗保险制度的复杂性还表现在医疗机构与患者之间的信息不对称，再加上由社会保险机构（第三方）付费，这就存在着先天的约束不足。医疗保险的复杂性决定了制度实践的难度很大。

二、医疗保险的性质和作用

（一）医疗保险的性质

1.医疗保险的福利性

这是社会医疗保险与商业医疗保险的重要区别。商业医疗保险是一种市场行为，它以营利为目的。而社会医疗保险则是一项重要的社会公益事业，把社会效益放在首位，不以营利为目的，并坚持"以支定收、量入为出、收支平衡、略有积累"的原则。医疗保险福利性特征的政策含义在于：政府财政或企业有义务缴纳医疗保险费，有义务增加投入，支持医疗卫生事业的发展。

2.医疗保险的公益性

公益性是医疗保险不同于其他保险的一种属性，表现在：医疗保险制度的实施直接关系到整个社会。医疗保险的实行，不仅使患病的劳动者本人尽快恢复健康而受益，而且还有助于减少疾病流行，有利于社会生产发展，能使整个社会的全体成员共同受益。因此，费用理应由国家、企事业单位和个人三方合理分担。

3.医疗保险的复杂性

医疗保险是公认的世界性难题。其复杂性主要表现在：一是理论的复杂性，例如，医疗保险的公益性、公平性与市场经济规律的冲突；涉及多方关系的复杂性，最基本的关系就涉及保险方、保险对象、服务提供方和政府四个方面，这是其他保险所无法比拟的。二是技术手段的复杂性，需要应用的基本知识和技术涉及医学、保险学、社会学、管理学、人口学、经济学和统计学、信息工程等。

（二）医疗保险的作用

1.有利于提高劳动生产率，促进生产的发展

医疗保险是社会进步、生产发展的必然结果；反过来，医疗保险制度的建立和完善又会进一步促进社会的进步和生产的发展。

众所周知，劳动力是社会生产力中最活跃的因素，是首要的生产力。劳动者不可能一辈子不生病，因此，疾病的医疗是劳动力再生产的必要条件，医疗费用是劳动力再生产的必要费用。

医疗保险制度的实施，为劳动者减少疾病，患病时得到及时治疗，恢复身体健康，并以健康的体魄投入生产劳动提供了重要保证。更为重要的是，通过医疗保险，不仅可以保障劳动者身体健康，而且可使劳动者以健康的身体为基础，提高科学文化技术水平，促进劳动生产率的提高和社会的发展、进步，创造更多的财富。

2.调节收入差别，体现社会公平

首先，医疗保险通过征收医疗保险费和偿付医疗保险服务费来调节收入差别，是政府一种重要的收入再分配的手段。

其次，医疗保险，对于劳动者来说，虽然在考虑其劳动状况，如工龄的长短、劳动条件的差异和贡献大小等时有所差别，但总的说来，它

并不与劳动者的劳动数量、劳动质量直接挂钩，而是保障劳动者在患病后有均等的就医机会，依据其病情提供基本医疗服务，给予必要的医疗保障，因而有助于合理调节社会分配关系，实现效率与公平的结合和统一。

3.维护社会安定

医疗保险对患病的劳动者给予经济上的帮助，防止因病致贫、因贫致病的恶性反复，有助于消除因疾病带来的社会不安定因素，是调整社会关系和社会矛盾的重要社会机制。

4.促进社会文明和进步

医疗保险是社会互助共济的社会制度。医疗保险制度的建立，可以有效地依靠国家、单位和个人的经济力量，筹集卫生费用，积极发展各类卫生保健事业，加强对重大疾病的防治，改善医疗卫生条件，为提高全民健康水平发挥作用，有利于社会文明和促进社会进步。

三、医疗保险的范围与类型

（一）医疗保险的范围

医疗保险的范围是指医疗保险覆盖的被保险人群，常用覆盖率表示，即：在全体公民或国民中，有多少人可以享受医疗保险待遇或哪部分人可以享受医疗保险待遇。

医疗保险是社会保险体系的重要组成部分，它与其他社会保险既有联系又有区别。医疗保险的范围原则上应是全体公民。因此，医疗保险是社会保险体系中覆盖面最广、作用最大的保险之一。

医疗保险覆盖范围的大小，通常是衡量一个国家或地区社会保障水平与社会发展程度的重要指标。一般来说，覆盖率高的国家和地区通常有较高的经济发展水平作为支撑，但也与一个国家或地区国民的价值取向与政策选择直接相关，如美国是世界第一大经济强国，但仍然有数千万人缺乏医疗保障，很显然，美国医疗保障制度的缺漏并非经济因素影响的结果。

目前，从各国的情况来看，北欧、西欧各国，以及日本、加拿大等国的法定医疗保险范围最为广泛。

（二）医疗保险的类型

实行医疗保险制度的国家，由于各自的经济发展水平不同、传统文化和价值观念不同，其制度运行也呈现出不同的特点。综观世界各地的医疗保险制度，形式多种多样，可以从不同的角度进行不同的分类。

1.按医疗服务的供求关系划分

按医疗服务的供求关系分类，有直接关系型和间接关系型之分。直接关系型是指医疗保险的承办机构同时又是医疗服务的提供机构，在医疗单位（供方）与患者（需方）之间不存在偿付医疗费用的"第三方"，如我国的劳保医疗和公费医疗。

间接关系型是指医疗保险承办机构与医疗服务机构不是同一个机构，在医疗单位与患者之间还存在偿付医疗费用的"第三方"。

三者的关系是：由雇主、雇员组成的需方将保险费交给社会保险机构（第三方），当雇员发生疾病风险时，由医疗服务提供者（供方）提供治疗服务，社会保险机构向医疗服务提供者支付医疗费用。

2.按医疗保险基金筹集方式划分

按医疗保险基金筹集方式划分，有国家医疗保险、社会医疗保险、社区合作医疗保险、储蓄医疗保险等类型。

其中社会医疗保险按医疗保险的体制安排及保障对象的限定，又可分为基本统一型、分类对口型和特别限定型。

基本统一型制度模式以德国为代表，它将一些城市中的全体劳动者及其家属都囊括进去，因此是一种覆盖面很广的全国统一医疗保险制度。

分类对口型制度模式以日本为代表，日本的医疗保险制度根据对象分为两大类：一类是以产业工人、公务员等在职职工及其家属为对象的"职工医疗保险"，亦称雇用者医疗保险；另一类是以农民、自营业者、小企业（5人以下）职工、学生为对象的"国民健康保险"。其中，参加"职工医疗保险"的人数占绝大比重。

特别限定型制度模式以美国为代表，美国没有全国性的医疗社会保险制度，仅有限定对象的所谓"老残健康保险"，如退休的铁路员工、慢性肾脏病患者、有持续24个月领取残疾补助金记录的未满65岁残疾者等。由于特别限定对象，美国不少人只能参加私人医疗保险。

此外，按医疗费用的支付方式划分，有按服务项目付费、按病种付费、按人头付费等类型。

四、医疗保险基金的筹集与支付

（一）医疗保险基金的筹集

医疗保险基金是通过法定或合同的形式，由参保者（团体或个人）在确定的条件下，交付规定数量的保险费而建立起来的一种货币资金，用来支付参保者按照保险条件规定的全部或部分医疗费用。

医疗保险基金是医疗保险制度的物质基础，其筹集渠道可以是多元化的，主要有政府专门税收、国家补贴、雇主（或单位）出资、个人出资等，可以由几方共同负担或其中一方负担。另外，它还包括医疗保险基金的保值、增值收入及区域调剂或转移收入、利息、滞纳金等。当然，作为社会医疗保险基金，还可能得到社会的捐款。在筹集的过程中，医疗保险基金体现出强制性、费用共担及收支平衡的原则。但各国在具体的筹资方式上，仍然有所差别。

医疗保险基金筹集的几种模式如下：

（1）政府全额负担，即由政府全额负担或基本负担基本医疗保险费用。

（2）政府和个人共同负担，这主要适用于没有职业或者收入很低的人群。

（3）政府、雇主（或单位）和个人三方分担。这是实行医疗社会保险制度的大多数国家所采用的办法。

在三方负担的比例上，各国的情况有所不同，特别是企业和个人的负担比例，各国差距比较大。政府参与的情况有两种：一是政府参与管理，但不给经费补贴；二是政府给予一定形式的医疗补贴，单位和个人负担主要部分。

（4）个人全额负担。有几种医疗保险一般由个人全额负担：一是自由职业人员的医疗保险；二是互助医疗保险等补充形式的医疗保险。

（二）医疗保险基金的支付

医疗保险主要保障劳动者的身体健康，对于在职劳动者来说，用于医疗方面的开支属于"劳动能力的修理费用"。因此，它的支付方式和原则与其他社会保险不同。这主要反映在被保险人的法定待遇和对医疗服务机构的补偿方式上。

对医疗服务机构的补偿方式也是整个医疗保险制度运行中的重要环

节，不同的支付方式对医疗行为、资源流向都会产生不同的影响和经济后果。

概括起来，医疗保险费的支付方式可以分为后付制和预付制。

后付制是指在提供医疗服务之后，医疗保险机构根据医疗费用开支的多少，按照医疗社会保险费用的给付标准，向医疗机构或患者个人支付全部或部分医疗费用。

预付制是指在提供医疗服务之前，医疗保险机构按合同向医疗服务机构提前支付有关费用。

后付制一般按服务项目付费；预付制的付费方式则有总额预算制、按人头付费、按病种付费、工资制等。

1.按服务项目付费

这是医疗保险最传统、应用最广泛的支付方式，指医疗保险机构根据医疗机构上报的医疗服务项目和服务费向医疗机构交付费用，它属于事后付费。

在具体操作上，它可以先由医疗单位付费后再与医疗保险机构结算，也可以先由患者垫付再从医疗保险机构报销部分或全部。我国长期以来实行的劳保医疗和公费医疗制度就是采用按项目支付费用的办法，也叫实报实销。

这种付费方式具有实际操作方便、适用范围广泛等优点，但由于医疗机构的收入同所提供的医疗服务项目、数量直接相关，医疗机构因此具有提供过度服务甚至虚报的动机。在实践中也发现医院容易通过增加服务项目和服务量、延长住院时间、购置高档诊治设备、多开贵重药品等方法获取更多的费用偿付，从而造成卫生资源的浪费。同时，第三方付费的事实亦使医、患双方缺乏费用控制机制，使医院与病人都不关心费用的多少，甚至可能出现合伙欺骗医疗保险机构的现象。因此，实行事后补偿费用的按项目付费制，对不合理的医疗费用难以实施有效的控制。

2.总额预算制

总额预算制指医疗保险机构通过对服务地区的人口密度、人口死亡率、医院的规模、服务数量和质量、设备设施情况、通货膨胀等因素进行综合考察和测算后，按照与医院协商确定的年度预算总额支付医疗费用的方式。

这种付费方式的特点是，医疗机构必须为前来就诊的被保险人提供合同规定的服务，但收入不能随服务量的增加而增加；如果全部服务的费用超过了年度总预算，医疗保险机构不再追加支付，亏损由医院自负，所以也称为总额预算包干制。预算总额一般一年协商调整一次。实行这种支付方式，医疗保险机构能够较好地控制医疗费用，但前提是必须合理确定医院的年度预算。在实际操作中，由于上述影响年度医疗费用预算总额的多种因素的存在，年度总预算不易合理确定。英国、加拿大、澳大利亚等国采用这种付费方式。

3.按人头付费

按人头付费是医疗保险机构按合同规定的时间，根据接受医疗服务的被保险人的人数和规定的收费标准，预先支付医疗服务费用的支付分式。在此期间，医疗机构负责提供合同规定范围内的一切医疗服务，不再另行收费。按人头付费实际上就是一定时期、一定人数的医疗费用包干制。

按人头付费使医疗机构的收入与被保险人的人数成正比，与提供的服务成反比，节余归自己，超支自付，这就产生了内在的成本制约机制，促使其自觉地采取控制费用的措施，从而有利于医疗费用控制和卫生资源的合理利用。

不过，由于这种付费方式也可能产生医疗机构为节省医疗费用而减少服务提供或降低服务质量的现象，因此，为了保证医疗质量，防止医疗服务质量降低，一般都规定了每个医生最多照管病人的数量。

目前，丹麦、荷兰、意大利、美国等国家广泛采用这种方式来支付医疗费用。

4.按病种付费

按病种付费亦称按疾病诊断分类定额支付。这种方式是根据国际疾病分类法，将住院病人的疾病分为若干组，每组又根据疾病的轻重程度及有无合并症、并发症分成若干级，对每一组的不同级别都制定相应的价格标准，按这种费用标准对该组某级疾病的治疗全过程，社会保险机构一次性向医院支付费用。简单地讲，就是按诊断的住院病人的病种进行定额支付。

这种支付方式的特点是医疗保险支付给每个住院病人的费用只与诊断的病种有关，而与服务质量和每个病人的实际费用无关。因此，其优点是可以激励医院为获得利润而主动降低成本，缩短平均住院时间，一定程度上减缓和控制医疗费用上升的趋势；其缺点是难以在水平不同的医院、服务项目、质量以及病例的组合中建立正确、恰当的分类系统，尤其是当诊断界限不明时，容易诱使医生令诊断升级，以获得较多的费用支付，而且标准制定过程复杂，调整频繁，管理成本较高。

5.工资制

工资制指社会保险机构根据合同医疗服务机构医务人员所提供的服务，向他们发工资，以补偿医疗机构人力资源消耗。工资制一般依据所提供服务的时间、医生的技术等级、服务的数量及质量来确定医疗服务人员的劳动价值。

这种方式的优点是医疗保险机构能够较好地控制医院的总成本和人员开支，医务人员的收入也有保障。

这种方式的缺点是由于医疗保险机构支付给医务人员的费用是固定的，与医务人员提供服务的数量和质量无关，所以不能形成对他们的激励机制，也调动不了医务人员的积极性，有可能导致医疗服务质量的下降。

芬兰、瑞典、苏联、西班牙、葡萄牙、希腊、土耳其、印度、印度尼西亚、以色列以及英国、加拿大等国对医院里的医生实行这种方式。

表5-1列示了上述不同支付方式的比较。

表5-1   不同支付方式的比较[①]

支付方式	费用控制	服务质量	管理
按服务项目付费	很差	很好	非常难管理
按人头付费	非常好	良	非常容易管理
总额预算制	非常好	良	容易管理
按病种付费	好	良	容易管理
工资制	好	差	容易管理

---

① 孙光德，董克用.社会保障制度概论［M］.4版.北京：中国人民大学出版社，2012：216-219.

事实上，医疗保险费用的支付方式远不止以上几种，还有平均费用支付、以资源为基础的相对价值标准制（RBRVs）等。但可以肯定的是，几乎每一种付费方式都各有利弊。各国在确定医疗费用支付方式时，需要考虑整体医疗费用支付水平及其上涨率、医疗部门收入规模、医疗服务质量、医疗保险管理组织的工作效率等因素进行权益均衡后，慎重选择最适合本国实际情况的单一或组合支付方式。

第二节　外国医疗保险制度

一、外国医疗保险概况

医疗保险最早起源于欧洲。在古罗马和古希腊时代，国家就设置了专门为军人和贫困者治疗疾病的医疗机构。在工业化的发展进程中，疾病对工人劳动能力的破坏和生活来源的丧失使工人们自发地组织起来，筹集互助性的资金以应对疾病的困扰，这些都是医疗保险制度的雏形。

随着社会经济的发展和医疗费用的提高，一方面，高昂的医疗费用越来越成为社会成员的沉重负担，使医疗保险制度的建立成为必要，另一方面，经济发展为建立医疗保险提供了经济上的可能，医疗保险制度正是在这种情况下产生的。

1883年，德国颁布的《疾病社会保险法》规定某些行业中工资低于规定限额的工人应强制加入疾病保险基金会，基金会强制性征收工人和雇主应缴纳的医疗保险基金并用于工人的疾病医疗。这标志着医疗保险作为一种强制性社会保障制度得到确立。随后，这项政策逐渐在20世纪上半叶的整个欧洲以各种形式推广，进而向其他地区迅速扩展。

在欧洲，继德国之后，奥地利于1887年、挪威于1902年、英国于1911年相继建立了自己的医疗保险制度。到20世纪30年代早期，大多数欧洲工业化国家均建立了这种保险制度，当时以生育和疾病社会保险的名义实行。

尽管各国在筹资方式、给付比例、管理办法上有所不同，但医疗保险所筹集的保险基金全部处于国家监督之下，并通过立法形式强制实施。

第二次世界大战以后，西欧、北欧的部分国家宣布建立福利国家，面向工薪劳动者的疾病医疗保险被普遍性的、高水平的国民保健制度所替代，其他欧洲国家的医疗保险范围进一步扩展，实施范围不断扩大，已经成为这些国家最重要的社会保障项目。

自20世纪中叶开始，西方发达国家的医疗卫生服务支出中，医疗社会保险支出所占比重不断增加。至21世纪初，德国的医疗社会保险已普及到全体公民的90%，占医药费总支出的72%；意大利的这两个比例分别为91%和87%；法国的这两个比例分别为98%和76%；瑞典的这两个比例分别为98%和91%。

在北美洲，加拿大1947年首先在萨斯喀彻温省实行住院保险制度，通过10年的实践，在全国实行了这种制度。1966年12月，加拿大国会通过《医疗保健法》，1972年实行全民医疗保险。

在亚洲，日本于1922年颁布《健康保险法》，1938年颁布《国民健康保险法》，将工薪阶层和非工薪阶层的医疗保险区分为健康保险和国民健康保险。医疗保险的覆盖范围从部分大企业的职工逐步扩展至产业工人、海员、政府工作人员、职员和农民等，按日计酬的短工和投保人的家属也被包括在内。

由于人口迅速老龄化，老年人口医疗开支增加，1972年，日本为70岁以上以及65~70岁间生活不能自理的老年人建立了老年医疗保健制度。日本现行的医疗保险基本覆盖了全体公民。

亚洲其他一些国家在二战后也开始探索自己的医疗保险制度，中国的公费医疗、劳保医疗与乡村合作医疗制度的建立与发展，更是使亿万人民直接受益。

进入20世纪80年代以后，各国医疗保险都出现了医疗费用迅速增长和医疗保险基金筹集能力下降的矛盾。针对这种矛盾，各国开始就提高医疗卫生资源的利用效率进行医疗保险制度的改革。

主要的改革措施概括起来包括以下几方面：第一，采用费用分担机制，让个人负担部分医疗费用或提高个人的付费比例，进而提高个人的费用意识；第二，改革医疗卫生体制和保险机构对医疗机构的付费方式，形成相应的监督机制和提高医疗机构的成本控制意识；第三，积极发展预防服务和基层服务，鼓励病人利用基层医疗卫生服务；第四，调整卫生资源结构，加强对执业医师人数的控制，降低医疗服务成本；第五，引入市场机制，鼓励医疗保险机构之间的竞争，降低医疗保险的管理成本。

二、国外医疗保险主要模式

由于政治制度、经济制度、经济发展水平及卫生服务条件的差异，不同国家的医疗保险制度有着各自的特点。

从医疗保险资金筹集的角度看，目前世界各国的医疗保险模式主要有国家（政府）医疗保险、社会医疗保险、商业医疗保险、储蓄医疗保险四种类型。

（一）国家（政府）医疗保险模式

国家医疗保险亦称政府医疗保险，是指通过政府税收形式筹集医疗保险基金，并采用国家财政预算拨款的形式将医疗保险资金分配给医疗机构，向国民提供免费或低收费的服务。

实行国家医疗保险的国家，均由公立医疗机构提供各种医疗服务，医疗服务活动具有国家垄断性。在公立医疗机构工作的医务人员的工资由国家财政承担。这种模式也可称免费型医疗保险，曾盛行于西方福利国家，以英国、瑞典、加拿大等最为典型。实行这一制度的国家的保险对象通常包括全体公民。我国原有的公费医疗也属于这种模式，但我国的公费医疗制度的覆盖面只限于城镇职工。

英国是世界上第一个宣布建立"福利国家"的国家。早在1944年，英国政府就提出了"国家卫生服务"的计划，同时明确了医疗保险服务的三项基本原则：国家要对每个英国国民提供广泛的医疗服务；卫生服务经费全部或大部分从国家税收中支付；卫生服务由初级服务、地段服务和医院服务三部分组成。

1946年，英国通过了《国民医疗保健服务法》（自1948年起实施），实行了对所有医疗机构的国有化，医疗机构的医护人员成为国家公职人员。

1964年，英国又颁布了《国家卫生服务法》，全面实施全民医疗保险制度，为所有公民提供免费医疗，这一制度又称国民卫生保健制度（NHS）。

国家（政府）医疗保险模式的主要特征为：

（1）医疗保险基金绝大部分来源于国家财政预算，政府可以根据资金投入量来控制医疗费用总量。

（2）卫生行政部门直接参与医疗服务的计划、管理、分配与提供，医疗基金往往通过全额预算下拨给政府举办的医疗机构，或是通过合同购买民办医疗机构、私人医生的医疗服务。医疗服务具有国家垄断性。

（3）向全体国民提供免费或低收费的医疗服务，体现了公平性和福利性。

（4）卫生资源的配置具有较高的计划性，市场机制对其基本不起调节作用。

这种医疗保险模式的突出问题在于：医疗机构微观运行缺乏活力，卫生资源配置效率低下，难以满足国民不断增长的医疗需求；由于供需双方缺乏费用意识，医疗消费水平较高，政府财政不堪重负。

（二）社会医疗保险模式

社会医疗保险是国家通过立法形式强制实施，由雇主和个人按一定比例缴纳保险费，政府酌情补贴，建立社会保险基金，用于支付雇员（有时可包括其家属）医疗费用的一种医疗保险制度。目前，世界上有德国、日本、法国、韩国和我国的台湾地区等100多个国家或地区采取这种模式。

社会医疗保险是实行医疗保险制度的国家或地区中使用最广泛的一种。我国原有的劳保医疗也属于这类保险。

德国现行的医疗保险可以分为法定医疗保险和自愿医疗保险两种类型。法定医疗保险是医疗保险体系的主体部分，它具有强制性。

根据德国有关法律的规定，法定医疗保险的对象是：

（1）工资超过最低额度的所有职工；

（2）农民、家庭手工业者；

（3）所有学生、实习生、失业者、残疾人、养老金领取者；

（4）投保人配偶及其子女，只要他们的收入不超过最低限额，就可以免费保险。

此外，年收入超过法定额度的职员可以自愿参加法定医疗保险，也可以到私人保险公司投保。公务员、自由职业者、独立经营者不在法定医疗保险范围之内。据统计，参加法定医疗保险的人口超过全国人口的

90%。自愿医疗保险为私人健康保险，参加者大多是社会高薪阶层。自愿医疗保险需要缴纳高昂的健康保险费用，相应地享受高质量的医疗服务。

德国医疗保险基金（主要指义务医疗保险）的主要来源：一是工薪收入税（其中雇员与雇主各缴纳50%）；二是取代工薪收入税的私人保险费；三是就医直接支付的部分费用；四是向雇主征收的财务税，主要用作支付雇员长期疾病治疗的费用；五是其他一些税收。在上述基金来源中，工薪收入税占有较大比重。

德国1989年推出的《医疗保险制度改革法》规定，雇员普通疾病的保险率为其年收入的12.5%，由雇员和雇主各负担一半；对低收入的雇员，保险费全部由雇主承担。

德国医疗保险费的支付范围主要有以下几项：

一是医疗补助。其包括疾病的治疗费、护理费、药品费、住院费、休养费及病休补贴等。按规定，参加医疗保险的雇员因病休假6周以内的，雇主应按全额发给工资；因病休假超过6周的，改由医疗保险部门支付病休补贴，一直支付到病休的第78周为止。病休补贴的标准为基本工资的80%。雇员病休第78周以后，也就是一年半之后，还需继续病休的，病休补贴改为社会救济。

二是丧葬费。参加医疗保险的雇员如因病死亡，可从医疗保险部门领取相当于雇员本人日工资20倍的丧葬费。

三是生育补助。其主要包括妇女在怀孕期间和分娩后的各种费用。

四是家庭补助费。其主要指参加医疗保险者的家属患病或死亡时，医疗保险部门所支付的各种补贴。

在德国的医疗保险制度中，医疗保险的承办机构为医疗保险基金会。基金会通常按行政区划和行业组建。各种形式的基金会都是自治的管理团体，其职责是维护投保人的权益。各医疗保险基金会内，由被保险人选出的代表组成代表大会，决定医疗保险章程、保险范围和保险费的支付办法，并选举产生主持基金会日常工作的常务委员会。各医疗保险基金会还分别组成联邦和州医疗保险基金联合会。

德国的医疗保险制度是以社会集资为主的，国家所提供的财政补贴较少，因而可以避免医疗费用浪费的现象。但在具体的实施过程中，也存在着对疾病预防工作的忽视、医疗保险基金紧缺等问题。

针对这些问题，20世纪70年代中期以后，德国医疗保险制度也作了一些重要改革，1989年正式制定的《医疗保险制度改革法》便改革了医疗保险费用报销办法，在一定程度上提高了个人的费用承担比例。一些辅助治疗用品和辅助疗法的费用，全部改由投保人自理，同时，还对医务人员的报酬、疾病的预防及康复费用的支出等做出新的规定。

社会医疗保险具有以下特征：

（1）医疗保险基金的筹集可以得到法律的保证。

（2）医疗保险基金由医疗保险机构统一筹集、管理和使用，以达到互助共济的目的。

其实质是个人收入的再分配，或者说是个人收入的横向转移，即健康者的一部分收入向患病者转移，高收入者的一部分收入向低收入者转移，以求实现社会共济和稳定的目标。

（3）社会医疗保险基金管理的原则是"以支定筹，以收定支"，力求达到当年收支平衡。由于是现收现付，所以基金一般不会有积累。

（4）社会医疗保险所提供的医疗服务内容各不相同。

服务项目一般包括基本医疗服务、大多数病种的住院治疗及必要的药品费用。多数国家还包括专科医疗服务、外科手术、孕产保健、某些牙科保健服务及某些医疗设施服务。筹资与偿付水平较高的国家，还包括病人的交通与家庭护理服务等。

（5）社会医疗保险对参保人的医疗保障一般分两种方式：一是直接向病人提供免费或部分免费的医疗服务；二是病人垫付医疗费用后由保险机构予以补偿（报销）。

社会医疗保险模式的优点在于社会互助共济、风险分担。医疗保险机构同医疗机构建立了契约关系，促使医院提供优质的医疗服务，对控制医疗服务提供者的垄断行为较为有效。但是，由于这种模式实行现收现付，当年平衡，没有纵向积累，因此，不能解决两代人之间医疗保险费用负担的代际转移问题，随着人口老龄化社会的到来，这种矛盾将日趋尖锐。

（三）商业医疗保险模式

商业医疗保险是由商业保险公司承办的、主要以营利为目的的一种医疗保险形式。其筹资不是强制性的，而是由投保人自愿选择保险项目，并自愿缴纳相应的医疗保险费，故也叫自愿保险。

美国是世界上实施商业医疗保险模式的典型代表。但这种模式并不是美国唯一的医疗保险制度，因为美国形成的是一个多元化医疗保险体系，其中既有由政府举办的社会医疗保障（包括医疗照顾制度、医疗救助制度和少数民族免费医疗制度），也有营利及非营利的商业医疗保险，商业医疗保险的卫生服务机构通常以私立医疗机构为主。2022年，美国卫生费用占GDP的18.3%（美国医疗保险和医疗补助服务中心数据），位居全球之首。截至2023年，全美无医疗保险人数约2600万，占总人口的8%。蓝十字蓝盾协会（BCBSA）是美国最大的非营利性医疗保险组织，覆盖约1.15亿人。

美国商业保险市场成熟，商业医疗保险也多种多样，有为学生设置的学生医疗保险，也有为富人设置的无限制实报实销的私人保险。由于种种原因，私人保险公司自身并不可能胜任规模如此庞大、涉及面如此广的医疗保险，而商业医疗保险本身固有的保险对象与疾病风险限制性，亦不可能真正满足全体社会成员的医疗保险需求。因此，美国政府除了专门为65岁以上老年人和残疾人提供"医疗照顾"以及为低收入家庭提供医疗救助外，还在联邦所得税上对私人医疗保险给予补贴。

商业医疗保险虽然算现代医疗保障体系的一个组成部分，但在解决社会成员的疾病医疗问题方面所起的作用并不如社会医疗保险。

商业医疗保险的主要特征为：

（1）社会人群自愿投保，共同分担由意外事故所造成的经济损失。

（2）保险人与被保险人签订合同，缔结契约关系，双方履行权利和义务。

（3）医疗保险作为一种特殊的商品，其供求关系由市场进行调节，保险机构根据社会的不同需求开展业务。

（4）除一些非营利的保险组织外，大多数医疗保险机构以营利为目的。

商业医疗保险形式灵活、多样化，能够满足不同社会阶层对医疗服务的需求。在这种医疗保险模式下，医疗消费者的自由选择迫使保险机构在价格和服务质量上进行竞争，提供低价优质的服务，也迫使医疗服务的提供者降低医疗服务成本，从而控制医疗保险费用。

商业医疗保险模式也存在着弊端：一是由于低收入者难以支付高昂的医疗保险费，因而只能提供较低水平的医疗服务，社会公平性差；二是医疗消费主要通过市场来调节，缺乏有力的制约，容易造成费用的失控；三是保险机构主要以营利为目的，对参保人的身体条件要求十分严格，体弱多病者和老年人往往被排除在外。

（四）储蓄医疗保险模式

储蓄医疗保险是依据法律规定，强制性地以家庭为单位建立医疗储蓄基金，并逐步积累，用以支付日后患病所需的医疗费用。

这种医疗保险模式起源于新加坡，目前马来西亚、印度尼西亚等发展中国家也采用这种制度，它属于公积金制度的一部分。

这种医疗保险模式以个人责任为基础，政府分担部分费用，强调病人应支付部分医疗费。享受的医疗服务水平越高，付费也越多，这样可避免过度利用医疗服务行为的发生，减少浪费。它要求每个有收入的公民都要为其终身医疗需求而储蓄，以解决自身的医疗保健费用，从而避免上一代人的医疗保健费用转移到下一代人身上。

新加坡现行的医疗保险制度是从1983年开始逐步建立的，到1993年形成了完整的和行之有效的制度体系，其医疗保险制度以个人责任为基础，政府负担部分费用并严格控制费用增长，以保证政府和个人都能承受基本的医疗服务费用。新加坡医疗保险体系由政府补贴、保健储蓄计划、大病保险计划和保健基金计划4种保险计划组成，通过这4种保险计划，保证每个公民都能获得最基本的医疗服务。

1.政府补贴

政府补贴是按医疗机构提供的服务量，政府拨付相应的补贴。病人在国立诊所接受门诊医疗服务，只需支付50%的医疗费用，儿童和60岁以上的老人只付25%，其余由政府补贴。在国立医院住院治疗，根据病床等级，病人或免费，或负担30%~80%不等的费用，政府相应地予以全部和部分补贴。

2.保健储蓄计划

1955年，新加坡实行强制储蓄的个人账户养老保险制度，1984年在原有公积金制度的基础上，制订了保健储蓄计划并在全国实施。政府要求凡有工作的人，包括个体户都必须按法律要求参加保健储蓄。保健储蓄的资金来源为雇主和雇员缴纳的储蓄金。一般是根据不同年龄组按工资的6%～8%缴纳，由雇主和雇员平均分摊，存入个人公积金账户中的保健储蓄分户。

缴纳的保健储蓄金可以免缴个人收入所得税。每月缴纳金额有限制，月薪超过6 000新元部分不用缴纳。个体户从1992年7月起实行此制度，按照年收入的一定比例缴纳，年收入超过72 000新元部分不计缴。

保健储蓄可用于支付本人及家属成员住院治病和部分高昂的门诊检查治疗项目费用。保健储蓄归个人所有，但规定提取限额，以控制费用的过度使用。住公立医院高级病房或私立医院的，且超过提取限额部分必须支付现金。

在55岁时，保健储蓄账户必须保持一个最低累计额，以确保年老患病时有足够的储蓄支付住院费。保健储蓄账户的缴纳人去世后，余额以现金形式返还给家属，且不缴纳遗产税。

3.大病保险计划

保健储蓄计划对于那些发生一般医疗费用的投保人来说足以支付，但对于那些患重病、慢性病的人仍然可能出现支付危机。

为了弥补保健储蓄计划的不足，1990年新加坡又制订并实施了大病保险计划。此项计划由个人自愿参加。

参加这项计划的个人，只需支付很少的保险费，具体保费额与投保人的年龄相关。

当投保人及其家属因住院或接受如透析、放疗、化疗等高昂的门诊服务，一年内医疗费用超过一定数额（即"可扣额"）时，大病保险计划将支付超过部分的80%，其余20%可用保健储蓄金支付。

4.保健基金计划

该计划是由政府的捐赠基金设立的，1993年开始实施。其目的是为那些无力支付医疗费用的穷人提供最低保障。

无力支付医疗费用的穷人可向保健基金委员会申请资助，由委员会依据一定的程序审批并发放基金。

这一计划在一定程度上解决了那些低收入或无收入居民因个人账户

资金储蓄不足而没钱治病的问题。

第三节 我国城镇职工基本医疗保险制度与改革

我国的医疗保险制度是在新中国成立后逐步建立和发展起来的。由于多种原因，我国的医疗保险制度是城乡分离的，各自有不同的特点和发展过程。

在城镇，先后经历了公费医疗、劳保医疗制度阶段，城镇医疗保险改革和试点阶段，全国范围内城镇基本医疗保险制度的确立阶段，以及多层次医疗保障体系的探索阶段；在农村，则伴随着农村合作医疗制度的兴衰，努力开展新型农村合作医疗制度的建设工作，进而对农村医疗保障制度多样化进行探索与完善（本书将在第十一章专门讲述）。

由于我国城镇职工的医疗保险制度一直是作为我国医疗保障体系的主体部分而存在，因此，有必要了解我国城镇职工医疗保险制度历史及发展。

一、我国传统的医疗保险制度

（一）公费医疗制度

公费医疗制度是由国家财政提供经费，通过医疗机构向特定的享受人员提供规定范围内免费或部分免费的医疗服务的一种医疗保障制度。我国的公费医疗制度是在革命战争年代军队和地方干部的"供给制"基础上建立起来的。1952年政务院颁布了《关于全国各级人民政府、党派、团体及所属事业单位的国家工作人员实行公费医疗预防的指示》，随后又批转了卫生部制定的《国家工作人员公费医疗预防实施办法》。这标志着我国公费医疗制度的正式建立。此后，这一制度不断得到修订和发展。

当时，公费医疗的享受范围是各级人民政府、党派、团体以及文化、教育、卫生、经济建设等事业单位国家工作人员和离退休人员，还有国家正式核准的高等学校在校学生和革命伤残军人。

公费医疗的享受待遇，是除挂号费、营养滋补药品以及整容、矫形等少数项目由个人自付费用外，其他医药费用全部或大部分由公费医疗经费开支。支付的主要内容是门诊、住院所需要的检查费、药品费、治疗费、手术费、床位费，计划生育手术的医药费，因工负伤、致残的医药费用等。

公费医疗经费来源于政府预算拨款，一般是按人头划拨到各单位包干使用，由各级政府卫生行政部门设立公费医疗管理机构统一管理。公费医疗经费的水平，由国家根据职工对医药方面的实际需要、国家财力以及卫生事业所提供的资源，确定每人每年享受公费医疗待遇的预算定额，并将经费划拨地方财政管理使用，超支部分，由地方补贴。

（二）劳保医疗制度

劳保医疗是劳动医疗保险的简称。它是为保护职工健康，对其因工负伤、疾病或非因工负伤，按规定享受由企业提供的医疗费用补助的一种医疗保障制度。

劳保医疗制度是我国最早建立的医疗保障制度。1950年10月，政务院公布了《中华人民共和国劳动保险条例草案》；1951年2月，又正式公布了《中华人民共和国劳动保险条例》；1953年1月，原劳动部公布试行《中华人民共和国劳动保险条例实施细则修正草案》，对劳保医疗的享受对象、待遇标准等作了明确规定。至此，我国劳保医疗制度正式建立。

当时，劳保医疗的覆盖范围是国营企业和城镇大集体企业的职工。按规定，职工供养的直系亲属可享受部分劳保医疗待遇。享受劳保医疗待遇的职工发生疾病时，应该在企业的卫生室或医务室、医院、特约医院医治。

其所需诊疗费、住院费及普通药费均由企业负担。在未实行工伤、职工生育保险前，工伤和女职工怀孕生育的费用也一并由企业负担。企业职工供养的直系亲属患病时，按照有关规定，在企业医务室、卫生室或医院、特约医院医治，手术费及普通药费由企业负担一半，其他费用自理。

劳保医疗经费按照企业职工工资总额和国家规定的比率，在生产成本项目中列支。在职职工从职工福利费中开支，离、退休人员从劳动保险费中开支。企业根据国家制定的劳保医疗政策，自行组织实施。

（三）公费医疗和劳保医疗制度的主要弊端

我国的公费医疗和劳保医疗制度曾对保障职工身体健康、促进经济发展、维护社会稳定发挥了重要的作用。但是，随着经济的发展和改革的深入，这种制度存在的缺陷也日益暴露出来。

1.医疗社会保险资金筹措机制不健全

其具体表现在：公费医疗、劳保医疗经费完全由政府和企业负担，国家和单位对职工医疗费用包揽过多，职工不负担或负担很少的医疗费用，没有体现权利和义务对等的原则，财政和企业都不堪重负。

另外，企业医疗保险基本上是企业自我保险，缺乏合理的医疗费用的筹措机制和稳定的医疗费用来源，在部分企业经营发生困难时，职工难以得到应有的基本医疗保障。同时新老企业之间、不同行业之间，职工医疗费缺乏统筹互济，职工医疗待遇苦乐不均，许多经济不发达地区和效益差的企业职工基本医疗待遇得不到保障，引发了大量的社会矛盾。

2.对医患双方缺乏有效的制约机制，造成医药费用增长过快，浪费严重

1978年，全国职工医疗费用为27亿元，1997年增加到774亿元，增长了28倍，年增长约19%，而同期财政收入只增长了6.6倍，年增长约11%，职工医疗费用的增长速度超过了同期财政的增长速度。

据有关部门调查分析，不合理的医疗费用支出占全部医疗费用的20%～30%。一些医疗机构在利益的驱动下，大量经销贵重药、进口药甚至营养滋补品、非医疗用品，盲目进口和使用CT、核磁共振等高档医疗设备，乱收费，高收费。一些职工缺乏节约医疗费的意识，"小病大养"，"一人劳保，全家吃药"。

3.公费医疗和劳保医疗制度覆盖面窄，管理和服务的社会化程度低

公费医疗和劳保医疗制度仅限于机关事业单位、全民所有制企业及一部分集体所有制企业职工。改革开放以后发展起来的外商投资企业、股份制企业、私营企业职工和个体工商户基本没有纳入公费医疗和劳保医疗的范围内。这种状况妨碍了劳动力的合理流动，不利于多种所有制经济共同发展、平等竞争。同时，由于劳保医疗分散在各个企业自行管理，企业"办社会"现象十分严重，也在一定程度上影响了国有企业的

发展。

传统医疗保险制度所暴露出的问题不仅使其本身难以维持，而且严重阻碍了整个经济体制改革的进程。因此，深化医疗保险制度改革成为我国经济体制改革的一个重要环节。

二、我国城镇职工基本医疗保险制度的改革

在总结以往各地医疗保险改革试点工作经验的基础上，1998年12月，国务院召开全国城镇职工医疗保险制度改革工作会议，发布了《国务院关于建立城镇职工基本医疗保险制度的决定》（国发〔1998〕44号），要求在全国范围内建立覆盖全体城镇职工的基本医疗保险制度，明确了改革的任务、基本思路和政策框架。

（一）改革的任务和基本思路

职工医疗保险制度改革的任务是：建立城镇职工基本医疗保险制度，即建立一个适应社会主义市场经济体制，根据财政、企业和个人的承受能力，保障职工基本医疗需求的社会医疗保险制度。建立城镇职工基本医疗保险制度，是建立健全医疗保障体系的核心，也是这次改革的重点。改革的基本思路可概括为"基本保障、广泛覆盖、双方负担、统账结合"。

"基本保障"是指基本医疗保险的水平要与我国社会主义初级阶段的生产力水平相适应。在社会主义初级阶段，生产力发展水平不高，财政和企业的承受能力有限，基本医疗保险的水平不能过高。其包括两个方面的内容：一是基本医疗保险的筹资水平一定要根据财政和企业的实际承受能力合理确定。一个城市具体的筹资比例，主要是看绝大多数用人单位能否交得起基本医疗保险费。二是基本医疗保险只能提供基本医疗保障。要根据"以收定支，收支平衡"的原则，确定基本医疗保险可以支付的医疗服务范围和支付标准。

"广泛覆盖"是指保障范围覆盖城镇所有用人单位和职工。确定广泛覆盖的原则，一是为了保证在不同性质的用人单位，无论是机关单位职工，还是企业职工，无论是国有企业职工，还是外商、私营企业职工，都有公平享受基本医疗保险的权利，以促进劳动力的合理流动。二是医疗保险大数法则的需要，参保人数越多，基金的共济能力越强，抵御疾病风险的能力就越强。

"双方负担"是指基本医疗保险费由用人单位和职工个人双方负担。这包括两个方面的含义:一是医疗保险筹资时,用人单位和职工个人都要按照规定的筹资率缴纳医疗保险费。这体现了《中华人民共和国宪法》(以下简称《宪法》)的要求,国家和企业要对职工的健康负责。同时,职工个人也要为自己的健康承担责任,职工享受社会医疗保险要遵循权利和义务对等的原则。二是职工就诊发生的医疗费用,职工个人也要负担一定的比例。这是为了增强职工的个人费用意识,通过分担费用,使职工合理进行医疗消费,减少浪费。

"统账结合"是指基本医疗保险实行社会统筹和个人账户相结合。这是对我国基本医疗保险制度模式的原则要求。实行社会统筹和个人账户相结合的基本医疗保险基金管理模式,是具有中国特色的职工医疗保险制度的核心内容。实行社会统筹是为了建立互助共济的社会团结机制,以解决职工大病风险对职工个人的经济负担;实行个人账户是为了解决个人小额医疗费用负担,并通过个人账户归个人所有的机制,对医疗费用的支出进行控制。同时,对年轻及健康的人群来讲,个人账户有一定的积蓄功能,可以为以后年老患病时积累部分资金,起到未雨绸缪的作用,从而相对缓解人口老龄化带来的医疗费用压力。

建立城镇职工基本医疗保险制度的原则是:基本医疗保险的水平要与社会主义初级阶段的生产力水平相适应;城镇所有用人单位及其职工都要参加基本医疗保险,实行属地管理;基本医疗保险费用由用人单位和职工双方共同负担;基本医疗保险基金实行社会统筹和个人账户相结合。

目标任务与基本原则的关系是内在统一的。基本原则是建立基本医疗制度的理论依据和实践基础,而目标任务是基本原则的制度体现。

(二)城镇职工基本医疗保险制度的主要内容

1.城镇职工基本医疗保险的范围

城镇所有用人单位,包括企业(国有企业、集体企业、外商投资企业、私营企业等)、机关、事业单位、社会团体、民办非企业单位及其职工,都要参加基本医疗保险。乡镇企业及其职工、城镇个体经济组织业主及其从业人员是否参加基本医疗保险,由各省、自治区、直辖市人民政府决定。

2.城镇职工基本医疗保险基金的筹集

城镇职工基本医疗保险制度实行社会统筹和个人账户相结合,医疗保险费由用人单位和职工共同负担。按照权利与义务相统一、待遇与责任相对应的原则,改变过去由财政或企业包揽、资金来源单一的做法,医疗保险费由用人单位和职工个人双方共同缴纳。所谓社会统筹,就是社会医疗保险基金在社会统筹地区内实行统一筹集、统一管理、统一调剂、统一使用。

建立职工基本医疗保险统筹基金,可以实现统筹地区内各部门、各单位医疗保险基金的互助共济、统筹调剂,较好地分散风险、均衡负担,有助于实现社会公平。个人医疗账户的资金,包括职工本人缴纳的基本医疗保险费及其利息收入,还包括用人单位缴费的一部分。

个人账户归职工个人所有,当年结余可以结转使用,工作调动时可划转,死亡时家属可以继承。这样,能使职工自觉地节约医疗费用,也会促使职工在年轻健康时为年老多病时积累医疗保险基金。

社会统筹与个人账户相结合,既可以发挥社会统筹医疗基金的互助共济作用,又可以发挥个人医疗账户的积累作用,增强个人节约医疗费用的意识和自我保障的能力。

目前,根据前几年全国职工医疗费用支出以及财政和企业的负担能力等实际情况,确定的全国医疗费用控制标准为:用人单位缴费率控制在职工工资总额的6%左右,各统筹地区的职工个人缴费率从本人工资的2%起步。各统筹地区具体筹资标准由当地政府确定,允许筹资标准随今后经济发展再作适当的调整。

3.城镇职工基本医疗保险给付条件与标准

城镇职工基本医疗保险建立统筹基金与个人账户相结合的管理模式,明确划分统筹基金和个人账户的支付范围、支付办法。

用人单位缴纳的基本医疗保险费分为两部分:一部分用于建立统筹基金,另一部分,按单位缴费的30%左右的比例划入职工个人账户,具体比例由统筹地区根据个人账户的支付范围和职工年龄等因素确定。职工缴纳的基本医疗保险费,全部记入个人账户,但个人账户的资金只能用于支付本人的医疗费。

统筹基金主要用于支付大额和住院医疗费用,个人账户主要用于支付小额和门诊医疗费用。统筹基金支付时，要按照"以收定支、收支平衡"的原则，根据各地的实际情况和基金的承受能力，确定起付标准和最高支付限额。

起付标准原则上控制在当地职工年平均工资的10%左右，最高支付限额原则上控制在当地职工年平均工资的4倍左右。统筹基金起付标准以下的医疗费用由个人账户支付，不足部分由个人自付；起付标准以上、最高支付限额以下的医疗费用，主要从统筹基金中支付，但个人也要负担一定的比例。超过最高支付限额的医疗费用，不再由统筹基金支付，而是通过大额医疗费用补助、企业补充医疗保险、公务员医疗补助、商业医疗保险等途径解决。

4.城镇职工基本医疗保险的管理

（1）在管理机构和统筹范围方面，基本医疗保险管理和服务实现社会化。

实现社会化的标志：一是各统筹地区将建立独立于企事业单位的政府主办的医疗保险经办机构，负责基本医疗保险基金的收缴、管理和支付。基本医疗保险基金社会化管理和服务是社会保险的一个基本原则，也是重要标志。其目的是打破过去公费、劳保医疗的界限，打破过去不同所有制单位之间、不同职工身份之间的界限，扩大医疗保险的覆盖范围，减轻企业的社会负担。二是在一个较大的地域范围内进行统筹，在这一范围内，所有单位及其职工都要按照属地管理的原则，参加所在统筹地区的基本医疗保险，执行统一政策，基金统一筹集、使用和管理。基本医疗保险统筹范围，原则上以地级以上行政区为统筹单位，也可以以县（市）为统筹单位（简称为统筹地区），直辖市原则上在全市范围内实行统筹。

（2）在医疗保险基金管理方面，健全医疗保险基金管理和监督机制。

加强基金支出的管理和监督，是关乎基本医疗保险制度成功的重要环节。

基本医疗保险制度将过去由用人单位分担的基金管理风险转为主要由政府承担，加强基金支出管理就显得尤为重要。为保证基本医疗保险基金的安全，基本医疗保险基金要纳入财政专户管理，专款专用，任何单位和个人都不得挤占和挪用。

社会保险经办机构的事业经费由各级财政预算解决，不得从基本医疗保险基金中提取。统筹基金不能出现赤字，要以收定支，量入为出，收支平衡，建立健全基金的预决算制度、财务会计制度和社会保险经办机构内部审计制度。

（3）在医疗服务管理方面，强化医疗服务管理，推进医疗机构改革，提高医疗服务的质量和水平。

医疗机构是职工医疗服务的提供者，是控制医疗费用的源头，医疗机构的行为直接决定职工医疗费用的增减，因此，强化医疗服务管理是基本医疗保险制度决定成功与否的关键环节。

主要政策有：基本医疗保险实行定点医疗机构和定点药店管理，并制定科学合理的医疗费用结算办法，职工在定点医疗机构就医、购药，也可持处方到定点药店购药；制定基本医疗保险的药品目录、诊疗项目和医疗服务设施标准及相应的管理办法，不符合药品目录、诊疗项目和医疗服务设施标准范围的医疗费用，不在基本医疗保险的支付之列；实行医、药分开核算，分别管理。

同时，要按照区域卫生规划的要求，推进医疗卫生服务体系结构调整，加快医疗机构改革，规范医疗行为，减员增效，提高卫生资源的利用效率。要加快发展社区卫生服务，建立社区卫生服务机构与医院的双向转诊制度，逐步形成布局合理、方便职工的医疗卫生服务网络。社区卫生服务中的基本医疗服务项目，可以纳入基本医疗保险支付范围。

5.有关人员的保障政策

离休人员、老红军、二等乙级以上革命伤残军人的医疗保险待遇不变，医疗费用按原资金渠道解决，支付确有困难的，同级人民政府帮助解决。

退休人员参加基本医疗保险，个人不缴纳基本医疗保险费，其账户资金全部从单位缴费中划入，划入比例或资金总量要高于在职职工。

国家公务员参加基本医疗保险，执行统一的基本医疗保险政策和待遇标准，在此基础上享受医疗补助。

此外，要解决好下岗职工包括医疗保险在内的社会保险问题。国有企业下岗职工的基本医疗保险费，由再就业服务中心按当地职工平均工资的60%为基数代职工缴纳，并享受相应的医疗保险待遇。允许符合条件的企业建立职工补充医疗保险。

三、医疗保险制度改革的进一步完善

医疗保险制度改革从试点到全面推进，既是制度创建的过程，也是实践创新与探索的过程；既是不断发挥制度作用的过程，也是不断发现问题、揭示矛盾、化解难题的过程；既是解决历史包袱的过程，也是不断拓展新的制度功能的过程。

职工医疗保险制度改革以来，初步建立了覆盖广泛的基本医疗保险制度，基本保障了职工的基本医疗需求，初步遏制了医疗费用过快增长的势头，减轻了国家财政与企业的负担。

应该说，改革取得了积极的进展。经过十余年的奋斗，城镇职工基本医疗保险作为一种保障制度已经建立起来，制度的基本框架已经形成并逐渐完善，且发挥着重要作用。

截至2024年底，基本医疗保险参保人数达13.26亿人，参保质量持续提升，参保结构更加优化，参保率巩固在95%。

但同时，不可否认，城镇职工基本医疗保险仍存在一些问题、矛盾和困难。

一是分担机制发挥作用的同时，不同需求的保障渠道还没有形成，个人负担过重成为改革所不可避免的社会热点问题：如一些国企临退职工急需医疗保障，面临补缴负担大；不同地区、行业、企业之间缴费标准和保障水平差异大，客观上造成结算问题和公平性问题；补充保障的制度性问题将削弱基本保障分担机制的作用。

二是医疗保险基金运行承受着潜在的支付风险：住院医疗费用增速趋缓，但影响总费用的住院天数和药品支出居高不下；人口老龄化等人口结构性变化都将增加基金压力；医疗技术进步、需求拉动等都对基金支出产生着深远影响。

因此，为更好地发挥医疗保险制度的保障功能，在今后的改革进程中，要进一步完善以下几方面的内容：

第一，进一步扩大医疗保险的覆盖范围，提高医疗保险基金的抗风险能力。

第二，建立筹资增长机制，迎接日趋严重的人口老龄化的挑战。

第三，进一步探索"统账结合"的医疗保险模式，改变个人账户基金结余和职工医疗负担过重的矛盾境况，完善和提高基本医疗保险的社会共济水平。

第四，探索多层次的医疗保险体系，尤其要尽快建立企业补充医疗保险和医疗救助的有效制度，实现基本医疗保险、企业补充医疗保险、社会基本医疗救助相互配合的多层次医疗保障体系。

第五，确立合理、有效的支付方式，建立科学的监督、审查机制，逐步规范医疗行为。

第六，进一步完善医疗保险、医疗机构、药品生产流通体系三项改革，尤其要整体推进医药卫生体制改革，解决以药养医的突出问题，对医疗资源进行整体结构性调整。

四、城镇多层次医疗保障体系的探索

为了满足城镇职工多层次的医疗消费需求，我国在全面推进城镇职工基本医疗保险制度的同时，正在积极构建和完善以基本医疗保险制度为主体、以多层次医疗保障制度为补充的医疗保障体系。

多层次的医疗保障体系主要由三个层次组成：第一个层次是基本医疗保险；第二个层次是补充医疗保险，主要包括职工大额医疗费用补助、国家公务员医疗补助、企业补充医疗保险和商业医疗保险；第三个层次是社会医疗救助。

（一）基本医疗保险制度的扩容

城镇基本医疗保险制度自建立以来就不断扩容，增加了不少新的覆盖人群。

例如，1999 年，国务院办公厅和中央军委办公厅联合发布了《中国人民解放军军人退役医疗保险暂行办法》，并规定国家实行军人退役医疗保险制度，设立军人退役医疗保险基金，对军人退出现役后的医疗费用给予补助。

1999 年原劳动和社会保障部发布了《关于铁路系统职工参加基本医疗保险有关问题的通知》，该方案引导铁路系统职工由原来的劳保医疗制度向社会医疗保险转变。

原劳动和社会保障部于 2003 年 5 月出台了《关于城镇职工灵活就业人员参加医疗保险的指导意见》，并于次年 5 月出台了《关于推进混合

所有制企业和非公有制经济组织从业人员参加医疗保险的意见》，将灵活就业人员、混合所有制企业和非公有制经济组织从业人员以及农村进城务工人员纳入医疗保险范围。

2006年5月，原劳动和社会保障部发布了《关于开展农民工参加医疗保险专项扩面行动的通知》，提出"以省会城市和大中城市为重点，以农民工比较集中的加工制造业、建筑业、采掘业和服务业等行业为重点，以与城镇用人单位建立劳动关系的农民工为重点，统筹规划，分类指导，分步实施，全面推进农民工参加医疗保险工作"。

此外，各地结合实际，也探索扩大基本医疗制度覆盖面。例如，早在1996年，上海就首先建立了"上海市少年儿童住院互助基金"，目前上海有95%以上的在校生和学龄前儿童加入了基金保障系统，有效地减轻了患儿家庭的经济负担。

2004年9月1日，北京市中小学生、婴幼儿住院医疗互助金正式启动（2017年已整合为"北京市城乡居民基本医疗保险"）。

河北、广东、江苏、浙江、江西、吉林、四川等省份也都有相应的政策出台。

2006年，党的十六届六中全会通过的《中共中央关于构建社会主义和谐社会若干重大问题的决定》明确提出了"建立以大病统筹为主的城镇居民医疗保险"。

2007年4月，国务院召开国务院常务会议，决定开展城镇居民基本医疗保险制度试点（此前一些由地方主导的试点已陆续展开），并明确2007年在有条件的省份选择一两个市，进行建立以大病统筹为主的城镇居民基本医疗保险制度试点。

在试点的基础上，2009年4月发布的《中共中央、国务院关于深化医药卫生体制改革的意见》决定2009年全面推开城镇居民基本医疗保险，做好城镇职工医疗保险、城镇居民医疗保险及新型农村合作医疗保险之间的衔接。

2012年8月24日，国家发展改革委等六部委共同发布《关于开展城乡居民大病保险工作的指导意见》，标志着我国开始采用市场化的手段完善城乡居民医疗保障制度。

2012年，国务院印发的《卫生事业发展"十二五"规划纲要》指出，要逐步健全覆盖城乡居民的基本医疗保障体系，整合经办资源，并逐步提高各项制度的统筹层次。首次在政策上明确提出了我国新时期社会医疗保障体系改革的方向。

2013年，国务院《机构改革和职能转变方案》指出："减少部门职能交叉和分散，将城镇职工基本医疗保险、城镇居民基本医疗保险、新型农村合作医疗保险的职能整合由一个部门承担。"

2015年的政府工作报告中，提出要"完善城乡居民基本医保，财政补助标准由每人每年320元提高到380元。全面实施城乡居民大病保险制度"。

2020年3月，中共中央、国务院印发《关于深化医疗保障制度改革的意见》。这是党的十九届四中全会后首批出台的重大改革方案之一，是对新时代医疗保障制度的重要顶层设计。

（二）补充医疗保险的发展

1.职工大额医疗费用补助

在推行基本医疗保险制度改革过程中，各地逐步探索出了一种解决"封顶线"以上大额医疗费用的医疗补助办法。这种办法一般由当地政府随同基本医疗保险的建立在参保职工中强制施行，当地社会保险经办机构负责经办。费用一般由职工个人（有时所在单位给予少量补贴）按年缴纳，由社会保险经办机构建立大额医疗费用补助基金，与基本医疗保险基金分开管理，分别核算。参保职工如果发生超过"封顶线"以上的医疗费用，由大额医疗费用补助基金按一定比例予以补助，一般按费用数额划分补助比例，发生的费用越高，补助的比例也越高。

2.国家公务员医疗补助

国家公务员医疗补助是按照前述决定提出的要求，结合我国公务员医疗保障的实际情况，在实施城镇职工基本医疗保险的基础上，对国家公务员实行的补充医疗保障，是保持国家公务员队伍稳定、廉洁，保证政府高效运行的重要措施。

2000年，国务院批转了原劳动和社会保障部、财政部《关于实行国家公务员医疗补助的意见》（国办发〔2000〕37号），明确规定了实行国家公务员医疗补助的基本原则和主要政策。

国家公务员医疗补助应当遵循以下原则：补助水平要与当地经济发

展水平和财政负担能力相适应，保证国家公务员原有医疗待遇水平不降低，并随经济发展有所提高。

国家公务员医疗补助经费由同级财政列入当年财政预算，具体筹资标准应根据原公费医疗的实际支出、基本医疗保险的筹资水平和财政承受能力等情况合理确定。

医疗补助经费应专款专用、单独建账、单独管理，与基本医疗保险基金分开核算，不得相互挤占、挪用。

医疗补助经费的主要用途有：①基本医疗保险统筹基金最高支付限额以上，符合基本医疗保险用药、诊疗范围和医疗服务设施标准的医疗费用补助；②在基本医疗保险支付范围内，个人自付超过一定数额的医疗费用补助；③中央和省级政府规定享受医疗照顾的人员，在就诊、住院时按规定补助的医疗费用。补助经费的具体使用办法和补助标准，由各医疗保险统筹地区按照保障待遇、收支平衡等原则自行规定。

3.企业补充医疗保险

企业补充医疗保险是指企业在参加基本医疗保险的基础上，国家给予政策鼓励，由企业自主主办或者参加的一种补充性医疗保险形式。

企业建立补充医疗保险，一般应同时具备以下条件：一是企业已经参加了基本医疗保险；二是企业具有持续的税后利润，并保证足额发放职工工资和缴纳社会保险费用；三是企业已经形成的医疗保障待遇高于基本医疗保险待遇，而且有能力自己主办或者参加企业补充医疗保险。

企业补充医疗保险的经办方式主要有三种：第一种是由商业医疗保险机构经办；第二种是委托社会医疗保险经办机构代理；第三种是大集团、大企业自办。企业为职工缴纳的补充医疗保险费用，应该按照国家规定的列支渠道列支：企业补充医疗保险费用在工资总额4%以内的部分，从职工福利费中列支；超出4%的部分，经同级财政部门核准后由企业税后利润负担。

企业补充医疗保险基金主要用于解决企业职工基本医疗保险待遇以外的医疗费用负担。

补充医疗保险基金必须实行专款专用或者按照国家有关规定运行，任何单位、个人不得侵占或挪作他用。

4.商业医疗保险

商业医疗保险在我国出现较早，经过多年的发展完善，已经逐步成为一种相对比较成熟的补充医疗保险形式。

商业医疗保险由商业保险公司经办，企业或者职工自愿参加。国家给予优惠政策，对商业保险公司经办商业医疗保险所得利润实施税收减免。

商业医疗保险对基本医疗保险的补充主要体现在以下三方面：一是在医疗费用方面对基本医疗保险进行补充；二是在医疗项目方面对基本医疗保险进行补充；三是在范围对象方面对基本医疗保险进行补充。

商业医疗保险具有明显的商业特征，以营利为目的，参加商业医疗保险，个人一般要缴纳较高的保险费，因此，商业医疗保险只能解决经济条件较好人群的补充医疗问题，覆盖的范围是有限的。

当前，我国主要有三种商业医疗保险的险种：

（1）一般医疗保险，如儿童住院医疗保险等。

（2）大病保险，一般是针对肿瘤、心血管疾病等按单病种设立的保险。

（3）伤残保险，主要是针对工伤、意外伤害设置的一种保险。

5.城乡居民大病医疗保险

大病保险是对城乡居民因患大病发生的高额医疗费用给予报销，目的是解决群众反映强烈的"因病致贫、因病返贫"问题，使绝大部分人不会再因为疾病陷入经济困境。

2012年8月30日，国家发展和改革委员会等六部委发布《关于开展城乡居民大病保险工作的指导意见》，明确针对城镇居民医保、新农合参保（合）人大病负担重的情况，引入市场机制，建立大病保险制度，减轻城乡居民的大病负担，大病医保报销比例不低于50%。具体内容为：

（1）大病保险保障对象为城镇居民医保、新农合的参保（合）人。

（2）从城镇居民医保基金、新农合基金中划出一定比例或额度作为大病保险资金。

（3）患者以年度计的高额医疗费用，超过当地上一年度城镇居民年人均可支配收入、农村居民年人均纯收入为判断标准，具体金额由地方政府确定。各地也可以从个人负担较重的疾病病种起步开展大病保险。

（4）以力争避免城乡居民发生家庭灾难性医疗支出为目标，合理确定大病保险补偿政策，实际支付比例不低于50%；按医疗费用高低分段制定支付比例，原则上医疗费用越高支付比例越高。

此外，补充医疗保险制度还包括由工会组织经营的职工互助保险，即主要利用工会组织系统开展的互助保险业务。

补充医疗保险制度的实行，有利于提高参保人的保障水平，从而抵御更大的医疗费用风险，形成我国保障方式多层次、保障资金多渠道、支付方式科学、管理办法有效的城镇职工医疗保障体系。

（三）社会医疗救助

社会医疗救助制度是指在政府直接或者间接干预和支持下，依靠社会力量建立的主要面向城镇特殊困难群体的医疗救助制度。它是多层次医疗保险体系中的重要组成部分，也是最后一道屏障。

在我国，目前尚未建立起完善而有效的社会医疗救助制度。社会医疗救助的性质，决定其救助的对象主要是无固定收入、无生活依靠、无基本医疗保险的老龄者、失业者、残疾者以及生活在最低生活保障线以下的贫困者。

社会医疗救助形式主要有三种：第一种是提供社会医疗救助金，直接给予救助对象疾病经济补偿；第二种是给医疗机构一定的经济补贴，由指定医疗机构减免救助对象的部分医疗费用；第三种是由社会医疗救助机构举办专门医疗机构，免费为救助对象提供医疗服务。

社会医疗救助实际上是一种减费或免费的医疗制度，资金来源主要是社会捐助，政府一般给予政策支持，同时也提供资金资助。随着经济的发展，在经济条件好、财政负担能力强的地方，应逐步建立以政府财政支持为主的、更加完善的社会医疗救助制度，以增强其救助能力，发挥更大的优越性。

社会医疗救助资金的使用，一般遵循以下几个原则：一是满足基本医疗需求原则，即社会医疗救助只提供最基本的医疗服务；二是困难群体原则，即救助对象仅限于不具有享受医疗服务条件的其他途径、生活处于极端困难的人群；三是紧急病症优先原则，即社会医疗救助资金优先用于救助患有紧急病症人员；四是参加社会医疗救助活动志愿者及其家属优先享受原则，这主要是为了形成一种开展社会医疗救助活动的良好的激励约束机制，激发更多的人关心这项社会福利事业，并为之努力工作。

第四节 我国城镇居民基本医疗保险

2003年10月，党的十六届三中全会提出了"扩大基本医疗保险覆盖面"的决议。

2006年10月，党的十六届六中全会通过的《中共中央关于构建社会主义和谐社会若干重大问题的决定》进一步明确提出"建立以大病统筹为主的城镇居民医疗保险"。

从2004年下半年起国家就已经开始探讨建立城镇居民医疗保障制度，并在2005年进行了为期一年多的方案研究设计工作。同时，一些由地方主导的试点也在陆续展开。

2007年4月，国务院召开国务院常务会议，决定开展城镇居民基本医疗保险制度试点，并明确2007年将在有条件的省份选择一两个市，进行建立以大病统筹为主的城镇居民基本医疗保险制度试点。2010年，政策在全国铺开，逐步覆盖全体城镇非从业居民。《关于开展城镇居民基本医疗保险试点的指导意见》的具体内容如下：

一、目标和原则

（一）目标

通过试点，探索和完善城镇居民基本医疗保险的政策体系，形成合理的筹资机制、健全的管理体制和规范的运行机制，逐步建立以大病统筹为主的覆盖全体城镇非从业居民基本医疗保险制度。

（二）原则

试点工作要坚持低水平起步，根据经济发展水平和各方面承受能力，合理确定筹资水平和保障标准，重点保障城镇非从业居民的大病医疗需求，逐步提高保障水平；坚持自愿原则，充分尊重群众意愿；明确中央和地方政府的责任，中央确定基本原则和主要政策，地方制定具体办法，对参保居民实行属地管理；坚持统筹协调，做好各类医疗保障制度之间基本政策、标准和管理措施等的衔接。

二、参保范围和筹资水平

（一）参保范围

不属于城镇职工基本医疗保险制度覆盖范围的中小学阶段的学生（包括职业高中、中专、技校学生）、少年儿童和其他非从业城镇居民都可自愿参加城镇居民基本医疗保险。

（二）筹资水平

试点城市应根据当地的经济发展水平以及成年人和未成年人等不同人群的基本医疗消费需求，并考虑当地居民家庭和财政的负担能力，恰当确定筹资水平，探索建立筹资水平、缴费年限和待遇水平相挂钩的机制。

（三）缴费和补助

城镇居民基本医疗保险以家庭缴费为主，政府给予适当补助。参保居民按规定缴纳基本医疗保险费，享受相应的医疗保险待遇，有条件的用人单位可以对职工家属参保缴费给予补助。国家对个人缴费和单位补助资金制定税收鼓励政策。

对试点城市的参保居民，政府每年按不低于人均40元给予补助，其中，中央财政从2007年起每年通过专项转移支付，对中西部地区按人均20元给予补助。

在此基础上，对属于低保对象的或重度残疾的学生和儿童参保所需的家庭缴费部分，政府原则上每年再按不低于人均10元给予补助，其中，中央财政对中西部地区按人均5元给予补助。对其他低保对象、丧失劳动能力的重度残疾人、低收入家庭60周岁以上的老年人等困难居民参保所需家庭缴费部分，政府每年再按不低于人均60元给予补助，其中，中央财政对中西部地区按人均30元给予补助。

中央财政对东部地区参照新型农村合作医疗的补助办法给予适当补助。财政补助的具体方案由财政部门同劳动保障、民政等部门研究确定，补助经费要纳入各级政府的财政预算。

（四）费用支付

城镇居民基本医疗保险基金重点用于参保居民的住院和门诊大病医疗支出。2021年4月，国务院常务会议部署深化医改，增强职工基本医保互助共济保障功能，将更多门诊费用纳入医保报销，进一步减轻患者负担。

城镇居民基本医疗保险基金的使用要坚持以收定支、收支平衡、略有结余的原则。

要合理制定城镇居民基本医疗保险基金起付标准、支付比例和最高支付限额，完善支付办法，合理控制医疗费用。探索适合困难城镇非从业居民经济承受能力的医疗服务和费用支付办法，减轻他们的医疗费用负担。

城镇居民基本医疗保险基金用于支付规定范围内的医疗费用，其他费用可以通过补充医疗保险、商业健康保险、医疗救助和社会慈善捐助等方式解决。

三、管理和服务

（一）组织管理

对城镇居民基本医疗保险的管理，原则上参照城镇职工基本医疗保险的有关规定执行。鼓励有条件的地区结合城镇职工基本医疗保险和新型农村合作医疗管理的实际，进一步整合基本医疗保障管理资源。探索建立健全由政府机构、参保居民、社会团体、医药服务机构等方面代表参加的医疗保险社会监督组织，加强对城镇居民基本医疗保险管理、服务、运行的监督。

建立医疗保险专业技术标准组织和专家咨询组织，完善医疗保险服务管理专业技术标准和业务规范。根据医疗保险事业发展的需要，切实加强医疗保险管理服务机构和队伍建设。建立健全管理制度，完善运行机制，加强医疗保险信息系统建设。

（二）基金管理

城镇居民基本医疗保险基金要纳入社会保障基金财政专户统一管理，单独列账。试点城市要按照社会保险基金管理等有关规定，严格执行财务制度，加强对基本医疗保险基金的管理和监督，探索建立健全基金的风险防范和调剂机制，确保基金安全。

（三）服务管理

对城镇居民基本医疗保险的医疗服务管理，原则上参照城镇职工基本医疗保险的有关规定执行，具体办法由有关城市社会保障部门会同发展改革、财政、卫生等部门制定。

要综合考虑参保居民的基本医疗需求和基本医疗保险基金的承受能力等因素，合理确定医疗服务的范围。通过订立和履行定点服务协议，规范对定点医疗机构和定点零售药店的管理，明确医疗保险经办机构和定点的医疗机构、零售药店的权利和义务。医疗保险经办机构要简化审批手续，方便居民参保和报销医疗费用；明确医疗费用结算办法，按规定与医疗机构及时结算。

加强对医疗费用支出的管理，探索建立医疗保险管理服务的奖惩机制。积极推行医疗费用按病种付费、按总额预付等结算方式，探索协议确定医疗费用标准的办法。

（四）充分发挥城市社区服务组织等的作用

整合、提升、拓宽城市社区服务组织的功能，加强社区服务平台建设，做好基本医疗保险管理服务工作。

大力发展社区卫生服务，将符合条件的社区卫生服务机构纳入医疗保险定点范围；对参保居民到社区卫生服务机构就医发生的医疗费用，要适当提高医疗保险基金的支付比例。

《国务院关于开展城镇居民基本医疗保险试点的指导意见》（国发〔2007〕20号）文件中提出要继续深化相关改革，包括：一是继续完善各项医疗保障制度。进一步完善城镇职工基本医疗保险制度，采取有效措施将混合所有制、非公有制经济组织从业人员以及灵活就业人员纳入城镇职工基本医疗保险；大力推进进城务工的农民工参加城镇职工基本医疗保险，重点解决大病统筹问题；继续着力解决国有困难企业、关闭破产企业等企业职工和退休人员的医疗保障问题；鼓励劳动年龄内有劳动能力的城镇居民，以多种方式就业并参加城镇职工基本医疗保险；进一步规范现行城镇职工基本医疗保险的支付政策，强化医疗服务管理。完善多层次医疗保障体系，搞好各项医疗保障制度的衔接。二是协同推进医疗卫生体制和药品生产流通体制改革。根据深化医药卫生体制改革的总体要求，统筹协调医疗卫生、药品生产流通和医疗保障体系的改革和制度衔接，充分发挥医疗保障体系在筹集医疗资金、提高医疗质量和控制医疗费用等方面的作用。进一步转变政府职能，加强区域卫生规划，健全医疗服务体系。建立健全卫生行业标准体系，加强对医疗服务和药品市场的监管。规范医疗服务行为，逐步建立和完善临床操作规范、临床诊疗指南、临床用药规范和出入院标准等技术标准。加快城市社区卫生服务体系建设，充分发挥社区卫生服务和中医药服务在医疗服务中的作用，有条件的地区可探索实行参保居民分级医疗的办法。

思政课堂

广西着力解决脱贫人口基本医疗保障

2023年9月26日，广西壮族自治区人民政府新闻办公室举行广西医疗保障践行"民呼我为"办实事解民忧新闻发布会。自治区医保局副局长赖永东在会上介绍，广西着力解决脱贫人口基本医疗保障。

第一，在"应保尽保"上下功夫。参保是享受医疗保险待遇的前提。广西首先按照"目标到人、精准到人、落实到人"工作思路，建立与公安、民政、税务等部门数据比对和数据共享的机制，将脱贫人口实时动态纳入保障范围，对未参保的人员，逐户、逐人进行动员，实现从"人找数据"到"数据找人"。截至2023年8月底，全区符合参保条件的621.13万脱贫人口、51.32万监测对象，基本医保参保率均达100%。其次是落实好分类资助参保政策。在过渡期内，对经乡村振兴部门认定的监测对象，按其个人应缴费部分的60%给予定额资助，稳定脱贫人口个人应缴费部分执行资助参保渐退政策。

第二，在"应享尽享"上下功夫。一是落实好医疗保障的"三重保障"待遇，实现困难群众在基本医保、大病保险、医疗救助制度上的全覆盖。二是继续实施大病保险倾斜政策。监测对象和脱贫人口住院合规医疗费用统筹基金支付起付线降低50%、报销比例分别提高10%、5%，取消报销额度封顶线。三是发挥医疗救助兜底作用。使监测对象住院、门诊特殊慢性病的合规医疗费用报销比例分别达到90%、80%。截至2023年8月底，脱贫人口和监测对象获依申请医疗救助1.09万人，获救助资金7737.56万元。

第三，在"应帮尽帮"上下功夫。一是建立健全动态监测预警机制。重点监测经"三重医疗保障"后，个人自付费用仍较高的人员。目前的监测标准是脱贫人口和监测对象为个人自付费用年累计5 000元以上，普通居民为个人自付费用年累计10 000元以上。截至2023年8月底，全区医保部门累计向乡村振兴部门推送脱贫人口和监测对象数据明细5.2万条，普通居民数据明细33.99万条。二是强化医疗费用源头管控，困难群众在定点医疗机构住院期间使用医保目录内费用应占总费用90%以上。三是协同相关部门实施综合帮扶。配合乡村振兴部门，对纳入风险监测人员开展综合帮扶，在临时救助、产业奖补、就业稳岗补贴等方面给予资金补助，形成部门合力及时解除因病致贫返贫风险。

资料来源：庞革平.广西着力解决脱贫人口基本医疗保障［EB/OL］.［2023-09-27］. https://sdxw.iqilu.com/w/article/YS0yMS0xNTA2MTExNg.html.

练习与思考

一、单项选择题

1.“统账结合”是指基本医疗保险实行（　　　）.

A.社会统筹和个人账户相结合

B.医疗统筹

C.个人缴费

D.单位缴费

2.下列选项中，由国家通过立法，强制性地要求单位和个人实行的是（　　　）。

A.集体医疗保险　　　　　　　B.基本医疗保险

C.企业补充医疗保险　　　　　D.社区医疗保险

3.我国基本医疗保险的保障对象是（　　　）。

A.国家机关、社会团体和事业单位的职工

B.国家计划内统招的高等院校在校学生

C.复员回乡的二等以上残疾军人

D.全体参保人员

4.下列选项中，属于医疗保险体系核心层次的是（　　　）。

A.医疗救助　　　　　　　　　B.大额医疗费用互助制度

C.公务员医疗补助　　　　　　D.基本医疗保险

5.我国规定基本医疗保险费用由（　　　）。

A.国家、用人单位和个人共同缴纳

B.国家财政和用人单位共同缴纳

C.国家财政和个人共同缴纳

D.用人单位和个人共同缴纳

二、多项选择题

1.社会医疗保险制度应遵循（　　　）原则。

A.公平与效率相结合

B.权利与义务相对应

C.保障水平与社会生产力发展水平相适应

D.自愿性与义务性相结合

2.医疗保险的特征有（　　　）。

A.互助性　　　　　　　　　　B.广泛性

C.长期性　　　　　　　　　　D.差异性

E.复杂性

3.医疗保险基金筹集的模式有（　　　）。

A.政府全额负担

B.政府和个人共同负担

C.政府、雇主（或单位）和个人三方分担

D.全额个人负担

4.医疗保险付费方式通常有（　　　）。

A.总额预算制　　　　　　　　B.按病种付费

C.按服务项目付费　　　　　　D.按人头付费

E.工资制

5.国家医疗保险曾盛行于西方福利国家中的（　　　）。

A.英国　　　　　　　　　　　B.日本

C.德国　　　　　　　　　　　D.瑞典

E.加拿大

三、思考题

1.简述医疗保险的含义与特点。

2.简述我国城镇职工基本医疗保险缴费构成与支付标准。

3.简述国外医疗保险的模式及推行国家。

4.我国城镇职工医疗保险改革的任务及基本思路是什么？

5.简述当前我国补充医疗保险的发展。

第六章

失业保险

学习目标

失业保险是现代社会保障体系的一个重要部分，主要防范因非本人自愿失业而暂时失去工资收入而带来的风险。通过本章的学习，要掌握失业的概念、测量指标、类型，失业保险的概念、特点，理解失业保险的效率损失问题，重点掌握我国失业保险制度的体系框架，并在借鉴国外失业保险的基础上，把握我国失业保险集失业预防、失业保障、促进就业功能于一体的改革方向。

关键概念

失业　失业保险　失业陷阱

案例

因欠薪主动辞职者能否享受失业保险待遇？

2011年1月，辛某入职济南某公司，双方签订了为期5年的劳动合同。从2015年下半年开始，因为公司亏损，经常拖欠职工工资，每月都欠发辛某工资1 000元。2016年1月，辛某感觉无法再在公司干下去了，便以公司拖欠工资为由提出解除劳动合同，同时要求公司补发拖欠的工资，并申请领取失业保险金。公司答应立刻补发拖欠的工资，但认为辛某是主动提出解除劳动关系的，是出于本人意愿中断就业，不能办理失业登记，拒绝为辛某出具解除劳动关系书面证明。辛某无奈之下，向当地人力资源和社会保障部门投诉，要求公司为自己出具解除劳动关系书面证明，以便办理失业登记。

根据我国《劳动法》和《实施〈中华人民共和国社会保险法〉若干规定》，"非因本人意愿中断就业"包括下列情形：

（1）终止劳动合同的；

（2）被用人单位解除劳动合同的；

（3）因用人单位不按规定提供劳动条件，提出解除劳动合同的；

（4）因用人单位以暴力、胁迫或者限制人身自由等手段强迫劳动，提出解除劳动合同的；

（5）因用人单位克扣、拖欠工资，或者不按规定支付延长工作时间劳动报酬，提出解除劳动合同的；

（6）因用人单位低于当地最低工资标准或者集体合同约定的工资标准支付工资，提出解除劳动合同的；

（7）因用人单位扣押身份、资质、资历等证件，提出解除劳动合同的；

（8）因用人单位未依法缴纳社会保险费，提出解除劳动合同的；

（9）法律、法规另有规定的。

资料来源：金丽华.因欠薪主动辞职也属非因本人意愿中断就业［N］.山东工人报，2016-01-25.此处有增补.

［分析要点］失业；失业保险金支付条件。

［问题］辛某能享受失业保险待遇吗？

第一节　失业保险概述

一、失业的概念、类型与失业的影响

（一）失业的概念

失业是市场经济的必然产物，它是与就业相对应而存在的一个经济学概念，因此，要弄清失业的概念必须同时弄清就业的概念。

1.就业

就业是指在一定的物质基础和社会形式下实现的劳动力要素和生产资料要素的结合，其实质是劳动过程中人和物的结合。

2.失业

失业是指在某一特定劳动年龄之内，有工作能力并有工作意愿的劳动者找不到工作的一种个人状态或社会现象。这个概念强调失业包含四层含义：（1）在特定劳动年龄内；（2）具有工作能力；（3）有工作要求或愿望；（4）未找到工作。但是，失业的四层含义是比较有弹性的，各国的国情不同，对失业概念的界定也不同。

我国正式开始使用"失业"这个名词是在1999年出台的《失业保险条例》中。2003年，原劳动和社会保障部对就业与失业的概念作重新界定，按照该标准，"就业人员"指男16～60岁、女16～55岁的法定劳动年龄内，从事一定的社会经济活动，并取得合法劳动报酬或经营收入的人员。其中，劳动报酬达到和超过当地最低工资标准的，为充分就业；劳动时间少于法定工作时间，且劳动报酬低于当地最低工资标准、高于城市居民最低生活保障标准，本人愿意从事更多工作的，为不充分就业。劳动者虽然从事一定社会劳动，但是劳动报酬低于当地城市居民最低生活保障标准的，视同"失业"。

3.失业程度的衡量

失业程度的测量一般有两个指标：一是失业率；二是失业持续时间。

（1）失业率。

失业率是指在一定范围内失业人数与劳动力总人数的比率。它是评价一个国家或地区就业水平和失业状况的动态指标，反映劳动力市场的总量平衡问题。

在市场经济条件下，劳动力市场给予劳动者个人选择工作的自由，因此任何时间都可能存在着失业率。

按照国外经验，一般认为正常失业率应在3%～6%之间，也就是说，只要一个国家就业率达到94%～97%，就可以称为"充分就业"或劳动力供给紧张。失业率在5%～6%之间为劳动力供给宽松，7%或8%以上为失业问题严重。

（2）失业持续时间。

失业持续时间是指新生劳动力或失业工作的劳动者找到工作或者重新找到工作所用的平均时间，它是衡量失业程度的另一重要指标，主要反映劳动力市场结构平衡问题。

失业程度的测量，通常需要从失业率和失业持续时间两个方面考虑。如果一个国家的失业率比较高，但失业平均持续时间不长，那就说明这个国家的失业问题并不是很严重；相反，如果一个国家的失业率比较高，失业平均持续时间也比较长，就说明这个国家的失业问题比较严重。

（二）失业类型

根据不同的标准，可以将失业划分为不同的类型。

1.根据劳动者的就业意愿来分，失业可以分为自愿性失业和非自愿性失业

（1）自愿性失业。

自愿性失业是指劳动者不愿意按现行的工资水平或不愿意接受低收入水平而自动选择不工作。这表明劳动者主动放弃工作机会。

（2）非自愿性失业。

非自愿性失业是指劳动者愿意接受现有的工资水平，甚至愿意降低收入水平，但还是找不到工作。这表明劳动者被迫失去工作机会。

2.根据失业的持续时间来分，失业可以分为短期失业和长期失业

（1）短期失业是指劳动者的失业周期在6个月以下，失业持续时间较短。

（2）长期失业是指劳动者的失业周期在6个月以上，失业持续时间相对较长。

3.根据引发失业的原因来分，失业可以分为摩擦性失业、周期性失业、季节性失业、技术性失业和结构性失业

（1）摩擦性失业。

摩擦性失业是指在市场经济中，由于劳动力市场运行机制运转不完善而出现的失业现象，表现为求职的劳动者与需要提供的岗位之间存在着时间滞差。例如，结束学业的学生毕业后不能及时找到工作，或者是找到工作也要经过或长或短的时间滞差；由于不顺畅的信息流动，失业

者和潜在的雇主之间相互寻找的时间滞差而形成的失业；劳动者从一个地区流动到另一个地区也需要一定的时间等等。这些都属于摩擦性失业。它反映的是市场经济中劳动力资源配置的动态性。

摩擦性失业的特点是影响所有人口群体、行业和地区中的大多数人，维持时间较短，一般不可避免。

（2）周期性失业。

周期性失业是指由于经济的周期性波动而形成的失业，它是与经济发展的周期性波动紧密相关的。

经济运行的波动周期可划分为繁荣、衰退、萧条、复苏四个阶段。在这种周期性波动中，当经济运行周期性波动处于收缩或衰退或萧条的阶段时，失业会出现明显的增加。这种增加的失业就属于周期性失业。周期性失业的特点是无法预料的，持续时间难以确定。

（3）季节性失业。

季节性失业是指由于某些行业生产条件或产品受气候条件、社会风俗或购买习惯的影响，使生产对劳动力的需求出现季节性波动而形成的失业。

这种失业是由于劳动力需求波动引起的。一般这种失业在农业、渔业、林业、建筑业和采矿业中特别明显，因为这些行业受季节影响大，劳动用工的季节性变化很大。例如，农业生产受气候条件的影响很大，一般在冬季都要停工，许多从事农业生产的人员，每到冬季就将面临失业的危险，甚至失业。季节性失业的特点是有规律可循，可以预料。

（4）技术性失业。

技术性失业是指由于使用新的机器设备和材料、引进新工艺及新的生产管理技术，导致局部节省劳动力而形成的失业。

其主要表现为随着资本有机构成的提高、科学技术的进步及运用、产业结构的变化、劳动生产率的提高，生产部门对劳动力的需求数量相对减少，导致许多人陷于失业的境地。

例如，当企业引进新的设备和技术，用来取代原来的手工操作方式，年老且文化水平低的工人，就必然遭到解雇而失业。在市场经济条件下，技术性失业是经济动态运行的一种必然结果。

（5）结构性失业。

结构性失业是指由于产业结构变化以及生产形式、规模的变化，致使劳动力结构不能与之相适应而形成的失业。其主要表现为一些行业中劳动力稀缺，而在另一些行业却存在一定数量的失业者。

在市场经济条件下，企业为适应竞争的需要，就要不断地对产品、技术和组织结构进行调整，一些职工也就必然要调整和转移岗位，这就导致了结构性失业。目前，我国大部分失业属于这一类型，大量普通劳动力过剩的同时，技术人员却非常缺乏。结构性失业的特点是职位空缺和失业者并存。

此外，根据失业的表现形式，失业可以分为显性失业和隐性失业；根据失业的程度大小，失业可以分为完全失业和部分失业；按照失业的次数，可分为初次失业、二次失业和多次失业。

（三）失业的影响

失业既是市场经济条件下，企业适应市场竞争规律的必然结果，又是社会经济非均衡运行的直接原因，因此失业对经济和社会生活造成的影响既有积极的一面，又有消极的一面。

1.积极的影响

（1）有利于劳动者资源的优化配置。

失业往往会造成一些低层次的职位空缺与失业并存的现象。适当的失业会使劳动者选择职业时比较实事求是，不过分挑剔，进而形成对职业选择的预期，为此，高层次的劳动者在求职未成时，会积极流向与自身素质相适应的职位。

（2）有利于调动劳动者的积极性。

适度失业率的存在，可以调动劳动者的进取精神，促使其积极工作，因为有失业压力的存在，许多劳动者都会为了保住工作而充分发挥自己的积极性和创造性，进而提高劳动效率。

（3）有利于劳动者素质的提高。

一定程度失业率的存在，会使求职者尽其所能提高自身的文化和业务素质。因为只有提高了自身的素质，才能在日益激烈的求职竞争中找到属于自己的就业空间，尽快找到新的工作岗位，所以失业会作为一种外在的强力量强制劳动者努力工作，尽力提高自身的素质。

（4）有利于企业强化管理，提高效率。允许企业解雇劳动者，使企业找到了一种强化管理、提高效率的手段，企业通过解聘或辞退职工，建立了对职工有效的约束机制，从而有利于企业增强活力，提高竞争力。

2.消极的影响

（1）失业会造成巨大的经济产出上的损失。

美国经济学家奥肯（Arthur M.Okun）研究发现，失业率每上升1%，实际国内生产总值（GDP）就会减少2.5%左右。因此失业若不能得到及时的解决，最终会引起经济的衰退。

（2）失业会造成劳动力资源的巨大浪费。

人是社会财富的创造者，失业的大量存在，是对劳动财富的极大浪费。当大量的劳动者失去工作的时候，他们以前的知识和技能积累得不到发挥，他们的劳动力资源得不到开发运用，就产生不了产品和劳务，从而使社会暂时失去了大量创造财富的资源。

（3）失业会影响社会消费水平，一定程度上制约经济的发展。

失业率过高，会降低社会购买力，从而影响消费水平，不利于扩大内需，不利于扩大消费需求，因此会在一定程度上制约经济的发展。

（4）失业会影响社会稳定。

失业会导致社会成员间的差距拉大，威胁社会公平，特别是在经济处于上升时期，这一问题更加突出。这种因失业而造成的社会不公是酿成种种社会不稳定的祸源。

另外，失业减少了个人收入，而收入又是消费支出的主要决定因素。

收入下降，支出就下降，支出下降造成需求不足，并导致生产和投资不足，迫使企业减产或停产，致使失业进一步增加，形成恶性循环。大量劳动力失业，造成人力资源闲置和浪费，从而导致国民经济效率低下。

二、失业保险的概念与特点

（一）失业保险的概念

失业保险是指国家通过立法强制实行的，由社会集中建立基金，对因非本人自愿失业而暂时失去工资收入的劳动者提供一定时期基本生活保障及促进其再就业的一项社会保险制度。失业保险主要保障的是结构性失业和周期性失业。

失业保险的核心内容是通过建立失业保险基金，分散失业风险，为失业者提供基本生活保障，并通过专业培训、职业介绍等形式积极促进其再就业。因此，一个国家的失业保险是与就业制度直接相关并为其服务的，有什么样的就业制度，就需要有什么样的失业保险制度，两者相辅相成，缺一不可。

（二）失业保险的特点

失业保险作为社会保险的一个子系统，它与其他险种相比，具有如下特点[①]：

1.失业保险是唯一向具有劳动能力者支付保险的险种

失业保险的对象是失去工作机会从而失去工资收入，但没有丧失劳动能力的人，失业保险兼有保护失业者劳动能力的功能。养老保险、医疗保险、工伤保险和生育保险的对象都是因为暂时或永久丧失劳动能力而失去工资收入的人。

2.失业保险有一定的支付期限

养老保险、医疗保险、工伤保险和生育保险等其他险种，只要受保原因没有消除（比如劳动能力没有恢复），保险待遇就会延续。而对于失业保险来说，即使依旧失业，只要支付期限已满，失业保险也会停止支付。

3.失业保险一般完全由政府承办

养老保险、医疗保险、工伤保险等险种除了政府负责以外，往往还有商业保险公司参与，作为补充。

三、失业保险的功能

作为社会保险的主要项目之一，失业保险制度具有以下功能：

（一）实施失业保险制度，有利于社会稳定

失业保险制度为失业的人群提供因失业而导致收入损失的保障，劳动力的再生产得以顺利进行，生活得以稳定。

这种功能在失业问题严重、经济衰退时期显得十分重要。

---

① 潘锦棠.社会保障学［M］.2版.大连：东北财经大学出版社，2015：97-98.

当为数众多的劳动者因面临失业而造成收入损失，并得不到及时解决时，就会形成一种社会不安定因素。

失业保险制度的存在，使劳动者可以获得基本的生活保障，从而在很大程度上消除了社会不定因素。失业保险制度还在一定程度上有效地调节社会收入分配差距，在缓解社会矛盾、促进社会稳定方面发挥了积极的作用。

（二）实施失业保险制度，有利于保证劳动力再生产的顺利进行

在市场经济条件下，劳动者在劳动过程中，不可避免地遭受失业的威胁，影响正常的劳动收入，从而使劳动力再生产过程受到影响。失业保险可以使劳动者遇到失业时获得必要的物质保障，使劳动力再生产得以顺利进行。

例如，通过失业保险所提供的保险金和转业培训，有利于保护劳动力不致因失业萎缩和落伍。

（三）实施失业保险制度，有利于促进社会公平分配

失业保险制度是国家通过法律保证下的经济手段，对个人收入的分配实行直接的干预。

通过干预，调节了劳动者个人收入间过大的差距，使之保持在一个适度的水平上，从而实现了人们对社会公平的普遍要求。

国家通过税收所征集的保险费，再分配给丧失收入来源的劳动者，为他们提供了必要的社会保障，帮助他们解决生活困难，这不仅能够弥补工资分配在"事实上的不平等"，也在一定程度上实现了社会公平分配。

（四）实施失业保险制度，有利于促进经济发展

促进经济发展的功能表现在两个方面：

（1）将失业保险制度作为需求管理的一个重要工具来发挥作用。当有效需求不足时，失业金的发放，会增加有效需求；反之，当经济高涨时，失业金会自动减少。

（2）失业保险基金的有效使用可以促进经济的持续繁荣。这一功能在失业保险基金积累制度下，基金按市场配置的时候才能得以发挥作用。

四、失业保险中的效率损失问题

（一）失业陷阱

失业陷阱是指在失业保险制度的作用下，由于收入替代率（即失业时领取失业保险金和其他补贴的实际收入与就业时实际收入的比率）过高，失业者宁愿选择失业也不愿意再就业。尽管并不是所有失业者在面临同样的替代率时都会选择失业，出现保障过度效率损失问题，但是失业陷阱仍然是失业保险中最主要的效率损失，主要体现在以下三个方面[①]：

首先，较高替代率的失业保险金缩小了失业者和就业者之间的差距。较高替代率的失业保险金将降低就业者的工作积极性和工作投入，也会促使一部分失业者丧失再就业的动力。

其次，失业保险金的支付期限如果较长，在客观上会促进长期失业者的形成。支付期限越长，失业者的知识技能老化程度越深，最终导致失业者就业能力下降，陷入长期失业。此外，失业者在失业期间可能缩小社交范围，引发社会排斥等问题。

最后，如果采取等额发放失业保险金的方式，不会激励失业者再就业。失业保险金如果采取整个发放期间等额发放的方式，失业者最理性的选择是领取到待遇期末再计划重新就业，一定程度上延长了失业者的平均失业时间。

（二）应对之策

从社会保险制度设计的角度应对失业陷阱的对策包括：

第一，降低失业保险金的替代率。

适度降低失业保险金的替代率，以保障失业者的基本生活需要为依据，拉开其失业所得与就业所得的差距，以促进再就业。

国际劳工组织1988年召开的第75届劳工大会发布的《促进失业社会保障》报告就给付标准做了较为详细的说明：当津贴数额以受保护人所缴的费用或以其名义缴纳的费用或以前的收入为依据时，其数额应定为以前收入的50%以上；当津贴数额不以所缴纳费用或以前的收入为依据时，应按不少于法定最低工资或一个普通工人工资的50%，或按其

---

① 李珍.社会保障理论 ［M］.3版.北京：中国劳动社会保障出版社，2013：259.

基本生活费用的最低额确定。

第二，缩短失业保险金的支付期限。

缩短失业保险支付期限同样会起到促进再就业的作用。一般而言，失业保险的支付期限与失业者参加失业保险的缴费期、工龄长短有关。国际劳工组织1934年通过的《失业补贴公约》规定：支付期应为每年至少156个工作日，在任何情况下，都不能少于78个工作日。

第三，随给付期限累退发放失业保险金。

根据工作搜寻模型，随着有资格领取失业保险金时间的减少，维持失业状态的价值越来越小，会促使失业者增加搜寻工作的强度。

第四，对提前就业的失业者给予奖励。

对在失业保险金享受期限未到之时重新就业的失业者，由失业保险基金给予适当的奖励津贴。奖励津贴和失业者再就业后的收入之和高于失业保险待遇水平。

第二节　外国失业保险

一、外国失业保险概况

失业保险起源于欧洲。1901年，比利时实行自愿性失业保险，开辟失业保险的先河。1905年，法国建立了失业保险制度。随后，挪威、丹麦两国也分别在1906年和1907年建立了类似法国的失业保险制度。当时这几个国家实行的都是非完全强制性失业保险，即法律确定范围内的人员是否参加失业保险是由个人决定的。

1911年，英国颁布《国民保险法》，实行强制性失业保险，建立起世界上第一个强制性的失业保险制度，并最终发展成为世界失业保险的主流。随后，奥地利、意大利、俄国、德国、保加利亚和波兰也通过立法建立了失业保险制度，不过当时建立失业保险的国家为数很少。

20世纪30年代，爆发了世界性的经济危机，导致了大量的人员失业，并进一步影响到社会经济的发展。在这种背景下，许多国家的政府开始重视失业者在失业期间的生活保障问题，通过立法建立了包括失业保险在内的社会保障制度，以刺激社会需求，促进经济增长。

1935年，美国建立了失业保险制度，后来亚洲、美洲的部分国家也相继建立了失业保险制度。

根据原劳动与社会保障部国际劳工研究所2001年发表的研究报告，至1999年，全世界共有172个国家推行了不同类型的社会保障项目，其中69个国家实行了失业保险制度，占40%。

在失业保险基金来源上，包括雇主缴纳的失业保险费、雇员缴纳的失业保险费和政府给予的财政补贴。

失业保险基金的筹集方式，有政府、雇主、雇员三方共同分担的，也有其中一方或两方承担的。但是，不论实施哪种筹集方式，政府通常都会提供必要的财政支持。失业保险基金的缴费标准，也因各国经济状况不同而存在着较大差异。

在享受失业保险待遇的条件上，绝大部分国家一般都做出以下规定：

（1）非自愿性失业；

（2）缴纳失业保险费达到规定的期限；

（3）申请者具有劳动能力并在法定劳动年龄之内；

（4）失业后必须及时到政府指定的社会保障经办部门办理失业登记；

（5）有就业愿望。

失业者只有具备以上条件，才有权利享受失业保险金待遇。

在失业保险金的给付标准上，大多数国家都按以下4种模式进行：

（1）按失业人员失业前一段时期平均工资的一定百分比计发失业保险金，替代率一般在40%～75%之间，通常有配偶和子女的比单身的要高一些；

（2）按绝对金额每日给付，一般不能低于最低法定工资；

（3）以当地最低生活保障标准为基数给付；

（4）部分国家对失业人员不分家庭情况统一给付等额失业保险金。

除失业保险金外，有些国家还提供失业援助或提供以失业人员家庭经济状况为条件的其他补助。例如，失业人员领取失业保险金期满后仍未实现再就业的，若符合一定条件，还可以继续得到其他方面的一些救助。如果失业人员已成家，除发给失业保险金外，还要对其配偶及子女加发一定的补助金。

在失业保险金的给付期限上，各国一般都是明确规定给付等待期和发放期。在支付失业保险金前，通常有几天的等待期。各国实际上的等待期长短不一，一般为 3～7 天。发放期一般与缴纳失业保险费的期限挂钩，即缴纳失业保险费的期限越长，发放期就越长。但是，所有国家对连续领取失业保险金的时间都有一定限制，多数定为 13～36 周，具体时间还要依缴费或参保期限而定，在某些情况下可适当延长。

在失业保险金不予支付情况下，有些国家对无正当理由而自愿离职的、由于行为不端被解雇的或因劳资纠纷导致停产而使自己失业的，一般规定要取消其享受资格或降低给付标准，有的还要推迟给付时间。再者，在失业期间有以下情况之一的也会停止失业金支付：骗取保险、重新就业、参军入伍、被判收监、移居境外、到龄退休，以及当事人除家庭补助外得到了国家立法规定的其他收入补助，而且这种补助数额超过了失业津贴的数额时。

在失业保险的管理体制上，多数国家的失业保险都是由政府部门管理的，也有的是由国家自治机构管理，这种自治机构一般由参保人员、雇主和政府三方代表组成。一般情况下，为了缩短失业周期，多数国家的失业保险机构与就业服务机构之间经常保持紧密的行政与工作方面的联系，有些国家还将失业保险和就业服务合并管理，在基层尤其如此，其目的是促进失业人员尽快实现再就业。

在失业保险制度的发展过程中，国际劳工组织发挥了积极的作用。国际劳工组织通过公约和建议书的形式，为各国制定失业保险政策提供了基本原则和指导性意见，促进了失业保险制度的发展。

1934 年，针对 20 世纪 30 年代世界性经济危机造成工业化国家普遍存在的严重失业问题，国际劳工组织通过的《失业补贴公约》和《失业补贴建议书》要求各国建立一种为非自愿性失业者提供失业补贴的制度。公约还对失业保险实施的范围、享受失业补贴的资格条件以及补贴标准和给付办法作了规定。

1952 年《社会保障最低标准公约》又对失业补贴的标准和计算方法做了进一步的规定。

20 世纪 70 年代末到 80 年代初，工业化国家普遍进入高通货膨胀和高失业率并存的经济滞胀时期。高标准失业补贴一方面打击了企业家的投资积极性，另一方面造成一些失业者依赖失业保险而不愿积极就业的弊端。

正是在这种背景下，1988年国际劳工大会通过了《促进就业和失业保护公约》与《促进就业和失业保护建议书》。这可以被看作在失业保险方面国际劳动立法的一个分水岭。以前的标准侧重为失业者提供生活保障，而新的标准则倡导把失业保护措施同促进就业结合起来。公约要求采取适当的步骤，使失业保护制度同就业政策相协调，确保失业保护制度尤其是失业补贴的提供有利于促进充分的、生产性的和自由选择的就业。

近年来，国际劳工组织越来越强调失业保护应与促进就业紧密结合，提出"针对失业的保护应是促进充分就业的坚实政策"。

2001年，国际劳工大会社会保障委员会的报告提出，仅仅保证失业者的生计是不够的，应该为他们提供教育培训和就业服务，并通过在培训期间和最初重新工作后继续支付保险津贴，鼓励失业工人改变失业状况。

2003年3月，国际劳工组织通过的《全球就业议程》中指出，社会政策的主要目标是应对重大职业风险以及由于各种因素而使劳动者丧失收入的情况。社会政策可以保护和增强工人的生产能力，并且通过就业使新的经济活动成为可能。

二、外国的失业保险制度

从当前实行失业保险的国家来看，各个国家实行的失业保险制度因各自的国情不同而各有差异，在这里选择5个代表性国家的失业保险制度进行介绍。

（一）美国的失业保险制度

美国的失业保险制度是联邦政府与州政府共同为非自身原因而失业的劳动者提供救助的一种制度，从类型上看属于强制性失业保险制度。1935年，联邦政府颁布了标志美国社会保障确立的《社会保障法》，同年，美国国会通过立法授权各州政府建立失业保险制度，从此在全国范围内实行了失业保险制度。

经过80多年的修正与发展，虽然立法中的一些具体问题经过了许多调整，但基本政策并未改变。从总体上说，美国失业保险制度是联邦政府与州政府的合作项目，其基本目的是为由于经济原因而非个人过失失业的人提供必要的生活保障，保障劳动力再生产的正常运行。

1.失业保险的覆盖范围

失业保险实施初期享受失业保险的人员仅限于私营工商企业部门的雇员，1976年扩大到农业工人、州和地方政府的雇员，1978年几乎扩大到所有工薪工作者。投保责任主要在于雇主而非劳工。现在，美国享受失业保险的人员包括：私营工商业部门的员工、农业工人、州及地方政府的雇员、非营利性组织的雇员、联邦民政部门的雇员等。而州政府的治安人员、家庭工人和个体经营者不在保险之内。美国失业保险的覆盖面达全美劳动力的90%以上。

2.失业保险基金的筹集

美国失业保险基金主要来源于雇主缴纳的失业保险税，除亚拉巴马州、阿拉斯加州和新泽西州以外，其他州投保人不缴纳费用。而且，失业保险税分为联邦税和地方税。

一般情况下，联邦失业保险税率为工资总额的1%，各州视具体情况规定本州失业保险税税率，平均为工资总额的5%。通常，雇主解雇多少员工，就要纳多少税，纳税多少根据解雇者的人数浮动计算，解雇的员工多，向其征收的失业保险税税率就高，解雇员工少，税率就低。

这种失业保险税的征税制度是美国失业保险制度的主要特色之一，称为经验税率制度。

州政府收上来的90%资金划作失业救济金，其余的10%上交给联邦政府，联邦政府用作州的贷款或充当扩大保险待遇计划的资金。

3.失业保险金申领的资格条件

在美国，要领取失业保险金，失业者必须具备以下条件：

（1）必须符合法律规定要求的已工作年限、已投保期限和应缴纳的保险费数额。

例如，美国有40个州规定，失业的劳工申请失业给付时，必须证明自己在过去的5个季度中曾经工作了4个季度。有49个州同时还规定，失业者申请给付前52周内，其所赚取的薪资不得少于若干数额。

（2）必须符合法定年龄且具有劳动能力。

（3）有再就业的意愿，即失业者在领取保险金前，必须在职业介绍机构登记，要求就业且愿意接受职业介绍机构提供的就业机会。

（4）必须是非自愿性失业，无正当理由而自愿离职的人无资格享受失业保险待遇。

（5）必须在失业期间积极寻找工作。

正是由于有以上严格条件的限制，使得真正能领到失业保险金的人大约只占全部失业者的1/3。

4.失业保险金的标准

失业保险金的标准是在联邦政府授权下由各州自行制定，因此，失业保险金的发放期限和金额在各州各不相同。

大多数州在发放失业保险金之前都规定有一个等待期（1～2周），领取失业保险金的时间一般为半年到一年，最长的给付期以26周为限。但是当经济不景气时，即当失业率达到6%以上，或是过去13周之中失业率达5%以上而且较过去两年同期失业率上升20%以上时，可以在26周的最高给付期满后再延长13周。

失业保险金标准与失业者以前的工资挂钩，各州均规定了每周支付的最高上限和最低下限。

每周失业保险金的上限有两种确定办法：一是固定标准；二是根据失业者周工资的50%～66.6%灵活调整确定。大多数州采用后一种办法。下限标准，各州不太统一。一般失业保险金支付标准是员工周工资的50%。

5.失业保险金的申领程序

各州失业保险金的申领程序不尽相同。传统的申领方法是，失业者到失业保险经办机构填写有关的申领表格，再由工作人员通过邮件向失业者的前雇主了解失业者被解雇的有关事实以及雇主对失业者是否具备领取失业保险金的资格表态。收回信函后，工作人员将失业者的信息输入电脑，并计算出失业者应得的失业保险金数额，最后由州失业保险经办机构寄给失业者支票。

这种办法目前还在许多州实行。现在，技术条件好的州已开始采用电话申请的办法，失业者在电话中将个人的基本情况告诉工作人员，并按要求向工作人员提供相应的材料，随后由办公室把申请书寄到失业人员家中。

6.失业保险的管理体制

美国失业保险制度的管理体系分为三个级次：联邦政府、州政府、地方县和市政府。

失业保险由联邦劳工部全面监督，相关部门（如就业与培训管理局下属的失业保险处）的任务是认证和检查各州的工作是否与联邦政府的法令、政策相符，提供技术性服务和数据，收税并管理失业保险基金。

州政府设劳工厅，具体管理失业保险，包括管理相关资料、收取失业保险税、厘定标准、接受失业保险申请和支付失业保险金等。

除此之外，地方各县、市设有就业中心和办事处等机构。

（二）瑞典的失业保险制度

瑞典是实行福利制度的典型国家，1935年瑞典建立了失业保险制度，其失业保险制度也体现了其福利国家的特色。

瑞典失业保险是根据1956年工会关联方案和1973年的劳动力市场支持立案建立的，现行的《失业保险法》和《失业保险基金会法》等是1997年制定的。瑞典的失业保险是由普遍覆盖的基本保险和自愿参加的收入损失保险组成的双重制度。基本保险由政府部门从1974年开始实施。自愿保险项目采取的形式是国家资助，工会主办，个人自愿参加，由工会或自我雇用者组织成立失业保险基金会，向失业者提供失业保险金。

1.瑞典失业保险制度的特点

（1）覆盖面广，待遇水平高，为劳动者提供了较高水平的福利保障。

（2）强调就业第一，将失业保险作为失业后的补救措施。

（3）工会作用非常突出，在保护劳动者权益、扩大失业保险覆盖面、促进就业等方面发挥了巨大的作用。

2.失业保险的覆盖范围

（1）基本保险的覆盖范围是，所有符合相关基本条件和工作条件，以及年龄超过20岁的人员。

（2）自愿性的收入损失保险项目覆盖了年龄在65岁以下的参加了

工会或自我雇用者组织成立的失业保险基金会的雇员或自我雇用者。对于普通劳动者来说，在加入了工会的同时也就加入了这种基金会，而不用再办理其他手续。一般情况下，工会会员参加失业保险基金会是强制性的，但也允许某些产业的雇员自愿参加失业保险基金会。2022年约85%劳动者被覆盖。

3.失业保险资金的来源

20世纪70年代至1994年，瑞典社会保障基金几乎全部来源于国家财政补贴和雇主缴费，个人几乎无须承担社会保障缴费责任。

1994年后，瑞典政府开始实行失业保险制度个人缴费制度。当年，雇员要缴纳相当于其收入1%的失业保险金。[①]

现行瑞典的失业保险费用主要由雇员、雇主和政府三方负担：基本保险加自愿性的收入损失保险的缴费率为工资总额的5.42%（1997年数据）；雇员自愿保险项目的缴费，不同的失业保险基金会的费率不同，范围在每月33～100克朗。雇员无须向基本保险缴费。政府主要承担弥补赤字的责任。失业保险金来源的95%是政府向雇主征收的，5%来自基金会会员的费用和其他形式的收入。

4.享受失业保险待遇的条件

领取失业救济金的人必须具备下列条件：①参加失业保险在12个月以上；②在失业前的一年内至少工作了5个月；③不是自愿离职或因行为不端而被开除者。

根据规定，拒绝接受劳动管理部门介绍的合适工作而无充分理由者，因罢工或其他劳资纠纷而失去工作者不能领取失业救济金。

5.给付失业保险待遇的标准

基本保险的待遇相当于社会平均工资的27%。自愿性的收入损失保险项目的待遇为缴费工资的60%，一般根据雇员的工资等级确定具体金额，最低为230克朗/天，最高为564克朗/天。

自愿的收入损失保险项目的待遇要纳税。自愿的收入损失保险项目的失业待遇为1周享受5天，55岁以下的失业者每次失业最多享受300天，55～64岁的失业者可享受450天。

---

① 魏淑娟，邱德钧.非商品化和商品化的紧张——从失业保险再看瑞典的福利改革［J］.西北民族大学学报（哲学社会科学版），2013（1）：144-150.

（三）德国的失业保险制度

德国是社会保险制度的发源地，社会保险制度一直走在世界各国的前列，但失业保险制度的出现比其他社会保险制度晚了将近半个世纪。

1927年德国颁布了《失业救济与就业介绍法》，标志着失业保险制度在德国开始建立。

1969年德国颁布《就业促进法》，对失业保险进行了调整；1974年德国出台《失业救济条例》，进一步完善了失业保险制度。

德国现行的失业保险制度依据是2005年1月生效的《哈茨法案IV》。

1.失业保险的覆盖范围和基金筹集

（1）覆盖范围。

德国的失业保险是国家性的强制保险，适用于除法律有特殊规定之外的所有雇员，包括农业工人和家庭用工，但不包括临时工及每周工作不足18小时的短工、自营人员和公务员。

（2）基金筹集。

德国失业保险金采取现收现付方式。失业保险金原则上来源于雇主和雇员，但有些人员可以免缴失业保险费，除此之外还有来源于联邦政府财政补贴和其他方面筹集的资金。

截至2025年1月，德国的失业保险费率为2.4%，雇主和雇员各自承担1.2%。

失业保险基金的缴费标准随时根据劳动力市场和失业状况进行调整。雇员应缴的保险费由雇主从雇员工资中进行代扣代缴，每月连同雇主应缴的部分由雇主一起交到保险承办机构。失业保险基金收支原则上自求平衡，但入不敷出时，联邦政府将用财政资金给予补贴。

2.享受失业保险待遇的期限和标准

（1）享受失业保险待遇期限。

德国领取失业保险金时间的长短是根据履行缴费义务的时间和年龄确定的。

失业保险金支付期限原则上不超过12个月，但对年龄较大者，可延长至18个月，对于年龄在58岁及以上者，可一直发放至其退休享受养老保险待遇。与过去失业保险金领取期限最长3年时间相比，目前的待遇期限有较大幅度缩短。

（2）失业保险待遇标准。

德国的失业保险待遇标准的确定考虑两个因素：净工资和有无抚养孩子。有无抚养孩子对失业保险待遇的标准影响相当大。如果有至少一个18岁以下的孩子，享受的失业保险待遇是净工资的67%，单身失业者为60%。具体标准依据失业者年龄及参保时间长短而定。

3.失业保险的封锁期

所谓"失业保险的封锁期"，是指在一定的时间内，由于失业人员自身的过失造成的失业，无法享受失业保险待遇。

按照法律规定，在以下情况下，失业者进入"封锁期"：

（1）因违反劳动合同规定而被解雇；

（2）没有充足理由自己主动解除劳动关系；

（3）为了达到被雇主解雇的目的而明知故犯，导致解雇；

（4）拒绝接受职业介绍机构介绍的合适工作；

（5）没有充分的理由而中断劳动局为其安排的职业培训，或由于自身过失被培训部门除名。

出现上述几种情况的，根据德国《就业促进法》的规定，封锁期最短为6周，最长为12周，其享受的失业保险待遇的期限就要相应缩短。另外，如果失业人员没有正当理由不执行定期（一般为3个月）向职业介绍机构报到的规定而进入"报到延误期"的，将减少其两周的失业保险享受期限并扣除两周的失业保险金。

在"报到延误期"内失业者仍不到职业介绍机构报到，就会被处以重罚，享受期限将被减少6周。

4.失业保险的管理体制

立法先行是德国社会保障制度的一大特点，完备的立法成为规范和监督各职能部门及协调各方面关系的有效手段。

德国联邦经济和劳动部负责制定就业和社会保障政策，对联邦劳动局执行法律法规情况进行监督，并对经费预算加以控制。联邦劳动局负责对劳动力市场、促进就业和失业保险事务进行具体管理，除总局之外还在联邦各州和一些大城市分别设立州劳动局和市劳动局。整个系统实行垂直管理，经费来自失业保险金。

联邦劳动局是一个公共法人性质的团体组织，由雇员、雇主和国家三方代表组成的管理委员会负责，它是一种共同参与的管理形式，在国家监督之下实行自治管理。地方劳动局负责职业介绍、职业指导和管理津贴事项。

（四）日本的失业保险制度

第二次世界大战结束后，日本爆发了经济危机，失业人员剧增。为解决失业问题，日本政府于1947年颁布了《失业保险法》，建立了失业保险制度。

在受保者失业后，向其支付失业补助金，以保障受保者的生活安定，该制度作为雇用对策的重要一环，发挥了积极的作用。

1974年12月，日本又出台了《雇用保险法》，取代了《失业保险法》。雇用保险制度承继了失业保险制度的"失业补助"功能，进一步积极预防失业，增加雇用机会，改进雇用结构，促进劳动者能力的开发及提高，提高劳动者的福利。日本从1975年4月开始实施新的雇用保险制度。

1984年、1995年、1998年、2000年和2007年日本分别对《雇用保险法》进行了多次的调整，不断地改革和完善失业保险制度。

1.失业保险的适用范围

凡有雇工的单位，都属于雇用保险的适用单位。但是，对于不满5人的个体经营的农林水产业的企业单位，可选择性适用。

被适用单位雇用的劳动者，原则上都是受保对象，属于适用劳动者。但下述人员除外：公务员、小时工（每周固定劳动时间低于33小时的人员）、季节性工作者、短期季节劳动者、船员保险的受保者和65岁以上的人员。

2.失业保险基金的筹集

日本失业保险基金的筹集实行缴费制。

日本失业保险费主要由单位和被保险人双方共同负担，按照年工资的一定比例缴纳雇用保险费，国库予以适当补助。

现行费率为：

（1）一般行业，总负担比例是11.5‰，其中业主负担7.5‰，工人负担4‰。

（2）建筑业，总负担比例是14.5‰，其中业主负担9.5‰，工人负担5‰。

（3）农村水产清酒制造业，总负担比例是13.5‰，其中业主负担8.5‰，工人负担5‰。

国库对以下几项补助所需资金给予一定的支持，具体支持的待遇项目及比例是：求职者补助为1/4（不包括高龄求职者补助和日工求职者补助）；日工求职者补助为1/3；连续雇用补助为1/8。

3.失业保险金给付的条件

（1）已投保。

一般被保险人失业前1年内合计缴纳保险费6个月以上；短工被保险人失业前2年内合计缴纳保险费1年以上；日工被保险人失业前2个月内购买失业印花税28天以上。

（2）已失业，且到失业保障机构登记，同时出具有关的确认材料。

（3）有能力并愿意工作，每月汇报一次寻找就业机会情况。

（4）自动离职或犯有严重错误的失业者以及拒绝接受工作或培训者，取消1~3个月保险金申领资格。

（5）等待期，规定为7天。

4.失业保险待遇的期限和标准

（1）支付期限。

根据年龄和缴费时间确定支付期限。

其具体分为：①缴纳保险费1年以下的，不分年龄大小，支付期一律为90天；②缴纳保险费在1~5年，年龄在45岁以下的为90天，45~60岁的为180天，60岁以上的为240天；③缴纳保险费在5~10年内，年龄在30岁以下的为90天，30~45岁的为180天，45~60岁的为210天，60岁以上的为300天；④缴纳保险费在10~20年，年龄在30岁以下的为180天，30~45岁的为210天，45~60岁的为240天，60岁以上的为300天；⑤缴纳保险费在20年以上，年龄在30~45岁的为210天，45~65岁的为300天。

（2）待遇标准。

按照工资等级支付，在确定具体给付标准时，既要考虑失业人员年龄因素，也要考虑日工资标准因素。基本补助的日标准是，失业前6个月的平均日工资的50%~80%，设有下限和上限的规定。下限为同一标准，上限根据年龄大小有所区别。

5.失业保险的管理体制

日本失业保险工作由厚生劳动省负责管理。厚生劳动省职业安定局及其在全国主要地区设立的600多个公共职业安定所负责办理参加保险和支付有关待遇的业务。

也就是说，雇用保险制度的运作主体是政府。职业安定局失业保险处通过都道府县设置的失业保险处对公共职业安定所的制度运作进行指导。

中央政府设有劳动大臣官房劳动保险征收课，地方政府则设立劳动基准局及劳动基准监督署，负责雇用保险费的征收。公共职业安定所采用的电脑网络相互联网，各参加单位、被保险人分类建立的数据，通过设在东京的计算机中心统一管理，随时处理各种手续及有关问题。

6.失业保险的特点

日本的失业保险制度是失业保险与失业预防相结合的复合式失业保险制度。

在日本，失业保险是从善后的角度对失业劳动者进行补助，目的在于对劳动者遭遇失业风险后损失的工资收入给予一定程度的补偿，确保其基本的生活水平。

失业预防包括安定雇用和能力开发两项事业，是从雇主和雇员两方面来开发就业机会，提高雇主吸纳能力的同时提高雇员职业技能，防止失业和重新就业后的再失业。

失业预防的资金来自雇主单方缴费。

（五）加拿大的失业保险制度

加拿大是联邦制国家，实行联邦、省/地区和市三级政府制度。三级政府在劳动就业方面的职责和作用分别是：联邦政府负责制定劳动保障、工作条件、职业卫生和安全等方面的法规；省/地区政府负责制定最低工资、工伤补偿、休假、加班等劳工标准方面的法规；市政府负责对弱势群体提供就业帮助和社会保护援助。

加拿大的社会福利制度是相当完善的，在世界上也处于领先地位。从1996年起，加拿大失业保险制度进行了重大变革。在新制度下加拿大失业保障计划改称为就业保险，主要包括失业津贴、鼓励就业津贴及特别失业保险金等。

失业保险制度的价值理念发生了实质性的转变，由消极性失业保障转向积极的就业保障。

1.享受失业保险金的条件

失业保险金是为解决失业者在失业期间的基本生活需要而提供的资金帮助，失业者必须具备以下条件才可以申请领取失业保险金：

（1）有工作能力和工作时间，却找不到工作。

（2）必须具备规定的工作时数。工作时数由各地失业率的高低来确定，高失业率地区的工作时数为420小时，低失业率地区的工作时数为700小时。

（3）已按规定缴纳了失业保险费。失业保险费直接从工资中扣除。

（4）已连续7天以上无工作、无收入。

（5）有正当的失业理由，如公司裁员、工作环境危害健康、受歧视等。

2.失业保险金的种类

（1）失业津贴

失业津贴主要针对不是由于自己的过错而失业的人士，这些人士应该随时可以并且有能力工作。如果申请人合乎失业保险金的领取条件，一般可以在两周之后领到失业津贴，最多可以领取45周。

（2）鼓励就业津贴

鼓励就业津贴是用来直接协助失业者的，其主要项目为工资津贴。失业金申请人可以由特定的雇主安排领取工资津贴，该雇主必须为申请人提供工作，而这份工作将来可以转为长期工作，或使申请人将来可以转到另一个雇主那里工作。

（3）特别失业保险金

特别失业保险金是当劳动者生病、受伤、隔离检疫、分娩或需要全时间照料新生或领养的孩子而不得不暂停工作时所领取的失业保险金。其主要包括：

①病伤失业保险金。

只要失业者因病、伤8天以上，并符合法律的相关规定，同时持有医生签字的病情证明，就可以申请领取期限为1周至15周不等的病伤失业保险金。

②孕妇特殊失业保险金。

其申请条件与病伤失业保险金相似，但领取期限为15周，每周可享受保险金额是失业津贴的60%。

③老年失业保险金。

其适用对象为年满65岁以上的失业者。只要他们在失业前就业满20周，就可以领取一次性特别失业保险补偿，相当于3周的一般失业保险金。他们不需要缴纳失业保险费，也不享受一般失业保险金。

3.失业保险金的申领程序及相关规定

（1）提出申请。

失业者应尽快到加拿大人力资源中心索取申请表并填写相关资料，必须同时具有社会保险号码、失业后没有收入的5天内雇主发出的就业记录两项资料。

（2）申请地点。

申请失业保险金的地点是附近的加拿大人力资源中心，申请时必须出示受雇记录。

（3）等待期及待遇标准。

领取失业保险金的等待期一般为2周。享受期限为14周至45周不等，保险金具体数额根据以前工作情况和本地失业率而定，基本上是原工资的55%，但每周不得超过413加元。

4.失业保险制度的特色

保险与援助相结合是加拿大失业保险制度的特色。加拿大社会福利极为发达，却又与北欧国家有所区别，主要体现在，它在实施失业保险制度的同时，对失业者中有特殊困难的弱者，还给予社会援助，形成了既严格又细密的失业保险网。

严格，即它对普通失业者享受失业保险规定了明确的权利和义务，体现了权利和义务相结合的责任要求；细密，即援助性的失业补助措施为许多特殊的失业情况提供了合理保障，整个制度安排覆盖面广，既有针对大众的普遍性失业保险，又有针对特殊群体的失业救助，既保障不同群体的基本生活需求，又注重再就业培训和激励，两者相辅相成，考虑周到合理。

三、外国失业保险制度发展方向

失业保险制度自创立迄今已有上百年的历史。它的发展沿革经历了由单纯保障失业者及其家庭的生活，到既保障基本生活、促进就业，又预防失业的发展演变历程。

这一过程是与各国的经济发展状况和就业形势变化紧密联系在一起的。

（一）外国失业保险制度存在的问题

一个多世纪以来，失业保险制度在帮助劳动者抵御失业风险、维持失业家庭的基本生活、减轻他们的苦痛、促使失业者重新就业、维护经济和社会稳定等方面发挥了举足轻重的作用。

但是，近30年来，西方发达国家特别是欧盟国家失业率一直处于较高的水平，社会保障矛盾愈演愈烈，成为困扰这些国家的一个主要社会问题。

其主要表现在：

1. 失业保险基金不断攀升

20世纪70年代末80年代初，西方发达国家普遍进入"滞胀"时期，经济发展减缓，出现了失业率不断提升、失业人数增加、失业持续时间延长的现象，导致失业保险基金支出骤然增加，压力增大。

2. 过高的失业保护水平

失业保护水平过高，也是导致失业率水平居高不下的原因之一。不少国家从维护社会公平出发，采取高保护的社会政策，但结果并不理想，如法国、德国、意大利和西班牙等国家，自20世纪90年代中期开始，失业率就一直处于较高水平。

高额的失业保险基金支出，不仅对国家财政造成了沉重包袱，而且削弱了企业的市场竞争力，对经济的发展产生不利的影响。

3. 失业者消极对待再就业

由于缺乏鼓励失业者积极就业的政策措施，且领取失业保险金的条件又过于宽松，因此，失业者在享受高失业补贴后，不再积极寻找就业机会，对劳动就业机构提供的工作也过于挑剔。

以上情况表明，失业保护水平高低与失业率之间存在正向比例关系，即失业保护水平越高，失业率越高，失业持续时间就越长，失业保险基金的负担和压力越大。

在这种情况下，西方发达国家一直在寻求和研究失业保险的新道路。

（二）外国失业保险制度的改革方向

从20世纪90年代末起，西方国家对失业保险制度进行了改革，失业政策开始出现了新的变化。其基本思路是：实行工作导向型的失业政策，降低失业保护水平，加大个体职工的压力，以此取代以需求为基础的福利理念。

同时，强调个体对国家和社会的责任，即公民在享受失业保险待遇的同时，必须采取积极主动的措施提高自身能力，尽快工作，缩短依赖失业保险的时间，减弱对失业补贴的需求。

1.实行失业补贴与工作导向型措施的结合，变"从福利到工作"为"以工作换福利"

目前西方国家主要存在两种政策模式，即新国家主义政策和新自由主义政策。

（1）新国家主义政策。

新国家主义政策的主要观点是通过调动失业者的积极性（而不是主要通过削减失业者的失业福利待遇）来解决失业保险制度面临的危机问题。这种政策侧重赋予失业者更多的权利而不是控制和惩罚失业者领取福利，更倾向于为失业者提供培训而不是强制其参加劳动。

（2）新自由主义政策。

新自由主义政策主张提供有限的培训，它侧重通过对失业者实行经济惩罚手段和高压政策，迫使失业者尽快就业。

2.把失业救济与促进就业结合起来

这种结合主要体现在失业救济与就业促进之间的联系日益密切上，而且这种变化趋势已经波及语言词汇的使用。例如，澳大利亚已将短期失业者的"失业津贴"改为"求职津贴"，美国的失业政策也发生变化，而欧洲国家变化得更加明显。各国失业保险制度改革表明，现代福利国家失业保险制度对失业者的政策保护已经发生了明显的变化，与原先的失业保险制度相比已经发生了质变。

第三节　我国失业保险制度与改革

　　新中国成立初期，为了解决之前遗留下来的失业问题，国家确定了"低工资、广就业"的就业方针和"保证稳定，恢复生产，巩固新生政权"的就业目标，1950年政务院发布了《关于救济失业工人的指示》，与此同时劳动部发布了《救济失业工人暂行办法》，1952年劳动部对该办法进行了修改和补充，详细规定了救济办法和资金来源，从而为中国失业保险制度的建立奠定了基础。

　　改革开放后，为适应国营企业经营机制的转换和劳动制度的重大改革，保障职工失业后的基本生活，国务院于1986年颁布了《国营企业职工待业保险暂行规定》，规定失业保险由各级劳动部门统一管理，由劳动部门所属的就业服务机构具体经办；对失业人员进行组织管理并开展生产转业训练、生产自救等工作。这一法规的颁布标志着我国失业保险制度的正式建立，对推进我国经济体制改革起了不可忽视的作用。

　　为适应经济体制改革的深化和就业政策的调整需要，1993年国务院发布了《国有企业职工待业保险规定》，对原有的失业保险制度作了进一步的修改和完善，不仅扩大了失业保险的实施范围，同时基金由市县级统筹调整为省级统筹，缴费基数由企业标准工资总额改为工资总额并且改变了失业救济金的计发办法，明确了失业保险应当与就业服务紧密结合。

　　随着市场经济的确立，竞争机制必然被引入，这样势必会造成一部分劳动者退出劳动岗位，同时市场机制也必然引起劳动力的流动，因此，通过市场保护劳动力的再生产和合理配置劳动力资源也就成为必然趋势。

　　如何解决失业和跳槽过程中劳动者的基本物质生活保障已成为政府必须面对的一个现实问题，为此党的十四届三中全会明确提出"社会保障是市场经济体制基本框架的五大支柱之一"，而在社会保障体系中，社会保险又是整个体系的支柱。于是，深化失业保险制度改革又提上了议事日程。

在这种背景下，为了克服失业保险制度建立以来出现的一系列问题，改变失业保险严重滞后于经济的发展而无法适应新形势要求的局面，1999年国务院发布了《失业保险条例》及《社会保险费征缴暂行条例》，这标志着我国的失业保险制度又迈进了一个新的阶段。首先，我国失业保险的保障范围由仅限于国有企业职工扩充到整个城镇劳动者。其次，失业保险基金由原来的企业全包逐步转变成"国家、单位、个人三方承担"的三方筹资原则，用人单位的缴费比例提高到了本单位工资总额的2%，职工个人按本人工资的1%缴纳。这样，既减轻了企业的负担，又扩大了失业保险基金的总额，为深化企业改革、促进市场经济的发展奠定了基础。最后，失业保险基金实行"财政专户，收支两条线管理"的模式，逐步建立了管理、监督机制。

总而言之，《失业保险条例》无论从基本内容上还是整个体系上都比较清晰和完善，它的实施推动了我国失业保险制度的进一步发展，使我国失业保险逐步迈入法治化和规范化的轨道。

一、失业保险的对象

根据《失业保险条例》的规定，城镇企事业单位及其职工均应依法参加失业保险，缴纳失业保险费，具体包括国有企业、城镇集体企业、外商投资企业、城镇私营企业以及其他城镇企业及其职工，事业单位及其职工。

《失业保险条例》还规定，各省、自治区、直辖市人民政府根据当地实际情况，可以决定本行政区域内的社会团体及其专职人员、民办非企业单位及其职工、有雇工的城镇个体工商户及其雇工是否适用《失业保险条例》。城镇企业事业单位招用的农民合同制工人也纳入参加失业保险的范围。

因此，我国城镇各类企业事业单位及其职工，无论单位经营状况好坏，职工失业风险大小，均须参加失业保险，缴纳失业保险费。

二、失业保险基金的筹集

（一）失业保险基金的筹资机制

失业保险实行国家、用人单位、职工三方负担的筹资机制。三方负担的筹资机制，体现了社会保险基金筹集的一般原则，明确了国家、用人单位、职工三方的义务，有效地保证了失业保险基金的稳定来源，增强了失业保险基金的支付能力。

（二）失业保险基金的来源

失业保险基金的来源由以下几个部分构成：

1. 城镇企业事业单位、城镇企业事业单位职工缴纳的失业保险费

这是失业保险基金的主要来源。参保单位和个人的缴费基数分别为本单位工资总额和本人工资，参保单位按照本单位工资总额的2%缴纳失业保险费，职工个人按照本人工资的1%缴纳失业保险费。城镇企业事业单位招用的农民合同制工人参加的失业保险，用人单位按规定缴纳保险费，个人不用缴费。

2. 失业保险基金的利息

这是指失业保险储备基金存入银行或购买国债而获取的银行利息、债券利息。

3. 财政补贴

这是指当失业保险基金储备不够充足或出现入不敷出时，按照规定由地方财政给予的补贴。

4. 依法纳入失业保险基金的其他资金

其主要是指失业保险储备基金投资运营后的收入，运用生产自救、开展生产自救活动所获得的纯收入，以及滞纳金的收入等。

另外，失业保险调剂金以统筹地区依法应当征收的失业保险费为基数，按照省级政府规定的比例筹集。统筹地区的失业保险基金不敷使用时，由失业保险调剂金调剂、地方财政补贴。

三、失业保险金给付的条件与标准

（一）失业保险金给付的条件

参保的失业人员申请领取失业保险金的条件为：

（1）在法定劳动年龄内非自愿性失业；

（2）本人及单位按规定参加失业保险并累计缴费满一年或虽不满一年但本人仍有领取失业保险金期限的；

（3）进行失业登记；

（4）有求职要求并接受职业介绍和就业指导。

同时具备以上条件者才具有申领资格，具体申领程序各省、自治区、直辖市有所差别，但主要程序相同。但是，失业人员在领取失业保

险金期间有下列情形之一的，停止领取失业保险金，并同时停止享受其他失业保险待遇：

（1）重新就业的。

（2）应征服兵役的。

（3）移居境外的。

（4）享受基本养老保险待遇的。

（5）被判刑收监执行的。

（6）无正当理由，拒不接受当地人民政府指定的部门或者机构介绍的工作的。

（7）有法律、行政法规规定的其他情形的。

（二）失业保险金给付的标准

失业保险金自办理失业登记之日起计算，失业人员在领取失业保险金期间，按照规定同时享受其他失业保险待遇。

失业保险金由失业保险机构按月发放给失业者，各地高低不等，但规定有最高限额和最低限额的原则。

失业保险金具体的标准，由各省、自治区、直辖市人民政府按照低于当地最低工资标准、高于城市居民最低生活保障标准的水平来确定。从总体来看，一般的标准都在最低工资的70%～80%之间。对于单位招用的农民合同制工人连续工作满1年，并且单位已缴纳失业保险费，劳动合同期满未续订或者提前解除劳动合同的，由社会保险经办机构根据其工作时间长短，对其支付一次性生活补助金。补助的办法和标准由省、自治区、直辖市人民政府规定。

另外，领取失业保险金人员应按规定参加其失业前失业保险参保地的职工基本医疗保险，由参保地失业保险经办机构统一办理职工医保参保缴费手续。领取失业保险金人员参加职工医保的缴费率，原则上按照统筹地区的缴费率确定。缴费基数可参照统筹地区上年度职工平均工资的一定比例确定，最低不低于60%。领取失业保险金人员参加职工医保应缴纳的基本医疗保险费从失业保险基金中支付，个人不缴费。失业保险经办机构为领取失业保险金人员缴纳基本医疗保险费的期限与领取失业保险金期限相一致。领取失业保险金人员自参加职工基本医疗保险当月起，按规定享受相应的住院和门诊医疗保险待遇，享受待遇期限与领取失业保险金期限相一致，不再享受原由失业保险基金支付的医疗补助金待遇。

失业人员在领取失业保险金期间死亡的，参照当地对在职职工的规定，对其家属一次性发给丧葬补助金和抚恤金。

四、失业保险的期限

领取失业保险金的期限根据失业人员失业前所在单位和本人按照规定累计缴费时间长短计算确定：

（1）累计缴费时间满1年不足5年的，领取失业保险金的期限最长为12个月。

（2）累计缴费时间满5年不足10年的，领取失业保险金的期限最长为18个月。

（3）累计缴费时间10年以上的，领取失业保险金的期限最长为24个月。

对于重新就业后再次失业的，缴费时间重新计算。再次失业领取失业保险金的期限可以与前次失业应领取而尚未领取的失业保险金的期限合并计算，但是最长不得超过24个月。

五、失业保险的管理

（一）失业保险基金的管理

失业保险基金在直辖市和设区的市实行全市统筹，其他地区的统筹层次由省、自治区人民政府规定。省、自治区可以建立失业保险调剂基金。

为了保证失业保险基金的安全，防止发生挤占、挪用和贪污、浪费的现象，《失业保险条例》做出了如下规定：

（1）失业保险基金必须存入财政部门在国有商业银行开设的社会保障基金财政专户，实行收支两条线管理，由财政部门依法进行监督。

（2）存入银行和按照国家规定购买国债的失业保险基金，分别按照城乡居民同期存款利率和国债利息计息。失业保险基金的利息并入失业保险基金。

（3）失业保险基金专款专用，不得挪作他用，不得用于平衡财政收支。

（4）失业保险基金收支的预算、决算，由统筹地区社会保险经办机构编制，经同级劳动保障行政部门复核、同级财政部门审核，报同级人民政府审批。

（5）失业保险基金的财务制度和会计制度按照国家有关规定执行。

（二）失业保险的管理、监督和处罚

1.失业保险的管理和监督

失业保险管理坚持政事分开原则。失业保险工作由劳动保障行政部门管理，具体负责贯彻实施失业保险法律、法规，指导社会保险经办机构的工作，并对失业保险费的征收和失业保险待遇的支付进行监督检查。

社会保险经办机构具体承办失业保险工作，履行下列职责：负责失业人员的登记、调查、统计；负责失业保险基金的管理；核定失业保险待遇，开具失业人员在指定银行领取失业保险金和其他补助金的单证；拨付失业人员职业培训、职业介绍补贴费用；为失业人员提供免费咨询服务；国家规定由其履行的其他职责。财政部门和审计部门依法对失业保险基金的收支、管理情况进行监督。社会保险经办机构所需经费列入预算，由财政拨付。

2.处罚

不符合享受失业保险待遇条件，骗取失业保险金和其他失业保险待遇的，由社会保险经办机构责令退还，情节严重的，由劳动保障行政部门处骗取金额1倍以上3倍以下的罚款。

社会保险经办机构工作人员违反规定造成失业保险基金损失的，由劳动保障行政部门责令追回，情节严重的，依法给予行政处分。

劳动保障行政部门或者社会保险经办机构的工作人员滥用职权、徇私舞弊、玩忽职守，造成失业保险基金损失的，由劳动保障行政部门追回，根据情节轻重，对责任人给予行政处分或依法追究刑事责任。

挪用失业保险基金的要依法追回，有违法所得的，没收违法所得，并入失业保险基金，根据情节轻重，对责任人给予行政处分或依法追究刑事责任。

六、我国失业保险制度改革

（一）我国失业保险制度实施的效果

自《失业保险条例》颁布实施以来，失业保险在制度建设、保障下岗失业人员基本生活、促进就业方面均发挥了积极作用，为社会稳定做出了积极贡献。

1.失业保险制度的政策体系初步形成

为了使《失业保险条例》得到更好的实施，人力资源和社会保障部及有关部门根据工作的需要，制定了社会保险参保登记管理、缴费申报管理、征缴监督检查、基金财务会计、失业保险金申领发放和失业保险统计制度等政策法规，同时制定了事业单位参加失业保险、调整基金支出结构的有关配套政策。不少地方也以地方性法规、规章和规范性文件的形式出台了地方的配套规定。至此，一个基本完善的法规政策体系已初步形成。

2.参保人数大幅度增加

各地各部门根据各地的实际情况大力开展工作，集中力量，明确重点，狠抓落实，失业保险的覆盖面显著增加。1998年我国参加城镇职工失业保险的人数仅为7 928万人，截至2013年底我国参加失业保险的人数达到了16 417万人，比1998年增加了8 489万人，增幅约一倍。截至2022年底，全国失业保险参保人数为2.4亿人。

3.基金征缴成效显著

近年来，人力资源和社会保障部门与有关部门密切合作，规范缴费行为，加强监督检查，失业保险基金收入大幅度增加。

1998年失业保险基金收入仅仅为68.4亿元，2013年达到1 289亿元，比2012年增加150亿元。截至2013年底，基金累计结余3 686亿元，比2012年增加757亿元。截至2022年底，中国失业保险覆盖率上升至51.8%，失业保险基金结余达2 891亿元。

4.失业人员基本生活得到有效保障

根据中央政策，从1999年7月起，失业保险金标准提高了30%。随后，各地相应制定了最低工资标准，失业人员的待遇得到了较大改善。2022年，全国共向1 058万失业人员发放不同项目失业保险待遇887亿元。

5.有效促进了失业人员再就业

我国失业保险制度实施以来，在失业保险金支持下，失业人员的再就业能力得到提高，劳动力市场建设得到加强，就业渠道得到拓宽，服务手段和服务质量得到改善，有不少失业人员在领取失业保险金期间实现了再就业。

（二）当前失业保险制度存在的主要问题

《失业保险条例》实施后的10多年时间，在经济、政治和社会生活各个方面都发挥了积极的作用。但是，随着经济社会环境的不断变化，失业保险面临许多新情况和新问题的挑战，其中需要研究和解决的主要问题包括：

1.覆盖范围过窄

现行制度覆盖范围局限于城镇企业事业单位及其职工，对非公有制经济纳入失业保险还不够重视，私营企业和其他类型的企业参保不到位。同时，现行制度覆盖的是"单位"就业形式，灵活就业的劳动者无法参加失业保险。

2.基金征缴乏力

在基金征缴上的问题，一是缴费基数不够规范，二是在征缴失业保险费的过程中，有的单位由于经济效益差无力按时缴纳，也有的单位故意拖欠。这些情况均影响到失业保险费的足额征缴，从而造成了严重的欠费现象，制约了失业保险基金的承受能力。

3.基金统筹层次低

在直辖市中，基本做到了失业保险基金全市范围统筹。但在多数设区的市中没有实行全市统筹，而是实行市辖区与市辖县分割的局部统收统支。这就造成失业保险基金的抗风险能力不强，影响了失业保险的整体保障能力。

4.基金支出范围、期限、标准设置不合理

《失业保险条例》规定，失业保险只能用于职业培训和职业介绍两项补贴，范围偏窄。同时，我国许多地区的失业保险给付期限为2年，超过了大部分西方国家。而失业保险金实际水平通常在最低工资的60%~80%，既与缴费标准脱钩，又没有建立根据物价水平相应调整的机制。

失业保险基金支出范围偏窄，支付期限过长，替代率过低，导致基金结余高、月均失业保险金水平低等问题，基金滚存结余越来越多与制度功能发挥不充分的矛盾更加突出。

这不仅使得失业人员受益率和失业保险金替代率过低，还影响到失业保险基金在实施积极就业政策方面作用的发挥，失业保险促进就业和预防失业的作用还未能有效体现。

5.制度建设和失业保险经办机构建设

由于失业保险的法律法规不健全，加上不少地方失业保险机构存在编制少、经费不落实的问题，出现了制度不规范、人员偏少、经费不足、办公环境和手段落后等现象，无法满足正常工作需要，影响了工作的正常进行。

（三）失业保险制度改革试点

从2004年起，国家加大了失业保险的改革力度，在失业保险基金支出使用范围与促进就业方面进行了一系列的改革探索和试点。

2004年，国务院首先提出，有条件的地区可积极探索实施失业人员保险金的"三个延伸"，更大范围地用于促进再就业，提出扩大失业基金支出范围的试点，浙江、新疆、天津相继出台了相关政策。

2005年，国务院颁发《国务院关于进一步加强就业再就业工作的通知》（国发〔2005〕36号），对失业保险基金扩展使用问题提出了明确的要求，试点工作正式列入日程，目的是继续探索失业保险在促进就业、减少失业等方面的作用，尽快形成可操作的办法，指导工作实践。它的出台为东部地区开展试点工作提供了政策依据，指明了进一步完善失业保险制度的方向。

为积极探索失业保险促进就业的路径，2006年1月11日，原劳动和社会保障部、财政部出台了《关于适当扩大失业保险基金支出范围试点有关问题的通知》（劳社部发〔2006〕5号）。通知指出，为充分发挥失业保险制度促进再就业的功能，根据《国务院关于进一步加强就业再就业工作的通知》的要求，从2006年1月起在北京、上海、江苏、浙江、福建、山东、广东7个省、直辖市开展适当扩大失业保险基金支出范围试点工作。

试点地区要按照保障失业人员基本生活与促进再就业统筹兼顾、失业保险基金收支平衡、权利与义务相统一、合理安排失业保险基金与促进就业财政资金的原则，在保障失业人员基本生活的前提下，根据本地区促进再就业工作的需要，积极稳妥地开展试点工作。试点工作要以失业保险基金统筹地区为单位。

试点地区的失业保险基金可用于国发〔2005〕36号文件规定的职业培训补贴、职业介绍补贴、社会保险补贴、岗位补贴和小额担保贷款贴息支出。享受上述补贴和贴息的对象为领取失业保险金期间的失业人员。在上述项目之外增设支出项目，北京市、上海市须经市人民政府批准，并报国务院备案。其他5省增设支出项目，须由省人民政府报请国务院批准后实施。

《关于适当扩大失业保险基金支出范围试点有关问题的通知》对失业保险基金的使用原则、适用对象、操作程序、管理监督等方面都作了详细规定，明确了各方权利与义务，体现了改革过程中谨慎负责和因地制宜的原则，也切实反映了我国失业保险制度的发展方向，既为促进就业提供更多资金支持，也为进一步改革和完善失业保险制度提供实践依据，通过对基金的合理配置，将其重心从生活保障不断转向基本保障和促进再就业的双重目标。

（四）进一步改革完善我国失业保险制度

失业保险制度是社会保险制度的组成部分，也是就业体系的重要内容。

改革完善失业保险制度，应当在学习借鉴国外有益经验的基础上，立足本国国情，着眼未来发展，按照使社会就业更加充分和建立覆盖城乡居民社会保障体系的总体目标，尽快建立具有中国特色、适应未来经济社会发展的失业保险制度。

1.改革应坚持的基本原则

（1）强制性原则。

继续通过国家立法，以国家强制的方式推进失业保险制度的实施。这是失业保险制度实施的有力保证。

（2）普遍性原则。

不分部门和行业，不分所有制性质，职工不分用工形式，不分家居城镇、农村，均可纳入失业保险覆盖范围。这是实施失业保险制度的根本宗旨。

（3）社会性原则。

继续采取国家、单位和个人三方共同负担失业保险费用的筹资模式，实行对失业保险人员的生活保障、转业培训、再就业一体化服务，实行对人、钱、事统一管理的管理模式，逐步提高失业保险基金的统筹层次。这是实施失业保险制度的基本做法。

（4）权利与义务统一原则。

所有参加失业保险的失业人员都必须按照法律规定履行缴费义务。同时，所有参加失业保险的失业者均平等享有失业保险的一切权利。这是实施失业保险制度的前提条件。

（5）失业保障和就业促进兼顾原则。

实行失业保险制度既要保证参保的失业者及其家庭的基本生活，又要在实施失业保险待遇上有利于促进失业人员再就业。这是实施失业保险制度的双重目标。

2.完善失业保险制度的基本框架

（1）加快失业保险制度法律建设。

尽快出台并实施《失业保险法》及其他配套的法规，逐步形成较为完善的失业保险法律、法规体系和政策体系。同时，加强法律环境建设，确保失业保险制度的实施，保证"有法可依、执法必严"。

（2）进一步扩大失业保险覆盖范围。

当前，我国经济社会环境正在发生显著的变化，非公有制经济发展非常迅速，而且非公有制经济已经成为吸纳就业的主要渠道，但是这些行业的就业相对而言具有稳定性不高、劳动报酬多样化的特点。

因此，失业保险要根据这一变化，按照发展非公有制经济、多种形式就业和逐步统一城乡劳动力市场的要求，改进失业保障主要以就业相对稳定和以工资为主要收入来源的劳动者为对象的做法，从实际情况出发，逐步扩大失业保障范围，将所有企事业单位及其就业人员全部纳入保障范围。

（3）规范失业保险基金的征缴和使用管理。

要依法对失业保险费的征缴以及失业保险基金的使用和支出进行管理和监督，从失业保险基金的筹集、使用、管理、调剂上下功夫，并进一步规范缴费基数，统一基金统筹层次，加强稽核，减少欠费和不平衡现象，既保证失业保险基金的支付能力，又确保失业保险基金的安全与完整。

（4）有效保障基本生活的同时，促进失业人员再就业。

根据其各自不同特点，既保持相对独立性，又要有机衔接，实现扩大就业和失业调控的目标。在保障失业者基本生活上，可适度提高失业保险金水平，切实保障失业人员基本生活，对生病体弱、年龄偏大等特殊失业群体给予必要支持，加快研究建立应急机制，在特殊情况下为失业人员提供更有效的保障。

在促进失业人员再就业上，一是增加失业保险促进就业的支出项目，为失业人员提供多方面的支持，帮助其提高就业能力（如职业培训），支持开展创业；二是鼓励失业人员尽快就业，对从事创业的失业人员实行一次性发放失业保险金的办法，使其有更多资金投入创业。对通过其他形式就业的失业人员，保留其没有领取失业保险金的时间，维护失业人员应有的权利。

（5）尽快探索预防失业的有效途径。

从根本上来看，要解决好就业问题，就要从促进就业和治理失业两方面努力。

在促进就业方面已经有了一套比较完善的政策措施，但对失业治理，或者说预防和控制失业，不管是理论研究还是政策措施都还刚刚起步。预防失业可采取多种政策措施，如金融政策、税收政策等，也包括发挥失业保险的功能和作用。

例如，在企业遇到阶段性困难时，企业和职工双方达成缩短工时、降低工资但不裁减员工协议的，可由失业保险基金给予一定期限的工资补贴；对企业组织职工进行技能培训的也应给予补贴，以降低职工失业风险。

此外，还要加强失业保险经办机构的建设，不仅要从政策体制上给予保证，而且要从制度上落实人员编制，按时足额拨付办公经费，加快办公环境和办公手段的现代化建设，实现管理规范化、信息化，满足失业保险工作日益增加的需要。

思政课堂

农民工失业，能否享受失业保险待遇？

根据 2022 年 8 月 29 日人力资源和社会保障部微信公众号发表的文

章，目前，从各地实践看，农民工参保主要有两种方式：

一种是按农民工身份参保，由单位为其缴纳失业保险费，本人不缴费，失业后可享受一次性生活补助或临时生活补助。

另一种是按城镇职工身份参保，失业后享受和城镇职工同样的失业保险金或失业补助金等待遇。

具体到农民工个人，首先要看参保者的参保地是否统一城镇职工和农民工参保方式，如果未统一，则根据参保时间是否满1年，享受一次性生活补助或临时生活补助；如已统一参保方式，则根据参保时间是否满1年，按参保地规定申请享受失业保险金或失业补助金待遇。失业补助金和临时生活补助政策皆为阶段性政策，执行至2022年底。

《失业保险条例》第六条规定，城镇企业事业单位按照本单位工资总额的2%缴纳失业保险费。城镇企业事业单位职工按照本人工资的1%缴纳失业保险费。城镇企业事业单位招用的农民合同制工人本人不缴纳失业保险费。

政策分析：农民工不需要缴纳失业保险费，城镇企业事业单位招用的农民合同制工人本人不缴纳失业保险费。国家虽规定了失业保险费由职工和单位按比例共同缴纳，但为了更好地保障弱势群体，农民工的权益，规定了农民工不用缴纳失业保险费，体现了对弱势群体权利的保护。

资料来源：人力资源和社会保障部. 失业保险"政策连连看"，农民工失业，能否享受失业保险待遇？［EB/OL］.［2022-08-29］. https：//mp.weixin.qq.com/s/nnofIvwolAr5XK0Zm9ZYTA.

练习与思考

一、单项选择题

1.结构性失业的特点是（　　　）。

A.有规律可循，可以预料

B.职位空缺和失业者并存

C.无法预料，持续期难以确定

D.影响大多数人，维持时间较短且一般不可避免

2.由国家立法明确要求缴费单位和个人必须按规定按时足额缴纳失

业保险费，同时个人按规定享受失业保险待遇，这是体现失业保险的（　　）。

　　A.强制性　　　　　　　　　　B.互济性

　　C.预防性　　　　　　　　　　D.统一性

　　3.我国《失业保险条例》规定，员工失业前必须缴纳一定时日的失业保险费，才具有享受失业保险待遇的条件，这体现了（　　）原则。

　　A.社会救济性

　　B.补充养老保险

　　C.权利与义务一致性

　　D.强制性

　　4.世界上最早建立强制性的失业保险制度的国家是（　　）。

　　A.比利时　　　　　　　　　　B.挪威

　　C.美国　　　　　　　　　　　D.英国

　　5.劳动者由于非本人原因失去工作、失去工资收入时，劳动者能够从国家、社会得到必要的现金补偿，这是（　　）制度。

　　A.养老保险　　　　　　　　　B.医疗保险

　　C.失业保险　　　　　　　　　D.工伤保险

二、多项选择题

　　1.国外绝大部分的国家在享受失业保险待遇的条件上，一般做出（　　）规定。

　　A.非自愿性失业

　　B.缴纳失业保险费达到规定的期限，达到法定的工作年限

　　C.申请者具有工作能力并愿意寻找工作

　　D.失业后必须及时登记并申请再就业

　　2.关于失业保险，下面说法中正确的有（　　）。

　　A.除少数几个州以外，美国投保人不缴纳费用

　　B.在瑞典，因罢工或其他劳资纠纷而失去工作者不能领取失业救济金

　　C.德国失业保险金采取现收现付方式

　　D.在日本，失业保险待遇标准按照工资等级支付

　　3.我国失业保险基金来源于（　　）。

A. 失业保险费

B. 失业保险基金的利息

C. 财政补贴

D. 依法纳入失业保险基金的其他资金

4. 失业保险的对象是有劳动能力的劳动者，其必须同时具备以下（　　）条件。

A. 没有丧失劳动能力

B. 有就业意愿

C. 没有工作岗位

D. 有工作岗位但没有就业意愿

5. 我国《失业保险条例》规定，失业人员在领取失业保险金期间有下列（　　）情形时，停止领取失业保险金，并同时停止享受其他失业保险待遇。

A. 被判刑收监执行的

B. 享受基本养老保险待遇的

C. 移居境外的

D. 应服兵役的

三、思考题

1. 什么是失业？失业的类型有哪些？如何衡量失业程度？

2. 什么是失业保险？失业保险具有什么特点？

3. 简述我国失业保险制度的基本内容。

4. 我国失业保险制度实施过程中存在哪些主要问题？

5. 在进一步完善我国失业保险制度中应坚持什么原则？采取哪些措施？

第七章

工伤保险

学习目标

工伤保险是现代社会保障体系中的一个重要部分。通过本章的学习，需要掌握工伤的含义，工伤保险的概念、特点和原则，重点掌握我国工伤保险制度的体系框架，并在借鉴国外工伤保险的基础上，理解工伤补偿、工伤预防、工伤康复三位一体是我国工伤保险制度改革的目标。

关键概念

工伤　工伤保险　无过失补偿原则　差别费率　浮动费率　工伤预防　工伤康复　代位补偿

案例

赴宴回单位途中被撞算工伤吗?

2013年3月9日中午，李丽乘坐同事的私家车，去参加另一个同事的喜宴，结果在回单位途中，李丽所乘的这辆私家车与一辆货车相撞，李丽左胫骨粉碎性骨折，事后鉴定构成九级伤残。交警认定，货车车主在这起事故中负主要责任。李丽向当地人社局申请了工伤认定，人社局认定李丽的受伤属于工伤。面对人社局的一纸认定，李丽的单位不干了，2014年11月将人社局告到日照市经济技术开发区人民法院。"我们公司为员工提供了午餐，在正常的工作期间，员工没有必要离开公司，正是由于李丽在处理个人生活相关事务过程中发生本次交通事故，不符合上下班期间这一时间条件，并且李丽经过的路线是婚宴酒店到公司，非其经常性上班路线，也不符合上下班途中的空间条件，因此不能认定是工伤。"李丽所在单位代理人在法庭上说。

资料来源：王裕奎.赴宴回单位途中被撞算工伤吗？[N].齐鲁晚报，2015-04-08.

[分析要点] 工伤；工伤的认定。

[问题] 李丽受伤能否算工伤？说出你的依据。

第一节　工伤保险概述

一、工伤保险的含义

在学习工伤保险的含义之前，必须先认识工伤的内涵。对"工伤"一词比较早期的正式提法出现在1921年国际劳工大会的公约中。该公约提出，工伤是"由于工作直接或间接引起的事故"。随着时间的推移，各国又逐渐把职业病纳入工伤的范畴。

（一）工伤的含义

各国对于"工伤"的定义不尽相同。第13次国际劳动统计学家会议所使用的定义如下：雇佣事故指由雇佣引起或在雇佣过程中发生的事故（工业事故和上下班事故）；雇佣伤害指由雇佣事故导致的所有伤害和所有职业病。

1964年第48届国际劳工大会规定工伤补偿包括职业病和上下班交通事故造成的伤害。

我国《企业职工伤亡事故分类》将"伤亡事故"定义为"企业职工在生产劳动过程中发生的人身伤害、急性中毒"。

通常，"工伤"又称为职业伤害、工作伤害，是指劳动者在从事职业活动或者与职业活动有关的活动时所遭受的工作事故伤害和职业病伤害。

工作事故伤害指在职业活动所涉及的区域内，由于突发性致害因素使劳动者人体组织受到的损伤。工作事故伤害按《企业职工伤亡事故分类标准》分为物体打击、车辆伤害、机械伤害等类别。

职业病是指劳动者在从事生产劳动及其他职业活动时，因接触职业性有害因素而引起的所有疾病。

在各国的工伤保险立法中，职业病有一定的界限，由主管部门明文规定的职业病，即法定职业病。

根据《中华人民共和国职业病防治法》（2018年第四次修订），"职业病，是指企业、事业单位和个体经济组织等用人单位的劳动者在职业活动中，因接触粉尘、放射性物质和其他有毒、有害因素而引起的疾病。"同时依据《职业病分类和目录》（2024年最新修订）具体执行。

（二）工伤保险的具体内容

工伤保险是指劳动者在生产和工作中遭受意外伤害和职业病后，因此造成暂时或永久丧失劳动能力或死亡时，国家和社会对劳动者或其遗属提供物质帮助的一种社会保险制度。

根据国际劳工组织制定的《社会保障最低标准公约》中对劳动者及其家属享受工伤保险待遇的范围的规定，工伤保险主要针对以下几种风险给予补偿：第一，身体受职业病伤害呈疾病状态者；第二，因工丧失劳动能力并因此中断工资收入者；第三，由于永久或暂时失去劳动能力而完全或部分失去工资收入者；第四，由于供养者因工死亡而失去生活费来源者。

二、工伤保险的特点

工伤保险是世界上实施时间较早、实施范围最广的社会保险制度。在社会保险体系中，与其他社会保险制度相比，工伤保险具有以下特征：

（一）具有最大强制性

工伤保险是工业化进程的必然产物，工业化进程中的社会关系基础是在企业组织形式下的雇主与雇员之间的雇佣关系。雇员受雇于雇主，把劳动力出卖给雇主，从而获得物质报酬。

当劳动者在工作中受到无法弥补的、自身经济能力无法承受的和自身无法控制的身体伤害时，劳动者理应向雇主提出补偿的要求。因此，工伤保险从其前身雇主责任制起，国家就以立法形式强制雇主必须对雇员的工伤负责。凡是实行社会保险的国家，95%的国家有工伤保险。

（二）补偿不究过失

工伤保险实行"无过失赔偿"和"无责任赔偿"制。

对于因工伤亡的劳动者，不论责任在雇主还是雇员本人，工伤者均可依法获得收入补偿。

强调"无过失赔偿"，并非排除追究当事者的责任，相反，必须对工伤事故进行调查、登记、统计、报告和处理，分析事故发生的原因，制定和修正原来的安全技术措施及工业卫生制度，减少事故的发生，并对直接责任者给予处理，加强管理，确保劳动者的安全。

（三）具有最强的保障性

工伤保险不仅仅是一次性的经济补偿，更重要的是对伤残、死亡者全过程的保障。工伤保险项目繁多，它要解决医疗期间的工资待遇、医疗待遇、伤残待遇、死亡职工的丧葬、抚恤及供养直系亲属的生活待遇等问题。

在医疗期间，除免费医疗外，工伤保险项目还包括护理津贴、职业康复、伤残重建、生活辅助器具、伤残人员的转业培训与就业，以及工伤预防等。

（四）待遇具有优厚性

工伤保险的待遇包括工伤期间的工资待遇、工伤医疗待遇、工伤津贴待遇、伤残待遇、职业康复待遇、因工死亡待遇等。

工伤保险个人不缴纳保险费，但是工伤保险待遇比疾病、失业和养老保险的待遇都要高。例如，工伤者可以获得免费医疗。工伤保险能为工伤事故的受害者及其家属提供全面的保障。随着社会的发展，工伤保险的功能还将拓展到预防、救治与补偿、康复等多个领域。

（五）实行差别费率和浮动费率

工伤保险制度实行差别费率和浮动费率。

差别费率是指根据不同行业工伤风险程度确定行业的基准费率，风险程度高的行业适用较高的基准费率，风险程度较低的行业适用较低的基准费率。然后根据工伤保险基金使用、工伤发生率等情况在每个行业内再确定若干费率档次。

浮动费率是指在差别费率的基础上，国家根据企业在一定时期的安全生产状况和工伤保险费用支出情况，使企业费率上下浮动。让安全生产状况好的企业下浮费率，安全生产状况差的企业上浮费率，促使企业积极采取预防措施抓好安全生产、减少工伤事故的发生。

三、工伤保险的原则

综合考察世界上大多数国家的工伤保险制度，工伤保险遵循的原则主要有以下几个：

（一）无过失补偿原则

无过失补偿原则又称免错补偿原则，是指劳动者在工作过程中遭遇工伤事故或职业病，无论企业或雇主是否有过错，劳动者均可获得收入补偿。

"无过失补偿"的基本内容有：第一，伤害保险的损失补偿由企业负担，并非以企业有过失为主要条件，而是必须以国家政策和劳动政策为基础；第二，工伤保险金额的给付，应以实际的需要为出发点，即应以受伤害者以前的工资收入、家庭负担、伤残程度和性质等作为补助金的给付标准；第三，因工伤残或死亡，应以年金的形式代替一次性的抚恤；第四，工伤保险是强制性保险，必须确保受保人的补偿得到保障，补助金的给付不受企业经营状况的影响。

（二）个人不缴费原则

工伤事故属于职业性伤害，是在生产劳动过程中，劳动者为企业或雇主创造物质财富而付出的健康乃至生命的代价。因此，工伤保险费由企业或雇主缴纳，劳动者个人不缴费，这是工伤保险与养老保险、医疗保险等其他社会保险项目的区别之处，在各国已形成共识。

（三）补偿直接经济损失的原则

职业伤害会导致肢体或器官损害，甚至会危及生命，这种损失不能挽回，雇主应给予经济补偿。但是，这种补偿只是对劳动者直接经济损失的补偿，不包括间接的经济损失。

所谓直接经济损失，是指劳动者工资收入方面的损失。间接经济损失是指劳动者直接经济损失以外的其他经济损失，包括兼职收入、业余劳动收入等。这部分收入并非人人都有，是不固定的收入，很难准确核定。因此，间接经济损失一般不列入经济补偿的范畴，这体现了雇主与雇员分担风险的原则。

（四）区别对待因工伤残与非因工伤残的原则

对因工和非因工的区分是建立工伤保险的前提和出发点。因工负伤是指在进行本职工作或执行任务过程中遭受的伤害，各国对给付工伤补偿的条件并无明确的规定，给付标准高于非因工伤害。

工伤补偿包括"物质补偿""物质奖励"双重含义。非因工负伤和非执行任务时遭受的伤害，各国一般都对给付条件进行明确规定，补偿待遇低于工伤补偿。

（五）工伤保险与预防、康复相结合的原则

工伤保险的首要任务是工伤补偿，但这并不是工伤保险唯一的任务，工伤保险同时也强调预防事故和事后对劳动者进行医疗和职业康复，帮助劳动者重新工作。因此，工伤补偿、工伤预防与工伤康复三者是密切关联的。这是目前许多国家工伤社会保险制度的一项重要内容，符合社会保险的立法原则。

四、工伤预防与工伤康复

实现工伤预防、工伤补偿和工伤康复三位一体是完善工伤保险制度体系的目标。

（一）工伤预防

工伤预防，是指事先防范工伤事故和职业病的发生，减少工伤事故和职业病的隐患，改善和创造有利于劳动者健康的、安全的生产环境和工作条件，保护劳动者在生产和工作环境中的健康与安全。

工伤预防的目的是注重在生产工作全过程中对工伤事故、职业病的防范和降低其发生率，注重对已经发生的工伤事故、职业病进行总结和研究、分析，以提高企业和职工的安全生产意识，督促企业整改安全隐患，降低事故的发生率，从而减少工伤保险费用的支出。

工伤预防的具体措施主要包括以下几个方面：一是通过缴费手段和费率机制将企业是否重视安全与本企业经济利益相联系；二是用工伤保险基金中的一小部分，开展预防的研究工作；三是通过各种手段，对工伤预防进行宣传教育和培训工作。大多数发达国家工伤保险的实践都表明，加大工伤预防方面的投入可以降低工伤事故率，并使补偿费用减少。

在工伤保险中，国外有关专家曾对职业病预防进行过经济学的研究，得出了著名的"7：4：1"结论，即从总体上看，假设企业发生职业病和职业性人身伤亡事故造成的经济损失是7，企业事先采取技术改造和防尘、防毒措施的投资则为4，而企业在初建时就科学地预测，将防护措施与整个项目的设计和建造等统筹考虑，其投资仅为1。我国卫生系统曾对尘肺病做过类似的研究：预防的投入与尘肺病造成的损失的比例为1：6。

（二）工伤康复

工伤康复是工伤保险更高层次上的要求，它是社会生产力发展到一定水平后的必然要求。

工伤康复是指综合使用药物、器具、疗养、护理、就业咨询、职业能力测定、就业前的职业教育与训练、就业安置等多种手段，尽可能补偿、提高或恢复残疾者已丧失或削弱的功能，增强其能力，促使其重新适应社会生活。它包括医学康复、教育康复、职业康复、社会康复等几个基本方面。

康复事业的发展状况是衡量社会进步和社会质量的重要指标。帮助工伤残疾人员恢复劳动能力，对工伤事故进行妥善处理及解决工伤造成的经济与社会问题，是应该而且必要的。

工伤康复作为现代工伤保险制度的重要目标之一，其目的是使因工伤残的劳动者尽可能地恢复重新就业的能力。这不仅有利于增强他们的生活适应能力，而且有利于扩大他们的就业机会。

世界上大多数国家现行的工伤保险制度都是工伤预防、工伤补偿和职业康复三位一体的制度，这是工伤保险制度不可逆转的发展方向。在发展中国家，由于工伤保险制度刚刚确立，首先需要真正解决好工伤补偿的问题，然后才能逐步向预防、工伤补偿和职业康复三位一体的制度迈进。

第二节　外国工伤保险

一、外国工伤保险概况

（一）外国工伤保险制度的主要内容

自 1884 年德国建立工伤保险制度以来，工伤保险制度已在发达国家逐步完善、发展，并在保险范围、待遇支付、基金筹集等方面形成了较为成熟的制度。

在整个社会保障项目的发展过程中，工伤保险项目的发展与普及程度是最高的。

根据国际劳工组织（ILO）的最新数据，截至 2023 年，全球超过 160 个国家和地区已通过立法或政策形式实行了某种程度的工伤保障制度。

从保险范围来看，各国工伤保险覆盖的范围有所不同。有的国家的覆盖面很广，有的国家的覆盖面却很有限。工伤保险的范围一般包括工业企业的劳动者，有的国家还将农民和私营业主包含在内。

从发展趋势来看，目前的工伤保险制度在适用对象上有两个较为明显的突破：

一是突破了直接工伤的范围，将非直接工伤也引入工伤保险的适用之列，如把职工上下班途中发生的意外事故也作为工伤事故处理。目前扩大的趋势是把救援活动、工会活动、就业培训活动等出现的意外都列入适用范围。

二是突破了必须受雇的限制，将非受雇人员也囊括在工伤保险适用范围之内，如将私营业主、学生、受训人员，甚至已正式登记的失业者等，都列入工伤保险的适用范围。

从保障内容来看，工伤保险的保障内容可分为现金补助和医疗补助两种。现金补助即工伤补助金，根据残疾的程度分为暂时伤残补助金、永久部分伤残补助金和永久全残补助金三种。职工因工死亡则应对遗属支付抚恤金和丧葬费。对于享受工伤抚恤金的权利，一般没有保险期限或最低限度工龄条件的规定。

从工伤保险基金筹集来看，其基金主要来源于雇主缴费。但在工伤项目的某个方面，当它成为社会保险制度的一个或几个分支时，资金则由雇主、雇员和地方政府三方负担。工伤保险采取差别费率和浮动费率对雇主征税或费，也有一些国家采取统一费率制。

（二）外国工伤保险的基本情况

目前，世界上实行工伤保险的国家大体可分为三种类型：使用集中公共基金的社会保险类型、雇主责任保险类型及混合型（即两种制度并存的类型）。

1985年，国际劳工专家在对140个国家的工伤保险制度进行分类时证实，由于受历史、经济、文化背景所限，实行由政府机构管理社会保险制度的国家有93个，占总数的66%，即大约有2/3的国家实行工伤社会保险制度，是使用集中公共基金的社会保险类型，其工伤保险基金可以是一般社会保险基金的组成部分，也可以不是；大约有40个国家仍实行雇主责任保险类型，占总数的29%，接近1/3；也有一些国家是两种方式并存，在立法中并入一般伤残保险管理或没有特别规定，这类国家占调查总数的5%。可见，雇主责任保险向社会保险模式过渡已成为国际潮流了。

实行雇主责任保险制度的国家可以分为以下三种类型：

1.对雇主不实施强制缴费的国家

这类国家没有要求雇主负担强制缴费义务，如阿根廷、印度、斯里兰卡和缅甸等。

2.雇主向商业公司投保的国家

这类国家规定，某些危险性较高的职业雇主必须向商业保险公司投保，如马来西亚、乌拉圭、萨尔瓦多和哥斯达黎加等。

3.对雇主实施强制缴费国家

这类国家明确规定所有雇主必须缴纳保险费，有新加坡等。

实行社会保险制度的国家也可以分为三种类型：

（1）工伤保险独立于社会保险制度之外，在管理和基金方面有自主权的国家，如比利时、意大利、德国、日本及泰国等。

（2）工伤保险虽独立于社会保障制度之外，但由同一机构进行行政管理的国家，如奥地利、法国和菲律宾等。

（3）工伤及其他意外事故包括在整个社会保险制度之中的国家，如阿尔及利亚、巴拿马、哥伦比亚及英国等。

两种制度兼而有之的国家，如美国，工伤保险不由社会保障总署经管，而是由各州政府的劳工部门组织实施；有些州不实行工伤社会保险，而实行雇主责任保险，但法律规定雇主必须缴纳保险费。

（三）外国工伤保险发展趋势

1.工伤保险是广泛开展的社会保险项目之一

根据国际社会保险协会的资料，截至2000年，在全球近200个国家和地区中，有172个国家和地区建立了社会保障制度，164个国家和地区建立了工伤保险，其他30多个国家和地区也有与工伤事故方面相关的立法。在1995—1998年这4年间，据不完全统计，有50多个国家和地区修改或实施了工伤保险制度。有的国家通过立法扩大了工伤保险的覆盖范围，有的国家调整并完善了工伤保险的待遇标准。

一些非洲国家，如冈比亚、加纳、马拉维、纳米比亚、突尼斯和津巴布韦，制定并完善了工伤保险制度；美洲的阿根廷、玻利维亚、巴西、加拿大、墨西哥、圣文森特和格林纳丁斯及美国，工伤保险制度也有所发展；亚太地区的澳大利亚、印度、伊朗、日本、韩国、尼泊尔和菲律宾等国家，也对这一制度做了修改或完善；欧洲也一样，中欧、东欧国家以及西欧国家的立法，都对工伤保险做了较大的调整和改变。例如，有些国家规定，某些工业部门的员工必须参加工伤保险。丹麦、法国、德国和摩纳哥通过立法提高了补偿标准，增加了补偿项目；意大利把上下班道路交通事故纳入工伤补偿范围；澳大利亚、赞比亚、伊朗、日本、韩国、马来西亚、菲律宾和津巴布韦，对工伤事故和职业病职工的补偿标准及遗属待遇提高的幅度较大。欧洲一些国家对工伤保险的统筹项目（包括职业病）重新做了严格的界定。

但是，部分国家的工伤保险制度还没有覆盖非正规就业部门的职工。这些国家的农民、保姆和10人以下企业的员工，在发生工伤事故后，得不到相应的补偿。

2.补偿、预防、康复三位一体的体制仍是工伤保险制度中较为通行的做法

国家通过设立工伤保险基金，支付工伤职工的待遇及伤亡者遗属的

待遇，这是工伤保险的基本职能。大部分国家的工伤保险机构开展了工伤保险补偿、事故预防和职业康复工作。

在工伤保险费率方面，大多数国家的费率水平在工资总额的1.4%~3.1%。然而，不同国家工伤保险机构的职能、工伤待遇水平的差别还是较大的。费率较低的国家，如奥地利、瑞典，平均费率仅为工资总额的1.4%。这些国家的工伤保险基金，除支付工伤待遇外，还用于事故预防和职业康复的费用支出。大多数国家对工伤保险机构在工伤职工的医疗和职业康复方面的责任要求越来越高，这些国家正在积极发展职业康复事业，并将其纳入社会发展的计划。也有一些国家，如巴西、捷克、法国、加纳、意大利、拉脱维亚、罗马尼亚、西班牙和突尼斯等，调整了工伤保险机构开展事故预防的职能，工伤保险机构在相当大的程度上与有关部门进行合作并积极推动预防工作。

3.工伤保险出现新的情况

许多国家根据经济发展状况，扩大了工伤保险的范围，提高了工伤保险待遇标准，调整了工伤保险机构的职能。但总的看来，工伤保险的基本原则和根本性质并没有改变。

在工伤保险费征收方面，一些国家将它与其他保险项目合并收取。另外，由于浮动费率在操作上的繁琐性，许多国家取消了浮动费率制度，改按统一的平均费率征收。

与许多国家养老保险私有化的趋势形成明显对比的是，实施工伤保险私有化的国家很少，目前仅有澳大利亚、玻利维亚和尼泊尔3个国家规定由私人保险公司承担工伤保险赔付责任。需要指出的是，有极个别国家和地区又走了雇主责任制度的老路。

1997年，澳大利亚和英属撒克逊地区制定了雇主责任制度，即按国家立法确定的工伤保险待遇标准，由企业支付各项待遇。在职业病方面，许多国家的立法对职业病的重要性和危险性关注不够。

二、外国工伤保险现状

工伤保险制度起源于德国，现在大多数国家都实行了这一制度。下面介绍德国和加拿大的工伤保险制度，在制度保险待遇、基金收缴方面，它们都各有可以借鉴之处。

（一）德国的工伤保险制度

德国的工伤保险是为了使投保人在遇到工伤事故或患职业病时能有一定的经济保障而设立的一种强制性的保险制度。所有的雇员、大部分自主经营者（主要是农民）、学徒、学生、幼儿园幼儿以及从事家务的人员都必须参加这项保险。

政府雇员有专门的制度。德国对工伤事故的首次立法是在1884年，对职业病的首次立法是在1925年，现行的立法是在1963年颁布的。德国工伤保险与事故预防和职业康复相结合，堪称世界各国的表率。

1.基金来源

德国工伤保险基金主要来源于雇主按保险类别缴纳的保险金，平均为工资总额的15%。政府对农业工伤事故保险基金以及学生和幼儿园的保险给予补贴；雇员作为受保人无须缴纳保险费。

工伤保险费的缴纳水平由两方面的因素决定：一是投保人所在企业可能发生事故的危险等级，这种等级是由事故的发生次数及程度决定的；二是投保人的工资收入。

2.管理机构

工伤保险主要由同业公会管理和承办。同业公会承办一个地区或一个部门所有同类企业的工伤事故保险。同业公会按行业主要分为工商业部门同业公会、农业部门同业公会和公共部门同业公会。雇主必须加入其所属产业或地区的同业公会。

2010年初，德国工商业部门同业公会、农业部门同业公会和公共部门同业公会的数量分别为21家、8家和27家。同业公会履行保险公司的职责，处理工伤保险业务，同时负责公布预防工伤事故和职业病的有关规定，由技术监督官员具体实施。同业公会都是自治管理的团体，由雇主和雇员代表组成，联邦劳动和社会部会对其工作和活动进行必要的监督。

3.基金给付

在德国的工伤保险制度中，对工伤补助金的给付条件并无最低合格期限的规定。

工伤保险费由工伤事故保险基金会给付，主要向受保人提供以下几方面的待遇：

第一，为恢复就业能力的给付，主要有治疗、护理和职业救助的费用给付，也包括恢复期间的其他支付。

第二，向投保人提供的现金给付。

向投保人提供的现金给付主要包括以下几个方面：一是暂时伤残补助金，这是给投保人从事故后到重新工作而领取抚恤金期间的补助金，领取期限从工伤发生时开始到重新工作或开始改领抚恤金时为止，最初6周内雇主继续支付工资，从第7周开始领取暂时伤残补助金，其数额约为原工资的80%；二是永久残疾抚恤金，这是给事故发生后13周就业能力减少20%以上的投保人的抚恤金，抚恤金的多少由投保人丧失行动能力的程度来定（完全丧失劳动能力的，抚恤金约是本人年劳动收入的2/3；部分丧失劳动能力的，只能领取部分抚恤金）；三是子女补贴，在投保人只能领取50%的抚恤金时，其未成年的子女（18岁以下）可获得相当于抚恤金10%的补贴；四是附加补贴，这是给投保人因工伤调动工作而造成收入减少的补贴。

第三，遗属补助金，主要是死亡补助金。

这是支付给因工伤事故死亡的投保人的丧葬补助金，死亡补助金的数额约为死者年劳动收入的1/12。投保人因事故死亡，其遗属可获得补助金和遗属养老金等。投保人配偶得到的养老金约为投保人生前年劳动收入的30%，若投保人遗孀年满45岁，并至少有一个领取补助金的孩子，补助金可提高到40%。投保人子女得到的补助金约为投保人生前年劳动收入的20%，两者之和不得超过80%。由其他原因导致死亡的投保人的遗属只能得到一笔补助金，其数额约为死者生前年劳动收入的40%。

第四，医疗补助。

综合性治疗、伤残康复和辅助器具等费用，一般由疾病基金会补助；严重伤害的治疗费用则由事故基金会补助。

德国的工伤保险注重事前预防。德国工伤保险同业公会不但设有专门的机构进行工伤预防管理，而且对事故预防的投入也是逐年提高。工伤预防的资金支付可以用于有利于工伤预防的一切方面，包括培训、事故预防规章的制定和出版相关的出版物、事故预防人员和物资的支出、用于应急救治的职业安全健康服务等。

根据德国工伤保险同业公会的统计，在 2004 年全德国法定工伤保险 125.29 亿欧元的总支出中，用于工伤赔偿和急救的费用占 6.8%，用于工伤预防的费用占 7.1%，工伤预防的支出超过工伤赔偿和急救的支出。①

工伤康复是先于工伤赔偿而被考虑的措施，工伤康复是德国工伤保险同业公会继工伤预防之后的第二个目标。2009 年德国工伤保险同业公会在工伤治疗和康复方面共支出 26 亿欧元，约占同期工伤保险支出的 27.7%。

工伤康复包括职业康复、社会康复和心理康复，三种康复同时进行。首先，由专门的案例经理人和伤残经理人根据工伤者的伤害性质、严重程度为工伤者提供个性化的服务，包括提供建议、培训或人员流动等帮助工伤者留在或重新获得其他合适岗位的措施，提供课程进修、继续培训等使工伤者重新找到工作或实现自我雇用的任何支持伤残康复的职业训练。

其次，除了上述专业的工伤康复服务人员，德国还有完善的康复设施。德国工伤保险同业公会管理着 9 家事故救治医院、2 家职业病医院和大约 200 家康复诊所，这些机构都是同业公会所属的医疗和康复机构，专门从事工伤医疗和康复工作，另有大约 800 家医院与同业公会建立了工伤救治和康复的合作关系。②

再次，德国对联合公会下属劳动保护研究所每年出资上千万欧元专门对工伤事故后康复治疗、职业病等相关课题进行研究。最后，来自德国社会对工伤职工的心理教育和职业咨询努力，促使工伤职工重新回到社会。

（二）加拿大的工伤保险制度③

加拿大工伤保险属于地方保险项目，由各省（地区）自行制定法规，每个省（地区）都有自己的工伤保险计划，各省（地区）都设有专门的工伤赔偿机构。以不列颠哥伦比亚省为代表的 6 个省，赋予工伤赔偿机构安全监察职责，工伤赔偿与安全监察融为一体。

---

① 乔庆梅.德国工伤保险的成功经验 [J].中国医疗保险，2015（1）：68-71.
② 乔庆梅.德国工伤保险的成功经验 [J].中国医疗保险，2015（1）：68-71.
③ 郑功成.社会保障概论 [M].上海：复旦大学出版社，2005：265.

在职业健康与安全法案之下，联邦和省（地区）还制定了大量的职业健康与安全规程。例如，目前安大略省就有35部这样的规程，包括特殊行业规程、特殊工序或危害规程、危害物质控制规程。

工伤保险基金主要来源于雇主缴纳的费用，有些省（地区）则全部由雇主负担，雇员和政府不直接负担费用。联邦和省（地区）政府的雇员及海员等分别有专门的工伤保险制度，规模庞大的企业经批准也可以自行保险。联邦立法权限范围内的联邦性工伤保险立法计划，仍然由各省（地区）的工伤赔偿机构按联邦立法理偿。

各省（地区）的工伤赔偿机构每年都会安排占工伤保险基金总额一定比例的事故预防费用，比例一般为年收取工伤保险基金总额的3%～5%。此外，他们利用工伤保险基金建立设备先进的职业康复中心，供遭受工伤者进行心理治疗和生理功能锻炼。

加拿大职业健康与安全立法对工伤保险采取的是无过错集体责任制度，该制度要求雇员放弃起诉雇主，国家保障其获得工伤赔偿。雇主因缴纳工伤保险费而豁免诉讼，从而分散雇用风险。依据该制度，凡列入工伤保险计划的企业都必须在工伤赔偿机构购买保险。如果企业没有给工人买保险，发生工伤事故后，仍然由工伤赔偿机构赔偿，工伤赔偿机构将会对没有给工人买保险的雇主处以罚款。由于雇主是实际控制生产经营的主体，加拿大的安全隐患预防立法尤其强调了雇主的责任。加拿大法律规定，安全隐患预防的任何一个步骤，都由雇主负责组织实施并承担相应责任，而不是由国家组织实施。

严格来说，工伤保险应该包括容易遭受工伤事故的所有雇员。但在加拿大，在不同的省（地区），工伤保险的覆盖范围有很大的不同，其覆盖率在60%~90%之间不等。

例如，安大略省的工伤保险覆盖率约为70%，而不列颠哥伦比亚省则达到了90%。

工伤保险待遇有最高和最低标准的限制，各地标准不一，一般有以下几种情况：一是暂时工伤致残的，赔偿数额为原收入的75%；二是工伤导致永久残疾的，对完全残疾者的赔偿数额可达到原收入的90%，有的还支付一次性补偿金，对部分残疾者，按谋生能力降低比例确定赔偿金比例，在10%以下的一次性支付；三是工伤人员遗属（配偶和子女）

抚恤金，每人每月按一定数额给付。

除以上补偿外，伤残工人还能得到医疗服务和护理以及必要的职业康复培训。

由于残疾的程度容易随着时间而变化，工伤赔偿机构索赔仲裁员会每年复核受伤工人的保险待遇，直到工人受伤后的72个月为止。72个月以后，没有新情况便不再复核。对残疾程度的认定是一种医学上的断定。在安大略省，这一断定由工伤保险机构指定的医生来做。

加拿大通过对事故和赔偿情况进行综合性的科学评价，对企业实行浮动费率。

缴费额度以每个工人的收入为依据，而且通常有一个最低限和一个最高限的缴费率，缴费率取决于行业危险等级。在安大略省，缴费率的变化范围为：危险程度最低的行业，缴费率为可保险收入的1%；危险程度最高的行业，其缴费率高达可保险收入的25%；其他行业的缴费率平均为可保险收入的3%。

几乎在所有省（地区）以及联邦的立法中，均有一些条款规定对那些工伤事故和职业病发生相对较少的企业进行奖励，降低缴费率标准，而对那些具有不良记录的企业给予惩罚。费率上下浮动约为20%，最高可达30%。

第三节　我国工伤保险

与西方先进工业国家相比，我国工伤保险制度的建设至少晚了半个世纪。直到20世纪50年代，我国的工伤保险制度才开始建立，其法律依据是《中华人民共和国劳动保险条例》。

20世纪80年代后，国家开始对传统的工伤保险制度进行一系列的改革探索。

1995年1月1日实施的《中华人民共和国劳动法》提出了劳动者遭受工伤时应享受工伤保险待遇的规定，但因缺乏具体的法律依据，并未使适应市场经济的工伤保险制度得到确立。

1996年8月，在总结各地试点经验的基础上，原劳动部发布了《企业职工工伤保险试行办法》（现已废止）。

2003年4月27日，国务院颁布了《工伤保险条例》，于2004年1月1日起正式施行，这是第一次以法规形式确立了我国工伤保险制度的基本框架，是我国工伤保险发展史上重要的里程碑。

我国现行的工伤保险制度主要以《社会保险法》（2011年7月1日起施行）和修订后的《工伤保险条例》（国务院令第586号，2011年1月1日起施行）为法律依据。

一、工伤保险的范围

中华人民共和国境内的企业、事业单位、社会团体、民办非企业单位、基金会、律师事务所、会计师事务所等组织和有雇工的个体工商户（以下称用人单位）应当依照条例规定参加工伤保险，为本单位全部职工或者雇工（以下称职工）缴纳工伤保险费。

中华人民共和国境内的企业、事业单位、社会团体、民办非企业单位、基金会、律师事务所、会计师事务所等组织的职工和个体工商户的雇工，均有依照《工伤保险条例》的规定享受工伤保险待遇的权利。

二、工伤保险基金的筹集

（一）基金来源

工伤保险基金由用人单位缴纳的工伤保险费、工伤保险基金的利息和依法纳入工伤保险基金的其他资金构成。用人单位必须按时向社会保险经办机构申报缴费基数，按时缴纳工伤保险费。

（二）工伤保险费率

工伤保险费根据以支定收、收支平衡的原则，确定费率。我国实行差别费率和浮动费率，国家根据不同行业的工伤风险程度确定行业的差别费率，并根据工伤保险费使用、工伤发生率等情况在每个行业内确定若干费率档次。

1.差别费率

行业差别费率及行业内费率档次由国务院社会保险行政部门制定，报国务院批准后公布施行。

原劳动和社会保障部、财政部、原卫生部、原国家安全生产监督管理局2003年10月联合发布了《关于工伤保险费率问题的通知》（劳社部发〔2003〕29号），对行业划分、费率确定和费率浮动作出规定：根据不同行业的工伤风险程度，将行业划分为3个类别：一类为风险较小行业（如金融业），二类为中等风险行业（如房地产业），三类为风险较大行业（如采矿业），分别实行三种不同的工伤保险缴费率。

各行业的基准费率分别控制在用人单位工资总额的0.5%、1.0%和2.0%。（行业分类参照《国民经济行业分类》，《通知》参照《国民经济行业分类》（GB/T4754-2002）版，目前已经更新至GB/T4754-2017版）

2.浮动费率

在费率浮动方面，除属于一类行业的用人单位按行业基准费率缴费，不实行浮动费率外，属于二、三类行业的均实行浮动。

浮动的办法是统筹地区经办机构根据参保单位工伤保险费使用、工伤发生频率、职业病危害情况等因素，1～3年浮动1次，可上或下浮动各两档：上浮第一档到本行业基准费率120%，第二档到本行业基准费率的150%；下浮第一档到本行业基准费率的80%，第二档到本行业基准费率的50%。

（三）缴费公式

用人单位缴纳工伤保险费的公式为"本单位职工工资总额×单位缴费率"。

其中：用人单位缴费基数低于统筹地区上年度职工平均工资60%的，按60%征缴；高于统筹地区上年度职工平均工资300%的，按300%征缴。对难以按照工资总额缴纳工伤保险费的行业，其缴纳工伤保险费的具体方式，由国务院社会保险行政部门规定。

三、工伤保险给付

（一）资格条件

获得工伤保险的条件主要有两个：一个是所在单位参加工伤保险；二是被认定为工伤。

（二）工伤认定的三种情形

根据《工伤保险条例》的规定，工伤的范围包括7种应当认定为工伤的情形、3种视同工伤的情形。另外，该条例还明确了3种不能认定为工伤或者视同工伤的情形。

1.应当认定工伤的情形

职工有下列情形之一的，应当认定为工伤：

（1）在工作时间和工作场所内，因工作原因受到事故伤害的；

（2）工作时间前后在工作场所内，从事与工作有关的预备性或者收尾性工作受到事故伤害的；

（3）在工作时间和工作场所内，因履行工作职责受到暴力等意外伤害的；

（4）患职业病的；

（5）因工外出期间，由于工作原因受到伤害或者发生事故下落不明的；

（6）在上下班途中，受到非本人主要责任的交通事故或者城市轨道交通、客运轮渡、火车事故伤害的；

（7）法律、行政法规规定应当认定为工伤的其他情形。

2.视同工伤的情形

职工有下列情形之一的，视同工伤：

（1）在工作时间和工作岗位，突发疾病死亡或者在48小时之内经抢救无效死亡的；

（2）在抢险救灾等维护国家利益、公共利益活动中受到伤害的；

（3）职工原在军队服役，因战、因公负伤致残，已取得革命伤残军人证，到用人单位后旧伤复发的。

职工有前述第1项、第2项情形的，按照条例的有关规定享受工伤保险待遇；职工有前述第3项情形的，按照条例的有关规定享受除一次性伤残补助金以外的工伤保险待遇。

3.不得认定为工伤或视同工伤的情形

职工有下列情形之一的，不得认定为工伤或者视同工伤：

（1）故意犯罪的；

（2）醉酒或者吸毒的；

（3）自残或者自杀的。

（三）保险待遇及水平

我国的工伤保险待遇由医疗待遇、停工留薪期内工资福利待遇、因工致残待遇和因工死亡待遇构成。

1.医疗待遇

职工在因工作遭受事故伤害或者患职业病进行治疗时按照以下规定，享受工伤医疗待遇：

一是工伤医疗费用，符合工伤保险诊疗项目目录、工伤保险药品目录、工伤保险住院服务标准的工伤治疗所需费用，从工伤保险基金支付；

二是职工住院治疗工伤的伙食补助费，从工伤保险基金中支付；

三是经规定手续到统筹地区以外就医所需的交通、食宿费用，从工伤保险基金中支付；

四是工伤职工到签订服务协议的医疗机构进行康复性治疗的费用，凡符合规定的，从工伤保险基金支付；

五是辅助器具安装配置费用，即工伤职工因日常生活或者就业需要，经劳动能力鉴定委员会确认，可以安装假肢、矫形器、假眼、假牙和配置轮椅等辅助器具，所需费用按照国家规定的标准从工伤保险基金支付；

六是工伤职工治疗非工伤引发的疾病，不享受工伤医疗待遇，按照基本医疗保险办法处理。

2.停工留薪期内工资福利待遇

职工因工作遭受事故伤害或者患职业病需要暂停工作接受工伤医疗的，在停工留薪期内，原工资福利待遇不变，由所在单位按月支付。

停工留薪期一般不超过12个月。伤情严重或者情况特殊的，经设区的市级劳动能力鉴定委员会确认，可以适当延长，但延长期限不得超过12个月。

工伤职工评定伤残等级后，停发原待遇，按照《工伤保险条例》的有关规定享受伤残待遇。工伤职工在停工留薪期满后仍需治疗的，继续享受工伤医疗待遇。

3.因工致残待遇

根据中国国家标准《劳动能力鉴定职工工伤与职业病致残等级》GB/T 16180-2016（2016年发布，2017年实施），因工伤残等级按严重程度共分为10个等级，从一级（最严重）到十级（最轻）。

不同的伤残等级有不同的因工致残待遇。因工致残待遇包括以下3

个部分：

（1）一次性伤残补助金。

职工因工致残被鉴定为一级至十级伤残的，由工伤保险基金支付一次性伤残补助金，标准为（按伤残等级对应本人工资的月数）：一级伤残：27个月；二级伤残：25个月；三级伤残：23个月；四级伤残：21个月；五级伤残：18个月；六级伤残：16个月；七级伤残：13个月；八级伤残：11个月；九级伤残：9个月；十级伤残：7个月。

（2）伤残津贴

鉴定为一级至四级伤残（完全或大部分丧失劳动能力），按月支付伤残津贴，支付条件与标准为：一级伤残：本人工资的90%；二级伤残：本人工资的85%；三级伤残：本人工资的80%；四级伤残：本人工资的75%；若津贴低于当地最低工资标准，由工伤保险基金补足差额。鉴定为五级至六级伤残的情形（保留劳动关系但难以安排工作），由用人单位按月支付伤残津贴，具体是：五级伤残：本人工资的70%；六级伤残：本人工资的60%。若津贴低于当地最低工资标准，由用人单位补足差额。

（3）生活护理费

经劳动能力鉴定委员会确认需生活护理的，由工伤保险基金按月、按护理依赖等级支付生活护理费。

具体支付条件与标准为：生活完全不能自理：统筹地区上年度职工月平均工资的50%；生活大部分不能自理：统筹地区上年度职工月平均工资的40%；生活部分不能自理：统筹地区上年度职工月平均工资的30%。

（4）因工死亡待遇

①丧葬补助金。

职工因工死亡待遇包括丧葬补助金、供养亲属抚恤金和一次性工亡补助金3个部分，由其直系亲属按照下列规定从工伤保险基金领取，标准为6个月的统筹地区上年度职工月平均工资。

②供养亲属抚恤金。

支付对象为因工死亡职工生前提供主要生活来源、无劳动能力的亲属。

具体支付条件与标准为：

配偶：每月40%，其他亲属：每人每月30%，孤寡老人或孤儿：在上述基础上增加10%。总额限制：各供养亲属抚恤金之和≤职工生前工资。

③一次性工亡补助金。

其标准为上一年度全国城镇居民人均可支配收入的20倍。

特殊情形：

一是伤残职工在停工留薪期内因工死亡的，直系亲属可享丧葬补助金。

二是一至四级伤残职工停工留薪期满后死亡的，直系亲属可享丧葬补助金及供养亲属抚恤金。

三是职工因工外出或抢险救灾中下落不明的，前3个月照发工资，第4个月起停发工资，由工伤保险基金支付供养亲属抚恤金；生活困难可预支一次性工亡补助金的50%；被法院宣告死亡的，按工亡待遇处理。

④代位补偿

用人单位未缴工伤保险的，工伤待遇由用人单位支付；用人单位不支付的，工伤保险基金先行支付后向用人单位追偿。

因第三人责任导致工伤的，第三人不支付医疗费用或无法确定第三人的，工伤保险基金先行支付，后向第三人追偿。

⑤停止享受工伤保险待遇的情形

丧失享受待遇条件的情形包括：拒不接受劳动能力鉴定；拒绝治疗。

（四）代位补偿

《社会保险法》第四十一条规定：职工所在用人单位未依法缴纳工伤保险费，发生工伤事故的，由用人单位支付工伤保险待遇。用人单位不支付的，从工伤保险基金中先行支付。从工伤保险基金中先行支付的工伤保险待遇应当由用人单位偿还。用人单位不偿还的，社会保险经办机构可以依法追偿。

《社会保险法》第四十二条规定：由于第三人的原因造成工伤，第三人不支付工伤医疗费用或者无法确定第三人的，由工伤保险基金先行支付。工伤保险基金先行支付后，有权向第三人追偿。

（五）停止享受工伤保险待遇

工伤职工有下列情形之一的，停止享受工伤保险待遇：一是，丧失享受待遇条件的；二是，拒不接受劳动能力鉴定的；三是，拒绝治疗的。

思政课堂

工伤保险：职工安全"保护伞"

工伤保险是职工安全的一把"保护伞"，能够保障工伤职工的合法权益。职工发生工伤时没有进行参保，后续进行了补缴，还能享受待遇吗？

职工发生工伤，经认定后都可以享受工伤保险待遇。关于用人单位未为新入职员工参加工伤保险，发生工伤后如何处理的问题，《工伤保险条例》第六十二条第二、第三款规定，依照本条例规定应当参加工伤保险而未参加工伤保险的用人单位职工发生工伤的，由该用人单位按照本条例规定的工伤保险待遇项目和标准支付费用。用人单位参加工伤保险并补缴应当缴纳的工伤保险费、滞纳金后，由工伤保险基金和用人单位依照本条例的规定支付新发生的费用。

关于参加工伤保险前发生工伤的职工，在用人单位参保后能否享受工伤保险待遇的问题，《人力资源和社会保障部关于执行〈工伤保险条例〉若干问题的意见（二）》（人社部发〔2016〕29号）规定，《工伤保险条例》第六十二条规定的"新发生费用"，是指用人单位参加工伤保险前发生工伤的职工，在参加工伤保险后新发生的费用，其中由工伤保险基金支付的费用，按不同情况予以处理：

因工受伤的，支付参保后新发生的工伤医疗费、工伤康复费、住院伙食补助费、统筹地区以外就医交通食宿费、辅助器具配置费、生活护理费、一级至四级伤残职工伤残津贴，以及参保后解除劳动合同时的一次性工伤医疗补助金。

因工死亡的，支付参保后新发生的符合条件的供养亲属抚恤金。

资料来源：根据中华人民共和国人力资源和社会保障部官方网站答复网民来信整理.

一、单项选择题

1.我国的新《工伤保险条例》于（　　　）开始实施。

A.2003 年 1 月 1 日

B.2004 年 1 月 1 日

C.2005 年 1 月 1 日

D.2011 年 1 月 1 日

2.工伤保险的首要任务是（　　　）。

A.工伤补偿　　　　　　　　B.职业康复

C.重新上岗　　　　　　　　D.经济补偿

3.伤残待遇的确定和工伤职工的安置均以评定的（　　　）为主要依据。

A.器官缺损　　　　　　　　B.功能障碍

C.伤残等级　　　　　　　　D.诊断结果

4.城镇职工一次核定的领取失业保险金的期限最长不超过（　　　）。

A.3 个月　　　　　　　　　B.6 个月

C.12 个月　　　　　　　　 D.24 个月

5.世界上大多数国家现行的工伤保险制度都是（　　　）三位一体的结合。

A.劳动保护、工伤补偿和职业康复

B.技术保护、工伤预防和职业康复

C.工伤预防、工伤补偿和工作保护

D.工伤预防、工伤补偿和职业康复

二、多项选择题

1.我国工伤保险的范围包括（　　　）。

A.中华人民共和国境内的各类企业

B.中华人民共和国境外的中资企业

C.有雇工的个体工商户

D.事业单位、社会团体和民办非企业单位等

2.下列情形应当认定为工伤的是（　　　）。

A.患职业病

B.因工外出下落不明

C.在抢险救灾中受到伤害

D.伤残军人到用人单位后旧伤复发

3.工伤保险基金的来源主要有（   ）。

A.单位缴纳的工伤保险费

B.工伤保险费滞纳金

C.工伤保险基金的存款利息

D.法律、法规规定的其他资金

4.死亡待遇包括（   ）。

A.丧葬支出

B.丧葬补助金

C.一次性工亡抚恤金

D.供养亲属抚恤金

5.职工因工死亡，应按照有关规定发给的补助有（   ）。

A.丧葬补助金

B.供养亲属抚恤金

C.一次性工亡补助金

D.精神损失费

三、思考题

1.工伤保险的内涵是什么？

2.外国工伤保险基金的筹集办法有哪些？

3.我国的工伤保险范围与工伤认定包括哪些内容？

4.我国的工伤保险待遇包括哪些内容？

5.简述工伤预防和工伤康复的内容。

第八章

生育保险

学习目标

生育保险是社会保险制度的重要组成部分，意义特殊，关系到母婴健康、性别公平。通过本章的学习，要了解生育保险的含义和特征，掌握生育保险的主要内容，了解外国的生育保险类型和改革方向，掌握我国生育保险主要内容及改革。

关键概念

生育保险　生育保险制度　生育保险基金

案例

从生育保险新政实施满月，看湘潭如何破解"生养难题"

2025年3月9日，待产准妈妈邵女士在湘潭市妇幼保健院完成最后一次产检后，惊喜地发现原本已用完的600元产检费额度通过生育保险新政补足至1200元。"重要检查几乎全报销，真正实现了'零负担'产检。"她轻抚孕肚感慨道。

自生育保险新政实施满月以来，湘潭市已有144名育龄女性享受政策红利，累计报销生育医疗费用达59.6万元。一幅以待遇提升、服务革新、全域协同的生育友好社会图景正徐徐展开。

待遇升级，托起育龄家庭"生育底气"。"原本以为政策衔接期会吃亏，没想到反而多报了600多元。"作为政策迭代的亲历者，邵女士的感触代表了众多家庭的真实心声。

湘潭市职工生育保险新政正式落地，精准对接生育痛点，提高产前检查费补助标准和生育住院医疗费限额支付标准。单胎/多胎产检费统一提至1 200元，覆盖约40%的实际支出。针对政策调整衔接期的特殊情况，医保部门明确均按有利于参保女职工的原则处理，确保政策红利不落空。

对于曾因早产花费数万元保胎的二胎母亲张女士而言，新政的温情更显真切。职工生育保险新政将顺产、剖宫产报销限额分别增至4 000元和6 000元。她说，"我是二次剖宫产，新政实施后基本上是'零费用'生产。"

据湘潭市医保局相关负责人介绍，政策创新还体现在新生儿医疗费用独立结算，既保障了新生儿的医疗保障权益，又避免了费用结算过程中的混淆与不便。

生育保险待遇保障的提升是湘潭市持续完善生育支持政策体系的一个缩影。

近年来，湘潭市从"衣食住行"多维度"加码"，以待遇提升为育龄家庭减负：在税费减免方面，3岁以下婴幼儿照护专项附加扣除标准提高至2 000元/人/月；住房保障领域，对多孩家庭给予政策倾斜，生育二孩、三孩缴存职工家庭住房公积金贷款最高额度分别提升至80万元和100万元；交通出行方面，组织公交企业落实14岁以下儿童公共交通免票政策；在生育补贴方面，建立职工医疗互助机制，对符合政策的职工医保参保家庭发放生育补助金。生育补贴力度同步加大，对符合政策的职工医保参保家庭发放800元/胎生育补助金，预计2025年一季度发放450户共计36万元。

此外，湘潭市还鼓励用人单位建立婴幼儿照护弹性工作制度，通过协商确定灵活休假方式，为职场女性"松绑"。

资料来源：熊婷，苏艳敏，杨丹.从生育保险新政实施满月，看湘潭如何破解"生养难题"［EB/OL］.［2025-04-02］. https：//m.thepaper.cn/baijiahao_30551512. 此处为节选.

［分析要点］生育保险改革新动向。

［问题］

1.生育保险改革的目的是什么？

2.生育保险改革的基本内容是什么？

3.生育保险改革的好处在哪里？

生育是妇女对人类做出的巨大贡献，在生育过程中，妇女面临着医疗技术、生理、生活及职业等多方面的风险。世界各国越来越重视妇女生育期间的生活保障、医疗保健，以及妇女保健与下一代人口素质的提高。

从20世纪初期开始，各国陆续实行了生育保险制度。实践证明，生育保险对社会的进步和家庭的稳定发挥了极大的作用，生育保险已成为保护妇女权益的一个重要方面。

第一节　生育保险概述

一、生育保险的含义

生育保险（maternity insurance）是一项专门保护女性劳动者的社会保险，一般指女性劳动者因妊娠、分娩而不能工作，工资收入暂时中断，国家或社会对生育的女性劳动者给予必要的经济补偿和医疗保健的社会保险制度。它包括产前产后的休假时间、产假期间的生活津贴、妊娠期间的检查与分娩时的接生等医疗保健，以及享受这些待遇的条件规定。

生育保险制度是国家和社会为了保障女性劳动者因生育子女而暂时丧失劳动能力时的基本生活和基本医疗保健需要而颁布的一系列法令、条例和各种规定及办法的总称。

生育保险制度是有关生育保险行为的法律规范，一个国家或地区在一定时期内生育保险的范围、对象、项目和保障水平等，都是通过生育保险制度具体体现出来的。

生育保险制度的基本内容包括生育保险的实施范围、资格条件、待遇标准和基金的筹集、管理及监督等。

根据国际劳工组织提供的资料，生育保险是一种对女性劳动者表示关注的国际性措施。

在社会保障体系中，生育保险属于与工作相关联的保障计划，这一措施是在参与工业生活的妇女人数急剧增长的情况下被迅速采纳的。在现代社会中，女性成为劳动群体中的一员，女性劳动者又承担着生儿育女、为社会进行劳动力再生产的责任，因而这一制度通常又是国家为保护女职工与其婴儿在产前、产后的全部假期内得到支持和照顾而制定的一种社会政策。

女性劳动者在生育期间，由于体力消耗和其他生理原因使其暂时丧失劳动能力，一方面需要离开工作岗位，进行适当的休养，另一方面则需要进行必要的治疗和护理。为了保证女性劳动者生育期间身体恢复的生活需要，要求从社会角度为其提供基本生活和医疗保障，从而决定了生育社会保险的必要性。因此，生育保险必须包含妇女产前、产后均给予其适当带薪假期的内涵。

生育社会保险是由政府出面组织的社会保障项目，是通过立法组织实施的，具有法律的严肃性。

二、生育保险的特点

生育保险与医疗保险紧密相联，有许多共同之处。但生育保险作为一种特殊的社会保险项目，其特点主要表现在以下几个方面。

（一）保险对象范围有限

1.生育保险的范围，各个国家都有规定性限制

一般情况下，生育保险仅补偿参加保险的女职工因生育行为受到的直接经济损失。与其他社会保险项目相比，这是生育保险的一个显著特点。其他社会保险项目的对象一般都面向社会众多群体。而生育保险的待遇享受人群相对比较窄，其影响范围和程度也相对有限，有更多的限定条件。

随着社会的进步和经济的发展，有些地区允许在女职工生育后，给予配偶一定假期以照顾妻子，并发给假期工资，也有一些地区为男职工的配偶提供经济补助。从发展趋势来看，生育保险的范围在不断扩大，这也是制度完善的重要标志。

2.对象的合法性

合法的生育者是指符合法定的结婚年龄、按法律规定办理了合法的结婚程序、符合和遵守国家生育政策的生育人员。对不符合法律规定的非婚生育和已婚非计划生育者，一律不得享受生育保险的待遇。

生育保险作为一种社会经济分配制度，受国家有关法律、法规和政策的制约，不符合国家政策的非法生育一律被排除在享受生育保险待遇之外。

发达资本主义国家对生育一般没有严格的限制，有的还鼓励生育，但未婚先孕并生育子女的女性，由于没有缴纳社会保险费，生育社会保险不予保护，通常会以社会救助等其他方式给予必要的临时救助。

（二）待遇享受时间的期限性

1.实行产前、产后都享受的原则

其他社会保险一般是在风险发生后才享受保险待遇，如医疗保险、养老保险和失业保险等都是在患病、年老和失业以后才享受有关的保险待遇。生育保险却不同，生育行为的特殊性决定了生育保险必须同时具有善前和善后的特点。女职工怀孕后，在临产分娩前的一段时间，已经行动不便，不能正常工作；分娩以后，又需要休息一段时期以便恢复身体和照顾婴儿。因此，生育保险的假期包括产前和产后两个阶段，孕妇可以自愿决定产假是产前、产后混合使用还是全部用于产后。

2.保险待遇享受时间上明确的期限性

生育保险待遇具有明确的期限性，而其他社会保险项目的保险待遇享受时间有以下几种：养老保险是一种长期享受的保险项目；医疗保险可能是有时间性的，但由于疾病治疗和痊愈的时间不好把握，所以其期限是无法确定的；失业社会保险也有时限性，但它的时限性并不是以失业风险完全释放、失业者重新就业为依据确定的，领取失业保险金的期限过后，仍然没有摆脱失业状态的失业者即被转入失业救济体系，可以继续领取失业救济金。

生育属于正常生理现象，这种生理现象是在一定的阶段内发生的，生育保险待遇也相应地具有阶段性、暂时性特征。产假、领取生育补助金等待遇都有一定的时间规定，超出规定期限则不再享受相关待遇。保险待遇的发放也具有短期性的特征，享受时间一般不超过半年。

（三）保障形式多样

社会保险是对保险对象丧失收入的风险进行的保障。因此，一般情况下，以发放保险金的形式为受保者提供物质帮助成为各种社会保险项目的共同特点，即社会保险一般都是以为受保者提供物质帮助的形式来实现保障目标的，医疗保险、养老保险、工伤保险、死亡保险等都是如此。

生育保险除了向受保者提供物质帮助外，还向受保者提供休养时间（假期），这就使生育保险在保障形式上有了自己的特点，并且其待遇水平较其他社会保险（如失业保险、养老保险等）都高。生育保险待遇包括产假、假期生活待遇、医疗服务、收入补偿和子女补助等，对符合国家生育鼓励政策的生育妇女国家还制定了相应的奖励措施。

生育保险制度促进了国家有关政策的贯彻执行。这一特点是由生育行为的特点决定的。生育保险的这一特点与失业保险有相似之处，失业保险也具有保障形式多样性的特点，它除了向失业者提供物质帮助外，还通过职业培训等形式为其再就业创造条件。所不同的是，失业保险是为受保者提供掌握劳动技能方面的条件，生育保险则是为其提供恢复体力的条件。

（四）保险带有明显的福利性

基于生育行为的社会性和它的特殊意义，生育保险待遇具有一定的福利色彩。生育期间的经济补偿高于养老保险、医疗保险等。生育保险提供的生育津贴，一般为生育女职工的原工资水平，这也高于其他保险项目。

三、生育保险的内容

生育保险待遇受各国政治、经济和人口政策等诸多因素影响，其项目和保障水平有所不同。

生育保险主要由生育医疗服务、产假、生育津贴、育儿假和育儿津贴、其他待遇组成。

（一）生育医疗服务

生育医疗服务是指提供孕期、分娩和产后所需要的各种检查、咨询、助产、住院、护理、医药等一系列的医疗保健和治疗服务，以保障母婴平安健康。

它主要包括早孕保健、产前检查、高危妊娠筛检、监护、管理、产时保健、新生儿保健、产褥期保健、计划生产手术服务、流产医疗服务、生育引起疾病的诊断和诊疗等。

各国生育保险提供给怀孕妇女的医疗服务，一般是根据本国的经济实力和保险基金的承受能力来制定相应服务范围的，大多数国家为女职工提供了从怀孕到产后的医疗保健及治疗。

（二）产假

产假指职业女性在分娩前后的一定时间内所享受的有薪假期。其宗旨在于维持、恢复和增进受保护产妇的身体健康、工作能力及料理个人生活的能力，并使婴儿得到母亲的精心照顾和哺育。

（三）生育津贴

生育津贴又称生育现金补助，是对职业妇女在生育期间工资收入的损失依法给予的现金补助，目的是为生育妇女提供基本生活保障。生育津贴的计算方法有均一制和薪资比例制两种。

各国在制定生育津贴标准时，一般都采取较优惠的政策。有不少国家规定生育津贴为女性劳动者生育前原工资的100%，有的国家和地区规定生育津贴不得低于原工资的1/2。

（四）育儿假和育儿津贴

育儿假和育儿津贴又称"母亲工资"或"父亲工资"，其标准低于生育津贴。它规定婴儿的母亲或父亲可以在休满产假后增加一段休假照顾婴儿，育儿假期从6个月到3年不等。

推行这一措施的理由是生儿育女并非母亲的天职，共同分担生儿育女的责任是男女平等的内容之一。尽管现在世界上实行这一津贴的国家不多，但推动这一津贴在世界更大范围内实行的力量却是非常强大的，如联合国、国际劳工组织、世界妇女组织等。

（五）其他待遇

其他待遇是指除上述费用以外的其他生育保险待遇，主要包括子女补助、难产补助、假期、男职工之妻（无工作）的生育补助等。

四、生育保险与医疗保险

生育保险和医疗保险的联系主要表现在两者的对象都是暂时丧失劳动能力的人，两者的给付形式都是现金补助和提供医疗服务。生育保险的享受者在享受期内如果出现特殊情况，可能同时享受两种待遇，即医疗保险待遇和生育保险待遇。生育保险和基本医疗保险的区别至少体现在以下5个方面：

（1）享受保险的对象不同。

享受生育保险的对象是女性劳动者，少部分地区包括男性配偶；享受医疗保险的对象是全体职工。

（2）享受保险的时间不同。

生育事件的发生取决于育龄妇女年龄、结婚时间、生育顺序（胎次）等；疾病没有年龄的限制，无论哪一个年龄段都可能发生，在享受次数上也没有限制。

（3）疗养和休息方面不同。

生育保险注重生育期间的保护，重在休息和增加营养，基本上以保健和监测为主，正常的分娩无须进行治疗，只要求定期对产妇进行身体检查，对产妇和胎儿进行监护，以保证正常分娩；医疗保险的主要目的是进行治疗，通过必要的检查、药物、理疗和手术等医疗手段，使患者痊愈，早日回到工作岗位。

（4）休息方式不同。

产假的休息是根据生育来安排的，如产前与产后两个阶段的安排；疾病的医疗期是无法分阶段的，一般以病愈为期限。

（5）享受保险的待遇不同，生育保险待遇高于医疗保险。

我国医疗保险实行统筹基金和个人账户相结合的原则，职工个人要缴纳保险费，建立个人账户；生育保险职工个人不缴纳保险费。

五、生育保险与人口政策

生育保险与一国的人口政策密切相关。不同性质的人口政策对生育保险待遇影响很大。

从鼓励或控制人口增长的角度来看，通常把人口政策划分为以下两种类型：一种是鼓励人口增长的政策；另一种是限制人口数量、控制人口增长的政策。鼓励增长的人口政策，目的是奖励多生育，期望生育保险待遇能使家庭愿意多生育子女，子女数量越多对应着越高的待遇标准。与此相反，控制人口增长的政策，不仅鼓励少生育，还对不符合人口政策要求的超生予以罚款，以实现控制人口的目标。

第二节 外国生育保险

一、外国生育保险概况

在社会保障的发展进程中，妇女生育保险是现代工业化社会的产物。

迄今为止，在建立社会保障制度的150多个国家和地区中，大部分国家和地区的社会保障制度包含生育保险的内容。虽然不同国家的生育保险制度在实际运作和制度规范方面不尽相同，但都涉及覆盖范围、待遇标准、立法与管理等几个方面，反映了不同的国民经济发展水平和社会文明程度。

早期的生育保险制度主要以1883年德国颁布的世界第一部《疾病保险法》对生育保险的规定为代表。1919年第一届国际劳工大会通过的涉及女工产前和产后就业的《生育保护公约》（第3号公约）是最早的生育保险国际公约。

随着各国社会保障事业的发展，在考虑成员国法律和惯例的情况下，该公约在1952年被修订，形成第103号公约——《生育保护公约》（修订本）。该公约规定，适用范围内的妇女在生育子女时享受带薪产假以及医疗服务。

第二次世界大战之后，生育保险在世界范围内得到迅速发展。1952年，国际劳工组织又重新修订了《生育保护公约》，同时还颁布了《生育保护建议书》指导实施工作。《生育保护公约》和《生育保护建议书》对生育保护作了国际统一认同的规定，并提出了相应的建议，已普遍被各国所接受。

各个国家根据本国的具体情况和社会保险制度体系，逐步建立完善了生育保险制度。

生育保险制度得到了较好的实施，同时也取得了较好的效果，深受社会各方特别是广大妇女的拥护。

国际劳工组织发布的《生育保护公约》和《生育保护建议书》主要包括以下内容：

（1）生育保护范围。

生育保护适用于受雇于工业企业，商业、运输业、服务业等非工业企业以及农业产业的妇女，包括在家中工作的有薪妇女。

（2）生育产假。

《生育保护公约》规定，生育妇女的产假至少为12周，其中应包括产后的强制休假期。该公约建议产假可延长至14周，如果预产期不准或怀孕、生产带来疾病，产假还应予以适当延长。

目前，大多数国家采纳了国际劳工组织的建议。随着经济的发展和对妇幼保健工作的逐渐重视，有些国家规定的产假有延长的趋势。

（3）生育现金补助。

《生育保护公约》规定，妇女在产假期间有权享受足以维持本人及孩子恰当生活水平的生育现金补助，以及包括预产期护理、生产和产后护理、住院费在内的医疗补助，并有权自主选择医院和医生。在医疗护理条件允许的情况下，生育保险所提供的医疗津贴应包括普通医生和专科医生的门诊和住院护理、产科医生和合格助产士的上门护理等医疗服务费用。生育现金补助的计算以生育妇女最近某时期的薪金收入为基数，至少为该收入的2/3。

（4）生育妇女的工作权利。

《生育保护公约》对生育妇女的工作权利做了保护性规定，禁止解雇生育休假期间的妇女，同时建议妇女在生育期间应享有每天两次各半小时的休息哺乳权，哺乳期妇女有权为此暂时中断工作，中断工作的时间也应算在工时之内。

二、外国生育保险制度的特征

学者郭士征、葛寿昌对外国生育保险制度的特征做了系统的研究：

（一）覆盖范围广泛

不少国家将生育保险的覆盖范围扩大到包括非劳动妇女在内的所有女性。

少数国家或地区对享受生育保险的女性没有规定限制条件，只要该妇女是该国公民，就有资格享受生育保险。

但绝大多数国家或地区对享受生育保险的女性做出了限制性规定，具体可分为以下五种情况：

（1）只对居住权有一定要求。

例如，冰岛规定有常住权的母亲方可享受生育保险；卢森堡规定受益人必须在该国居住12个月以上，并且夫妻两人必须在该国居住满3年，才能享受生育保险。

（2）只要从事受保职业就有资格享受，如日本、波兰、危地马拉、几内亚、丹麦等国。

（3）要求从事一定时间的受保职业。

例如，加拿大规定在最近一年内从事受保职业600小时后才能取得享受资格；阿根廷规定产前连续受雇10个月或从事现职工作1个月并在从事现职工作前一年内受雇不少于6个月的女性才能享受生育保险。

（4）要缴足一定时限的保险费方可享受。

例如，墨西哥规定受保妇女在生育前12个月内，必须缴纳30周保险费才能享受生育保险。

还有的国家规定生育前12个月内要缴纳10个月保险费。

（5）除要求被保险人在生育前投保达到一定时间外，还要求被保险人实际参加工作达到一定时间。

例如，法国规定被保险人在分娩前必须投保满10个月，并且在生育的最近一年内的头3个月中至少受雇200个小时。

（二）生育保险与医疗保险合并立法

生育保险和医疗保险密不可分，两者在性质以及标准方面有一定的相似性。为了使生育保险基金更具有实力，并且提高抗风险的能力，大多数国家将生育保险和医疗保险合并立法实施。在管理方面，一般采取国家集中管理下的区域负责制。

例如，英国的卫生与社会保障部通过地方办事机构管理疾病与生育保险费和补助金，通过国民保健系统全面管理医疗服务，由7个区域卫生办公室管理国民保健服务工作；德国的国家保险协会监督全国健康保险，州保险协会负责疾病与生育法规的实施，疾病基金会负责管理保险费和补助金。

（三）待遇标准较宽厚

国外生育保险的主要待遇包括产假、生育补助金、生育津贴、医疗保健、儿童津贴5项内容。

待遇标准较宽厚主要表现在：

1.产假期限较长

60%以上的国家规定的产假达到3个月，20%以上的国家规定的产假达到4个月到半年，而瑞典和德国规定的产假长达1年半。有些欧洲国家还在产假期满后有半休假8年（瑞典）、5年（比利时）、3年（法国）的制度。

有些国家从培育未来劳动力的角度考虑，认为仅仅给予生育假期是不够的，还需要给予婴儿的抚育假期，所以延长了产假时间。例如，比利时在1981—1995年期间，产假时间从14周延长到24周；德国则从32周延长到78周。

2.生育补助金比例较高

生育社会保险的收入补偿，在社会保险的一切险种中是最高的，相当于女职工生育前的工资标准，大多数国家规定为原工资的100%。这主要是由生育行为所具有的社会价值所决定的。

出于平衡待遇的考虑，若规定的产假很长，那么收入补偿会相应减少。例如，芬兰规定产假为33周，较大多数国家都长，但其收入补偿仅为女职工原工资的55%。也有一些国家对生育行为的收入补偿按疾病保险的待遇发给。

3.生育津贴较普遍

在某些国家，生育社会保障除了使女职工享受收入补偿外，还给予一定金额或实物的补助，这种补助具有社会福利的色彩。例如，法国、葡萄牙、玻利维亚等国就专门规定了生育收入补偿之外的"护理津贴"或"育婴津贴"。

有的国家则采取发实物的办法，如发放免费奶票凭证等。有些国家（如墨西哥、以色列等）的生育保险制度还提供婴儿的全套用品或发放购置婴儿用品的津贴。

4.有保障的医疗保健服务

生育医疗保健大都被纳入医疗保健项目中，由社会保险经办机构承付生育医疗保健费用。

5.较高的儿童津贴

瑞典、德国、法国对3个子女家庭的儿童津贴分别为每月450美元、

340美元和330美元。

（四）较为完善的法律法规体系

发达国家在保护妇女权益和母子健康方面的法律法规一般都比较齐全，有劳动法、促进就业法、社会保障法、社会保险法、生育保险法以及辅助单亲和母子福利等内容的全面立法。同时，这些国家执法较严，对违法行为进行严惩，依法办事，有效地保护了生育妇女和儿童的各项合法权益。

三、外国生育保险的典范

目前，国际上采用的生育保险制度主要有以下三种类型：

第一类，实行社会保障制度的国家，也称实行参保制的国家。这类国家要求享受生育保险待遇者必须在生育之前尽参保义务，即缴纳一定的保险费，生育保险包含在医疗保险项目内。这类国家主要有德国、美国、巴西等。

第二类，实行雇主责任制的国家。这类国家的生育费用由企业雇主或职工所在单位负担，不要求有缴费记录，如前苏联、利比亚、马耳他、布隆迪等。

第三类，实行福利制度的国家。在这类国家中，只要是符合国家公民资格和财产调查手续的妇女，一般都能享受生育保险待遇，并不以是否参保作为享受生育保险待遇的前提。这类国家主要有瑞士、加拿大、丹麦、澳大利亚、新西兰等。

我国在1988年以前基本实行雇主责任制，1988年以后逐步向社会保险制度过渡，1994年出台的《企业职工生育保险试行办法》标志着我国生育保险制度实现了由企业保障向社会统筹的转变。

我国实行生育保险社会统筹的地区规定，生育保险享受待遇人员必须符合《中华人民共和国民法典》的规定，履行结婚手续并在所在单位参加了生育保险，职工生育必须符合国家计划生育政策。

（一）德国

德国是最早建立保险制度的国家，其社会保障体系也最为完善。1883年的《疾病保险法》就已将妇女生育保险包含在内，要求发放生育妇女分娩补助金。

1965年，德国将原来列入疾病保险内的分娩补助金改为生育补助金，作为独立的保险项目，并增加了对妇女产前、产后的照顾及待产母亲和哺乳妇女在工作场所应受到照顾服务的保护性规定，从1969年开始实行。

1. 享受生育补助金的条件

在分娩前投保满12个月或在分娩前第10个月至第4个月实际从事工作的受保生育妇女均可得到生育保险补助金。

2. 享受生育补助金的期限

生育补助金按照被保险人工资的100%发放，共14周，产前6周，产后8周。若遇到早产或者一胎以上的，则在产后发放12周。此后4个月内，每天最高发给7欧元。无权享受规定生育补助者，一次性发给150欧元。

3. 生育补助金的给付标准

生育补助金每胎为50~100欧元，具体标准依据保险基金财务情况而定。男被保险人之妻生产，每胎可领30~150欧元的补贴，领取标准也应依保险基金财务情况而定。另外，女被保险人在怀孕期间，可享受免费医疗服务及各种产前检查，所需的助产照顾服务或药品，均免费提供。

（二）英国

英国没有对生育保险单独立法，而是将其与疾病保险合并立法，实行社会保险（现金补助）和普遍保障（医疗照顾）双重制度体系。周收入不少于35.5英镑的受雇人员和年收入在1 846英镑以上的独立劳动者，都有资格参加生育保险，并享受生育补助金。

1. 享受生育补助金的条件

任何纳税年度缴纳的保险费，至少为该年度较低周收入的25倍。

2. 生育补助金的标准和期限

受保人（周收入低于30英镑者）每周为27.25英镑，每个子女7.65英镑，共给付18周，产前11周，产后7周。

3. 生育津贴标准

一次性发放生育津贴25英镑。

（三）瑞典

瑞典的生育保险制度规定，子女出生后，父母可以共同得到最多

450天的生育补助金。其中，父母亲每人有30天可以得到原工资收入的90%，300天得到原工资收入的80%，剩余90天每天可以得到60克朗。

（四）日本

日本规定，在产前、产后各给生育妇女假期42天。产假期间的工资待遇按本人月工资的60%～80%发放，另发半个月到一个月的生育补助费和育婴抚养津贴。

对于正常分娩的女职工，由保险机构给付生育补助金（最低保证额为6万～10万日元）。对孪生子女付给双份生育补助费和育婴抚养津贴。对于难产者，生育保险不支付任何费用，其所需医疗费用，按伤病医疗对象办理，由保险机构支付。

四、外国生育保险的改革方向

随着各国社会经济的发展，生育保险制度作为保障生育妇女权益的主要措施，在生育保险待遇、收入补偿形式及医疗费的分配方式等方面有了很大的调整和变化。

通过改革，生育保险制度正在日趋完善。学者费梅苹对外国生育保险的改革动向进行了研究：

（一）保险待遇的变化

保险待遇方面的变化主要体现在生育保险的产假规定上。以往产假的长短主要是基于保护生育妇女的健康及新生儿的安全出生而规定的，所以产假就是单纯的生育假期。

随着社会的进步，人们对产假有了进一步的认识，把保障未来劳动力的再生产作为重要目的。因此，为了充分体现对提高人口素质的重视，各国的产假时间普遍有所延长，在生育假期之外又安排了育婴假期。

（二）补助金的调整

大多数国家的生育补助金已经达到或接近原有工资的100%。但近年来，在生育保险的收入补偿观念方面，出现了社会保险的"补偿局限论"。这种观点认为，生育保险既然属于社会保险范畴，就不应该是100%，在众多社会保险中，待遇应注重平衡。

正是受这种观点的影响，一些国家已经开始调低生育补助金的补偿水平，将生育补助金降至本人原工资的2/3左右，或者使其保持在50%

~55%之间。在调整收入补偿待遇的同时，对其他的生育津贴，如生育津贴、儿童津贴、实物给付等，则有较大幅度提高，以弥补生育补助金补偿水平降低带来的损失，使生育保险待遇仍然维持在较高水平上。

（三）生育医疗费用的个人分担

生育医疗费用一直是生育保险的主要支出项目。随着医疗技术的进步以及医疗服务项目的增多，医疗费用必然增大，这给各国生育保险基金造成了支付压力。因此，法国等国家在生育医疗费用支付方面增强了受保人的责任和义务，开始增加个人自付的方式，推行由保险机构与本人共同负担生育医疗费的办法，规定由个人承担生育医疗费的一部分（20%左右，有的国家的比例略低）。

第三节　我国生育保险制度与改革

我国生育保险制度总的指导思想是坚持从中国国情出发，依法保护妇女权益，全面提高妇女素质，促进妇女积极参与经济建设和社会发展，进一步提高妇女地位。

依据该总体指导思想，生育保险要坚持四条基本原则：生育保险发展目标与国家总体发展目标的协调统一；立足于现实与面向未来、必要性与可行性的协调统一；宏观指导与可操作性的协调统一；经济发展水平与待遇保障标准的协调统一。

一、我国生育保险制度的内容

生育保险现行的法律依据主要是《企业职工生育保险试行办法》（1995年）、《社会保险法》（2011年）、《女职工劳动保护特别规定》（2012年）和《中华人民共和国人口与计划生育法》（2015）。职工生育保险的主要内容如下：

1.覆盖范围

职工生育保险的覆盖范围包括城镇企业及其职工，职工未就业配偶。

2.资金筹集

企业按不超过工资总额的1%向社会保险经办机构缴纳生育保险

费，职工个人不缴费。

党的十八届三中全会之后，按照"适时适当降低社会保险费率"的精神，根据生育保险基金实际情况，自2015年10月1日起，我国在生育保险基金结余超过合理结存的地区，降低生育保险费率至0.5%。

3.支付项目

生育保险基金支付项目有生育津贴、与生育相关的医护费用（如检查费、接生费、手术费、住院费和药费）和管理费。

4.待遇水平

（1）产假98天，其中产前可以休假15天；难产的，增加产假15天；生育多胞胎的，每多生育1个婴儿，增加产假15天。女职工怀孕未满4个月流产的，享受15天产假；怀孕满4个月流产的，享受42天产假。

（2）生育津贴按照用人单位上年度职工月平均工资的标准由生育保险基金支付。

（3）生育医疗费用，按照生育保险规定的项目和标准，对已经参加生育保险的，由生育保险基金支付；对未参加生育保险的，由用人单位支付。

5.保险管理

考虑到各地生育保险制度改革的进展情况，在生育保险制度改革的初期阶段，实行市（地或县）级范围统筹。生育保险按照属地原则进行管理。

二、生育保险基金的筹集与管理

（一）概况

在社会保险体系中，生育保险就基金规模而言是小险；就支付期限而言是短险；就保护标的而言则是重险。

在国家依法行政的指导思想下，生育保险基金的管理也逐渐步入规范化管理的轨道。

生育保险基金的管理方式和其他险种一致，实行基金"收支两条线"管理，即由社会保险经办机构负责征缴社会保险费，征收的基金按照不同社会保险项目分别列入财政部门开设的社会保障基金财政专户，社会保险机构负责给付生育保险待遇，资金由财政部门定期从财政专户中划拨。

生育保险的筹资模式是决定生育保险性质的重要因素之一。一般而言，凡是采取现收现付式和国家财政直接供款的国家，均将社会保险财政纳入国家财政进行一体预算；凡是采取完全积累式或国家财政仅体现免税优惠的国家，均采取将社会保险财政与国家财政完全分离的单独管理模式；部分现收现付式国家和对社会保险制度中的部分项目采取部分积累式的国家，则主要选择社会保险财政与国家财政适度融合型模式。

我国的生育保险制度虽然还在建立之中，但在筹资模式上，也受到历史遗留因素的影响。

近阶段，国家党政机关、事业单位、人民团体等单位的生育保险基金，基本上都纳入国家财政预算，以财政直接供款为主；城镇企业单位则按照一定的比例向当地社会保险经办机构缴纳生育保险费，采取现收现付的模式。这种模式一般根据支付的金额需要来确定保险费，基金不留积累部分，只留周转金和意外准备金。生育保险基金均直接来源于企业，职工个人不缴纳生育保险费。生育保险基金用于支付参保企业生育职工的生育津贴、生育医疗费以及计划生育手术费等费用。

（二）生育保险基金的筹集

1.生育保险基金的筹集原则

我国是发展中国家，经济实力和发达国家相比还有很大的差距。在生育保险基金政策的制定过程中，要结合我国现阶段的经济发展水平和各方面的经济承受能力等因素，综合考虑生育保险基金筹集的策略，以适应现有的生产力发展水平。

根据原劳动部1994年颁布的《企业职工生育保险试行办法》的规定，我国生育保险制度的实施范围包括不分所有制的全部城镇企业及其职工。

生育保险费用的社会统筹，按属地原则组织进行。根据"以支定收，收支基本平衡"的原则筹集资金，由企业按照其工资总额的一定比例向社会保险经办机构缴纳生育保险费，建立生育保险基金。筹资比例原则上不超过工资总额的1%。企业缴纳的生育保险费作为期间费用处理，列入企业管理费用。需要强调的是，1%不是生育基金的提取比例，也不是攀比目标，而是最高上限，具体的提取比例要在周密测算后才能确定。

在测算生育保险基金时，应考虑以下几个方面的因素：①参保地区计划生育服务人数；②上年度生育职工月平均工资；③医疗消费情况；④流产概率、计划生育手术概率所造成的费用支出。

进行生育保险基金测算，应从以下几点出发：①保持收支基本平衡；②尽量减轻企业负担，树立良好的社会形象；③职工个人不缴纳生育保险费。

在筹集生育保险基金时，不要保留很多的结余，主要是基于以下考虑：生育保险与计划生育这一基本国策相衔接，较其他社会保险项目而言，其计划性和可预见性都比较强，发生大的动荡的概率较小，因此，不用保留很多的积累来应付不测。

2.生育保险基金的筹集渠道

生育保险是社会保险的一个重要组成部分，其基金来源应遵循社会保险的"大数法则"，集合社会的力量，在较大的社会范围内筹集。

集中的人数和单位数越多，越能发挥抵御风险的作用；统筹面越广，保险费率越能降到最低限度。因此，现阶段生育保险的市县级统筹，应逐步过渡到地级统筹。

统筹地区的城镇企业，应按照工资总额的一定比例向社会保险经办机构缴纳生育保险费，建立生育保险基金，以解决企业之间生育费用畸轻畸重的问题。所有企业不分所有制类型，应一律按照国家法律的规定参加当地的生育保险社会统筹。

目前，生育保险基金的筹集方法有两种：一是企业按照职工工资总额的一定比例向当地社会保险经办机构缴纳生育保险费，大多数地区的缴费比例控制在职工工资总额的0.6%～0.8%，少部分地区的筹资比例略高，但没有超过1%；二是按照人均绝对额征缴，企业按照规定每人每月固定一个缴费额，向社会保险经办机构缴纳保险费。

（三）生育保险基金的管理

1.基本内容

生育保险基金是指国家依据法律法规，通过社会力量，在劳动者因生育造成劳动能力中断时，为保障她们的基本生活和基本医疗水平而建立的一种专项基金。也可以说，它是一种国家进行宏观经济调控的手段，通过资金再分配和利益调整，达到促进生产力发展和维护社会稳定的目的。

为了将少数人的风险和少数单位的风险转由多数人和多数单位共同承担，我国对生育保险实行社会统筹。

这一方面可以缓解企业间因女工分布不均衡而造成保险费支付畸多畸少的矛盾，使企业公平地参与市场竞争，将企业提取的生育保险基金交由社会保险机构在地区内统一管理使用，用以保证本地区（目前以市、县为单位）生育保险费的给付；另一方面，也保证了向拥有享受生育保险资格的所有女工提供可靠的物质帮助。

根据生育保险基金的提取及给付特点，其管理模式应采取现收现付制。提取的基金与给付的津贴应该大体保持平衡。但是，为了保证让更多的女工享受到更高水平的生育保险待遇，有必要对生育保险基金进行保值、增值管理。

一般情况下，生育保险基金应该存于银行，这样既可以方便保险津贴的给付，又能获取银行活期存款的利息收入；生育保险基金也可以用于购买政府短期债券，以获得高于银行利息的收入。如果对社会保险机构的各项基金实行统筹管理，对生育保险基金同其他各项基金的结余部分也可以进行其他投资，以获取较高的风险收入。但是，这种投资必须有严格的控制程序和手段，以防给社会保险基金带来较大的风险。

2.生育保险基金管理与商业保险基金管理的主要区别

（1）建立基金的依据不同。

生育保险基金是依据国家法律法规强制征集建立的，受国家法律制度的约束，是政府行为；而商业保险基金则是在投保人自愿的基础上，依据商业契约建立的，主要体现自愿的原则。

（2）基金来源不同。

生育保险基金主要来源于参加保险的用人单位，生育保险费从税前收入中提取，未被课征所得税的部分是国家有意让予的财政收入，这是国家对生育保险基金的资助，职工个人不缴纳生育保险费；商业保险中的生育保险一般包含在医疗保险之中，其支付项目中没有生育津贴，只负担医疗费用，基金来自个人或用人单位投保，参保人要缴纳一定数量的保险费。

（3）理算原则不同。

生育保险按照统筹范围内下年预计生育人数、工资基数、医疗消费水平等因素进行测算，从社会效果和职工利益出发，必要时可以依靠国家或其他保险项目经费的支持；由于商业保险公司是商业机构，其经营和运作必然以营利为主要目的，其理算严格遵循大数法则，收支相抵后要保证一定的利润，其性质属于商业行为，不尽道义方面的责任。

（4）支付原则不同。

生育保险基金支付是为了实现法律赋予劳动者享受有关待遇的权利，保证劳动者基本生活和生育期医疗所必需的消费；商业保险基金对投保者进行支付，仅仅是为了履行经济合同。

3.对违反生育保险基金管理的处理

（1）企业必须按规定按期缴纳生育保险费。

对逾期不缴纳生育保险费的企业，按日加收2%的滞纳金，滞纳金转入生育保险基金。滞纳金列入营业外支出，在纳税时进行调整。

（2）企业虚报、冒领生育津贴或生育医疗费的，社会保险经办机构应退回全部虚报、冒领金额，并由劳动行政部门给予处罚。

（3）企业欠付或拒付职工生育津贴、生育医疗费的，由劳动行政部门责令企业限期支付；对职工造成损害的，企业应当承担赔偿责任。

（4）劳动行政部门或社会保险经办机构的工作人员滥用职权、玩忽职守、徇私舞弊或贪污、挪用生育保险基金，构成犯罪的，依法追究刑事责任；不构成犯罪的，给予行政处分。

（四）其他国家的生育基金管理

要提供给妇女生育保险津贴，首先需要筹集保险基金。一般来说，基金筹集得越多，妇女可以享受的待遇就越丰厚。生育保险基金能够筹集多少，不完全取决于人们的主观愿望。

首先，它主要取决于该国的生产力发展水平、政府制定的相关法律政策及该国的风俗习惯等原因。一个国家的生产力发展水平较高，人们的物质文化生活水平较高，生育所消耗的费用就会较高，人们也越重视健康、敬畏生命，对生育费用的补偿要求也越高，该国筹集的基金就应该相对多一些。

其次，它取决于该国政府为女工提供生育保险待遇水平的高低和政府能够从财政资金中给予生育保险基金补助的多少。如果政府决定向生育妇女提供较高水平的生育保险待遇，那么必须筹集较多的保险基金。但是，若政府可以用财政资金支持生育保险制度，那么向社会直接筹集的基金可以适当减少。

最后，它取决于企业盈利水平和人均收入水平。如果企业盈利水平不高，人均收入水平相对较低，就不可能为生育保险提供较多的资金。如果政府确定较高的征收率，势必使公民承受沉重的负担，使他们对生育保险产生抵触情绪。

国际劳工组织的公约中虽然确定了最基本的被保险人是生育者（有些国家的被保险人还包括生育者的配偶及子女），但是对保险基金的负担者没有统一的规定。大多数国家的政府、企业和被保险者及配偶都成为基金的负担者。

目前，除了单独建立生育保险的十几个国家，大多数国家一般都将生育保险纳入疾病保险，因此，疾病保险基金的负担者，同时成为生育保险基金的负担者。

首先，政府作为保险基金的负担者，主要负责弥补生育保险基金的不足部分。至于弥补数额的多少，各个国家也不同。例如，英国的国民保健制度创建于1948年，最初为患者提供免费服务，是英国福利制度的重要组成部分。然而，由于就诊患者多、等候时间长等问题，国民保健制度近年来遭英国民众诟病。2025年3月，英国首相斯塔默宣布将废除英格兰地区的国民保健制度（NHS England）。日本政府仅负担医疗和生育保险费给付金额的16.4%及行政费用；至于巴拿马、塞内加尔等国，政府不负担生育保险基金。

其次，企业是生育保险基金的重要负担者，一般按照工资总额的适当比率缴纳保险基金。例如，韩国的雇主需要缴纳工资总额的3.24%作为医疗和生育保险基金；巴拿马的雇主则需要缴纳工资总额的8%作为医疗和生育保险基金。

再次，被保险人基本都是生育保险的负担者。例如，英国要求生育保险的享受者在生育前一年内由本人或其丈夫缴纳26周保险费；墨西哥则要求被保险人在生育前12个月内缴纳30周的保险基金。但是，在原来的东欧社会主义国家和我国，名义上个人不负担保险基金（不从个人工资内扣除）。

一般情况下，在大多数国家生育保险都是有偿提供的。

鉴于当时我国职工工资水平较低，个人不缴纳保险基金，由企业缴纳。实际上，我国是以减少一部分国家财政收入和企业利润收入的方式提供生育保险基金。但是，目前非国有经济的发展速度很快，国家和企业的关系发生了很大的变化（国家不再是企业的拥有者），企业与职工的关系也发生了变化（职工工资提高较快，企业归业主所有）。

从国际惯例来看，个人也应该成为生育保险基金的负担者，主要理由有以下几个方面：第一，虽然我国法律规定女工应该享受生育保险待遇，但许多非国有企业的女职工难以享受到生育保险待遇，个人成为生育保险基金的负担者，有利于在我国推广生育保险制度；第二，从社会保险的特征考虑，受益人也应该是保险费的负担者，虽然我国不存在保险费支出负担过重的问题，但是，只有将直接受益者和非直接受益者全部纳入生育保险基金的负担列，才更加符合社会保险的公平性与社会性原则。

三、我国生育保险的改革

我国政府历来关心和重视生育保险工作。

1951年颁布、1953年修正的《劳动保险条例》就对企业女职工的生育待遇作了明确规定。

1955年国务院发布的《关于女工作人员生产假期的通知》使"机关女工作人员"也有了基本相同的制度保障。此后，我国生育保险制度历经多次调整。

从筹资角度来看，目前基本上是两种模式并存的格局：

一是生育保险费用由职工所在单位负担。其法律依据是1988年国务院颁布的《女职工劳动保护规定》。该规定指出，国家机关、人民团体、企业、事业单位的职工在生育后，在本单位领取生育津贴、报销医疗费用，生育保险的管理由职工所在单位负责。另外，该规定还明确了不得在女职工怀孕期、产期、哺乳期内降低其基本工资或者解除劳动合同。以上办法均符合当时国情，在保证妇女就业、保障女职工生育期间的基本生活和医疗保健需求方面发挥了重要作用。

二是1994年以后部分地区实行生育保险社会统筹。其法律依据是与《劳动法》相配套的《企业职工生育保险试行办法》。该办法指出，由职工所在单位按照其工资总额的一定比例向当地社会保险经办机构缴纳生育保险费，建立生育保险基金，由该基金负责给付职工生育津贴、报销医疗费用。

（一）现有生育保险制度存在的问题

目前，我国的生育保险制度正处在从企业统筹向社会统筹过渡的阶段。虽然各地的制度实践取得了一定的成就，但现行制度仍然存在一些不足，不仅阻碍了一些企业的进一步发展和平等参与市场竞争，影响了女职工劳动积极性的发挥和社会公平的实现，而且在一定程度上制约着社会生产力的发展。其不足主要表现在以下几个方面：

1.立法层次低，覆盖面窄

由于《企业职工生育保险试行办法》的立法层次较低，且处在试行阶段，企业可以执行也可以不执行，没有强制性。

截至2023年底，我国生育保险参保人数为2.53亿人，但占生育妇女80%以上的绝大多数农村妇女还未纳入生育保险的享受范围，众多非国有企业的女职工亦享受不到应有的生育保险。

全国生育保险参保人数仅为养老保险的1/4、医疗保险的1/3、工伤保险的1/2。随着我国社会经济建设的快速发展，《企业职工生育保险试行办法》中的一些条款已不再适应新形势的需要，有的条款与《女职工劳动保护规定》存在矛盾，给企业执行和操作带来了困难。同时，该办法对违规或不执行的企业也没有规定制裁措施，面对企业的违规行为显得束手无策。

2.统筹层次低，发展不平衡

在经济发展较快的地区，生育保险的社会统筹覆盖面较大、参保人数较多；而经济相对落后的地区尚未进行生育保险制度改革。生育保险制度地区发展的不平衡，造成生育保险统筹层次低、基金调剂能力差，起不到互助互济、均衡负担的作用。

3.生育保险待遇偏低，待遇标准不规范

国家规定产假为98天，与国际上多数国家相比明显过短。生育补助金支付标准不统一，既加大了生育保险社会化管理的难度，也无法体现效率与公平相统一的原则。

生育医疗费用的支付方式不规范。实报实销对于保障生育期间的实际需要具有一定的灵活性，然而，当医疗机构在经济利益的驱使下超标收费或者设置不必要的诊疗项目时，采用这一方式会使费用难以控制。定额支付虽然有利于控制生育医疗费用的支出，但却难以保证生育期间的实际需要。

4.保障面狭窄

生育保险政策规定，享受生育保险待遇的对象仅限于参保的女职工。即使男职工参保，若其配偶未参保，生育时也不能享受任何待遇。在参保职工中只有极少数人享受生育保险待遇。有些单位甚至一年到头没有人享受生育保险待遇，却按规定每月缴纳生育保险费。由于生育保险政策规定男职工有缴费义务，但享受待遇时却将其排除在外，难以得到参保单位和职工的认可，因此，人们对生育保险不重视，尤其是女职工较少的行业不愿参保。

5.生育医疗费支付比例低

据了解，按目前的医疗消费水平，由生育保险基金支付的生育费用不及实际费用的一半，其余一笔不小的费用则由生育者自己负担。生育保险应主要解决职工在生育期间支付的医疗费用和基本生活费，但目前生育保险基金承担的生育医疗费支付范围及水平远不及基本医疗保险，加重了生育女职工的负担。

6.有些生育保险项目有名无实

我国规定的生育保险项目包括生育津贴、女职工生育检查费、接生费、手术费、住院费和药费。据了解，有些地区实际上只以生产时的顺产、难产为标准，回拨企业大致接近接生费的部分费用，生育津贴等费用实际还要由企业负担。因此，规定的一些生育保险项目实际是空的。

7.生育保险政策宣传不到位

由于政策宣传和认识上的问题，没有造成有力的声势和社会舆论，一些企业参加生育保险的态度不积极，生育保险基金收缴困难。

（二）完善生育保险制度的对策

1.加强生育保险立法、基金管理和监督

加快生育保险法治建设的步伐，是生育保险顺利实施的保证。我国的生育保险改革多年，初步形成了一套比较完整并经实践证明行之有效的政策措施、管理方法和规章制度。在企业制度转型与生育保险制度转型同时发生的时期，需要加强对生育保险的统一立法及监督，加快修订和完善统一的生育保险管理方面的法规，通过法律明确生育保险主体、客体的责任，规范生育保险管理行为和管理职责，保证女职工及时足额享受生育保险各项待遇，为地方生育保险立法提供依据。生育保险的重大政策，应由国家统一规定，保证生育保险覆盖到城镇全体女性劳动者，保障全国生育保险制度的统一、平衡、完整和规范。

应保证基金管理的科学性与规范化。基金管理机构要本着对公众利益负责的态度，采取科学的管理方法，对基金进行合理测算，对当地职工工资标准、生育医疗费用支付情况有清楚的了解，估算生育保险基金的筹资比例，统筹规划该地区的生育保险基金运作流程，通过科学的手段使生育基金的运行合理、高效。

2012年11月，人力资源和社会保障部研究起草了《生育保险办法（征求意见稿）》，向社会公开征求意见。

2015年12月，中央经济工作会议提出，研究精简归并"五险一金"。

2016年3月发布的《中华人民共和国国民经济和社会发展第十三个五年规划纲要》明确提出生育保险和基本医疗保险合并实施。

2019年3月，《国务院办公厅关于全面推进生育保险和职工基本医疗保险合并实施的意见》发布，就两项保险合并实施提出具体意见。

2.扩大生育保险的覆盖面，提高统筹层次

扩大生育保险的覆盖范围是完善生育保险制度的重要措施。

《企业职工生育保险试行办法》规定，生育保险的对象为国有企业已婚女职工。随着经济体制和经济结构的不断调整，国有企业人员受到大幅调整，且基本过了生育期，生育保险对象和保障重点发生了极大的变化，应尽可能地将所有用人单位都纳入保险范围之中，逐步向城镇各类企业辐射，重点解决非公有制企业、混合所有制企业、个体私营企业和灵活就业人员的参保问题。

在条件成熟的地区还要积极吸纳个体经济从业人员参保，形成覆盖所有企业的统一的女职工生育保险统筹基金管理制度。在适当的时候与机关、事业单位女职工生育保险筹资体制相汇合，形成统一的筹资体制。

同时，应提高统筹层次，逐步实现在直辖市和地市级范围内统一保险项目、统一保险费率、统一支付标准，发挥生育保险基金的社会互济功能。

3.调整生育保险政策，扩大享受待遇的范围

实践证明，我国现行的生育保险政策已越来越不适应新形势的要求，因此，有必要对生育保险政策进行调整。

（1）生育保险应体现公平原则，即职工参保缴费的义务与依法享受待遇的权利应当基本对等。

对于参保男职工的配偶因无工作而未参保的，在其配偶生育时，男职工应享受一定的生育保险待遇。对做节育手术的男性，也应给予一定的生育补贴和待遇。

男方在生育过程中所承担的责任，应在生育保险中得到体现。这在我国部分省市进行了有益的尝试，体现了生育保险的公平原则，促使更多的男性承担家庭责任和节育责任。

（2）生育保险基金支付向产前、产后倾斜。

人们一般都比较关注生育这个环节，其实产前、产后的医疗保健水平对产妇、婴儿是非常重要的。

生育保险应通过政策倾斜，增加产前检查保健和产后医疗护理的费用支出，保障生育职工在特殊时期的医疗保健水平和基本生活。

（3）制定相关政策，从生育保险基金中提取一定的费用，用于开展对参保职工特别是已育男女职工的生育生殖保健，把预防保健转向生育前后，提高参保职工的健康水平。

4.加强基金管理

从保障女职工合法权益、促进计划生育、减轻企业负担出发，按照"以支定收，收支基本平衡"的原则，对基金的收缴、使用等情况进行认真检查和测算，调整收缴比例，改变基金提取比例高、结余过多、企业负担过重的现状，真正为企业排忧解难。

5.加大宣传力度

应该加大宣传力度，强化对生育保险的认识，使生育保险得到社会各界的普遍关心和支持。

达2.49亿人！小险种为"宝妈"们保驾护航

国家医保局发布的最新数据显示，截至2023年底，我国生育保险参保人数达2.49亿人，同比增加300.41万人，生育保险基金待遇支出为1 069.10亿元，同比增长12.38%。

生育保险是什么？简单来说，它保障单位就业女职工因怀孕分娩中断工作期间获得基本经济收入，并报销生育相关的医疗费用。未就业女性生育医疗费用可以通过参加基本医保予以报销。

这样一份小小的生育保险，为"宝妈"们提供了从"十月怀胎"到"一朝分娩"的全周期保障，涵盖产前检查、住院分娩等各个环节。

目前，医疗机构普遍推荐的常规产检次数约10次。多数医保统筹地区结合产前检查的常规项目和标准，按定额支付给准妈妈或产检医院，定额的标准从近千元到两千多元不等。

这是生育保险对准妈妈"十月怀胎"的保障：到了"一朝分娩"，准妈妈的检查费、接生费、手术费、住院费和药费也由生育保险基金支付。

当前多数统筹地区对住院分娩实行定额支付，根据顺产或剖宫产等不同分娩方式分别设置定额标准。据统计，2022年全国生育保险参保女职工人均享受生育医疗费用报销5 899元。

据国家医保局相关负责人介绍，生育保险执行与基本医保相同的药品、诊疗项目和医疗服务设施目录，符合目录范围的均可纳入报销。

除了报销生育医疗费用外，对于参保女职工来说，产假期间的工资由发放生育津贴代替，更是为职场女性提供"实打实"的生育支持。

生育津贴是怎么计算的？《社会保险法》规定，生育津贴按照职工所在用人单位上年度职工月平均工资计发。

举例来说，假如参保女职工小王本人工资每月3 500元，但其单位上年度职工月平均工资为5 000元，那么小王的生育津贴将按照单位月平均工资5 000元发放。

据国家医保局相关负责人介绍，生育女职工相较于整体的单位就业群体而言，年龄偏小，入职年限较短，一般其所在单位平均工资高于本人工资，以单位上年度职工月平均工资作为参照，女职工得到的生育津贴往往高于其本人工资。

也就是说，单位平均工资越高，生育的参保女职工领到的生育津贴越高。按照国家有关税收政策，生育津贴免征个人所得税，这是准妈妈们收到的另一个"红包"。

如何获得生育津贴？

生育津贴一般由医保经办机构发放给用人单位，再由用人单位支付给个人，也有部分地区直接发放给个人。

为了让妈妈们产后能够安心恢复、照顾新生儿，不少地区精简流程、压缩环节，如浙江推动生育保险待遇一体化线上申办模式，24小时申请"不打烊"；广西实现免等即办，女职工产后到生育津贴发放最短仅需6天。

生育是家事，也是国事。

相比于覆盖近10亿人的居民医保和覆盖3.7亿人的职工医保，虽然生育保险在参保人数上相对较"小"，但这个"小险种"却正努力发挥"大作为"。

国家医保药品目录调整过程中，及时将符合条件的生育支持药物溴隐亭、曲普瑞林、氯米芬等促排卵药物纳入医保支付范围，帮助了更多家庭。

2022年以来，国家医保局指导地方综合考虑医保基金可承受能力、相关技术规范性等因素，逐步将适宜的分娩镇痛和辅助生殖技术项目按程序纳入基金支付范围。

北京、广西、内蒙古、甘肃已通过完善辅助生殖类医疗服务立项，将定价方式由市场调节价改为政府指导价，把部分治疗性辅助生殖类医疗服务项目纳入医保报销范围。

一声新生儿啼哭，蕴含着生命的喜悦和希望。生育保险这个"小险种"，为每一名参保准妈妈保驾护航。

资料来源：彭韵佳.达2.49亿人！小险种为"宝妈"们保驾护航 [EB/OL].[2024-04-16]. https://www.gov.cn/zhengce/202404/content_6945416.htm.

一、单项选择题

1.女职工劳动合同期满但孕期、产期、哺乳期未满的，劳动合同可以延长至（　　）。

A.孕期期满　　　　　　　　　　B.孕期、产期、哺乳期期满

C.产期期满　　　　　　　　　　D.以上都不对

2.根据我国《社会保险法》，生育保险待遇包括（　　）。

A.生育医疗费用和生育津贴

B.交通费用

C.产假和哺乳假

D.以上都不对

3.女职工产假期满，经本人申请、用人单位批准，可以请哺乳假至婴儿满（　　）。

A.8个月　　　　　　　　　　　B.10个月

C.12个月　　　　　　　　　　　D.6个月

4.在领取失业保险金期间分娩的失业人员，失业前在所在单位已参加生育保险的，可以向所在地生育保险经办机构领取相当于本人的（　　）失业保险金的生育补助。

A.3个月　　　　　　　　　　　B.4个月

C.5个月　　　　　　　　　　　D.6个月

5.女职工休产前假、哺乳假期间，工资由用人单位按不低于生育津贴的标准支付，并不得低于当地最低工资标准的（　　）。

A.50%　　　　　　　　　　　　B.60%

C.70%　　　　　　　　　　　　D.90%

二、多项选择题

1.我国生育保险的原则为（　　）。

A.自愿性　　　　　　　　　　　B.强制性

C.社会性　　　　　　　　　　　D.互济性

2.生育保险制度中实行雇主责任制的国家有（　　）。

A.巴西　　　　　　　　　　　　B.苏联

C.瑞士   D.马耳他

3.生育保险待遇项目包括（   ）。

A.计划生育指导   B.产假

C.母婴服务与医疗保障   D.生育津贴

E.医疗服务

4.劳动者在（   ）情形下，依法享受社会保险待遇。

A.退休   B.患病、负伤

C.因工致残或者患职业病   D.失业

E.生育

5.目前我国生育保险存在的主要问题是（   ）。

A.假期偏短，标准不一

B.补助标准较低

C.保费来源单一，社会化程度低

D.管理混乱，缺乏监督

E.有关立法滞后

三、思考题

1.生育保险与基本医疗保险合并实施的利弊有哪些？

2.生育保险制度的类型有哪些？

3.生育保险基金与商业保险基金有哪些区别？

4.我国生育保险的改革方向是什么？

5.外国生育保险与我国生育保险有哪些不同之处？

〈 第九章 〉

社会救助

学习目标

社会救助是最早、最基本的社会保障方式，是"兜底线、救急难、保民生"的基本制度。通过学习本章，重点掌握社会救助领域涵盖的丰富内容，特别是对贫困问题的界定、中国脱贫工作的经验分析；了解社会救助其他领域的内容，了解外国社会救助制度设计。

关键概念

社会救助　五保制度　贫困县　精准扶贫

案例

青海多举措力推社会救助提质增效

记者日前从青海省民政厅获悉，2025年，青海完善社会救助政策制度、强化社会救助数字赋能、深化社会救助改革创新等多项举措力推分层分类社会救助体系建设，加强低收入人口预警监测和救助帮扶，切实提升社会救助服务效能。

2025年以来，青海修订完善临时救助等相关政策，联合发展改革委、财政等部门建立最低生活保障标准动态调整机制，完善低收入人口认定办法、低收入家庭经济状况核对办法和刚性支出困难家庭认定办法。同时，各级民政部门依托低收入人口预警监测系统，与农业农村、人社、医保等部门累计交换共享数据34.81万条，下发预警信息7 227条，核定新增各类救助对象4 335人，有效保障困难群众的基本生活。

同时，青海围绕"一库一网一平台"建设，持续优化低收入人口预警指标设置，整合"一门受理"、最低生活保障等社会救助信息系统，深入推行社会救助"掌上办""指尖办"，通过"线上大数据监测+线下铁脚板摸排"，实现低收入人口信息"一门入库、动态监测、分层管理、因需推送"。

2025年，青海将持续开展社会救助异地申办、服务类社会救助、低保审核确认权限下放等9项改革试点，全省1 000多困难群众通过异地申办及时纳入救助保障范围，6.8万丧失劳动能力或者部分丧失劳动能力的城乡低保对象等低收入人口享受了照料护理、心理慰藉等服务类社会救助。青海还将持续深化社会救助领域"高效办成一件事""一件事一次办"推广应用，逐步扩大改革创新试点范围。

邢生祥.青海多举措力推社会救助提质增效[EB/OL].[2025-04-18]. https://news.qq.com/rain/a/20250418A06AC000?refer=cp_1009&scene=qqsearch.

［分析要点］生育保险政策。

［问题］

1.为什么要进行社会救助？社会救助有哪些意义？

2.你知道社会上有哪些需要救助的困难群体？

第一节　社会救助概述

一、有关贫困问题

所谓贫困问题，是指生活在贫困线以下的社会人口所产生的社会问题。

无论是在发达国家还是在发展中国家，贫困问题都普遍存在，往往与众多社会问题相关联。

（一）贫困的类型

贫困既是一种客观的社会生活状态，也是社会环境造成的一种社会后果。

从不同的角度或按不同的标准，我们可以把贫困划分为不同的类型。

1.按照内涵划分

按照贫困的内涵，我们可以将贫困分为广义的贫困和狭义的贫困。

狭义的贫困是指在一定的社会生产方式下，不能满足最基本的生存需要，生命的延续受到威胁。这主要是从满足人的生理需要的意义上来讲的，缺乏维持生理需要的最低生活标准就是贫困。

广义的贫困不仅指不能满足最基本的生存需要，还涉及社会、文化、环境等因素，如文化教育状况、医疗卫生状况、生活环境状况和人口预期寿命。广义的贫困大大扩展了狭义的贫困的内涵。联合国、世界银行等国际机构通常在广义的内涵上对贫困问题进行讨论。

2.按照成因划分

按照贫困的成因，我们可以将贫困分为普遍性贫困、制度性贫困、区域性贫困和阶层性贫困。

普遍性贫困是指由于经济和社会发展水平低下而形成的贫困。例如，在原始社会，由于生产力发展水平低，生产活动未能充分展开，食物十分缺乏，原始人生活在一种普遍贫困的状态之中。

制度性贫困是指由于社会经济、政治、文化制度所决定的生活资源在不同社区、区域、社会群体和个人之间的不平等分配而造成某些社区、区域、社会群体、个人处于贫困的状态。

区域性贫困是指由于自然条件恶劣和社会发展水平低下而出现的一种贫困现象。

我国农村贫困人口的分布就具有明显的区域性，集中分布在若干自然条件相对恶劣的地区。

阶层性贫困则是指某些个人、家庭或社会群体由于身体素质比较差、文化程度比较低、家庭劳动力少、缺乏生产资料和社会关系等原因而处于贫困状态。

3.绝对贫困和相对贫困

贫困既是一个绝对概念，又是一个相对概念，因而可以把贫困区分为绝对贫困和相对贫困。

绝对贫困又叫生存贫困，是指缺乏维持生存的最低需求品，不能维持最基本的生存需求。

相对贫困也叫相对低收入型贫困，是指虽然解决了温饱问题，但不同社会成员和不同地区之间可能存在着明显的收入差异，低收入的个人、家庭、地区相对于全社会而言处于贫困状态。

（二）贫困线的划定

贫困线又叫最低生活水平线，是指社会认为每个居民无论贡献与否都应该享受到的最低的生活水平。

现代社会有一系列较为客观和科学的方法来衡量贫困状态，国际上较为常用的方法有恩格尔系数法、国际贫困标准法、标准预算法（市场菜篮法）、最低百分比法等。

1.恩格尔系数法

恩格尔系数是19世纪德国统计学家恩格尔在研究居民家庭支出问题时确定的测量居民生活水平的标准系数。

恩格尔系数是指食品支出在整个家庭或个人消费支出总额中所占的比重，其计算公式为：

恩格尔系数=（食品支出总额÷家庭或个人消费支出总额）×100%

在上述公式中，恩格尔系数越小，生活越富裕；恩格尔系数越大，生活越贫困。恩格尔系数极具科学性，在许多国家被用于测定国民的消费结构和生活状况。

在西方国家，人们甚至常用恩格尔系数来评价一个国家的贫富状况。为此，联合国根据恩格尔系数制定了一个划分贫富的标准：恩格尔系数在30%以下，生活水平为最富裕；恩格尔系数在30%～40%之间，生活水平为富裕；恩格尔系数在40%～50%之间，生活水平为小康；恩格尔系数在50%～60%之间，生活水平为勉强度日；恩格尔系数在60%以上，生活水平为绝对贫困。

恩格尔系数法是一种支出比例法，即根据支出的比例来确定贫困的程度。

2.国际贫困标准法

国际贫困标准法是一种收入比例测定法，即根据收入的比例来确定贫困的程度。

经济合作与发展组织提出，以一个国家或地区的社会中位收入或平均收入的 50% ~ 60% 为标准，只及或低于这个收入标准的即为贫困。

3.标准预算法

标准预算法又称"市场菜篮法"。它是最古老、最传统的确定贫困的办法之一，以其"绝对主义"而著名。

标准预算法首先要求确定一张生活必需品清单，内容包括维持社会所公认的最起码的生活水准的必需品的种类和数量，然后根据市场价格来计算拥有这些生活必需品需要多少现金，以此确定的现金金额就是贫困线，即最低生活保障线。

4.最低百分比法

最低百分比法是指在国民收入明确后，划定最低的一层（如5%）为贫困户，把他们的收入定为贫困标准。这个标准是变化的，不因社会的发展和人民生活水平的整体提高而减少贫困户的数量。只要社会没有变成绝对均富的社会，贫困户就始终占有一定比例。

这种方法的优点是：在社会发展过程中，能始终顾及"走在后头"的那部分人，并经常对其进行救助，不使距离拉得过远，始终保持着社会的责任，能不断推动社会进步。

二、社会救助的概念与特点

（一）社会救助的概念

社会救助是指国家与社会面向贫困人口与不幸者组成的社会脆弱群体提供款物接济和扶助的生活保障政策，它通常被视为政府的应然责任或义务，采取的也是非供款制与无偿救助的方式，目的是帮助社会脆弱群体摆脱生存危机，以维护社会秩序的稳定。

社会救助的外延，则包括灾害救济、贫困救济和针对其他脆弱群体的扶助措施。

社会救助的概念主要包括以下几层含义：

1.对困难人群的救助是政府和社会的共同责任

让公民获取最低生活保障或社会救助是政府的一项基本责任和义务。

这种责任表现为政府通过立法建立一个为社会成员提供最低生活保障的制度体系，并将其规范化实施、确定。社会救助有时也表现为一种社会行为，具体落实为民间或社会团体对救助对象的自发性救助，通过自发性募捐和其他慈善活动的形式来实现。

2.社会救助在公民不能维持最低限度生活标准时才发挥作用

当社会成员遭受自然灾害或丧失生存能力时，国家才按照一定的程序和标准，在调查和认定后，向符合条件的贫困人员提供相应的经济援助。这些程序包括个人申请、机构管理、立案调查、社区证明、政府批准以及相关的"家庭经济情况调查"。

有的国家和地区还要调查申请者的家庭财产和工薪之外的其他经济来源，以保证社会救助基金切实地用于最需要救助的公民。

3.社会救助的标准是满足救助对象的最低生活需要，仅以维持公民的基本生存为限

一般救助金的发放标准要低于一定时期一定地域的社会平均收入水平。

相对于社会保障体系中的社会福利和社会保险的标准而言，社会救助的标准是较低层次的。

在这里，最低生活水平是一个相对的概念。绝对意义上的最低生活水平是指维持生命所需的最低限度的饮食和居住条件，即绝对贫困。而这里的最低生活水平是相对而言的，即在享有当地当时生产力水平的情况下，相对一定时期一定地域其他社会成员已经拥有的消费水平而言，属于数量最少的消费资料和服务，这个水平由国家和政府根据社会、道德、经济等因素加以确定。

（二）社会救助的特点

社会救助作为社会保障制度体系中的一个子系统，在解决贫困问题、保障公民基本权利和维护社会安定方面发挥着重要的作用，被称为社会保障制度中的最后一张安全网。

社会救助的基本特点包括以下几个方面：

1.社会救助义务的单向性

社会救助只强调国家和社会对社会成员的责任和义务，社会成员拥有享受社会救助的权利，并不需要承担相应的义务。

公民只要达到享受社会救助的条件，便可主动申请社会救助。社会救助的提供者与受助者之间是一种以相关法律制度为依据的平等关系。

2.社会救助对象的限制性

社会救助对象通常是指那些家庭人均收入低于最低生活保障线的公民。只有符合法定条件并且真正陷入生存困境的社会成员才有资格享受社会救助。

这样可以保证有限的社会救助经费切实地用到最需要的人身上。因此，每一类社会救助对象都有其特定的内涵和特征，任何一种社会救助形式对救助对象的限制都极为严格，需要有关部门对贫困状况或收入做必要的调查，调查的内容包括收入状况、财务状况、劳动力、赡养人口数等。当调查结果达到法定救助标准时，被调查者才能获得救助。

3.社会救助标准的低层次性

社会救助的目标是应对灾害、克服困难，帮助救助对象维持最基本的物质生活水平，向救助对象提供满足最基本生活需求和简单再生产的资金或物资，而非改善和提高其生活福利。

相对于社会保险、社会福利、优抚保障而言，社会救助的待遇标准比较低，它的责任仅仅是使受助者的生活水平相当于或略高于最低生活需求，以避免受助者产生依赖心理甚至不劳而获的思想。因此，社会救助保障处于当代社会保障体系的最低或最基本层次。

4.社会救助行动的短期性

除一小部分长期救助对象，大部分社会救助对象是突然遭遇生活困境的，对这部分贫困人员的帮助是临时性的，如救灾、扶贫等。一旦救助对象的生活困境解除，收入超过最低生活标准，社会救助行动就可以告一段落。

5.社会救助手段的多样性

社会救助既可以采用实物救助又可以采用现金救助，既有临时应急救助又有长期固定救助，既有官方救助又有民间救助。社会救助手段的多样性是使社会成员得到救助的关键。

三、社会救助的原则

目前，我国的社会救助制度仍处于起步阶段。作为维护社会稳定的基本社会政策之一，社会救助体系应遵循如下基本原则：

（一）以国家为主体的原则

国家承担保障贫困人口基本生活需求的义务，只要人民有生活上的困难，政府就有责任给予救助。

因此，社会救助的责任主体是国家，按该社会政策维护社会公平，同时倡导民间参与，弥补政府财力的不足，以便更好地解决贫困人口的生活和其他问题。企业和社区以及各种社团的救助行动，只能作为辅助和必要补充。

发达国家和发展中国家因为经济力量不同，所进行的社会救助也有所不同，见表9-1。

表9-1   发达国家和发展中国家社会救助的比较

维度	发达国家	发展中国家
分配基础	一般贫困人口和家庭	最弱势群体
给付形式	现金为主	实物为主
输送方式	政府部门	政府和私人部门
资金来源	政府一般税收	政府和社会分担

（二）提供最低生活保障的原则

社会救助在于对已经陷入生活困境的社会成员给予帮助和支持，以满足其最低或基本生活需求。

在社会保障制度体系中，社会救助的标准最低，以维持最基本的物质生活为原则。根据我国的国情，社会救助制度也只能着眼于"最底线"。它要解决的是现实存在的贫困问题，使已经陷入贫困的那一部分社会成员能够维持最基本的生活，继而迅速摆脱贫困。

（三）救助对象选择性的原则

社会救助着重强调以社会成员的生活条件和生活状况为出发点，在社会救助制度面前，全体公民一律平等，都有享受社会救助的权利。但是，并非人人都能得到实际的给付，获得救助需要经过严格的资格认定程序，特别要经过家庭经济状况调查，确认公民及家庭确实不能维持最低生活水平，公民才有资格申请救助。社会救助制度的选择性有别于社会保险对象的法定成员资格，也不同于社会福利的普遍性原则。

（四）实施非义务性的原则

国家和社会对特定对象实施社会救助，帮助他们克服生活困难、摆脱生活困境，是无条件的。

凡是救助范围内的社会成员，国家和社会都应该对其实施帮助，并且不能有附加条件。也就是说，救助对象在接受救助时无须做出履行某种特定义务的承诺。

因为在整个社会保障体系中，社会救助是一种最低水平的保障，是社会安全的最后屏障，如果在社会救助给予的物质帮助之上附加一定的条件，就会导致相当一批社会成员得不到救助。

（五）政策统一、标准有别的原则

我国地域广阔，情况复杂，社会、经济发展极不平衡，实行全国统一的社会救助制度是不切合实际的。因此，应该发挥地方政府的积极性，在救助政策统一的大前提下，各地根据实际情况制定标准。

（六）积极救助的原则

社会救助不同于贫民救助，它通过"生产自救""以工代赈""科技扶贫"等积极的救助方式把扶贫和自力更生有机地结合起来。一方面，被救助者感到自己获得的救助是一种劳动报酬，维护了自尊心；另一方面，扶贫性救助也使被救助者彻底摆脱贫困，走向富裕。

四、社会救助的对象、范围及救助标准

（一）社会救助的对象

确定社会救助对象的量化标准就是最低生活标准。在现代社会，就一般情况而言，凡生活水平等于或低于法定最低生活水平线的个人和家庭，都是接受社会救助的主体或社会救助对象。

由于面临的实际情况不同，各国对救助对象有不同的划分和偏重。

例如，英国的社会救助对象主要分为四类：无固定职业或就业不充分，无力定期缴纳社会保险费，因而无权享受社会保险者；有权领取社会保险津贴但不足以维持最低生活水平者；领取社会保险津贴已满期限但无其他收入者；未参加社会保险且生活无着落的人。

我国的社会救助对象主要包括以下三类：

1.无依无靠且无生活来源的公民或社会成员

这类对象大多是长期被救济的，主要包括孤儿、无劳动收入和社会保险津贴的劳动者、长期患病者以及未参加社会保险又无子女的丧偶老人。

2.因遭受灾祸严重侵袭而生活一时陷入拮据状态的公民或社会成员

这类对象有劳动能力，也有生活收入来源，只是由于突发性的灾祸使其遭受严重的财产损失或人身伤害，生活一时发生困难，因而需要给予救济。

这里的灾祸既包括自然灾害，也包括生产和生活中潜藏着的对人身有严重危害的危险，这种危险一旦发生，就会造成人身或财产的严重损失。

3.生活水平低于国家规定最低标准的公民或社会成员

这类主体主要包括相对贫困的家庭和个人，他们尽管有生活来源，按期获得稳定的收入，但生活水平没能达到最低标准，所以也应纳入社会救助的范围。

（二）社会救助的范围

社会救助的范围可以划分为以下两个部分：

一是急难、灾害救助。这是暂时的、应急的，被救助者并不都是低收入者。如果被救助者在接受救助后仍面临无法解决的困难，那么当地部门应依法将他们纳入低收入贫困群体，使他们接受长期救助。

二是一般性的救助。它包括家庭补助、收容安置、伤残补助、失业救助等，通常又分为贫困地区和贫困户的救助。

（三）社会救助的标准

社会救助是公民生存的最后一道防线。根据国情和财力，社会救助应该以解决绝对贫困为主，兼顾相对贫困。在确定救助的标准时，大多数国家都采用收入比例法。

发达国家贫困者的收入为社会平均收入的50%～60%，发展中国家贫困者的收入一般为社会平均收入的25%～35%。

由于不同人群的最低生活需求是不同的，如老年人、儿童、成年人维持最低生活水平的消费支出是不同的，所以政策调整的重点是按照贫困人群的不同特点，适当调整救助标准的结构，改变目前救助标准单一化的现象。

确定社会救助的标准总体上要考虑以下几个因素：

（1）社会生产力水平，决定着社会的富裕程度，也决定着政府实施社会救助的财政实力。

（2）社会平均收入水平，表明当时满足社会基本生活所要求的收入量，一般情况下，社会救助标准应略低于社会平均收入水平。

（3）消费品价格指数，它是将收入转化为实际消费能力的重要制约因素，确定社会救助标准，必须考虑消费品价格指数因素。

（4）贫困人口数量，在经济发展所能提供的济贫资金一定的情况下，贫困人口的数量制约着政府和社会对贫困人口的供养能力和社会救助标准。

第二节　外国社会救助

一、外国社会救助概况

外国社会救助制度最早可以追溯到原始社会末期，人类出于恻隐之心或宗教信仰而对贫困者施以援助。目前，世界160多个国家实施的社会保障制度大多涵盖了社会救助，有些国家的社会救助甚至构成了整个社会保障的主体，可见其作为社会保障项目之一的基础性作用和重要性。

（一）外国社会救助制度的建立与发展

我们一般认为，社会救助起源于原始社会末期，是人类出于恻隐之心或宗教信仰而对贫困者施以援助的慈善行为。然而，开现代社会救助制度之先河的是16世纪在欧洲出现的国家济贫制度，即国家通过立法直接出面接管或兴办慈善事业，救济贫民。当时，工业革命引发的激烈的社会变迁使原来由教会或私人兴办的慈善事业无法解决层出不穷的社会问题，国家不得不将救济贫民视为己任。

法国率先进行济贫改革，但世界公认的现代社会救助制度的先驱是1601年英国女王伊丽莎白一世颁布的《济贫法》，这是世界上第一部救济平民的法案。

《济贫法》的颁布为英国乃至欧美各国的现代社会救助立法奠定了基础，开创了用国家立法推动社会保障事业的先例。

伊丽莎白《济贫法》因其"惩戒性"和"恩赐性"引起了贫民的不满和反抗。1832年，英国维多利亚女王下令组织"济贫行政与实施调查委员会",决心改革济贫行政制度,此次调查结果被编制成一项法案,最终为议会所通过,即新《济贫法》。然而,新《济贫法》强迫贫民回到条件空前恶劣的贫民习艺所去,更引起了贫民的反抗和要求改革者的抗议。这种消极被动救济而不是积极主动预防的济贫制度,已经不能适应英国社会发展的需要。

19世纪80年代,德国俾斯麦政府创建了社会保险制度。到20世纪20年代,欧洲各工业化国家在不同程度上都建立了社会保险制度。第二次世界大战结束后,在建立福利国家的过程中,西方发达国家都把社会保险制度作为社会保障体系的主体加以突出。随着经济的不断发展和就业率的普遍提高,甚至有人预言社会救助将被社会保险完全替代。但是,这种观点很快就被证明是错误的。

就人们的保障需求而言,社会保险毕竟有许多鞭长莫及的边缘地区,在这些地方,它的长处恰恰成了短处。即使在西方发达国家,社会救助仍然在整个社会保障体制中起着"保底"的作用。

例如,1965年美国出版的《社会工作百科全书》指出,"社会救助"是对社会保险制度的补充,在个人或家庭生计断绝而急需救助时给予生活上的扶助,是整个社会保障制度体系中最富有弹性而不受约束的一种计划。

在20世纪七八十年代,世界经济进入"滞胀时期",贫困问题日益严重,社会救助制度的作用日益突出。直到现在,发达国家在社会救助方面的开支仍然相当大。

在当今世界,市场经济国家一般都有社会救助(公共援助)制度,以确保每一个社会成员在各种主客观因素导致其生计断绝时不至于陷入无助的境地。

这对于竞争激烈的市场经济社会有更加突出的意义,可以说是维护社会安定的最基本的措施之一。同时,这也证明了社会保障的方式应该与经济发展的水平相适应。在国家经济起飞的初始阶段,社会救助所扮演的角色甚至比社会保险更重要。

综上所述,英国的工业革命引起的激烈的社会变迁促进了社会救助的诞生,而20世纪30年代波及欧美各国的经济大萧条则使社会救助扮演了更为重要的角色。

在面对大量现实存在的贫困现象时，社会救助能够将有限的资金有针对性地用到需求更为迫切的人身上。例如，面对 300 万失业大军，英国政府在 1930 年和 1934 年连续颁布了两项失业救助法，扩大对失业者的救助范围。

美国历史上著名的罗斯福新政，其主要的社会保障措施也是以工代赈，即组织大批失业工人修建公共工程，这是典型的社会救助手段。

（二）外国社会救助的基本概况

社会救助主要有两种形式，即现金救助和实物救助。现金救助又分为一般性救助和专项救助。

一般性救助是指向救助对象提供统一的现金补助，如英国的收入补助计划、比利时和法国的最低生活保障线制度。

专项救助是指向救助对象提供统一的现金补助，如英国的收入补助计划、比利时是指根据救助对象各自不同的特点提供不同种类的现金补助，如澳大利亚、新西兰的绝大部分社会救助项目，德国和荷兰的失业补助，意大利的最低养老金等。实物补助主要是向救助对象提供食品、衣物等实物和专项服务。

大多数国家的社会救助金的发放对象是申请人及其家庭成员，把申请人和被抚养人包括在内。

奥地利、卢森堡、日本的社会救助金的发放对象甚至包括申请人的成年子女。各国的社会救助制度对社会救助对象都有明确的规定，即只对自我保障有困难而确需救助的人给予救助。

国际劳工组织认为，在工业国家，所谓享有最低生活水平救助的对象，是指那些收入相当于制造业工人平均工资 30% 的家庭和个人。经济合作与发展组织认为，如果一个成年人本人的可支配收入（缴纳所得税和保险税后）低于平均水平的 50%，那么他属于救助对象。各国一般通过财力审查和就业审查来确认申请人领取救助金的资格。

各国社会救助金的标准一般要比社会保险金低，但没有规定领取期限。

据统计，在经济合作与发展组织成员中，对于 35 岁以上无子女者，其社会救助金的平均替代率为 39%，对于有子女者，则为 57%。向有子女的救助对象提供的救助金比无子女救助对象高出 18%，这是西方国家不断提高家庭补助的结果。

在大多数国家，社会救助金的领取时间是没有限制的，只要社会救助对象符合领取条件，就可以享受社会救助待遇。当然也有例外，葡萄牙和新西兰对青年人领取社会救助金的时间有一定限制。奥地利、丹麦、意大利、西班牙、瑞士和土耳其也准备对社会救助金的领取时间做一定的限制。

二、外国社会救助现状

（一）英国的社会救助制度

英国于1601年颁布了《济贫法》，它标志着社会救助制度的建立。

进入20世纪后，随着英国经济的不断发展和变化，《济贫法》已不能应对社会发展变化中出现的大量的贫困和失业问题。为此，英国政府制定了一系列新措施，采取了社会救助与社会保险相结合的方式，《济贫法》的济贫职能逐渐被新的社会保障立法所代替，但《济贫法》中的济贫精神仍在社会救助中得到了体现。

1948年，英国通过并实施了《国民救助法》。该法规定，没有收入或收入太低而又没有缴纳国民保险的人，可以领取国民救助金；没有收入或收入太低而又没有缴纳国民保险的人，在患病、伤残和住房等方面还可以申请救助，但其领取救济金的数额少于参加保险的人。

1976年，该法经过修订更名为《补充救助法》，主要补充了英国《国民保险法》在社会保障制度中的不足。

英国的社会救助制度规定，凡是16岁以上的英国居民，收入来源不足以满足最低生活需要者，都可以申请社会救助；已得到充分就业的人，除特殊情况外，不得享受社会救助，但如果其失业后重新工作，也可以获得少数几天的救助；如果已得到充分就业的人需要进行牙科治疗、配眼镜、进行外科手术等，但又付不起这些费用的，可以申请救助。除了无权领取保险金、保险金期限已满和保险金收入不能维持最低生活需要这三种情况外，有资格申请救助的居民还包括一些处在保险计划之外的人，如被丈夫遗弃并且有小孩抚养而不能出去工作的妇女、被监禁犯人的妻子和儿女、未婚的母亲及其孩子、无权领取退休金的70岁以上的老年人和40岁以上的盲人。此外，到处流浪的无业游民也需要依靠社会救助当局设置的收容所解决食宿问题。

英国的社会救助制度规定，社会成员必须提出申请，在社会救助当局对其生活状况调查核实后才能得到救助金。

社会救助当局进行生活状况调查所依据的标准是补充救助标准，即官方贫困线。这一标准是根据由议会通过的法规确定的，随着经济的不断发展和生产力水平的不断提高，这一标准也在不断变化。

英国社会救助的内容主要包括低收入家庭救助、老龄救助和失业救助等。低收入家庭救助主要是对家长有全职工作、有子女，但收入低于官方贫困线的家庭进行救助。

救助金依制度规定的贫困标准而定。低收入家庭还可以获得一部分取暖费，有子女的还可以获得学校的免费牛奶和免费膳食，免缴国民保险费、处方费，享受房租补贴等。老龄救助主要是对那些只有少量补助金的老年人给予救助。失业救助则是对那些领取失业保险金期满后的继续失业者进行的一种救助。救助金额主要按个人收入的多少、被抚养的成年人和儿童的多少决定。

（二）德国的社会救助制度

根据德国《社会救助法》的有关规定，凡是生活在德国的居民，不论是德国人还是外国人，只要是遇到该救助法所列的各种困难，都可以要求并得到社会救助。

德国的社会救助一般分为两类：一类是对日常生活困难的群体救助，包括对被救助者衣、食、住、家庭用具、取暖等方面的救助；另一类是对特殊困难群体的救助，主要包括保障基本生存的救助，受培训者培训费、生活费的救助，对危及健康者的预防性救助，对疾病者的救助，对计划生育者的救助，对孕妇和产妇的救助，对残疾人的救助，对肺病患者的救助，对盲人教育的救助，对病人护理的救助，为家庭主妇设立的因病不能料理家务的家庭救助，为特殊社会困难者（如无家可归者、流浪者和罪犯等）设立的救助，对老年人的救助，对居住在国外的德国人的社会救助等。

德国的社会救助资金主要来源于财政拨款。各县、各州和联邦政府下设各级社会救助的具体管理单位，但各地、各级管理机构的设置和名称不尽相同，有的设立福利联合会，有的专设福利管理处，有的则设立政府专门的福利部。

各级社会救助组织还包括它们创办的养老院、医院、学校、福利中心等机构。社会救助的接受者一般不必提出申请，各级社会救助机构在了解被救助者的处境后，一般都会主动采取相应的救助措施。

第三节　我国社会救助

一、社会救助体系

社会救助体系是指一个国家或地区对低收入群体及不幸者进行各种救助所形成的一整套制度框架体系。

2009年政府工作报告中指出，中国城乡社会救助体系已基本建立。这个体系是一套以城乡低保制度为基础，以农村五保供养制度、灾害紧急救济制度、医疗救助、流浪乞讨人员救助为主要内容，与住房救助、教育救助、司法援助制度相配套，以临时救助制度为补充，与慈善事业相衔接的社会救助制度。

2014年2月，国务院颁布《社会救助暂行办法》，自2014年5月1日起施行。这是我国第一部统筹各类社会救助制度的行政法规，首次将救急难、疾病应急救助、临时救助等方针政策纳入法制安排，是我国统筹构建社会救助制度体系的标志，具有重要现实意义和深远历史意义。

《社会救助暂行办法》涵盖内容十分丰富。为保障困难群众基本生活权益，《社会救助暂行办法》在原有规定基础上，按照与经济社会发展水平相适应、与其他社会保障制度相衔接的原则，进一步规范了各项社会救助的内容。

（一）最低生活保障

明确最低生活保障的具体条件为：共同生活的家庭成员人均收入低于当地最低生活保障标准，且符合当地最低生活保障家庭财产状况规定的家庭。

与之前相比，增加了符合当地家庭财产状况规定的要求。对批准获得最低生活保障的家庭，按照共同生活的家庭成员人均收入低于当地最低生活保障标准的差额，按月发给最低生活保障金。

与之前相比，为确保特殊人群的基本生活，该办法规定，对获得最低生活保障后生活仍有困难的老年人、未成年人、重度残疾人和重病患者，采取必要措施给予生活保障。

（二）特困人员供养

《社会救助暂行办法》将农村"五保"供养和城市"三无"人员救助整合为特困人员供养制度，规定对无劳动能力、无生活来源且无法定赡养、抚养、扶养义务人，或者其法定赡养、抚养、扶养义务人无赡养、抚养、扶养能力的老年人、残疾人以及未满16周岁的未成年人，给予特困人员供养。

《社会救助暂行办法》确定了四方面供养内容：提供基本生活条件、对生活不能自理的给予照料、提供疾病治疗、办理丧葬事宜。同时，还要求其与城乡居民基本养老保险、基本医疗保障、最低生活保障、孤儿基本生活保障等制度相衔接。

此外，为尊重供养对象自主选择意愿，《社会救助暂行办法》还规定了特困人员可以自行选择供养形式，既可以选择在当地的供养服务机构集中供养，也可以选择在家分散供养。

（三）受灾人员救助

《社会救助暂行办法》在总结自然灾害救助实施经验的基础上，规定自然灾害发生后，要为受灾人员提供生活救助；对住房损毁严重的受灾人员，进行过渡性安置；对属于住房恢复重建补助对象的受灾人员，给予资金、物资等救助；为因当年冬寒或者次年春荒遇到生活困难的受灾人员，提供基本生活救助。此外，还明确自然灾害救助实行属地管理、分级负责，进一步明确了各级政府的管理责任。

（四）医疗救助

《社会救助暂行办法》规定，最低生活保障家庭成员、特困供养人员和县级以上人民政府规定的其他特殊困难人员，可以申请医疗救助。

《社会救助暂行办法》规定了两种医疗救助形式：一是对救助对象参加城镇居民基本医疗保险或者新型农村合作医疗的个人缴费部分，给予补贴；二是对救助对象经基本医疗保险、大病保险和其他补充医疗保险支付后，个人及其家庭难以承担的符合规定的基本医疗自负费用，给予补助。

此外，《社会救助暂行办法》还规定要建立疾病应急救助制度，对需要急救但身份不明或者无力支付急救费用的急重危伤病患者给予救助。

（五）教育救助

《社会救助暂行办法》规定，对在义务教育阶段就学的最低生活保障家庭成员、特困供养人员，给予教育救助，并规定国家对在高中教育（含中等职业教育）、普通高等教育阶段就学的最低生活保障家庭成员、特困供养人员，以及不能入学接受义务教育的残疾儿童，根据实际情况给予适当教育救助。

《社会救助暂行办法》还规定，教育救助采取减免相关费用、发放助学金、给予生活补助、安排勤工助学等方式实施。

（六）住房救助

《社会救助暂行办法》规定，对住房困难的最低生活保障家庭、分散供养的特困人员，给予住房救助。

《社会救助暂行办法》还规定，住房救助通过配租公共租赁住房、发放住房租赁补贴、农村危房改造等方式实施。

（七）就业救助

《社会救助暂行办法》规定，对最低生活保障家庭中有劳动能力且处于失业状态的成员，通过贷款贴息、社会保险补贴、岗位补贴、公益性岗位安置等方式，给予就业救助。

《社会救助暂行办法》还规定，县级以上地方人民政府应当采取措施，对于最低生活保障家庭中有劳动能力的成员均处于失业状态的，确保该家庭至少有一人就业。

此外，《社会救助暂行办法》还加强了最低生活保障和就业救助的衔接，规定最低生活保障家庭中有劳动能力但未就业的成员，应当接受有关部门介绍的工作；无正当理由，连续3次拒绝接受介绍工作的，减发或者停发其本人的最低生活保障金。

（八）临时救助

《社会救助暂行办法》规定，对因火灾、交通事故等意外事件，家庭成员突发重大疾病等原因，导致基本生活暂时出现严重困难的家庭，或者因生活必需支出突然增加超出家庭承受能力，导致基本生活暂时出现严重困难的最低生活保障家庭，以及遭遇其他特殊困难的家庭，给予临时救助。

此外，《社会救助暂行办法》还规定对生活无着的流浪、乞讨人员提供临时食宿、急病救治、协助返回等救助，界定了公安等行政机关工作人员的告知、引导、护送职责，强化了部门联动协作机制。

（九）社会力量参与

《社会救助暂行办法》鼓励社会力量通过捐赠、设立帮扶项目、创办服务机构、提供志愿服务等方式参与社会救助，并明确社会力量参与社会救助，按照国家有关规定享受财政补贴、税收优惠、费用减免等政策；要求县级以上人民政府发挥专业社会工作服务机构和社会工作者的作用，为社会救助对象提供心理疏导、社会融入、能力提升等专业服务。同时，《社会救助暂行办法》规定政府可以将社会救助中的具体服务事项，向社会力量购买服务。

此外，为给社会力量参与社会救助创造必要条件，《社会救助暂行办法》还要求社会救助管理部门建立社会力量参与社会救助的机制和渠道。

《社会救助暂行办法》将最低生活保障、特困人员供养、受灾人员救助、医疗救助、教育救助、住房救助、就业救助和临时救助这8项制度以及社会力量参与作为基本内容，确立了完整清晰的社会救助制度体系。

《社会救助暂行办法》还规定社会救助应坚持托底线、救急难、可持续，与其他社会保障制度相衔接，社会救助水平应与经济社会发展水平相适应，社会救助工作应遵循公开、公平、公正、及时的原则。

二、城市居民最低生活保障制度

（一）城市居民最低生活保障制度的建立

1.探索发展阶段

1992年，党的十四大通过了建立具有中国特色的社会主义市场经济体制的决议，我国改革开放的步伐进一步加快，改革的力度和深度也进一步加大。

在这种社会经济大背景下，城镇职工的终身制铁饭碗被打破，各种组织单位也失去了生存的条件。由于某些行业发展不景气，职工的工资收入也出现了下降的趋势。而20世纪90年代初又是我国通货膨胀较为严重的时期，这就使工资收入已经下降的职工的实际购买力进一步下降。下岗和失业人员逐渐演变成为新的城市贫困群体。这些都导致城市贫困问题日益复杂。

位于我国改革开放最前沿的上海市首先感受到了压力。由于传统的社会救济政策不能适应新形势发展的需要，一些"政府管不上、企业靠不上、家庭顾不上"的"三不管"人员的生活陷入了困境，也引起了相关领导的高度重视。

1993年5月7日，上海市民政局、财政局、劳动局、人事局、社会保险局、总工会联合发布了《关于本市城镇居民最低生活保障线的通知》，从1993年6月1日起，在全市范围内实施最低生活保障制度，当年最低生活标准为人均120元／月，凡是实际生活水平低于这个标准的本市居民都可以向民政部门申领最低生活补助金。

上海市建立最低生活保障制度的消息很快引起了全国各地党政领导和民政部门的关注。经过调查研究，民政部肯定了上海市的做法，在1994年召开的第十次全国民政工作会议上，明确把"对城市社会救济对象逐步实行按当地最低生活保障线标准进行救济"列入"民政工作今后五年乃至本世纪末（20世纪末）的发展目标"。

1993年10月，厦门市政府发布了《厦门市城市居民最低生活保障暂行办法》。此后，全国各地民政部门陆续建立起了适合本地区实际情况的最低生活保障制度。

第十次全国民政工作会议召开后，民政部加大了对各地探索建立最低生活保障制度工作的指导力度。

1994年，为了配合社会保障制度改革，民政部选择部分省会城市进行了最低生活保障线的调研，在18个综合改革试点城市制定了对失业保险期满后无法重新就业并符合社会救济条件的职工进行救济的办法。

1995年初，民政部对全国40多个大中城市的居民生活状况进行了普查，就对在失业保险期满后不能重新就业的失业职工进行社会救助的可行性进行了调查论证。

1996—1997年，各地都把探索建立最低生活保障制度作为工作的重点，全国各地拉开了建立最低生活保障制度的序幕。

在条件不断成熟的情况下，1997年9月2日，国务院发布了《关于在全国建立城市居民最低生活保障制度的通知》，标志着我国最低生活保障制度的建立由探索阶段进入推广阶段。该通知指出，妥善解决城市贫困人口的生活困难问题是当前我国经济和社会发展的一个重要任务。

国家决定在全国建立城市居民最低生活保障制度。享受最低生活保障的对象是家庭人均收入低于当地最低生活保障标准的持有非农业户口的城市居民，主要包括以下三类：第一类是无生活来源、无劳动能力、无法定赡养人或抚养人的居民；第二类是领取失业救济金期间或失业救济期满仍然未能重新就业，家庭人均收入低于最低生活标准的居民；第三类是在职人员和下岗人员在领取工资或最低工资、基本生活费后以及退休人员在领取退休金后，其家庭人均收入仍然低于最低生活保障标准的居民。最低生活保障的标准由各地政府根据当地的情况而定。

2.基本确立阶段

1999年9月28日，朱镕基签署了中华人民共和国国务院第271号令，正式颁布了《城市居民最低生活保障条例》，于当年10月1日开始生效。该条例规定："持有非农业户口的城市居民，凡共同生活的家庭成员人均收入低于当地城市居民最低生活保障标准的，均有从当地人民政府获得基本生活物质帮助的权利。对无生活来源、无劳动能力又无法定赡养人、扶养人或抚养人的城市居民，批准其按照当地城市居民最低生活保障标准全额享受；对尚有一定收入的城市居民，批准其按照家庭人均收入低于当地最低生活保障标准的差额享受。"

《城市居民最低生活保障条例》的颁布是我国社会救助制度发展进程中一个重要的里程碑，标志着我国城市居民最低生活保障制度的建设和管理开始进入法治化的轨道。至此，最低生活保障制度基本上在全国确立。

2001年8月，中共中央、国务院决定进一步强化城市居民最低生活保障制度的建设工作，要求尽快把符合条件的所有城市贫困居民全部纳入最低生活保障范围。

2002年，党的十六大提出"有条件的地区探索建立农村低保制度"后，特别是党的十六届五中全会提出建设社会主义新农村以后，农村最低生活保障制度迅速在全国各地推广开来。

2002年2月4日，中共中央办公厅、国务院办公厅发出了《关于进一步安排好困难群众生产和生活的通知》，民政部亦进一步加大了督察的力度，对各地的应保人数、资金安排和管理情况进行了一次全面的排查。低保资金由此全部纳入包括中央财政在内的各级政府财政预算，具有了稳定的经费来源，并且有了较大幅度的增长。

2012年9月，《国务院关于进一步加强和改进最低生活保障工作的意见》发布，从保障和改善民生、加强和创新社会管理、推进和谐社会建设的高度，对加强和改进低保工作提出了总体要求，即：要以科学发展观为指导，以保障和改善民生为主题，以强化责任为主线，坚持保基本、可持续、重公正、求实效的方针，进一步完善法规政策，健全工作机制，严格规范管理，加强能力建设，努力构建标准科学、对象准确、待遇公正、进出有序的低保工作格局，不断提高低保制度的科学性和执行力，切实维护困难群众基本生活权益。意见明确了低保工作要坚持的四个基本原则：一是坚持应保尽保，确保把所有符合条件的困难群众全部纳入低保范围；二是坚持公平公正，做到审批过程公开透明，审批结果公平公正；三是坚持动态管理，做到保障对象有进有出、补助水平有升有降；四是坚持统筹兼顾，做到低保标准与经济社会发展水平相适应，低保制度与其他社会保障制度相衔接。

（二）城市居民最低生活保障的资金来源

虽然最低生活保障制度在法规上得到了确立，但大量符合救助标准的困难居民由于各种严格的限制而不能享受这一权利，最低生活保障制度实际上并未覆盖全体城镇居民。资金不足成为制约最低生活保障制度发挥作用的关键障碍。

我国在开始建立城市居民最低生活保障制度时，经费的筹集主要有两种办法：第一种办法是由各级地方财政按一定比例分级负担，所需经费列入财政预算；第二种办法是各方出力、财政保底，先由所在单位解决，当有些单位无力保障或仅有一部分保障时再由地方财政保底。第一种办法确立了政府的全额财政责任，从而也消除了传统救助体制下的弊端；第二种办法则只是原有体制的简单延续。

1999年9月，国务院颁布的《城市居民最低生活保障条例》从法律上明确了最低生活保障资金的来源，规定"城市居民最低生活保障制度所需资金，由地方人民政府列入财政预算，纳入社会救济专项资金支出项目，专项管理，专款专用"。这一规定表明，最低生活保障制度是以地方政府为责任主体的社会救助，地方政府财政应当承担全部责任。不过，考虑到一些地方财政困难，1999年以来，中央财政事实上承担着为最低生活保障制度拨款的责任，并且呈逐年增长的势头，为全国实施最低生活保障制度提供了条件。

《城市居民最低生活保障条例》还同时规定"国家鼓励社会组织和个人为城市居民最低生活保障制度提供捐款、资助；所提供的捐赠资助，全部纳入当地城市居民最低生活保障资金"。因此，社会捐献成为最低生活保障制度的补充供款渠道。

2012年《国务院关于进一步加强和改进最低生活保障工作的意见》中提到经费问题：省级财政要优化和调整支出结构，切实加大最低生活保障资金投入。中央财政最低生活保障补助资金重点向保障任务重、财政困难地区倾斜，在分配最低生活保障补助资金时，财政部要会同民政部研究"以奖代补"的办法和措施，对工作绩效突出地区给予奖励，引导各地进一步完善制度，加强管理。要切实保障基层工作经费，最低生活保障工作所需经费要纳入地方各级财政预算。基层最低生活保障工作经费不足的地区，省市级财政给予适当补助。

2012年以来，国家出台或修订的多项政策都列举了关于"城市居民最低生活保障资金来源"的相关条款。

2014年2月，《社会救助暂行办法》（2019年3月根据《国务院关于修改部分行政法规的决定》修订）公布，其中第五条规定："县级以上人民政府应当将社会救助纳入国民经济和社会发展规划，建立健全政府领导、民政部门牵头、有关部门配合、社会力量参与的社会救助工作协调机制，完善社会救助资金、物资保障机制，将政府安排的社会救助资金和社会救助工作经费纳入财政预算。社会救助资金实行专项管理，分账核算，专款专用，任何单位或者个人不得挤占挪用。社会救助资金的支付，按照财政国库管理的有关规定执行。"第六十四条规定："县级以上人民政府财政部门、审计机关依法对社会救助资金、物资的筹集、分配、管理和使用实施监督。"

2022年，《关于进一步做好最低生活保障等社会救助兜底保障工作的通知》（民发〔2022〕83号）发布，其中，关于落实保障措施的条款中规定："地方各级财政要把保障困难群众基本生活放在重要位置，落实属地责任，加强社会救助扩围增效工作资金保障，统筹使用中央财政困难群众救助补助资金和地方各级财政安排的资金，扎实做好低保等社会救助兜底保障工作。"

三、农村贫困居民的生活救济

除前面提到的《国务院关于进一步加强和改进最低生活保障工作的意见》同样适用于城乡居民外，针对我国农村贫困居民，中共中央、国务院于2007年发布《关于积极发展现代农业扎实推进社会主义新农村建设的若干意见》，明确提出，要在全国范围建立农村最低生活保障制度，并强调指出，鼓励已建立制度的地区完善制度，支持未建立制度的地区建立制度，中央财政对财政困难地区给予适当补助，从而给这项制度在全国的普及提供了强大推动力。

农村贫困居民的生活救济包括农村五保户的救助和农村居民最低生活保障救助。本书重点介绍农村五保制度。

1.农村五保制度及其发展

所谓农村五保制度，是指针对农村缺乏或丧失劳动能力、无依无靠、没有生活来源的老、弱、孤、寡、残疾人员，由乡、村两级组织负责向其提供保吃、保穿、保住、保医、保葬和保教等方面援助的一种社会救助制度。[①]

农村五保制度始于20世纪50年代中期，当时农村的孤寡老人与孤儿不可能像城市的孤寡老人与孤儿一样得到国家的直接援助，他们的生活只能依靠乡村集体经济来保障。

全国人大一届三次会议通过的《高级农业生产合作社示范章程》和《1956—1967年全国农业发展纲要》中明确规定："农业合作社对于社内缺乏劳动力、生活没有依靠的鳏寡孤独的社员，应当统一筹划……在生活上给予适当照顾，做到保吃、保穿、保烧（燃料）、保教（儿童和少年）、保葬，使他们生养死葬都有依靠。"由此，具有中国特色的五保制度初步建立，其实施对象包括无依无靠、无生活来源的农村老、弱、

---

① 郑功成.社会保障概论［M］.上海：复旦大学出版社，2005：265.

残、幼、孤等社会脆弱群体，经费主要来源于集体分配和国家救助拨款。

1994年1月23日，国务院颁布了《农村五保供养工作条例》，农村五保制度作为中国农村社会救助的传统主体，走上了与改革步伐相适应的规范化道路。

为了做好农村五保供养工作，保障农村五保供养对象的正常生活，促进农村社会保障制度的发展，2006年1月国务院第121次常务会议通过《农村五保供养工作条例》。条例包括总则、供养对象、供养内容、供养形式、监督管理、法律责任、附则7章，共26条，自2006年3月1日起施行。1994年1月23日发布的《农村五保供养工作条例》同时废止。

2.农村五保供养的对象

《农村五保供养工作条例》规定，老年、残疾或者未满16周岁的村民，无劳动能力、无生活来源又无法定赡养、抚养、扶养义务人，或者其法定赡养、抚养、扶养义务人无赡养、抚养、扶养能力的，享受农村五保供养待遇。应当由村民本人向村民委员会提出申请；因年幼或者智力残疾无法表达意愿的，由村民小组或者其他村民代为提出申请。经村民委员会民主评议，对符合条例第六条规定条件的，在本村范围内公告；无重大异议的，由村民委员会将评议意见和有关材料报送乡、民族乡、镇人民政府审核。乡、民族乡、镇人民政府应当自收到评议意见之日起20日内提出审核意见，并将审核意见和有关材料报送县级人民政府民政部门审批。县级人民政府民政部门应当自收到审核意见和有关材料之日起20日内作出审批决定。对批准给予农村五保供养待遇的，发给"农村五保供养证书"；对不符合条件不予批准的，应当书面说明理由。乡、民族乡、镇人民政府应当对申请人的家庭状况和经济条件进行调查核实；必要时，县级人民政府民政部门可以进行复核。申请人、有关组织或者个人应当配合、接受调查，如实提供有关情况。

四、农村扶贫工作

农村扶贫是指国家和社会对有一定生产能力的农村贫困户，从政策、资金、物资、技术、信息等方面给予扶持，通过生产经营活动，帮助其解决温饱、摆脱贫困的一种社会救助制度。

（一）农村扶贫的历程

20世纪80年代中期，为了缓解和消除农村大量的贫困问题，在农村发展经济和实行分散的贫困户社会救助的基础上，国家制定和实施了一项重大的反贫困战略——对集中连片的农村贫困地区实行扶贫开发。

农村扶贫开发是指国家和社会各个方面，对贫困地区或农村有一定生产经营能力的贫困户，从政策、资金、物资、技术、信息、劳务、就业等方面对其进行扶助和帮助，使其逐步改变贫困落后的面貌，走向富裕。农村扶贫开发的重点是扶持集中连片的贫困地区。

1984年9月，中共中央、国务院发出了《关于帮助贫困地区尽快改变面貌的通知》。

1986年，国家成立了专门的机构，中央和地方财政设立了专项资金，制定了一系列的政策和措施，扶持贫困地区改善交通、能源、通信、文化、卫生、教育等基础设施，提高其自我发展的能力，变传统的输血型贫困救济为新的造血型扶贫开发。

1994年3月，为了进一步加大对自然条件恶劣、开发特别困难的贫困地区的扶贫力度，国家制定和颁布了《国家八七扶贫攻坚计划》，提出了"从1994年到2000年，集中人力、物力、财力，动员社会力量，力争用7年的时间解决8 000万贫困人口的温饱问题"的目标。

2001年，在基本实现《国家八七扶贫攻坚计划》的目标的基础上，国家又制定了《中国农村扶贫开发纲要（2001—2010年）》，提出了在21世纪初的10年中，我国农村扶贫开发的目标、任务、指导思想和方针政策。

2001—2010年我国扶贫开发的总体目标如下：尽快解决极少数贫困人口的温饱问题，进一步改善贫困地区的基本生产、生活条件，巩固温饱成果，提高贫困人口的生活质量和综合素质，加强贫困乡村的基础设施建设，改善生态环境，逐步改变贫困地区社会、经济、文化的落后状况，为达到小康水平创造条件。

2011年，国务院在《中国农村扶贫开发纲要（2011—2020年）》中强调，要加快贫困地区发展，促进共同富裕，实现到2020年全面建成小康社会的奋斗目标。

2011—2020年我国扶贫开发的总体目标如下：到2020年，稳定实现扶贫对象不愁吃、不愁穿，保障其义务教育、基本医疗和住房。贫困地区农民人均纯收入增长幅度高于全国平均水平，基本公共服务主要领域指标接近全国平均水平，扭转发展差距扩大趋势。

面对贫困的新变化，"十二五"期间，农村扶贫开发采取了以下新措施：

（1）大幅度提高农村贫困线。

将农民人均纯收入2 300元（2010年不变价）作为新的国家扶贫标准。按购买力平价计算，新标准已接近世界银行的"1天1美元"的贫困标准，根据2010年不变价计算得到的2014年贫困标准（2 800元）已超过了世界银行2015年的新标准（每人每天1.9美元）。

（2）改革目标瞄准方法。

中央根据贫困人口分布的变化，由"整村推进"改为集中连片开发，在全国共划分了14个集中连片特殊困难地区、680个县作为脱贫攻坚的主战场，国家集中力量，彻底改变这些地区的落后面貌。

（3）实施精准扶贫战略。

2013年11月，习近平总书记考察湖南湘西，首次提出"精准扶贫"的战略构想。此后，习近平总书记多次阐明精准扶贫的重要意义。

随后，国务院扶贫办多次下发文件，加快了精准扶贫工作机制的建立，加强了建档立卡工作。目前，精准扶贫已成为打赢脱贫攻坚的战略方针。

2015年11月，中共中央发布的《中共中央关于制定国民经济和社会发展第十三个五年规划的建议》中将农村扶贫开发作为主要组成部分，提出实施精准扶贫和精准脱贫、对贫困县重点考核脱贫成效、加大中央和省级财政扶贫投入等建议，这充分表明了党和政府对扶贫开发工作的重视。

2015年11月29日，中共中央、国务院发布《关于打赢脱贫攻坚战的决定》，对"十三五"期间农村反贫困的"攻坚战"做出安排部署。

2020年12月，中共中央、国务院出台的《关于实现巩固拓展脱贫攻坚成果同乡村振兴有效衔接的意见》，明确"2020年脱贫攻坚目标任务完成后，设立5年过渡期"，要求"脱贫地区要根据形势变化，理清工作思路，做好过渡期内领导体制、工作体系、发展规划、政策举措、考核机制等有效衔接"。

（二）农村扶贫的基本做法

我国政府在农村扶贫工作中长期积累了大量经验，除了经济建设、社会保障制度的辅助之外，还切实针对扶贫有过诸多举措。在长期的农村扶贫实践中，各地按照党中央、国务院的要求，在民政部的具体指导下，创造性地探索了许多有效的办法和途径，推动了救济性扶贫工作的开展。

归纳起来，农村扶贫的基本做法主要包括专项扶贫、行业扶贫、社会扶贫和国际合作等方面。

1.专项扶贫

我国政府把收入在扶贫标准以下的人口作为扶贫对象，把贫困人口集中的中西部革命老区、民族地区、边疆地区和特困地区作为扶贫开发的重点区域，在这些地区确定了592个国家扶贫开发工作重点县给予重点扶持。

中央和地方各级政府编制专项规划，安排专项资金，集中资源改善这些地区基础设施，发展特色优势产业，完善社会服务体系，提高人口素质。东部以及中西部其他地区的贫困县、乡、村，主要由地方政府负责扶持。

具体措施包括：整村推进扶贫开发；加强劳动力培训；通过教育开展扶贫；推进产业化扶贫；实施以工代赈；实施易地扶贫搬迁；开展金融扶贫；开展特殊地区扶贫试点。

2.行业扶贫

贫困问题是历史、经济、地理、自然等诸多因素综合影响的结果。我国政府从贫困地区实际情况出发，坚持综合治理原则，发挥政府各相关部门优势，积极开展行业扶贫工作。

具体措施包括：推广农业技术；改善贫困地区交通条件；加强贫困地区水利建设；解决无电人口用电问题；开展农村危房改造；开展科技扶贫；发展贫困地区社会事业；加强贫困地区生态建设。同时，国家把对少数民族、妇女、残疾人的扶贫开发纳入规划，统一组织，同步实施，同等条件下优先安排，加大支持力度。

3.社会扶贫

扶贫济困是中华民族的传统美德。中国政府始终注重发扬这一优良传统，组织和动员社会力量积极参与扶贫开发，共同推进减贫事业发展。

为加大对革命老区、民族地区、边疆地区、贫困地区发展的扶持力度，国家大力开展定点扶贫工作。东部发达省市与西部贫困地区结对开展扶贫协作，是国家为实现共同富裕目标作出的一项制度性安排。军队和武警部队是中国社会扶贫的一支重要力量。各类人民团体、社会组织、民营企业和广大公众积极参与扶贫开发，针对特殊困难地区和群众脱贫致富的要求，通过定点帮扶、结对帮扶、实施专项扶贫工程、参与具体扶贫活动等多种形式，支持产业发展，援建基础设施，发展教育卫生，改善生产生活条件，开展生态环境建设。

4.国际合作

我国政府致力于依靠自身的力量解决贫困问题，并注意借鉴国际社会先进的减贫理念和成果，积极与国际社会分享中国在扶贫开发领域的经验和做法，开展国际交流与合作。

20世纪90年代初期，中国就开始利用外资进行扶贫。外资扶贫作为中国扶贫开发工作的重要组成部分，把国际上一些先进的减贫理念和方法，例如，参与式扶贫、小额信贷、项目评估和管理、贫困监测评价等，逐步应用于中国扶贫实践中，在创新扶贫开发机制、提高扶贫工作水平、开发扶贫队伍人力资源等方面产生了积极影响。中国积极参与国际减贫事业，致力于构建国际减贫交流合作平台，与广大发展中国家共享减贫经验，共同发展进步。

（三）精准扶贫

"精准扶贫"重要思想最早在2013年11月提出，习近平总书记到湖南湘西考察时首次作出了"实事求是、因地制宜、分类指导、精准扶贫"的重要指示。同年，国务院扶贫办发布《建立精准扶贫工作机制实施方案》，指导全国各地开展精准扶贫工作。

2014年1月，中共中央办公厅详细规划了精准扶贫工作模式的顶层设计，推动了"精准扶贫"思想落地。

2014年3月，习近平总书记强调，要实施精准扶贫，瞄准扶贫对象，进行重点施策，进一步阐释了精准扶贫理念。

2015 年 10 月 16 日，习近平总书记在"减贫与发展高层论坛"上强调，中国扶贫攻坚工作实施精准扶贫方略，增加扶贫投入，出台优惠政策措施，坚持中国制度优势，注重六个精准，坚持分类施策，因人因地施策，因贫困原因施策，因贫困类型施策，通过扶持生产和就业发展一批，通过易地搬迁安置一批，通过生态保护脱贫一批，通过教育扶贫脱贫一批，通过低保政策兜底一批，广泛动员全社会力量参与扶贫。

精准扶贫是粗放扶贫的对应称谓，指针对不同贫困区域环境、不同贫困农户状况，运用科学有效的程序对扶贫对象实施精确识别、精确帮扶、精确管理的治贫方式。

一般来说，精准扶贫主要是就贫困居民而言的，谁贫困就扶持谁，谁的贫困程度深对谁的扶持就应多。具体地说，就是坚持以政府为主导，市场主体和各类社会力量参与，以培育扶贫对象自我发展能力和改善扶贫对象生产生活条件为核心，根据特定扶贫对象的致贫原因、资源禀赋、发展意愿及市场需求，统筹各类帮扶资源，制订并实施最优化的帮扶计划，从而达到解决扶贫对象自我发展难题、促进扶贫对象稳定脱贫致富的目的。

健全精准扶贫工作机制，必须抓好精准识别、建档立卡这个关键环节，为打赢脱贫攻坚战打好基础，为推进城乡发展一体化、逐步实现基本公共服务均等化创造条件。

应当按照扶持对象精准、项目安排精准、资金使用精准、措施到户精准、因村派人精准、脱贫成效精准的要求，使建档立卡贫困人口中有 5 000 万人左右通过产业扶持、转移就业、易地搬迁、教育支持、医疗救助等措施实现脱贫，其余完全或部分丧失劳动能力的贫困人口实行社保政策兜底脱贫。

应当对建档立卡贫困村、贫困户和贫困人口定期进行全面核查，建立精准扶贫台账，实行有进有出的动态管理。根据致贫原因和脱贫需求，对贫困人口实行分类扶持。

建立贫困户脱贫认定机制，对已经脱贫的农户，在一定时期内让其继续享受扶贫相关政策，避免出现边脱贫、边返贫现象，切实做到应进则进、应扶则扶。抓紧制定严格、规范、透明的国家扶贫开发工作重点县退出标准、程序、核查办法。重点县退出，由县提出申请，市（地）

初审，省级审定，报国务院扶贫开发领导小组备案。重点县退出后，在攻坚期内国家原有扶贫政策保持不变，抓紧制定攻坚期后国家帮扶政策。加强对扶贫工作绩效的社会监督，开展贫困地区群众扶贫满意度调查，建立对扶贫政策落实情况和扶贫成效的第三方评估机制。评价精准扶贫成效，既要看减贫数量，更要看脱贫质量，不提不切实际的指标，对弄虚作假搞"数字脱贫"的，要严肃追究责任。

精准扶贫的核心是扶贫对象及其贫困状况更加清晰、扶贫项目及帮扶措施更具针对性、扶贫资金的投向更加精准，资金的使用效果以及脱贫成效更加显著。

2021年2月25日，习近平总书记在全国脱贫攻坚总结表彰大会上庄严宣告，我国脱贫攻坚战取得了全面胜利！现行标准下9 899万农村贫困人口全部脱贫，832个贫困县全部摘帽，12.8万个贫困村全部出列，区域性整体贫困得到解决，完成了消除绝对贫困的艰巨任务，创造了又一个彪炳史册的人间奇迹！脱贫攻坚目标任务完成后，"三农"工作重心将转向全面推进乡村振兴。

五、灾害救助、特殊对象救助

（一）灾害救助

为规范自然灾害救助工作，保障受灾人员基本生活，《自然灾害救助条例》在2010年6月30日国务院第117次常务会议上通过，自2010年9月1日起施行。2011年10月16日经国务院批准、由国务院办公厅印发《国家自然灾害救助应急预案》，2016年3月10日进行了修订。

灾害救助是指国家和社会对遭受各种自然灾害侵袭并因此陷入困难境地的社会成员给予一定的现金或实物救助，以帮助其度过特殊困难时期的社会救助制度。按民政部门的划分，灾害救助可以分为农村一般自然灾害救助和地震灾害社会救助。

1.灾害的类型

灾害主要分为以下五种类型：一是气象灾害，如水灾、旱灾、风灾、雹灾、雪灾、寒冷、酷热等，这是发生最普遍、影响最广泛、危害最大的一类自然灾害；二是地质灾害，如地震、火山爆发、地陷等；三是地貌灾害，如泥石流、滑坡、雪崩等；四是水文灾害，如海啸、海冰、风暴潮等；五是生物灾害，如病虫害、草害、鼠害等。

2.灾害救助的内容

（1）救助灾民生命。

突发性重大自然灾害的发生是以造成人员伤亡和财产损失为特征的。因此，灾害救助的最基本内容是尽最大努力最大限度地减少灾区人员伤亡。

（2）为灾民提供基本生活保障。

灾害的发生往往使灾民丧失衣、食、住、医等生存条件，这就要求灾害救助在抢救灾民生命的同时必须迅速解决好灾民的基本生活问题，为灾民提供基本的生活资料，如发放食物、水，搭建帐篷，提供必要的药品等救灾物品。

（3）安抚灾民情绪，实施精神救灾。

灾难的发生不仅严重破坏了灾民的生存条件，还冲击着灾民的精神和心理，从而使灾民产生不易恢复的消极情绪和心态。实施精神救灾，安抚灾民情绪，重构灾民良好的精神世界，成为各国灾害救助的重要内容。

（4）帮助灾民确立自行生存的能力。

灾民的自行生存能力，是指灾民在大规模救灾活动停止后，依靠自己的力量，进行正常的物质和精神生活的能力。

当然，这并不意味着政府在灾后不再帮助灾民，许多国家在灾后也会出面帮助重建灾区社会，但主要还是依靠灾民自己来恢复受创的生活与生产条件。因此，帮助灾民恢复自行生存的能力，是灾害救助的根本目的。

（二）特殊对象救助

特殊对象救助，是指依据有关政策针对一部分特定社会成员实施的社会救助制度。相对于面向一般城乡的社会救助，其救助对象必须具备一定的条件。

由于特殊对象的社会救助有明确的政策界定和标准规定，凡符合条件者均可享受。这些特殊对象是中国社会救助对象中一个相当稳定、长期的救助群体。

特殊对象救助主要包括减退职工社会救助、特定人员社会救助、失学儿童社会救助、难民救助、孤残儿童、流浪人员以及"三无"人员救助等。

为困难群众兜住底、兜牢底、兜好底

为低保对象、特困人员增发一次性生活补贴，及时启动社会救助和保障标准与物价上涨挂钩联动机制，加大对生活困难未就业大学生等青年的救助帮扶力度，2022年6月2日，民政部、财政部印发《关于切实保障好困难群众基本生活的通知》（以下简称《通知》），部署系列举措，更好保障城乡困难群众基本生活，兜牢民生底线。

2019年底开始，新冠肺炎疫情多点散发频发，一些地方发生较大规模疫情，对生产生活造成影响。一些人无法务工、经营，收入下降；少数人下岗失业，失去生活来源；低保边缘家庭、未参保失业人员、脱贫人口中的新冠肺炎患者等，基本生活存在困难。这对社会救助工作提出了新的挑战。帮助相关群体尽快走出困境、渡过难关，是坚持以人民为中心的题中应有之义。

社会救助要不断提升覆盖面和可及性。《通知》提出要加大未参保失业人员等困难群众临时救助力度，尤其是对农民工、未就业大学生等没有参加失业保险、不符合低保条件的人员，要给予及时帮扶。力争做到应保尽保、应救尽救，避免出现政策"盲区"，才能在追寻更好生活的路上，确保每一个人都不掉队。

发挥社会救助"及时雨"作用，必须提高时效性，尽快解决人民群众急难愁盼问题。一方面，要及时受理、快速响应，畅通服务热线等咨询求助渠道，确保求助有门；另一方面，要摸底排查、主动发现，组织基层工作者通过走访摸排、电话微信等多种方式联系辖区群众，利用低收入人口动态监测信息平台，及时发现救助需求。

社会救助，贵在精准。困难群众情况千差万别，需求各有不同，社会救助不能满足于"撒胡椒面"，而要因人施策，实施分类化、差异化救助。例如，疫情防控期间，外来滞留人员生活不便，要着重解决其食宿问题；对分散供养特困人员，要加强走访探视和照料服务；对于有劳动条件的救助对象，应积极帮助他们务工就业等，综合运用发放实物、现金和提供服务等方式，才能将帮扶送到群众心坎上。此外，社会救助不能只是政府救助。提供多样化服务，必须支持社会力量积极参与，鼓励慈善帮扶发挥作用，共同将民生兜底保障网织得更密更牢。

对待弱者的态度，折射出一个社会的文明程度。为困难群众兜住底、兜牢底、兜好底，让无助者得到帮助，让无望者看到希望，切实做到弱有所扶、难有所帮、困有所助，才能真正增强群众的获得感、幸福感、安全感。

资料来源：郑因.为困难群众兜住底、兜牢底、兜好底〔J〕.浙江人大，2022（7）：74-75.此处有改动.

练习与思考

一、单项选择题

1.下列关于恩格尔系数的表述中正确的是（　　　）。

A.恩格尔系数越小，生活越富裕

B.恩格尔系数越大，生活越富裕

C.恩格尔系数越小，生活越贫困

D.居民食物支出与家庭收入正相关

2.《城市居民最低生活保障条例》于（　　　）开始生效。

A.1998年10月1日　　　　　　B.1999年10月1日

C.1999年9月1日　　　　　　　D.1998年9月1日

3.现在的农村五保制度是指（　　　）。

A.吃、穿、烧柴、住、安葬

B.吃、穿、住、用、行

C.保吃、保穿、保住、保医、保葬，对孤儿还有保教育的内容

D.吃、穿、住、医、行

4.农村扶贫是指国家和社会对于有一定生产能力的农村贫困户从（　　　）等方面给予扶持的一种社会救助制度。

A.政策、资金、物资、技术

B.资金、物资

C.资金、物资、信息

D.政策、资金、物资、技术、信息

5.社会救助的标准是满足救助对象的（　　　）生活需要，仅以维持公民的基本生存为限。

A.一般 B.日常

C.最低 D.最高

二、多项选择题

1.社会救助的特点有（   ）。

A.义务的双向性 B.对象的限制性

C.标准的低层次性 D.行动的长期性

2.社会救助的对象包括（   ）。

A.无依无靠且无生活来源的公民或社会成员

B.生活困境解除且收入超过最低生活标准的社会成员

C.因遭受灾祸而生活一时陷入拮据状态的公民或社会成员

D.生活水平低于国家规定最低标准的公民或社会成员

3.我国的社会救助体系包括（   ）。

A.最低生活保障 B.灾害救助

C.医疗救助 D.住房救助

4.灾害救助的内容包括（   ）。

A.救助灾民生命

B.为灾民提供基本生活保障

C.安抚灾民情绪，实施精神救灾

D.帮助灾民确立自行生存的能力

5.住房救助的方式包括（   ）。

A.租金补贴 B.实物配租

C.租金减免 D.实物发放

三、思考题

1.贫困线的划定方法有哪些？

2.社会救助的原则包括哪些内容？

3.简述我国针对农村的扶贫制度。

4.简述城市居民最低生活保障制度的基本内容。

5.简述农村五保制度的基本内容。

第十章

社会福利和社会优抚

社会福利和社会优抚是社会保障体系的重要组成部分，社会福利水平的高低是一个国家治理能力的重要体现。与社会救助相同，社会福利与社会优抚制度体现国家和政府对于老人、儿童、妇女以及军人等特殊人群的保障。通过本章的学习，重点把握社会福利相关理论，了解国内外社会福利制度的发展和不同特征；掌握社会优抚所针对的政策对象，了解社会优抚相关规定；能够运用社会保障基本理论解读社会福利和社会优抚政策的建构逻辑。

关键概念

社会福利　教育福利　社会优抚　社会抚恤　社会优待

案例

智慧养老　奔向更美好生活

智慧设备应用场景广泛。智慧养老，顾名思义就是"智慧+养老"，指依托线上布局、优化线下服务，通过智能软硬件创新为老年人服务的新型养老模式。

智慧养老是一个非常大的范畴。一些智能化的穿戴、安防、家居、健康监测设备，颇受老年人的欢迎。智能门磁记录老人进出的时间和频率，如果房门超过一定时间未打开，系统判断为异常，子女和社区工作人员会立即收到信息提醒，以便及时电话联系或上门查看情况；智能水表可监测用水量，对老人忘关水龙头等造成的异常水量发出预警提醒；智能床垫能分析心率、呼吸、体动情况，家人可远程监测老人身体状态；床头、卫生间安装的"一键呼"能及时帮助老人联系到紧急联系人。

《智慧健康养老产品及服务推广目录（2022年版）》显示，智慧健康养老产品分为健康管理类、老年辅助器具类、养老监护类、中医数字化类、适老化改造类等智能产品及家庭服务机器人、场景化解决方案七大类。民政及老干部工作部门利用本地科技优势和产业优势，采取购买服务方式引入智慧养老服务平台，打造24小时"一键式"贴心服务，为高龄及困难老年人解决医疗护理、紧急救助、家政服务、精神慰藉等实际问题。

智慧养老有技术精度和人文温度。智慧是手段，养老是目的，二者缺一不可。尽管智慧养老受政策鼓励且被大众看好，但在应用的过程中，还有许多方面需要改进，比较突出地体现为"三重三轻"，即重技术、轻需求，重产品、轻服务，重概念、轻场景。

智慧养老要以需求引导供给，而需求体现在具体的吃、穿、住、养、医、行、乐等生活场景中。复旦大学老龄研究院副院长吴玉韶教授指出，智慧养老不是独立的养老模式，而应与居家养老、社区养老、机构养老模式高度融合，即智慧居家养老、智慧社区养老、智慧机构养老。智慧养老产品和服务可以嵌入任何一种传统养老方式，融合度越高越有价值。

让更多普通老百姓接受智慧养老。2023年全国两会期间，代表们纷纷呼吁，智慧与养老还需要深度融合，要让更多老年人看得见、摸得着、用得上智慧养老，让更多普通老百姓接受智慧养老。丰富产品形态、技术适老助老、功能简易好用、完善配套服务成为呼吁的关键词。

全国人大代表、中国移动浙江公司董事长杨剑宇认为，智慧养老产业仍处于起步发展阶段，建设推进中还存在一些问题：一是智慧养老产品供给不足，产品主要停留在居家娱乐、可穿戴设备监测等初级应用，老年人急需的"互联网+健康服务""互联网+护理服务"等新型产品仍待培育；二是数字化服务水平尚需提高，养老照护监测、"机器换人"等一批关键技术亟待突破，养老大数据缺乏统一的分析处理，行业标准存在较多空白；三是从事智慧养老服务的专业人才仍较为匮乏。目前，全国智慧养老企业数量只有1 800多家，且从业人员水平参差不齐，其知识结构与专业技难以满足智慧养老的服务要求。对此，杨剑宇建议，要从强化产品供给、技术和数据赋能、产业培育等方面入手，进一步满足我国日益增长的智慧养老需求。

资料来源：姜琳琳.智慧养老 奔向更美好生活〔N〕. 中国老年报，2023-03-09（002）.有改动.

〔分析要点〕老年人福利；智慧养老服务。

〔问题〕

1.智慧养老服务相对于传统养老服务的优势在哪里？

2.目前智慧养老服务发展存在哪些不足及应该如何改进？

第一节　社会福利概述

一、社会福利的概念

什么是福利？"福利经济学之父"庇古将其解释为效用，效用是一种主观感受，不同的人即使处于相同的条件下，感受也不一定相同。这种感受的满足程度取决于两种因素，即经济因素和非经济因素。由于经济因素直接或间接地影响了非经济因素，非经济因素的不可度量性不便于精确研究，因此庇古认为一国国民福利水平的高低主要取决于该国国民收入水平的高低。

社会福利在不同的国家有不同的覆盖范围层次，但从财政经济职能的角度来看，社会福利主要发挥着促进收入公平分配的作用，属于财政转移支出部分。

不同国家的经济水平决定了财政收入的规模，也决定了社会福利支出的规模，而同一国家在不同发展时期对公平和效率的偏重程度也决定了社会福利支出的比重。因此，不同的国家对社会福利的理解不同。

社会福利是社会保障的重要组成部分。社会福利属于社会保障体系，是社会保障体系中一个重要的子系统。社会福利被界定为较高层次的社会保障范畴。

巴克尔在《社会工作词典》中将社会福利界定为：一是指国家为维护社会的正常运行而推行的项目、津贴和服务体系，以用来帮助人们满足在经济、社会、教育和健康方面的需要；二是指一个社会群体的福利状态。

美国《社会工作百科全书》中将社会福利界定为：所有由志愿机构和政府推行的，目的在于预防、减轻和致力于解决社会问题的，或是改善个人、团体和社群福利的有组织的活动。

其实，社会福利在不同的国家和地区有不同的定义，从广义和狭义两方面看，广义的社会福利是指国家和社会对全体社会成员在生活、卫生、环境、住房、教育、就业等方面的需要所提供的全面的公共服务，它要满足人们的物质和精神生活需求。狭义的社会福利作为社会保障制度的一个组成部分，是指国家和社会通过社会化的福利津贴、实物供给和社会服务，满足社会成员的生活需求并促使其生活质量不断得到改善的一种社会保障制度。我国通常采用狭义的社会福利概念来讨论这一问题。

社会福利（social welfare）与社会保险（social insurance）、社会救助（social assistance）的区别见表10-1。

表10-1　　　　社会福利与社会保险、社会救助的区别

系统	保障水平	保障项目	保障内容	保障目标
社会救助	起码水平	极少数	简单	维持最低食物保障
社会保险	基本水平	少数	一般	保障基本或一般生活
社会福利	较高水平	多数	复杂	改善并提高生活质量

二、社会福利的内容

美国学者威伦斯基（H.Wilensky）和李宾士（Lebeaux）在《工业社会与社会福利》一书中将社会福利划分为两类：一类是剩余性社会福利；另一类是制度性福利。

英国学者理查德·蒂特马斯（Richard Titmuss）在《福利的承诺》中将社会福利划分为三种：一是剩余性社会福利；二是财政福利；三是职业福利。在之后出版的《社会政策导论》中，他将社会福利划分为剩余型社会福利、制度再分配社会福利和工业成就表现型社会福利三种类型。

根据不同的分类标准，我们对社会福利的内容有不同的界定。按照社会福利的保障对象，社会福利可以分为未成年人福利、老年人福利、残疾人福利和劳动者福利；按照社会福利的实施项目，社会福利又可以分为教育福利、职工福利、住房福利、妇女儿童福利、老年人福利等；按社会福利实现的层次，社会福利可以分为社会津贴、职业福利、社区性福利和社区福利设施等。

我们一般可以把社会福利项目归纳为三大类：社会公益性福利、社会优待性福利、社会特殊性福利。

（一）社会公益性福利

社会公益性福利是指由国家或社会团体举办的以全体人民为对象的社会公共福利事业，如教育、科学、环境保护、文化、体育、卫生等公益性设施。

社会公益性福利一般为群众提供免费的或较低收费的服务。

在免费提供服务时，这些设施的维持和发展费用全部由国家负担。

在以优惠价格提供服务时，则由消费者负担一部分费用，其余部分由国家负担。

（二）社会优待性福利

社会优待性福利是指国家为照顾一定地区或一定范围内的居民对部分必要生活资料的需要所采取的福利性补贴措施，如对寒冷地区居民的冬季取暖补贴、对住公租房居民的房租补贴、职工福利等。

随着生产的发展和条件的改变，这些福利性补贴措施会相应增加、减少或取消。

（三）社会特殊性福利

社会特殊性福利是指以某些人员为对象的、特别的、专门的社会福利事业，主要包括民政部门为残疾人、孤儿、生活无依靠的老人等具有特殊需要而又无力自理的人举办的福利院、教养院、敬老院等。

政府为应对突然性的传染病或其他灾害而拨付的救助款项也属于社会特殊性福利。

三、社会福利的特征

相对于社会保障体系中的其他系统，社会福利的特征主要表现在以下几个方面：

（一）福利事业由政府主导

社会福利是政府主导的一项社会性公共事业，它不仅需要立法的规范、政策的引导、公共财政的支撑，还需要由政府承担监督管理责任。

尽管社会福利社会化的发展趋势不可逆转，但政府在社会福利中承担的多方面责任却不会减轻。

社会救助是由政府直接承担全部责任的，社会保险则由单位组织与劳动者个人分担责任。

只有社会福利是由政府主导并由政府承担直接责任的，但社会福利又必须有民间或社会的力量参与。社会福利资金主要来源于国家和社会。财政资金是社会福利最主要的资金来源，公共福利尤其如此。

各类单位按照国家规定提取的职工福利费，则是职业福利的主要资金来源。另外，有奖募捐（如彩票）、公益演出和社会捐助等通过市场方式或自愿捐助方式募集的社会资金，也是福利资金的重要来源。社会福利资金来源并不排除在一定条件下对享受社会福利的成员收取一定费用。例如，公共文化娱乐场所、体育场馆可以采取低收费的使用方式，有生活来源的老人进入养老院需要交纳一定的费用，国家助学贷款收取低额利息等。

（二）保障对象公平普遍

社会福利在性质上表现为全民的普遍性福利，即在立法或政策范围内的全体社会成员均能享受到的保障，包括老年人福利、残疾人福利、妇女儿童福利等。

社会福利项目的多样性使其成为全民共享的社会保障制度安排。同时，社会福利也以满足社会成员的多方面保障需求为己任，这就要求社会福利面向全体社会成员而不能只是面向社会脆弱群体。

社会福利作为实现社会公平的一种必要手段和重要方面，主要通过以下方式来达到目标：一是强调社会成员参与机会的公平，任何社会成员只要符合法律统一规定的条件，不论其地位、职业、贫富等均被强制性地纳入社会福利范围，社会福利的社会化程度越高，这种机会的公平性就表现得越充分。二是通过提供基本生活保障和解除后顾之忧来维护社会成员参与社会的公平竞争，消除发展过程中因意外灾祸、竞争失败及疾病等导致的社会不公平，起到维持社会成员发展起点公平与过程公平的作用。就这一点而言，社会福利与社会保险、社会救济不同，社会保险的主要对象是就业人员，社会救济的主要对象是贫困人口。

（三）保障待遇的高层次性

社会福利在保障社会成员保持一定物质生活水平的基础上，更注重提高社会成员的生活质量。生活质量是人们对社会为他们提供的生活条件和生活环境的主观感受，不但包括物质需要的满足，还包括心理、精神和文化需要的满足。

如果说社会保险和社会救助的主要功能在于使人们摆脱各种情况下的生活困难，满足基本物质生活需要，那么，社会福利的主要功能就在于满足人的精神生活需要和促进人的全面发展。例如，政府和社会提供公共体育健身场地、设施和器材，意在提高人民群众的身体素质和生活质量，并非维持社会成员的基本生活需要。

我国传统的社会福利与社会救助有紧密联系，许多项目主要是对无生活来源的鳏、寡、孤、残等社会成员提供生活保障，并不能满足社会成员的高层次需要。但在目前，这些项目仅是社会福利制度中的一小部分，社会福利已经扩展到满足社会成员较高层次的需要。例如，对无生活来源的残疾人，国家不仅保障其基本生活，还投资建设残疾人专用的无障碍设施，为其出行和平等参与社会活动提供便利。

（四）社会福利的服务性

与其他社会保障制度相比，社会福利更强调以服务来满足社会成员的保障需求，并受制于特有的社会规范体系。

社会福利提供的主要是福利服务与福利设施，如学校、福利工厂、福利院、社区服务机构等，这是国家与社会实施相关社会福利政策的基本途径。

虽然已经有住房公积金等津贴形态的福利，但这些福利并非直接发给受益者个人，而且仅占整个社会福利的很小一部分。因此，在现代社会保障体系中，社会福利是唯一以福利服务或福利设施为实施方式而不是以现金或实物援助为实施方式的社会保障子系统。

社会福利水平的高低，没有硬性指标规定，不具有法律强制性。没有哪个单位或哪个部门规定社会福利必须达到什么标准或水平，它是根据社会经济发展水平来调整的。一般来讲，经济发展水平较高，社会福利水平也较高，无论是地区还是国家，都是如此。

（五）实施过程的社会化

实施过程的社会化即社会福利真正成为全社会的共同事业，而不单纯是政府或社会成员个人的事业，形成政府、企业、社区、团体、私人和家庭并举的多元格局，建立起政府、企业与民间慈善机构等主体共同分担社会福利责任的机制。

在社会福利体系中，政府和国家不可能也不应该事事都包揽，社会福利更重视提供服务和设施。这一点恰到好处地弥补了单纯或着重提供资金保障的其他社会保障形式的不足，从而能更好地满足人们的基本生活需求。

四、社会福利的作用

随着社会的不断进步与文明程度的不断提高，社会福利越来越重要。

社会福利制度在很大程度上是衡量国家综合实力与政府治理公共事务绩效的重要指标，它对维持社会公正、减少社会矛盾、缩小社会差别、增进社会福利、提高社会成员的生活质量、促进社会文明进步都是不可或缺的。我国正处在向第二个百年奋斗目标进军的进程之中，构建和谐社会，贯彻习近平新时代中国特色社会主义思想，不断完善社会福利制度的意义更加深远。

社会福利制度的作用主要体现在以下几个方面：

（1）从多角度综合提高全民的生活水平。

社会福利制度不仅关注社会的特殊弱势群体的基本权益，让老人、儿童、妇女和残疾人等享受到社会进步的成果，使其身心愉悦地发展，还关注普通劳动者的福利，如住房、受教育的权利、医疗卫生条件等，尽量缩小初次收入分配差距造成的福利水平差距。

（2）刺激国民消费。

社会福利政策通过国家干预经济，进行国民收入的再分配，调节社会有效需求，在一定程度上鼓励了消费，扩大了社会的有效需求，促进经济增长。

（3）促进产业结构调整。

社会福利事业的发展可以带动服务业的发展，如医疗、职业培训、老年人服务等产业的发展。

（4）为市场经济体制的健全和发展提供公平竞争的良好环境，对市场经济建设中可能出现的风险进行有效防范和化解。

第二节　外国社会福利制度

一、外国社会福利的概况

人们对社会福利的普遍关注可以追溯到第二次世界大战后各国对危机的反思和重建家园的美好愿望。发达资本主义国家致力于建立制度型社会福利，而不是停留在慈善性质的福利项目上。

英国率先建成了"福利国家"，随后，瑞典、法国、丹麦、挪威、奥地利、比利时、荷兰、瑞士、意大利等许多西方发达资本主义国家纷纷将建设"福利国家"作为努力的方向。瑞典后来居上，成为当今福利国家的"橱窗"。

在政府主导的模式下，西方国家的社会福利取得了一定的社会成效，提高了普通公民的生活水平，缓和了阶级矛盾，促进了生产力的发展。但是，高福利是建立在良好的经济运行基础之上的，经济一旦陷入衰退、萧条，这种福利观念和体系就会受到挑战。

20世纪70年代，一些西方国家出现了"滞胀"，贫困问题重新出现并越来越严重。到90年代中期，美国接受政府救济的贫困人口已达到全部人口的10%，英国达到了16%。这就促使这些国家对过去的各种社会福利政策进行反思，以寻找更好、更有效的福利提供机制。学者李迎生将西方国家的探索归纳为以下几个方面：

（一）政府是否应该成为社会福利的政策主体

社会福利政策的主体可以细分为决策主体和执行主体。传统西方国家社会福利政策的决策主体和执行主体都是政府，由中央政府决策、地方政府执行。这种模式受到了西方社会福利研究者的批评。

政府在对有关弱势群体的社会支持中扮演的角色举足轻重，但也不能过分强调。

过去西方国家实行"福利国家"的社会政策，政府的角色被空前强化。国家对社会福利高度介入，政府将大量的公共资源用于社会福利事业，以公共权力干预市场分配不公，调节市场运作失灵，使社会成员特别是弱势群体成员的基本生活得到充分保障。

与此同时，它也存在不少弊端：其一，政府办的福利服务质量欠佳，效率太低，官僚化现象严重；其二，造成人们对福利金和政府服务的过分依赖，工作意识淡化；其三，家庭和社区的责任削弱；其四，政客、压力团体和官僚为讨好选民，不断增加福利和做出不切实际的承诺，造成政府超负荷；其五，政府负担过重，公营部门规模过大，造成社会资源浪费，不利于经济发展。

上述情况引起了社会福利研究者的思考。社会福利究竟是谁的责任？国家福利是不是唯一的选择？什么样的福利模式最能满足社会需求？

大多数研究者的看法是，福利不一定要由国家包揽，无论是社会福利政策的决策还是社会福利政策的执行，民间力量都应参与，国家、家庭、社区和志愿机构等都是社会福利的提供者。学者们一般称这种模式为"福利多元主义"。

（二）社会福利服务的提供更强调专业化

关于社会福利服务的提供，西方国家传统的社会工作制度已有一个世纪的历史。

社会工作和我们通常讲的社会福利服务大致相同，只是西方的社会工作更强调福利服务的专业化，强调专业服务的运用。在长期的实践过程中，西方的社会工作形成了个案工作方法、小组工作方法及社区工作方法等经典模式。

个案工作方法强调社会工作者与单个案主（个人或家庭）的直接互

动，协助案主发挥其个人潜力，正确地处理其面临的问题，增进其社会适应功能。

小组工作方法是指通过建立小组开展工作，社会工作者有效地介入小组并运用群体动力原理完成小组成员之间的互动，使社会弱者能够接触社会主流文化，培养积极的人生态度，建立正确的生活信念，掌握必要的人际交往技巧。

社区工作方法强调居民参与、合作、自助与互助、领袖培训等主题，强调通过社会全面、协调发展帮助贫弱群体，在方法上注重组织及计划的作用。

当代西方社会工作和实务出现了一些新的趋向，可以大致归结为以下几点：

（1）强调社会工作专业方法的整合，学者们认为过去那种三大专业方法各领风骚的局面不利于案主问题的解决，应当以案主问题为中心，灵活运用各种方法。

（2）"个案管理"的方法被提出并运用于社会工作实务中，案主一般有各种不同的需要，要通过不同的部门、机构或团体来满足这种需要，个案管理实际上是一种服务协调工作的程序，即通过社会工作者的协调，使案主的不同需要得到满足。

（3）信息技术的不断发展使人们可以利用电脑、网络进行间接的沟通，使全国乃至跨国界的福利服务及其协调成为可能，促使学者对强调直接、有限互动的传统社会工作理念进行反思和重新审视。

（三）社会福利模式的比较：摆脱危机

20世纪80年代中后期，针对西方各国在"福利国家"体制改革中面临的诸多困难，西方社会福利学者开始关注亚洲新兴工业化国家和地区的社会福利制度。东亚福利模式成为学者们寻求的摆脱西方福利制度危机的重要参照系。

和西方国家相比，东亚国家和地区受传统儒家文化的影响，国家一般通过社会政策干预社会福利，而不是提供直接的福利服务，政府的社会福利支出较低，社会意识鼓励"自助"及"互助"，家庭、亲属、公司、社区（邻里）等在提供福利服务方面发挥着重要作用。

在建立和完善现代社会福利制度的过程中，西方国家过于绝对地将

"传统"与"现代"对立起来，造成社会福利项目不断增加、标准不断提高，导致社会福利开支失控，使经济增长乏力，但人民并不满足。

东亚地区的低社会福利开支、低税率、人民较高的满意度和较高的经济增长率，成为令西方社会福利学者好奇而又急于解开的秘密。

二、代表性国家的社会福利制度

（一）欧洲国家的社会福利制度

欧洲国家社会福利制度已经建立并实施了几十年。19世纪90年代以来，虽然其社会福利制度在若干方面经历过重大的变革，但基本框架依然存在，即坚持社会福利的普遍享有原则，其中北欧的瑞典、芬兰和挪威在近百年的实践中贯彻得较彻底。瑞典实施的福利计划可以称为"从摇篮到坟墓"的福利体系，政府对公民照顾得无微不至。

20世纪末，欧洲的经济福利出现过一些被称为"北欧病"的局部问题，许多经济学家预言，这种高税费、高福利的模式很快要走入死胡同。但二十几年过去了，这种福利制度仍旧呈现持续的生命力。实际上，俾斯麦的一句话很值得深思："希望得到养老金的人，一般不好斗且易于管理。"欧洲的福利制度让人们安分守己，缩小贫富差距，避免激发社会矛盾，实现跨阶级的团结。同时，欧洲的社会福利改革遵循了渐进式改革方式，欧洲传统的福利制度并没有在本质上重构。

以瑞典为代表的"北欧模式"，以法德为代表的"欧洲大陆模式"，以及以英国为代表的"盎格鲁–撒克逊模式"都没有瓦解。改革的核心是要改变过于慷慨的福利承诺，提高私人机构的作用，增加个人对未来生活保障的责任是比较共同的政策取向，使社会福利的供给在市场、家庭和政府机构之间达到适当的均衡。

学者王翔将北欧的社会福利制度总结为以下基本特征：

1. 福利范围的广泛性、涵盖的普遍性

与其他国家相比，北欧国家提供的各种社会福利的范围更广，包括教育资助、免费医疗、失业救济、老人照料、养老金支付、残疾人救助、单亲父母津贴、家庭和儿童保护等方面，十分细致周到。可以说在北欧国家的社会福利制度下，居民的生老病死，包括受教育、找工作等都会得到国家的关照，都由国家给予基本的保障。北欧国家的社会福利制度不因阶级、阶层、性别的不同而区别对待，高收入者、低收入者以及无收入者均被纳入同样的福利体系之中。在工资收入和可支配收入方面，北欧国家与其他国家相比显得较为平均，不同社会群体之间并无严重的收入差距。一般来说，高收入者的税前收入约为低收入者税前收入的5～7倍，税后缩小为3～5倍。

北欧国家的社会福利制度建立在普遍受益的原则之上，这意味着所有居民都会被给予社会保障福利和服务，而不论他们在劳动市场上的地位如何。因此，社会政策的权衡建立在个人权利的基础之上，福利制度覆盖了全国不同地区的所有人口和不同的社会群体。所有居民无论是否曾被雇用，达到一定年龄即可领取养老金；每个家庭都能得到政府提供的育儿津贴，以减轻他们抚养孩子的负担；所有居民无论收入状况、社会地位及其他情况有何不同，均可得到尽可能好的医疗服务。

2. 福利政策的强制性和有效性

北欧国家各项福利制度的出台，都是社会各个利益群体在充分协商和博弈的基础上，最终达成共识，并以法律形式加以确认的，因而北欧国家的社会福利制度得到了本国民众的广泛支持。

由于历史的原因，北欧国家的政府在社会生活中扮演的角色远比其他西方国家积极和重要。在所有的社会福利领域，政府的介入都是强有力的。

国家通过调节税收政策获得了强大的财政能力，使其可以将国民财富在不同的社会群体之间进行再分配。福利政策的强制性建立在社会政治民主的基础之上，任何福利措施的出台或修改，均须经过全社会不同利益群体的讨论、协商和达成共识，并以法律的形式加以确认。

北欧国家的社会福利制度在经济、政治、社会等方面取得的成果是有目共睹的。与欧洲国家的平均税率相比，北欧国家的税率只高2～3个百分点，可以说大致相同，福利支出占GDP的比重也大致相同，都在1/4左右，但社会福利制度的执行效果有所不同。

（二）英国的社会福利制度

英国的社会福利制度可以说是欧洲社会福利制度的缩影。英国的社会福利制度覆盖生活各个方面：

1. 国民保健

英国实行全免费的医疗保障制度，从医药费、住院费到手术费，均是免费的。其中，国家承担88%，医院承担12%。

2.国民保险

该保险包括养老金、工业伤残补助、儿童补助、家庭补助、生育补助、疾病补助、失业补助和附加补助等方面。

3.住房援助

政府为解决低收入家庭的住房问题，向第一次购房的人提供补贴和优惠，并向无家可归的人提供廉租房。

4.个人社会福利

个人社会福利，即帮助失业者解决他们的生活问题。

5.教育补助

教育补助，即向学生提供教育方面的补助。

政府在社会福利制度方面发挥了主体作用。无论是现收现付的社会统筹模式，还是个人账户的基金模式，或者社会统筹和个人账户结合的部分积累模式，都由国家强制实施，体现国家责任。[①]

英国社会福利服务部门是一个劳动力高度密集的、职业化的部门，取得"社会工作资格证书"的社会工作者占社会福利服务从业人员总数的10%左右，除了职业性的工作人员，还包括大量的志愿者。社会福利服务的对象主要包括四个群体：老年人、残疾人、精神病人、儿童及其家庭。老年人社会福利服务占的比重最大，其次是儿童。

英国的社会福利服务主要有四种：一是院居服务，如老人院、儿童福利院等；二是日间照顾，包括建立在社区的各种服务中心；三是社区照顾，受益人在自己的家中得到福利机构上门提供的各种服务；四是现场工作服务，由专业社会工作者、康复师组成一支工作队伍，在一定的区域内，对该区域的全部居民负责，根据居民的要求到现场进行登记、评估、提供和安排适当的服务。

此外，社会福利服务还包括监管服务，其对象是罪犯或监狱释放人员，这是一种法律服务与社会服务相结合的服务形式。英国一直是加强社区服务、弱化院舍服务。院舍服务的费用几乎有一半要用于居住开支，因而被认为效率不高。而社区照顾不需要支付居住成本，降低了支

---

① 王来柱，米有录.民政工作文选 [M]. 北京：中国社会出版社，2012：80.

出和社会服务成本，同时还可以维系服务对象的邻里关系，使其继续生活在熟识的环境中，避免产生社会隔离感。因此，20世纪80年代以来，英国政府一直把社区照顾放在优先的地位。①

（三）美国的社会福利制度

与北欧等福利国家相比，美国算不上是福利国家，但其庞大的经济实体还是给美国公民带来了较好的福利保障，同时美国也不可避免地出现了福利国家的负面社会现象——养懒汉现象。

美国社会福利所涵盖的内容与我国社会保障体系所涵盖的内容相同，包括社会保险、社会救助以及社会服务三大体系，可以说是大福利概念。美国的社会文化使得美国的社会福利制度经历了福利国家到穷人福利再到工作福利国家的演变过程。

美国的社会福利模式是以慈善组织为主体的社会福利模式，算是西方国家中比较保守的社会福利制度。慈善基金会是社会福利资金的主要募集和发放者，慈善性质的非法人社团是社会福利活动的主要承担者，国家是各种组织的监管者与部分福利资金的发放者。所以，慈善基金会为整个模式的中心。

美国的慈善基金会包括公共慈善组织和私人基金会。这两种类型的基金会的区别更多地体现在税法意义上，而不在社会效果上。总的来说，美国的这种社会福利制度的历史并不算太悠久。

总体来看，美国的社会福利与其社会时代背景和经济发展水平密切相关。美国的社会福利制度诞生于20世纪30年代罗斯福"新政"时期，在60年代约翰逊"伟大社会"时期扩张达到顶峰，70年代之后开始了收缩的转型进程，在90年代克林顿"新民主党人"时期迈出了转型的关键步伐。

三、外国社会福利制度的改革与发展前景

西方福利制度的实施在一定程度上起到了推动经济发展和社会进步的作用，作为一种社会分配制度极大地维护了资本主义国家的政治稳定，促进了经济发展和社会进步。它是资本主义社会调节生产关系的重要手段，也是第二次世界大战后资本主义社会相对稳定、阶级矛盾趋于

---

① 刘明松.社会福利服务：英国的经验及启示［J］.经济研究，2008（7）：48.

缓和的重要原因之一。

但是，日益复杂的社会福利制度体系也使西方各国政府普遍感受到社会福利方面的负担越来越重，社会福利制度的消极影响也日益显现出来。这些消极影响，也就是所谓的"福利困境"，成为各国福利制度改革的直接原因。

进入20世纪70年代后，发达资本主义国家普遍面临着"滞胀"的局面，社会福利制度开始陷入重重困境。西欧发生了"福利国家危机"，美国出现了"福利困境"，日本惊呼21世纪年金制度将要"崩溃"，经济合作与发展组织则发出了"福利国家在危机中"的警告。可以说，各国面临的重重"福利困境"已经成为各国经济发展的阻碍因素。

（一）西方社会福利制度存在的问题①

1.福利增长的双重作用

虽然福利增长能促进经济增长，但西方国家，尤其是瑞典、英国这样的福利国家，福利增长超过了经济增长，政府财政入不敷出，预算赤字增加，最终阻碍了社会经济的增长。

例如，1950年英国的社会保障支出只占财政支出的13.5%，到1996年则增加到32%。在福利支出不断增加的情况下，各国的经济增长速度普遍大幅度下降，有些国家甚至出现负增长，社会福利支出与经济增长之间出现严重的失衡。

2.福利支出的增加，导致资本主义市场效率下降

福利支出的增加，尤其是职工福利的增加，使资本家感到预期的利润下降，投资的积极性下降，从而使整个资本主义市场的效率下降。在国际市场上，过高的福利支出造成企业生产成本提高，进而使企业产品的国际市场竞争力下降，这不仅不利于出口贸易的发展，而且也削弱了市场经济的发展。另外，高福利由高税收支撑，沉重的税收负担也阻碍了社会经济效率的提高。

3.福利国家纷纷面临失业人员激增的压力

近年来，科学技术的快速发展造成了西方工业化福利国家内部大规

---

① 曹立前.社会救助与社会福利［M］.青岛：中国海洋大学出版社，2006：230-231.

模的工业换代，使知识和技术陈旧的工人和教育不足的青年都成了这种转型换代的失业者。除此以外，西方工业国家的经济萧条以及资本家预期利润率的下降，也使创造就业机会的活动减缓。

另外，失业人群的信心降低，也造成了福利国家失业人员的增加。失业大军的存在使失业福利支出居高不下，虽然西方各国采取了一系列措施来缓解失业造成的压力，但效果不佳，高失业率在社会上形成了巨大的、潜在的不稳定因素。

4.福利支出的增加，容易形成国民的"制度惰性"与"福利依赖"

由于实行普遍的高福利政策，社会福利收入同劳动收入的差距逐渐缩小，如瑞典的社会保险给付甚至相当于一般工人工资的50%。这种情况的存在和继续，必然会使一部分人产生不愿工作而过分依赖社会福利的消极思想，在一定程度上鼓励了好逸恶劳的现象，形成"制度惰性"。这种情况不仅不利于社会勤勉精神和工作道德的建立，还导致了社会生机和活力的减退。德国失业工人可以得到相当于原工资53%～67%的失业救济金，加上住房、儿童补助以及税款减免，一些失业工人的福利待遇甚至超过低收入者的收入，其结果是一些失业者宁愿在家闲着，也不愿从事低收入的工作。

5.社会福利制度受到人口老龄化的冲击

在当代资本主义国家，由于出生率低，平均寿命延长，人口正在迅速老龄化。

作为一个全球性的问题，老龄化社会的到来使福利国家在养老金支付方面面临着前所未有的负担。第二次世界大战后生育高峰期出生的婴儿正在进入退休期，老龄化已成为当代资本主义国家的共性。退休者的增加和生产者的减少，使社会保险费率逐年上升、职工收入相对减少，抑制了劳动者的热情和消费。这种状况持续发展下去，最终将会造成政府无力负担养老金的支出。

面对上述的压力和危机，西方国家开始探索社会福利制度的新出路，并开始对传统的社会福利制度进行改革。

（二）西方社会福利制度的改革和完善

1.拓宽社会福利资金收入的来源，减少社会福利支出，减轻政府负担

西方国家的"福利困境"主要表现为政府财政入不敷出，因此，减

少福利支出、拓宽福利收入来源成为西方国家福利制度改革的首要方向。

西方国家福利制度改革主要包括以下8个方面：

（1）降低现行的社会福利水平。

例如，意大利为了减少家属津贴支出，不仅限制了享受家属津贴的亲属人数（不得超过7人），还根据家庭规模和家庭收入的多少确定津贴的标准，而以前提供的家属津贴是不分家庭收入高低和亲属人数多少的。

（2）削减疾病津贴。

为了减少开支、杜绝浪费，各国都开始将完全免费医疗改为部分缴费。例如，英国和意大利提高了看病处方费，荷兰削减了疾病津贴，德国则延长了享受带薪疗养的周期。

（3）削减家庭补助和失业津贴。

例如，荷兰将现金津贴削减了3%，把失业津贴削减了10%；德国则将失业津贴削减了6%。

（4）取消或限制福利津贴指数化。

过去西方各国普遍实行"社会保障金自动指数化"制度，即社会福利待遇标准自动随着物价、工资或生活指数的变化进行调整，现在则改为限制社会保障金的增长，从而减少社会保障金的支出。例如，丹麦等国取消了福利津贴与物价指数自动挂钩制度，荷兰、比利时、意大利等国则对这种指数化进行限制，以降低福利开支。

（5）对社会福利津贴开始征税。

在西方国家，社会福利津贴以往是免税的，但英国自1982年开始对失业津贴征税，比利时也开始对失业津贴、疾病津贴征税，目的在于促进就业、降低福利开支。

（6）提高退休年龄。

例如，美国规定67岁退休，2023年1月，法国政府公布退休制度改革文本，法定退休年龄将逐步从原定的62岁提高到64岁，瑞典则将退休年龄由原来的60～65岁延长到65～67岁。提高退休年龄，一方面可以通过延长劳动者的工作年限来延长社会福利的缴费期限，对社会福利计划产生潜在的收入效应；另一方面，工作年限的延长又会减少受保人领取退休金的时间，从而减少社会福利计划的日常支出、增加社会福利基金的储备。

（7）调整福利结构。

例如，英国自1998年开始实施"改救济为就业"的计划，以帮助较长时间没有工作的年轻人和城市贫民区单身母亲找到工作，同时，取消了收入较高家庭的儿童补贴和母亲补贴。

（8）鼓励社会福利基金进入资本市场，促进社会福利基金的保值和增值。

为实现社会福利基金的保值和增值，西方国家鼓励将社会福利基金投资于资本市场。这既提高了社会福利基金的收益率，又促进了资本主义金融市场的发展。

2.弱化政府在社会福利中的作用，引入私营机制

随着高福利制度的进一步发展，"福利国家"普遍感受到财政压力很大，政府财政无力满足庞大的福利支出需要。

为了改变这种形势，西方国家开始逐渐弱化政府在社会福利制度中的作用，让更多的私人部门参与到社会福利制度中来，实行社会福利制度"私人化"或"私营化"，即政府尽量缩小干预社会福利的范围和项目，把这些项目交给非政府志愿机构、工人合作社和其他社会团体承担。

例如，英国政府鼓励地方政府、全国健康服务部门将一系列服务项目通过招标承包给私人，同时鼓励私人养老保险和职业福利的发展；瑞典实行的职业养老金制度，就是在社会福利制度中引入私人竞争的典型代表，此外，瑞典私营化的健康保险机构和商业化的医疗健康服务机构也得到大规模发展。

3.改进社会福利体系的受益规则，引入"工作福利"制度

"工作福利"是指凡接受政府福利补助者，必须接受政府或立法规定的与工作有关的特定义务。

例如，澳大利亚规定，失业救助金领取人必须努力寻找就业机会，并接受政府安排的再培训计划，否则将剥夺其救助金领取资格。引入"工作福利"制度后，社会福利金就由无偿给付转变为有偿领取。这就为解决"制度惰性"提供了途径，有利于提高失业人群寻找工作的积极

性，也相应减少了政府的福利开支。

4.改善社会福利管理制度

改变社会福利的管理体制，完善并增强社会福利的依法运行机制，将社会福利管理、运行、监督三者分开，使社会福利制度走向制度化和法治化，是现代西方福利国家福利制度改革的一个共同取向。

另外，各国还严格审查福利资金发放的资格条件，对养老金支付的年限、疾病、失业的天数做出规定，以缩小覆盖面。例如，荷兰、比利时等国对申领福利补助的公民规定了一些附加条件，以提高相关人员的劳动愿望，减少非正常失业人口。

第三节　我国社会福利制度

一、社会公益性福利

（一）教育福利

教育福利是指以免费或较低收费方式向公民提供教育机会和教育条件的社会福利事业。

作为社会福利事业的一项重要内容，教育可以培养和造就出大量的、合格的、多层次的脑力劳动者和体力劳动者，可以提高人口质量和国民素质。

国民教育可以维护社会稳定，促进社会发展。我国颁布了多部法律保证教育水平和福利，包括《中华人民共和国教育法》《中华人民共和国义务教育法》《中华人民共和国教师法》《中华人民共和国高等教育法》《中华人民共和国民办教育促进法》《中华人民共和国职业教育法》等。

教育福利的主要内容包括以下几个方面：普及义务教育；向学生提供助学金、奖学金；向学生提供财政贴息贷款；学生假期购票优惠制度；国家或地方政府以及教育部门设立各种教育机构，面向社会提供免费或低费教育。这些措施可以促进国民素质的提高和社会文明的进步。

1.一般形式的教育福利

义务教育是一般形式的教育福利的基本表现形式，是一项全民性的教育福利，任何公民都有权利和义务接受义务教育。

在我国，义务教育主要是以政府投资设立中小学以及免费提供教育经费的形式实现。我国财政对中等教育和高等教育的投入也属于教育福利的形式。

2.特殊形式的教育福利

特殊形式的教育福利，是指通过各种援助和奖励计划，对因各种原因不能正常接受教育的人、对教育工作做出重大贡献的人或在接受教育过程中表现突出的人给予的物资补助和奖励，主要包括助学金制度、贫困助学工程、奖学金制度、贷学金制度、特种教育制度。

（二）卫生保健福利

医疗与卫生保健并非同一概念。医疗是指向患者提供的治疗和服务，它构成医疗保险的主要内容；而卫生保健不仅包括医疗，还包括合理饮食、预防疾病等内容。

初级卫生保健是社会福利的重要内容。初级卫生保健主要提供增进性、预防性、治疗性和综合性的服务，具体包括：增进必要的营养和供应充足的安全饮用水、提供清洁的卫生环境、开展妇幼保健和计划生育、对主要传染病进行预防接种、防治地方性疾病、普及健康教育、对疾病和创伤进行有效的处理、提供基本的药物等。

目前我国没有专门的卫生法，只有以公共卫生与医政管理为主的单个法律法规构成的相对完整的卫生法体系。医疗方面的法律法规主要由《中华人民共和国医师法》、《医疗机构管理条例》及其实施细则、《护士条例》、《中华人民共和国母婴保健法》及其实施办法和《中华人民共和国献血法》等构成。

（三）文化康乐福利

文化康乐福利设施包括公园、图书馆、博物馆、群众艺术馆、文化康乐中心等场馆设施，群众性体育运动设施以及提供的相应服务等。并非所有的文化康乐设施都属于社会福利范畴，文化康乐福利必须符合以下特定的条件：由国家或集体兴办和实施管理并给予资金支持；不以营利为目的，实行免费或减费的服务；向社会开放，公众能普遍、平等地享用。

二、社会优待性福利

（一）职工福利

职工福利又称职业福利，是行业和用人单位为满足本行业或本单位职工的物质文化生活需要、提高其生活质量而向其提供工资收入以外的津贴、设施和服务的社会福利项目。

劳动法是调整劳动关系以及与劳动关系密切联系的其他社会关系的法律规范。社会保障法是调整有关社会保险、社会救济、社会优抚和社会福利方面的法律，具体包括《中华人民共和国劳动合同法》、《中华人民共和国工会法》以及《失业保险条例》和《社会保险费征缴暂行条例》等。

1.职工福利的特点

（1）职工福利以业缘关系为标志。

提供职工福利，目的在于造就职工的向心力、凝聚力、职业归属感和群体意识，吸引和留住高质量的劳动力，提高本单位的社会声望，增强竞争力。

一般情况下，只有本单位的从业职工才能享受职工福利。

（2）职工福利一般遵循普遍性原则。

职工福利以共同消费的形式满足本企业职工的共同需要，一般不体现按劳分配的要求。

（3）职工福利的资金来源于企业盈利。

企业高层管理者对职工福利的重视程度以及企业的薪酬组合方式会影响职工福利的提供形式和水平。

2.职工福利的内容

职工福利的内容包括福利津贴、福利设施和福利服务

（1）福利津贴。

福利津贴一般以现金形式提供，涉及衣、食、住、行、乐等多个方面，以多种名目出现。

（2）福利设施。

福利设施包括职工食堂、职工宿舍、托儿所、幼儿园、浴室、理发室、休息室等生活福利设施，以及文化室、俱乐部、职工图书馆、健身房、游泳池、运动场、歌舞厅等文化康乐设施和场所，职工可以平等地

享用。

（3）福利服务。

福利服务既包括与上述各项设施相关的各项服务，也包括诸如接送上下班、提供健康检查等特别服务。

（二）住房福利

1.住房福利的性质

关于住房是否属于社会福利的内容，有三种不同的观点：

第一种观点认为住房只具有纯粹的商品性而不具有福利性，它与其他消费品一样，社会成员要支付货币去购买，住房属于个人所有。

第二种观点则认为住房可以采取社会福利的形式，由国家和社会在工资分配之外进行分配。

第三种观点具有折中性，认为住房具有商品性，同时也具有福利性。

2.住房福利的内容与住房政策调控

鉴于住房的特殊性和重要性，目前世界各国政府都以不同的方式参与住房的建设和分配，通过调控住房政策实现其市场性与福利性的结合。

社会保障体系应当包括住房保障，社会保障采取的保障居民基本住房需要的措施是多元化的，既有救助性质的措施，也有保险性质和福利性质的措施。

福利性质的措施最为普遍，主要有两种：一是政府对住房提供直接支付或转移支付，即以多种形式提供住房补贴；二是国家做出政策性规定，要求住房建设者必须划出一定数量的住房低于市场价格出售给低收入家庭，或者政府直接兴建经济房屋（也称廉价房屋或福利房屋）定向出售给低收入家庭。

住房福利的核心就是给中低收入居民家庭提供经济适用住房或廉租住房，解决中低收入居民住房问题，同时调控房地产市场、调节收入分配。在做法上，包括立法、设立法定机构、控制价格等。实践证明，市场是提高资源配置效率、推进经济增长的主要手段，但市场不是万能的，市场不能完全解决社会公平问题，不能完全适应复杂的社会需求，尤其是不能完全解决人民群众的基本需求问题，政府的干预是必不可少的。

从我国 1994 年开始实施的国家安居工程政策框架的基本内容看，国家安居工程的运作方式是按照建立住房福利体系的思路设定的。具体内容主要体现在，政府提供基础设施配套、实行税费减免和以划拨方式提供土地使用权，分配对象为城市中低收入家庭。这种住宅建设和供应方式的优点是，在避免政府财政直接投入的情况下，加快了住房建设的速度，降低了住房价格，从住房供应和支付能力两个方面照顾了中低收入家庭。经济适用住房建设是建立多层次的住房供应体系的重点，也是发展我国社会保障性住房的重点。

三、社会特殊福利

特殊福利是国家和社会向特定类型的公民提供的专项福利，它不是一种特权，目的是使这些人能够健康、幸福地生活，这也是福利的本质。

在我国，特殊福利一直是由民政部门来管理的，所以也叫作民政福利。改革开放以来，特别是进入 21 世纪以后，我国的特殊社会福利事业正在逐步形成由政府、非政府组织以及个人共同举办的多元化的发展格局。按照特殊群体的年龄、性别、残疾等情况，特殊福利可以划分为老年人福利、妇女福利、儿童福利和残疾人福利等几种形式。

（一）老年人福利

我国现已迈入老龄化社会，截至 2024 年底，我国 60 岁及以上老年人口达到 3.1 亿，占全国总人口的 22%。预计在 2030 年前后，我国 60 岁以上的老龄人口将增至 4 亿左右。到 2050 年，我国 60 岁和 65 岁以上的老龄人口总数将分别达到 4.5 亿和 3.35 亿，这意味着每 3 个人中就有 1 个老人。老年人问题已不再是个人问题，也不再是家庭问题，而是一个社会问题。

老龄化已成为关系国家发展全局的重大课题。1996 年 8 月 29 日，第八届全国人大常委会第二十一次会议通过《中华人民共和国老年人权益保障法》（以下简称《老年人权益保障法》），标志着我国老年人福利事业进入法治化轨道。

《老年人权益保障法》以保障老年人合法权益为核心，系统规范了养老服务体系、社会优待、宜居环境建设等内容，为实施积极应对人口老龄化国家战略提供了法律保障。现行版本是2018年修正后的版本。

但是，目前我国的老年人福利还不具有全民性，已有的老年人福利保障可以概括为以下几个方面：

1.物质生活福利方面

一是提供老年人福利设施，包括福利院、敬老院、老年人公寓等；二是提供生活补贴；三是完善社区老年人服务体系。

2.医疗保健方面

向离退休老人和生活困难的老人提供一定的医疗补贴或救助。

3.精神生活保障方面

鼓励民间举办老年人大学和老年人活动中心，发挥老年人在一些特殊岗位的社会贡献。

4.其他社会优待

例如，在乘坐交通工具、排队优先等方面给予一定的照顾。

（二）妇女儿童福利

一国妇女儿童福利水平的高低直接反映该国的经济发展水平。妇女占一个国家人口的半数左右，儿童的主要照顾者是妇女，儿童又是一个民族未来的希望，所以妇女儿童福利紧密相连，应予以高度关注。

《中华人民共和国母婴保健法》是为了保障母亲和婴儿健康，提高出生人口素质，根据宪法而制定的法律，由第八届全国人民代表大会常务委员会第十次会议于1994年10月27日通过，自1995年6月1日起施行，2017年11月4日第十二届全国人民代表大会常务委员会第三十次会议修正。

1.儿童福利

儿童福利有广义和狭义之分。

广义的儿童福利是指一切针对全体儿童的，促进儿童生理、心理及社会潜能最佳发展的各种方式和设计，它强调的是社会公平，但具有普适性。

狭义的儿童福利是指面向特定儿童和家庭的服务，服务的对象一般为遭遇各种不幸的儿童，如孤儿、残疾儿童、流浪儿、被遗弃的儿童、被虐待或被忽视的儿童、家庭破碎的儿童、有行为偏差或情绪困扰的儿童等，这些在特殊困难环境中的儿童往往需要特别的救助、保护、矫治。狭义的儿童福利强调的同样是社会公平，但重点是对弱势儿童的照顾。

《中华人民共和国未成年人保护法》（以下简称《未成年人保护法》）是为了保护未成年人身心健康，保障未成年人合法权益，促进未成年人在品德、智力、体质等方面全面发展，培养有理想、有道德、有文化、有纪律的社会主义建设者和接班人而制定的法律。

《未成年人保护法》1991年9月4日由第七届全国人民代表大会常务委员会第二十一次会议通过，2006年、2012年、2020年分别进行修订，法律条文已经由原来的72条增加到132条，最新修订版自2021年6月1日起实施。

我国的儿童福利包括以下几个方面的内容：

（1）儿童生活服务，包括托儿所、幼儿园等社会服务事业；

（2）儿童教育福利，包括义务教育、特殊教育等；

（3）保健福利，包括儿童免疫、独生子女保健津贴；

（4）儿童福利院，专门收养孤儿、弃婴等；

（5）其他福利，如儿童免费或低费乘坐交通工具等。

2.妇女福利

妇女福利的内容主要包括职业妇女特殊保护、妇女保健设施和服务、生育津贴以及社会建立的维护妇女合法权益的各种机构和组织。我国的宪法、民法典、劳动法和刑法等法律都设立了保护妇女的专门条款。

《中华人民共和国妇女权益保障法》1992年4月3日由第七届全国人民代表大会第五次会议通过，自1992年10月1日起施行，是保护妇女权益的法律，为我国男女平等以及人人平等奠定了基础。2005年8月28日第十届全国人民代表大会常务委员会第十七次会议通过的《关于修改〈中华人民共和国妇女权益保障法〉的决定》对其进行了修订。2022年10月30日第十三届全国人民代表大会常务委员会第三十七次会议对其进行第二次修订，自2023年1月1日起施行。

目前，妇女福利主要包括以下内容：

（1）生育福利。

通过妇幼保健机构提供的妇女保健服务，职业妇女可以享受生育保险待遇。

（2）特殊职业保障福利。

我国劳动法从妇女的生理特征出发，规定禁止安排妇女从事体力劳动强度较大的工作，还规定在妇女怀孕等特殊时期应给予假期并保障其经济来源。

（3）保护妇女就业和工作权利的福利。

（三）残疾人福利

残疾人是指生理或心理上的缺陷，如视力、听力、肢体和智力等方面的缺损导致劳动、生活、学习上存在障碍的人。

残疾人是人类社会中的一个有特殊困难的群体，需要其他社会成员给予各方面的帮助，使其适应社会的发展。

残疾人福利是世界各国普遍关心的一个社会问题，是国家对全体公民实施社会福利的重要方面，也是社会福利服务的重点和难点。

《中华人民共和国残疾人保障法》是为了维护残疾人的合法权益，发展残疾人事业，保障残疾人平等地充分参与社会生活，共享社会物质文化成果，根据宪法而制定的法律，于 2008 年 4 月 24 日修订通过，自 2008 年 7 月 1 日起施行。2018 年 10 月 26 日第十三届全国人民代表大会常务委员会第六次会议通过修正案，现行版本自 2018 年 10 月 26 日起施行。 残疾人福利包括残疾人就业、残疾人教育和残疾人康复等多个方面。

1.残疾人就业

残疾人就业是残疾人全面参与生活的前提，是其实现自身权利和价值的关键环节。然而，要解决残疾人就业，单纯依靠劳动力市场机制显然是不可能的，必须采取特殊的政策措施。解决残疾人就业的途径主要是区别残疾人的不同情况，做到分散安置与集中安置相结合。对于吸收残疾人就业的企业以及自谋就业出路的残疾人，国家应给予一定的政策优惠和扶持。

2.残疾人教育

残疾人教育是残疾人劳动就业的前提。残疾人所受教育的层次往往决定着其就业的层次及其参与社会活动的能力，甚至是生存的能力。残疾人教育的内容包括以下几个方面：

（1）生活自理能力教育。

残疾人掌握生活技能需要依靠一套涉及生理、病理的科学的方法，一般应由特殊学校中受过专业训练的特教老师对残疾人施以训练。

（2）文化知识教育。

文化知识教育包括手语、盲文等的教育。

（3）心理辅导。

残疾人教育中的心理辅导旨在教育残疾人正视自己的特点、勇敢面对人生，消除他们的自卑感和排他情绪，激励他们融入社会，增强其自信、自尊、自立、自强的决心。

（4）职业技术教育。

职业技术教育能开发残疾人潜在的智力和体能，补偿其生理缺陷，为社会输送残而不废、有技术的劳动者。

3.残疾人康复

残疾人康复的宗旨包括以下几个方面：一是最大限度地使只有部分器官和组织缺损的残疾人不至于完全残疾，使其身体留有部分的功能发挥出作用，甚至使受损的功能得到恢复；二是锻炼提高相应的组织、器官的功能，使之起到代偿作用；三是通过矫形手术装配假肢、矫形器等，使残疾人能参与社会生活和社会生产劳动。

四、我国社会福利制度的改革与发展

（一）我国社会福利制度的发展阶段

我国社会福利制度的改革与经济发展水平和经济体制紧密相连，随着计划经济体制向社会主义市场经济体制的转轨，社会福利制度也可以划分为两个阶段。

第一个阶段是计划经济时期的社会福利。

从严格意义上讲，这一时期的社会福利不能称为"社会"福利，因为福利的覆盖对象不是全社会成员而主要是城市单位职工以及特殊弱势群体。

1951年8月发布的《关于城市救济福利工作的报告》显示，我国最早的社会福利政策主要针对无依无靠的城镇孤寡老人、孤儿或弃婴、残疾人等实施保障，具体由民政部门负责组织实施，设立福利机构为这些孤老残幼人员提供保障，但只覆盖了城镇极少数特殊人群（不到总人口的1%)。

在20世纪50年代，我国专门针对城市单位职工福利颁布和发布了一系列法规、通知，这些法规、通知对国家机关、事业单位职工的冬季取暖、生活困难补助、职工住宅、上下班交通、职工家属医疗补助、生活必需品供应等问题做了全面的规定。由此，绝大多数企业职工以及国家机关和事业单位工作人员的福利需求按规定由其所在单位提供，他们成为我国社会福利的主体（占城市居民的95%以上，占总人口的25%以上）。

可以看出，当时我国的社会福利由民政福利，企业职工福利，国家机关、事业单位职工福利三部分组成。在整个计划经济时期，城镇居民能够享受到的福利待遇在不断增加，单位就是一个无所不管、无所不包的"小社会"。

总之，在计划经济时期的50年，我国的社会福利是以职业为依托、以城镇职工为主体、关怀职工生活方方面面、所需经费几乎全部由国家财政提供的福利制度。在计划经济时期"高就业、低工资"的就业和分配制度下，城镇职工所享受的无所不包的福利待遇，不仅极大地填补了由于低收入而造成的生活上的亏空，提高了他们的物质和精神生活水平，而且使他们切实感受到当家做主的满足和自豪。

第二个阶段是社会主义市场经济时期的社会福利制度。

20世纪80年代开始的经济体制改革带来了社会结构的巨大变化，传统的福利制度日益暴露出一系列不适应新社会环境的弊端，主要表现在以下几个方面：国有企业改革受制于过重的职工福利负担，平等参与市场竞争的能力降低；企业负责职工福利的弊端在于职工福利与企业效益挂钩，形成了差异较大的福利待遇，阻碍了劳动力的合理流动；继续扩大了城乡差距，城乡隔离的二元社会经济结构也无法打破。因此，传统福利制度改革势在必行。

1993年4月，民政部发布了《国家级福利院评定标准》。同年8月，民政部又发布了《社会福利企业规划》。1994年12月，民政部发布了《中国福利彩票管理办法》。1997年4月，民政部与原国家计委联合发布了《民政事业发展"九五"计划和2010年远景目标纲要》。1999年12月，民政部发布了《社会福利机构管理暂行办法》（于2015年5月5日修订）。这些法规正逐步引导福利事业向多元化、社会化发展，改变了过去由企业负担福利的做法。

（二）我国社会福利制度的改革方向

1.社会福利不断走向制度化、规范化

目前我国改革社会福利制度，应确立相应的法律法规，明确社会成员的福利权益和国家、社会的责任，明确各种社会福利项目的管理与监督机制，使相关福利项目的管理、资金来源的利用、福利标准的测定和衡量、福利规划及实施都能落到实处。

2.建立统一的社会福利事业管理机构和监督机构

我国目前的福利事业是由民政部、财政部、人力资源和社会保障部、各级工会、教育部、中华慈善基金会以及中国残疾人联合会等部门和机构分别进行管理的。社会福利事业分散在不同的部门和机构，将对社会福利事业的统筹规划、协调发展产生不利的影响。因此，政府应统一社会福利事业的管理机构，健全监督机构，改变福利项目重叠或遗漏的现象，推进社会福利事业的稳步发展。

3.推进社会福利的社会化进程

社会福利社会化是改变我国目前企业和国家财政负担过重、扩大福利服务对象范围的重要举措。

社会福利的社会化进程主要体现在以下几个方面：

（1）福利责任主体的多元化。

一是官办福利机构社会化，如民政部门办的福利院可以成为独立的社会组织，并面向全社会开放；二是通过对企业或用人单位举办的福利设施的剥离，使托幼机构、各种保健服务机构、职工疗养院等单位附属机构转变为面向大众的社会化的公共福利组织；三是鼓励民间力量举办社会福利事业，简化民办福利机构的申办手续，提供政策性优惠，扶持并促进民办社会福利组织的壮大与持续发展；四是引导并扶持社区服务组织，使社区服务网络化、普遍化。

（2）福利资金来源的多样化。

一是增加政府财政投入，对已有企业或单位原有的福利投入进行结构调整，国家财政对福利事业的投入应随着经济增长和国家财力的增强而不断增长；二是动员民间资金投入，利用彩票、募捐，鼓励民办福利事业，组织福利工作志愿者，以较少的资金投入办更多的福利；三是收费补贴，除无依无靠、无生活来源、无抚养关系人的极少数社会成员外，绝大多数的社会成员在享受社会福利的同时应承担一定的缴费义务。

（3）福利服务对象的多元化。

社会福利的对象是全体社会成员。我国传统的社会福利制度主要是为城镇职工设立的，这种局面不仅加大了城乡差距，还阻碍了劳动力的流动。今后，要进一步扩大社会福利的覆盖面，随着流动人口的大量增加，福利服务要逐步面向全体成员。

4.完善社会大福利服务体系

随着福利制度改革的推进，我国应逐步形成以社区服务为稳定基石，以社会化福利为主体，以企业或单位自主兴办的职业福利为有益补充的福利体系。

第四节　社会优抚

一、社会优抚的概念

社会优抚是社会优待和社会抚恤的简称，是指国家和社会按照规定，向法定的优抚对象提供确保一定生活水平的资金和服务，是一种带有褒扬和抚慰性质的特殊社会保障制度。

《军人抚恤优待条例》是由国务院、中央军事委员会令（第413号）颁布的文件，自2004年10月1日起施行。根据2011年7月29日《国务院、中央军事委员会关于修改〈军人抚恤优待条例〉的决定》第一次修订；根据2019年3月2日《国务院关于修改部分行政法规的决定》第二次修订；2024年8月5日由国务院、中央军事委员会令第788号第三次修订。

根据《军人抚恤优待条例》的规定，优抚对象包括：

（1）军人

（2）服现役和退出现役的残疾军人

（3）烈士遗属、因公牺牲军人遗属、病故军人遗属

（4）军人家属

（5）退役军人。

在我国，社会优抚属于社会保障大系统中的一个子系统，它是一项针对特殊对象的横向的、综合的社会保障制度，实现优抚的手段是多层次的，包括社会保险手段、社会救助手段、社会福利手段，主要以社会福利手段为主。

完善优抚制度有利于巩固国防、密切军政军民关系、促进经济发展和保持社会稳定，具有十分重要的意义。

二、社会优抚的特点

（一）保障对象的特殊性

社会优抚的保障对象是一个有别于一般社会保障对象的特殊群体。在实践中，社会优抚通常以现役军人及其家属为享受相关保障待遇的资格条件，是一种有着严格的职业身份限制的保障制度安排。

（二）保障内容的全面性

社会优抚不像社会保险、社会救助、社会福利或医疗保障那样，仅承担社会保障某一方面的任务，社会优抚包含保险、救助、福利等相关内容，能够肩负起对军人及其家属的全面保障责任。

例如，伤残、死亡抚恤制度，离退休制度以及军人保险就与一般社会保险的内容基本一致，军人精神病院、康复机构、光荣院、休养所以及义务兵邮资免费等实质上与社会福利性质一致，社区对军烈属的某些援助属于社会救助的性质，军人还实行免费医疗制度等。因此，军人保障具有明显的保障内容综合性的特点，是一个以特殊群体为对象的综合保障系统。

（三）采取军地结合、分工负责的管理体制

根据现行体制，军人保障的组织管理实际是军地结合、分工负责制。

在我国，面向军人的保险、福利、医疗保障等均由军方负责，但制度设计方面需要与政府主管部门沟通、协商一致，军人抚恤、优待等项目则主要由各级政府中的民政部门负责。因此，我国军人保障的管理体制，实际上是依据以往形成的惯例，按照军队政治与后勤机关、政府民政等主管部门分工负责的原则组织实施。

（四）经费主要来源于中央财政

其他社会保障制度虽然也体现了政府责任，但这种政府责任通常表现为中央政府与地方政府分担责任甚至是地方政府承担主要责任。而军队是国家的军队，军人的职业是保卫国家安全，军队的统一性及其肩负的特定职责决定了军人保障的经费要靠中央政府来保证。

尽管有的军人保障项目亦需要地方政府乃至社会分担一些责任，但中央财政承担主要责任是各国军人保障制度的共同特征。

三、我国社会优抚的内容

按照保障对象的不同，社会优抚分为三大项五个方面的内容，三大项是指社会优待、社会抚恤和社会安置，以此来保证优抚对象达到一定的生活水平。

（一）社会优待

社会优待是指国家和社会按照立法规定和社会习俗，向军人及其亲属提供维持一定生活水平和生活质量的资金和服务的保障项目。

1.烈士遗属以及因公牺牲、病故军人遗属的优待

我国对烈士遗属，因公牺牲、病故军人遗属的优待形式主要有介绍就业、组织生产、节日慰问以及在日常生活中给予多种优先权等。

2.残疾军人优待

在医疗待遇方面，残疾军人优待主要包括以下几个方面：

一至六级残疾军人享受基本医疗保险，医疗费用经医保报销后，剩余部分由退役军人事务部门全额补助；残疾军人因伤口复发需到外地治疗或安装假肢的，其交通、住宿费用和住院期间伙食费由退役军人事务部门给予补助。

3.现役军人家属的优待

农村义务兵家属的优待金标准与安置地上年度城镇居民人均可支配收入挂钩。

对立功的义务兵加发家属优待金。

在我国，军属还享有其他方面的优待，即军属凭优待证享受入托、入学、就业、住房、医疗等优先待遇。

4.复员、退伍军人的优待

对生活困难的退役军人，由退役军人事务部门给予动态精准帮扶，

包括定期补助和临时救助。

（二）社会抚恤

社会抚恤主要指慰问伤残人员或死者家属并发给一定数额的费用，其对象主要是烈士遗属、因公牺牲军人遗属、病故军人遗属、残疾军人。

1.死亡抚恤

死亡抚恤的对象为：烈士、因公牺牲军人、病故军人及其遗属。死亡一次性抚恤金标准如下：死亡抚恤对象为烈士的，抚恤金标准为上一年度全国城镇居民人均可支配收入×20倍＋40个月工资；死亡抚恤对象为因公牺牲/病故的，抚恤金标准为上一年度全国城镇居民人均可支配收入×2倍＋40个月工资。

2.遗属定期抚恤

该项标准与全国城乡居民人均消费支出挂钩，具体是：烈士遗属的，不低于全国城镇居民人均消费支出的2倍；因公牺牲军人遗属的，不低于全国城镇居民人均消费支出的1.8倍；病故军人遗属的，不低于全国城镇居民人均消费支出的1.6倍。

3.伤残抚恤

依据2020年修订的《伤残抚恤管理办法》，残疾等级评定由退役军人事务部门联合医疗机构办理。残疾抚恤金按伤残等级（1-10级）和致残原因（因战、因公、因病）差异化发放，全国统一标准。

（三）社会安置

1.退役军人就业制度

退役军人由退役军人事务部门统一安置，实行城乡一体化原则，取消"非农业/农业户口"区分。对服役满12年、战时立功的退役军人优先安排岗位。

2.离退休军人安置

离退休军人住房、医疗纳入地方社会化保障，由退役军人事务部门接收安置。

四、我国社会优抚的改革

社会优抚是我国社会保障制度的重要组成部分，《宪法》第四十五条规定："国家和社会保障残疾军人的生活，抚恤烈士家属，优待军人家属。"

在新中国成立之初，我国颁布了一系列关于优抚优待的法规，如1950年颁布的《革命军人牺牲病故褒恤暂行条例》《民兵兵工伤亡褒恤暂行条例》《革命残废军人优待抚恤暂行条例》等五个条例，建立起了以军人及其家属为对象的优抚制度。这些条例主要涉及优待和抚恤问题，后来逐步扩展到安置、养老等措施和服务上。

国务院和中央军事委员会颁布的《关于军队干部退休的暂行规定》和《关于军队干部离职休养的暂行规定》对军队干部离退休问题做了具体的规定。

1984年，第六届全国人民代表大会第二次会议通过了《中华人民共和国兵役法》，该法对军人抚恤、优待、退休养老、退役安置等问题做了具体规定，同时废除了1950年颁布的五个条例，建立了国家、社会、群众三结合的抚恤优待制度。《中华人民共和国兵役法》分别于1998年、2009年、2011年、2021年进行了四次修订。

但从总体上说，我国对社会优抚的立法还相对落后，国家还没有颁布专门的调整社会优抚的法律，目前适用的一些法规带有一定的滞后性，难以适应新时期军队现代化以及市场经济发展的要求，因此，必须尽快制定相关立法。

在制定涉及军人社会保障的立法时，如关于伤亡保险、退役军人医疗保险和养老保险等的立法，应当与目前国家实行的对社会保险项目的规定相一致。

此外，还应当根据军人保险的特点，建立起有利于提高军人基本生活水平的补充保险。

在抚恤待遇上，应当考虑军人保障的特殊性，其标准应当高于一般社会保险、社会救助、社会福利的水平。社会优抚还必须向社会化的目标发展，借助社会的力量共同做好优抚安置工作。另外，还需要通过立法明确规定优抚安置的资金筹集，保证必要的资金来源，使社会优抚工作实现制度化、规范化。

思政课堂

为广大退役军人提供更好服务保障

服务好、保障好广大退役军人，维护好他们的合法权益，发挥好他

们作为宝贵人力和人才资源的重要作用，为强国建设、民族复兴积极贡献退役军人工作力量。

全面落实退役军人保障法等法律法规。党的二十大对退役军人工作作出明确部署，强调要加强军人军属荣誉激励和权益保障，做好退役军人服务保障工作。制定出台退役军人保障法，为新时代退役军人工作提供了全面的法律依据。退役军人保障法实施以来，各级退役军人事务部门认真学习宣传贯彻，退役军人工作法治建设取得了积极成效。

促进退役军人更好就业和创业。一是抓好就业培训。在全国遴选了4 000多家各有特色的培训机构，举办各种适应性训练和技能培训，提高退役军人的就业能力。二是畅通就业信息。专门开展"退役军人就业服务专项行动"，开设专门网站，为退役军人提供就业信息，总共举办了7 000多场招聘会，提供推荐450万个就业岗位。三是拓宽就业渠道。促进优秀的退役军人进入村"两委"班子，进入中小学的教师队伍。同时，在消防员招录中专项招聘退役军人。四是会同教育部打通退役军人学历晋升通道，还会同相关部门出台了一些税收优惠政策，鼓励退役军人从事个体经营和鼓励更多的企业吸纳退役军人就业，有效促进了退役军人就业工作。

用心用情用力为退役军人办实事、解难题。退役军人事务部组织开展"情暖老兵"系列活动，积极走访帮扶困难退役军人，用心用情用力为退役军人办实事、解难题。

对下岗失业问题，组织退役军人进行基本养老保险、医疗保险的补缴，285万多名退役军人享受到政策红利；对就业困难问题，组织培训，搭建平台，收集专岗，帮助200多万名退役军人实现就业；对他们当中重点对象看病难问题，还建立了"保险＋补助＋救助＋优待"机制等。

此外，退役军人事务部还充分发挥包括中国退役军人关爱基金会等社会力量的作用，努力营造关爱帮扶退役军人的氛围。帮助患有白内障的老年困难退役军人实施手术，对患有其他疾病的予以救助。

资料来源：刘小兵.为广大退役军人提供更好服务保障［N］.光明日报，2023-07-29（005）.此处有改动.

一、单项选择题

1. 社会福利是（　　）。

A.较高层次的社会保障范畴　　　B.社会个人和团体的援助

C.慈善事业的一种　　　　　　　D.社会保险的核心

2. 社会抚恤的必要补充形式是（　　）。

A.群众优待　　　　　　　　　　B.群众抚恤

C.褒扬革命烈士　　　　　　　　D.社会优待

3. 社会优待的对象是（　　）。

A.革命残废军人

B.牺牲、病故军人家属

C.退役军人

D.现役军人家属和在乡老红军、老复员退伍军人

4. 社会保障的最高层次是（　　）。

A.社会保险　　　　　　　　　　B.社会福利

C.社会优抚　　　　　　　　　　D.社会救济

5. 被誉为福利国家"橱窗"的国家是（　　）。

A.英国　　　　　　　　　　　　B.瑞典

C.德国　　　　　　　　　　　　D.美国

二、多项选择题

1. 社会福利不同于社会保障体系中其他内容的主要方面是（　　）。

A.服务对象最为广泛

B.免费、减费提供某种生活用品或劳务

C.项目最多，内容最丰富

D.经费主要来源于国家和地方财政

E.法治性、政策性最强

2. 社会福利的特征包括（　　）。

A.政府主导性　　　　　　　　　B.保障对象全民性

C.保障待遇高层次性　　　　　　D.实施过程社会化

E.福利标准不确定性

3.社会福利的作用包括（　　　）。

A.从多角度综合提高全民的生活水平

B.刺激国民消费

C.促进产业结构调整

D.提供公平竞争的良好环境

E.保障弱势群体的基本生活

4.英国的社会福利服务主要有（　　　）。

A.院居服务　　　　　　　　　B.日间照顾

C.社区照顾　　　　　　　　　D.贫困救济

E.现场工作服务

5.伤残抚恤的事故范围包括（　　　）。

A.因战致残　　　　　　　　　B.因公致残

C.因病致残　　　　　　　　　D.家属伤残

E.退伍军人伤残

三、思考题

1.什么是社会福利？社会福利与社会救助、社会保险有哪些区别？

2.我国社会福利包括哪几方面的内容？

3.西方国家的社会福利制度有什么特点？瑞典的社会福利制度能否成为我国未来福利制度的改革模式？西方国家的福利制度面临哪些改革？

4.什么是社会优抚？社会优抚与社会保障系统中的其他社会保障有什么关系？

5.随着中国的市场化改革，社会优抚将面临哪些改革？

第十一章

农村社会保障

学习目标

农村社会保障是以农村居民为保障对象，为其提供养老保障、医疗保障等基本生活保障的一种制度。通过本章的学习，要了解农村社会保障的含义和特征，掌握农村社会保障的主要内容，了解外国的农村社会保障类型，掌握我国农村养老保险和医疗保险的主要内容。

关键概念

农村社会保障　农村养老保险　农村社会救助　农村社会福利

案例

甘肃省出台新规　全方位保障被征地农民养老权益

据《兰州晚报》报道，近日，甘肃省人民政府印发《甘肃省被征地农民参加基本养老保险实施办法》，进一步健全被征地农民社会保障体系，确保其当前生活有改善、长远生计有保障。该《办法》自印发之日起施行。

明确保障对象　坚持四大原则

《办法》明确，被征地农民指甘肃省行政区域内，被政府统一征收承包集体所有土地、具有本地户籍的16周岁以上的农村集体经济组织成员。

《办法》突出四大原则，一是坚持制度有机衔接，与征地、户籍、农村集体产权制度改革相呼应；二是落实"先保后征""应保尽保"，确保社会保障费用落实到位，符合条件者全部纳入保障；三是遵循"谁用地、谁承担"，申请用地单位将参保缴费补贴资金列入工程概算和征地成本；四是确保补贴水平与经济发展相适应，将筹资标准与全省全口径城镇单位就业人员平均工资挂钩，实现参保缴费补贴与个人缴费相结合。

纳入现有体系 给予参保补贴

《办法》规定，将被征地农民纳入现行企业职工基本养老保险或城乡居民基本养老保险制度，对符合条件的在参保时给予适当参保缴费补贴。不参加基本养老保险的被征地农民不享受参保缴费补贴。已按照完全失地农民身份享受政府补贴纳入企业职工基本养老保险的被征地农民，不再享受参保缴费补贴。

以灵活就业人员身份参加企业职工基本养老保险的被征地农民，按灵活就业人员缴费基数的20%参保缴费。个人每年按8%缴纳至税务部门，社保经办机构每年从被征地农民参保缴费补贴资金预存账户划拨12%，缴费补贴资金划拨完之后，由个人负责缴纳全部费用。已参加企业职工基本养老保险并享受待遇的被征地农民，将参保缴费补贴资金一次性发放给本人。

参加城乡居民基本养老保险的被征地农民，参保缴费补贴资金按规定划入社会保障基金财政专户后，由社保经办机构将参保缴费补贴资金一次性记入其个人账户，按规定计息。已享受城乡居民基本养老保险待遇的，按照城乡居民养老保险待遇计发月数增发个人账户养老金。

规范补贴资金管理 严格工作流程

《办法》要求设立参保缴费补贴资金预存账户，专款专用，接受多部门监督。确定补贴对象须经农村集体经济组织或村民委员会讨论、乡镇初审、多部门审核、公示等环节。县级以上政府征地补偿安置方案确定之日为补贴基准日。征地报批前，申请用地单位或市州、县市区政府须将补贴资金足额划入预存账户。自然资源主管部门依据补贴资金审核意见和缴纳凭证办理征地审批手续。

征地批复后，多部门协同完成信息核实和资金结算，人社部门在规定时间内落实补贴资金。征地未获批准的，退还预存补贴资金。

资料来源：陈梦圆.甘肃省出台新规 全方位保障被征地农民养老权益［N］.兰州晚报，2023-03-28.

［分析要点］农村社会保障。

［问题］

（1）被征地农民的社会保障存在的问题是什么？

（2）如何解决被征地农民的社会保障问题？

第一节　农村社会保障概述

农村社会保障是我国社会保障体系的重要组成部分。农村社会保障制度的建设状况，关系到农民目前和将来的生活安全和生活质量的提高、关系到我国第二个百年奋斗目标的实现、关系到全面建成社会主义现代化强国。因此，从实际出发，解放思想，加快推进农村社会保障制度建设，是我国新农村建设中一个必须放在头等重要地位的基本任务。

一、农村社会保障制度及其特征

（一）农村社会保障制度概况

从世界各国社会保障制度的发展历程来看，各国的城乡建立社会保障制度的时间是不同的。与现代市场经济体制相联系的农村社会保障制度的建立总是要晚于城市社会保障制度数十年。

例如，德国早在1889年就建立了雇佣工人养老保险，直到1957年才将覆盖范围扩大到全体农民；美国在1935年开始实施社会保障法，建立城市劳动者的年金保险，直到1990年才全面扩展到农民；日本亦是如此，1941年设立了面向城市企业劳动者的厚生年金保险，直到1971年才有真正属于农民的"农业者年金"计划出台。

一般来说，国外的农村社会保障制度大体包括农村社会保险、最低生活救助等内容，同时在此基础上，各国还根据实际情况建立了其他的保障项目，如日本的农村社会福祉。

从我国的情况看，目前，我国农村社会保障制度一个突出的特点就是二元经济结构所导致的"二元"社会保障制度，即城镇社会保障体系和农村社会保障体系。同时，由于城乡经济差别，农村社会保障制度的建设滞后于城市社会保障制度。

我们可以将农村社会保障制度界定为，在国家社会保障制度发展的特定阶段，以法律为依据，以国家、集体和农民投入为依托，通过国民收入的分配和再分配，对农村社会成员的基本生产和生活给予物质保障的各项法令、规章、措施的总称。它是国家为了保证农村社会成员个人及其家庭的经济安全提供必要的福利，通过立法实施的一种公共计划，其实质是实现部分社会财力的转移，帮助农村社会成员转移和规避各种风险。

(二) 农村社会保障制度特征

农村社会保障制度除了有与通常意义上的城市社会保障制度相同的特征外，还有以下几方面特征：

1.农村社会保障制度的实施是政府的责任

农村社会保障制度是整个社会保障体系的一个重要组成部分。在我国，绝大部分人口居住在广大的农村地区，受经济发展水平的限制，大多数农村居民在生产和生活中遇到的风险还得不到应有的经济安全保障，甚至还有上千万人生活在贫困之中。

从经济社会发展和完善社会保障体系的趋势来看，把农村社会成员纳入社会保障体系之中是政府应尽的职责。农村社会保障的实施作为一种政府行为，首先，需要通过立法来规定各方的权利与义务；其次，需要通过政府的收入再分配机制，实现部分社会财力向农村社会被保障成员转移，以提高全社会的福利水平。[1]

2.农村社会保障的对象是农村社会成员

农村社会保障的对象是农村社会成员。农村社会成员包括农村居民及其家庭，即非城市户口的"农业户"或"农业户口"。例如，在我国，农村居民不仅包括农业劳动者，还包括农村干部、集体企业管理者、乡镇企业职工、私营业主等若干农村社会阶层，他们都是农村社会保障的对象。这是社会保障的本质特征。

---

① 王越.中国农村社会保障制度建设研究 [M]. 北京：中国农业出版社，2005：57.

农村全体成员是享受农村社会保障所提供的经济保障和社会福利的主体，是该制度的权利主体。

3.建立新型的农村社会保障是经济发展到一定阶段的产物

新中国成立以来，我国一直处于社会主义初级阶段，经济发展水平较低，二元经济结构长期存在，导致城乡差别，也导致了城镇和农村在社会保障上的巨大差距，农村居民很少享受到国家提供的社会保障。随着改革开放和社会主义市场经济体制的建立，原有农村社会保障所依赖的计划经济基础被打破，建立新型的农村社会保障制度成为经济发展所必需的条件。

4.农村社会保障的主体是多元化的

一般地，农村社会保障的主体包括权利主体、责任主体和经办主体等。

农村社会保障制度是以农村全体社会成员为对象建立的，农村全体社会成员是享受经济安全和社会福利的主体，即权利主体；社会或国家（政府）是提供农村社会保障的责任主体，这不仅因为保障全体社会成员的经济安全和社会福利是社会或国家的责任，还因为它也是国家为了促进农村经济发展和农村社会安定而实施的一种公共福利计划。此外，农村社会保障是一个复杂的、庞大的系统，需要建立专门的负责实施和经办的机构，即经办主体。因此，农村社会保障制度必须明确其权利主体、责任主体和经办主体。

二、农村社会保障制度的内容

（一）农村社会保障制度理论上应该包括的内容

1.农村社会保险

农村社会保险是农村社会保障的核心内容。它主要是通过国家立法采取强制手段对国民收入进行再分配，形成专门的消费基金，对农村劳动者在遇到生、老、病、伤、残、死、失业等风险时，由于暂时或永久丧失劳动能力或暂时失去工作而给予物质帮助的形式。所以，农村社会保障的直接目的是对农村劳动者的收入损失进行依法补偿，保障他们在特定情况下仍维持基本生活。农村社会保险覆盖的对象是农村社会成员中最主要的部分即劳动群众，农村劳动群众一切丧失收入的风险，都有权获得一定程度的收入损失补偿，以保障他们的基本需要。

按保险对象和具体要求的不同，农村社会保险主要分为养老保险、医疗保险、失业保险、工伤保险等。从目前我国农村的实际情况看，主要是医疗保险和养老保险。

2.农村社会救助

农村社会救助，是指国家和社会对农村无劳动能力和生活来源的人或因自然灾害等原因而无法维持最低生活水平的农民给予的适当物质帮助和无偿救助的一种社会保障制度。受益者通常是农村的弱势群体，包括由于种种原因从未参加过社会劳动或在享受了社会保险之后仍然生活在贫困线以下的个人和家庭。

农村社会救助作为农村最低层次的社会保障，是最广泛、最基本的保障，也是农村社会保障的最后防线。

目前，我国农村社会开展的救助主要有贫民救助、灾民救助、长期病患农民救助和孤儿、孤单老人救助等。

归纳起来，大致有三类救助对象：一是农村无依无靠、没有劳动能力、无生活来源的人，主要包括孤儿、残疾人以及没有参加社会保险且无子女的老人；二是有收入来源，但由于自然灾害或者社会灾害而一时无法维持生活的农民；三是全年家庭人均收入低于当地政府规定的最低收入的家庭。

农村社会救助工作实行动态管理。随着经济社会的发展变化，农村绝对贫困人群将减少，相对贫困人群将增加，大部分农村社会成员的物质文化生活水平将不断提高，与此相适应，农村社会救济的标准也将随之改变，以适应农村社会经济发展的需要。

3.农村社会福利

农村社会福利是以国家或社会组织为主体，向农村全体公民或弱势群体提供旨在保证其一定的生活水平和尽可能提高其生活质量的资金和服务的社会制度，是为农村特殊对象和社区居民提供除社会救济和社会保险外的保障措施与公益性事业。

它的主要任务是保障孤、寡、老、弱、病、残者的基本生活，同时为这些特困群体提供生活方面的上门服务并开展娱乐、康复等活动，逐步提高其生活水平。

农村社会福利是现代社会保障制度体系中日趋重要的子系统，是农村社会保障体系的最高阶段。

4.农村社会优抚

农村社会优抚是由国家和社会团体对法定的农村优抚对象，按照规定提供保证其一定生活水平的资金和服务，是一种带有褒奖和优待抚恤性质的特殊的农村社会保障制度。

在我国，农村社会优抚主要是对农村军人及军人家属这个特殊群体的综合保障，也就是军人保障。

这是一种强制的法定保障，具体项目包括对农村烈士军属、军属及退伍军人提供优待金，为农村伤残军人提供抚恤金以及为农村社会优抚对象提供各种服务设施，如军人干休所、光荣院、退役军人培训中心和职业介绍所等。

（二）现阶段我国农村社会保障建设的主要内容

我国是发展中国家，经济还不发达，尤其是农村经济社会发展水平不高，发展农村社会保障事业必须从长计议。

我国农村社会保障建设的长期目标是逐步推进城乡社会保障一体化，现阶段农村社会保障建设主要包括如下内容：

1.农村最低生活保障制度

从制度上解决农村人口的基本生存问题，可以极大地减少和避免因温饱问题而引起的社会矛盾，有利于缩小城乡之间和农民之间的收入差距。

目前，建立农村最低生活保障制度的时机已经成熟，具备条件的地区应加快建立这一制度，对中西部财政困难地区中央财政应给予一定补贴。

2.新型农村合作医疗制度

目前实行的新型农村合作医疗制度只能保障大病，还存在补偿不足和医疗机构的设备不能满足农民的医疗需要的问题，农民仍需自费负担较高的医疗费用，化解大病风险的能力低。

应逐步加大财政支持力度，提高筹资标准，提高农民受益程度，逐步实现从大病统筹到日常医疗保健保险的转化。

3.农村基本养老保险制度

随着传统农村养老保障不断面临挑战，各地根据各自的经济社会发展水平，试行低水平、广覆盖的农村养老保险制度，以解除农民的后顾之忧。

4.计划生育奖励和扶持政策

2004年，国务院转发原国家人口计生委、财政部《关于开展对农村部分计划生育家庭实行奖励扶助制度试点的通知》，政府开始在农村实行计划生育的家庭设立奖励扶助制度的试点，对农村只有一个女孩或两个女孩的计划生育夫妇，年满60周岁后发放奖励扶助金，初期标准为每人每年不低于600元（2023年已提高至独女户1 200元、双女户960元），直至亡故。奖励扶助资金由中央和地方财政共同负担。

2007年8月，原国家人口计生委、财政部发布实施《全国独生子女伤残死亡家庭特别扶助制度试点方案》，对有独生子女伤残死亡的特殊计划生育家庭每月发放80～100元的扶助金（现行标准为伤残家庭600元/月、死亡家庭800元/月）。2016年起，两项制度整合为统一的计划生育家庭奖励扶助和特别扶助制度。

随着老龄化的深化，我国开始实施鼓励生育的政策。2024年2月4日公布的中央一号文件提出，"加强农村生育支持和婴幼儿照护服务，做好流动儿童、留守儿童、妇女、老年人、残疾人等关心关爱服务"，这是历年中央一号文件中，首次将农村生育支持纳入工作安排。

三、建立农村社会保障制度的原则

（一）因地制宜原则

我国东中西部农村地区的经济社会差异很大，这就决定了实施社会保障制度不能全面铺开，必须选准突破口，由易到难，保障范围由小到大，项目由少到多。

在经济发达的富裕地区，推行社会保险项目相对要多，要先从医疗保险、养老保险、计划生育保险、最低生活保障制度四个方面入手，再逐步扩大范围并完善其内容。

在经济欠发达地区，要先从最低生活保障制度和医疗保险两方面入手。在贫困地区，要以最低生活保障为重点，对贫困农民实施积极的社会救助政策，提高他们战胜困难、脱贫致富的能力。

（二）以保障农民基本生活为原则

农村社会保障必须以保障农民基本生活为原则。

我国农村经济发展从整体来看还比较落后，确定保障标准要适当，尽可能"保守"一些。因为社会保障具有刚性，能上不能下，能进不能退，起步时标准宜低不宜高，标准应该随着经济发展水平逐步提高。

（三）保障资金社会化筹集原则

农村社会保障责任必须由国家、社会和个人来协调承担。个人所承担的社会保障责任在于个人参与，包括经济上、服务上和管理上的参与。

目前我国应尽快树立农民的自我保障意识，杜绝依赖国家财政保障的"大锅饭"思想。集体资助则体现了社区对个人的责任，但切忌集体大包大揽。将来国家财政实力增强了，还是应该加强国家对农村社会保障的责任，但要适当。

（四）社会保障同家庭保障相结合的原则

家庭保障在农村目前及今后一段时期仍是占主导地位的保障方式。但是从长远看，由于社会结构（包括人口结构、家庭结构、产业结构、劳动结构等等）的变化、人口流动的增加，家庭的保障功能必然会被逐渐削弱。

同时，在现代社会，社会经济风险剧增，人们的保障需求与传统社会相比已不可同日而语。因此，社会保障的出发点或初衷是为了补偿现代社会中被削弱的家庭保障功能，但绝不是取而代之。因为家庭保障方面的某些特殊的功能是任何社会化的手段都无法取代的，因此，社会保障和家庭保障两者之间的关系是相辅相成而不是相互排斥的。

第二节　外国农村社会保障制度

大部分西方发达国家早在几十年前就已经建立起了覆盖全体农村劳动者或农村人口的农村社会保障制度，并积累了丰富的经验。

尽管我国农村社会保障制度的发展和完善主要取决于我国农村经济的发展和政府的经济政策，但是吸收和借鉴发达国家的经验和教训也是不无裨益的。

一、外国农村社会保障的主要模式

按照养老保险资金的筹集、管理和发放方式以及各种保障的性质划分，国外农村养老保险制度基本上可以归纳为以下三种模式：

（一）社会保险型

社会保险型养老制度属于当前世界上农村社会化养老制度的主流模式，在欧洲国家和一些发达国家较为盛行，以德国、日本、法国、美国、韩国等为典型代表。

其实现形式主要有两种：一种是针对农村人口开设独立的养老制度；另一种是直接将其城市制度向农村延伸，即属于国民年金型。

该模式主要通过社会保险机制为劳动者建立退休收入保障计划，它强调缴费与其个人收入、退休待遇相互关联，因此也被称为收入关联年金模式。

该模式的基本特点是：

（1）养老保险基金由农业雇佣劳动者个人和雇主按工资额的一定比例共同承担，非领薪农业人员则按其实际净收入（包括现金和农产品两个部分）的一定比例完全由自己承担。

国家通过税收、利息、财政政策给养老保险以资金支持。

（2）养老金待遇取决于退休前的收入水平。

对于农业雇佣劳动者而言，以其退休前1年的工资或在就业期间几十年的平均工资作为计算基础；对于种养业经营主而言，以退休前3年或退休前5年的农业平均净收入为计算基础。

每年领取的养老金水平大致为退休前收入的30%～50%。

（3）具有收入再分配功能。

尽管养老金与缴费和收入有关，但与寿险公司的保费同年金直接对应的商业保险运行规则不同，社会保险型模式在缴费与给付方式上通过特定的技术机制，使国民收入在代际之间、不同收入水平群体之间进行再次分配，特别是使高收入阶层向低收入阶层进行某种程度的收入转移，以此实现在老年保障制度中富人与穷人的收入再分配，从而缩小不同阶层之间的社会保障差距。

（二）福利保险型

福利保险型模式按实施范围的大小一般分全民型和特殊群体型

两种。

实行全民福利保险型模式的国家有英国、瑞典、加拿大等。该模式强调的是对不能依靠自身劳动满足自己生活需要的老年居民普遍提供养老金保障。其主要特点是：

（1）实施范围广泛。

该模式覆盖了城市和农村的所有居民，甚至还包括了在本国侨居一定年限的外国居民。

如加拿大"老龄安全年金"规定，只要18岁以后在加拿大居住至少10年且至今仍居住在加拿大的65岁以上老人，或目前已不在加拿大居住但以前在18岁后曾在加拿大居住了至少20年的65岁以上的老人，均可获得一笔基本的老龄年金收入。

（2）与个人收入状况无关。

无论老年人是不是工薪劳动者，无论退休前收入水平高低或者是否有稳定的职业和收入，国家均为其提供等额的养老金，不需要对申领者个人生活状况进行调查。

（3）基金来源主要靠国家财政补贴。

实行该模式的大多数工业化国家，都不要求公民缴纳任何费用（如加拿大、瑞典、丹麦、澳大利亚、新西兰），其开支完全来自国民税收。有些国家要求缴纳社会保险费或社会保险税。

特殊群体福利保险型模式主要盛行于发展中国家和欠发达国家，如斯里兰卡和南非等。由于其经济条件有限，难以实施全民型的社会养老制度，因此通过实行特殊群体养老金救助制度，确保生活特别困难的农村老年人享有基本养老保障。受救助主体即政府财力的限制，仅能提供最低程度的保障。

（三）储蓄保险型

储蓄保险型也称为强制储蓄型。目前，世界上只有少数亚洲、非洲的发展中国家实行这一模式的社会养老保险制度，比较成功的国家是新加坡和智利。

这种养老保险模式强调以家庭为中心维持社会稳定和经济发展，其保险基金来源于雇主和雇员按照工资收入的一定比例缴纳的保险费、独立劳动者或自雇者按照个人收入的一定比例缴纳的保险费，国家不进行投保资助，不负担保险费，仅给予一定的政策性优惠。政府虽然不负担保险费，但政府承担了最低养老金和养老金投资最低回报率补贴。如智利政府规定，如果职工从个人账户中领取的养老金未能达到政府规定的最低养老金标准，政府补充差额部分。

从实施的结果看，福利保险型养老制度模式重视公平，体现了"福利国家"给全体国民的福利待遇，能最大限度地扩大社会保障覆盖面，防止老年贫困。其缺陷是不够重视财政资金的使用效率，易诱发个人责任感缺失等，保险开支在国内生产总值中所占比重随着人口老龄化的加剧逐年上升，从而导致用于生产的财力减少，政府负担加重，影响国民经济的发展，是一种较为缺乏效率的养老保障方式。

储蓄保险型养老制度模式实行个人完全积累的筹资模式，受人口老龄化的影响比较小，对国家财政的压力小，支持并帮助了国家的经济发展。其缺陷在于受保人之间不存在收入再分配，这种家庭内部互济在其互济范围和数量上都十分有限，与社会保险型的共济互助差距很大，无法做到风险共担，而且储蓄基金额易受通货膨胀的影响，难以保值与增值。

社会保险型养老制度模式的优点在于其保险资金来源广泛，实现了农村养老保障的社会化目标，同时实行现收现付，增强了社会保险基金的互济性，其保障水平和保障程度普遍较高，它通过政府补贴，真正使农民分享到了工业化和城市化的成果。该模式的正常运转是以个人和雇主有较强的缴费能力、以政府有坚实的财政后盾为担保，因而要求有一定的社会经济发展水平和经济实力做后盾。

二、外国农村社会保障的具体制度

（一）德国农村社会保障制度

1.德国农村养老保险制度

1957年7月德国颁布《农民老年救济法》，标志着德国农村养老保险制度的诞生，该法于同年10月1日生效。

目前，德国农民养老保障的范围包括：年龄达到65岁时的老年养老金、丧失劳动能力时的养老金、在劳动能力受到严重威胁时的康复待遇和在此期间提供企业援助和家庭援助、在受保险人死亡时的遗属养老金（寡妇、鳏夫养老金，孤儿抚恤金）等。

（1）覆盖范围。

根据法律规定，农民养老保险的法定投保人为企业主、配偶及共同劳作的家属。

农场主是指所有农业和林业企业主，包括葡萄酒、水果、蔬菜和园林以及渔业企业主；农民的配偶，即对企业有同等经营权的丈夫或妻子；共同劳作的家属主要指在农业企业从事劳动的、农民共同劳动的家庭成员或者他们的配偶。

法律对共同劳动的家庭成员的定义是：三代以内的血亲，两代以内的姻亲以及与农业企业主或者其配偶长期保持类似家庭关系并且被农业企业主或其配偶视为家庭成员的保姆。

（2）基金来源。

德国农民养老保障基金主要资金来源有两个：投保人缴纳的保险费和国家的补助金。

其中绝大部分是投保人缴纳的保险费，大约只有1/3是来自国家的补贴，且是保费不足的部分才由政府予以补助。这说明德国农民养老首先是个人的义务，然后才是国家和社会的义务，国家只起辅助的、补充的作用。

德国农村养老保障实行"统一保险费"原则，所有保险对象应缴纳的保险费标准是一样的，而不考虑农民经营规模的大小；共同劳动的家庭成员的保险费是统一保险费的1/2，由农业企业主承担。

（3）支付条件。

农民享受养老金一般须具备三个基本条件：第一，年龄条件，规定男女分别年满65岁和60岁；第二，缴款条件，按规定必须缴满180个月（也就是15年）保险费者方有资格享受标准养老金待遇；第三，附加条件，要求农民必须在50岁以后就开始通过继承、出售或长期租让等方式转移他的农业企业，脱离农业劳动成为农业退休者。

（4）机构设置。

政府劳动和社会保障部门的主要职能是对农民养老保险实行统一立法和管理监督，微观运作由各州专门的农民养老保险机构具体负责，实行自治管理。

目前，德国有13家农村养老保险机构，并组建了一个全国性的农村养老保险机构总联合会。它们均是具有自治特征的法人，但受到国家的管理监督。

农村养老保险机构的自治机关为名誉性的会员代表大会和理事会，在选举委员会成员时，独立的从业者和雇主都有相应的代表参加。

2.德国农村的"农民健康保险"制度

（1）德国"农民健康保险"的主要内容。

德国的农民健康保险是一种强制性的社会健康保险，其业务由分布在各州的农民社会保险机构经营。这些保险机构的投保人主要是农民及其家属。

1998年，德国参加农民医疗和照料保险的人数达到65万，占德国总人口的0.8%。保费缴纳的多少与收入挂钩，但所有参保农民均可获得同等的保险给付。

农民收入水平的计算基础是20世纪50年代德国联邦农业部根据每一块耕地的肥力和农作物单位面积平均产量确定的计分体系。每个州的农场都依据其拥有的农地分值在州内的排序，由低到高划分为20个等级，农场主依据对应的等级缴纳保费。

农场其他人员应缴纳数额，参照农场主的缴费级别按一定比例折算。

几十年来，保费征收水平随农民医疗支出的增加逐渐提高，由此产生的资金缺口依据德国社会保险法由联邦财政补贴。

（2）德国"农民健康保险"的特点。

①缴费的强制性。

在德国，农民医疗和照料保险的加入都是强制性的，符合条件的农民必须加入并按法定标准缴费。

②实行与收入关联的缴费制度。

德国农民在缴费时，首先根据一定标准测算出其真实收入水平，再按高收入者多缴、低收入者少缴的原则进行收费，但在给付水平上却无差别。这种制度设计体现了德国所推崇的"互助共济、风险分担"理念。

③保险基金运营市场化。

德国的农民健康保险业务由分布在各州的农民社会保险机构经营。

参保农民可根据各公司的运营能力及业绩任选一家加入。这种制度设计一方面扩展了个人在福利领域的决策权，另一方面也强化了农民医疗保险市场的适度竞争。

④联邦财政的巨额财政补贴"兜底"。

德国联邦政府为保护农业和农民的利益，确立了对该项资金缺口进行政府补贴的政策。

（二）日本农村社会保障制度

1. 日本农村养老保险制度

日本养老保险制度始于1941年实施的劳动者养老保险制度。

第二次世界大战以后，随着日本工业化的快速发展，大量的农村劳动力进入城市，为了满足他们对社会保障制度的迫切需要，1961年，日本政府出台了相关法律，将社会保障的范围逐步扩大到农、林、渔、牧业的劳动者。日本政府为农民建立了多层次的养老保险制度，具体情况如下：

（1）基础养老金基金制度。

1959年日本政府首次颁布了《国民养老金法》，将原来未纳入公共养老保险制度的广大农民、个体经营者等强制纳入国民养老金体系中。

1985年，日本政府修改了《国民养老金法》，对国民养老金制度进行了重大改革，规定从1986年4月起，工薪阶层及其配偶也必须参加国民养老保险，将国民养老保险作为全体国民共同加入的基础养老保险，原则上要求在日本国内居住的20岁以上、60岁以下的居民必须参加。对在国家及企事业单位供职的人则另外再实施厚生养老金制度，形成了以全体国民为对象的基础养老金制度。

国民养老金的主要内容是：国民养老金以日本政府为保险人，被保险人共分三类：第一类为20周岁以上、60周岁以下的农民、个体经营者等；第二类为厚生养老金保险的受保人，即私营企业职工和公务员等；第三类为厚生养老金保险被保险人抚养的20岁以上、60岁以下的配偶。缴费按不同的参保对象实行分类缴纳，但是凡属于生活受保护的低收入者，可免于缴纳保险费，但退休后其免缴期间的养老金水平仅为原来的1/3，第二类受保人的保险费按照月收入的一定比例缴纳；第三类受保人本人不需要负担，由丈夫（妻子）加入的保险机构负担。缴费年限25年以上、年满65岁以上的参保者可以领取养老金；缴费年限满40年的参保者，退休后可以领取最高金额退休金（6.7万日元/月）。国民养老金的资金来源是政府的基础养老金拨款和被保险人的保险费，一般是国库负担1/3，其余来源于参保者缴纳的保险费。

（2）国民养老金基金制度。

该制度自1991年开始实行，目的是向不满足于"基础养老金"的人提供更高层次的养老保险。

其主要特点是：凡年龄在20周岁以上、60周岁以下的农民、个体经营者等拥有养老金的第一类受保者，均可任意加入。凡自愿加入者，每月须缴纳"附加保险费"。年满65周岁后，除可获得基础养老金外，还可获得"附加养老金"；凡被豁免缴纳国民养老金保险费及申请加入"农民养老金基金"者，则不得再申请加入"国民养老基金"，已加入的中途不得退出。此类养老金的支付分为无期与有期两种，标准金额可自主选择，同时享受税制的优惠。

（3）农民养老金基金制度。

日本政府于1970年制定了《农民养老金基金法》。

农民养老金基金制度作为农民参加国民养老保险制度的重要补充，具有以下主要特点：

一是自愿性，农民除了必须强制加入国民养老保险外，是否加入"农民养老基金"，完全尊重农民的个人意愿，由个人自愿提出申请。

二是申请加入者必须年龄未满60岁，属于国民养老金的第一类受保者，每年从事农业生产经营时间达60天以上。

三是根据加入者是否有资格享受保险费的国家财政补助，分为"普通保险费"和"特别保险费"。符合条件者，享受保险费的国家补助，补助的比例依据参保者的年龄和参保年限而规定不同的比例，65岁后除获得"农民老龄养老金"外，还获得"特别附加养老金"。不符合条件者，个人缴纳一定的普通保险费，65岁后除了"基础养老金"外，还可得到一定数额的"农民老龄养老金"。

（4）特殊群体的"基础养老金"制度。

它主要包括为老年人、残疾人、保险者遗属设立的"老龄基础养老金""残疾人基础养老金""遗属基础养老金"等。

2.日本农村的"国民健康保险"制度①

（1）日本农村"国民健康保险"的主要内容。

日本实行的是强制性全民医疗保险制度，政府规定居民必须全部参加医疗保险，并按不同的职业分别纳入不同医疗保险组织。

日本的医疗保险制度分为"雇员医疗保险"（被雇用者的保险）和"国民健康保险"两大类。国民健康保险主要是针对未加入被雇用者保险的人开办的，包括农业劳动者、个体经营者、木工、医师等。

日本"国民健康保险"的资金主要来自政府的补助，包括中央政府和地方政府的补助，个人缴纳少部分保险费。

日本政府对各医疗保险组织的经费补助数额和方法因组织而异。一般来说保险机构的管理运行费用，包括管理者的工资等，都由政府全额负担，对不同医疗保险组织的医疗费用补助额度差距较大，对有的组织甚至不予补助。补助方式有管理费用的年度一次性补助和医疗费用开支的按比例补助。以农业人口为主要对象的医疗保险组织得到政府的补助数额最高，占支出的50%，其他组织占16%左右。补贴资金的来源是，中央政府占1/2，县政府及县以下的镇、村政府各占1/4。

日本"国民健康保险"的给付水平较高，且主要是医疗费用，其给付范围包括：诊疗费及特定诊疗费的70%，高额诊疗费、助产费等。参加该保险的户主及家属、患者本人负担门诊费用的30%，住院治疗费的20%，伙食费依该国平均家庭伙食费标准患者每人自己负担500~700日元，不足部分由国民健康保险机构支付。

（2）日本农村"国民健康保险"的特点。②

①法规健全。

日本的国民健康保险在整个管理经营监督过程的每个环节都有法律制约，法律制约的效果远大于权力制约效果，保证了机构运行畅通无阻。

②管理层次清晰。

日本国民健康保险的管理机构职责划分明确，层次清晰，由指挥中

① 钱亚仙.农村社会保障制度理论与实践［M］.北京：中共中央党校出版社，2007：118–119.
② 石裕东.国外农村医疗保险制度对我国农村医疗保障制度的启示［J］.当代经理人，2006（2）.

心、行政执行机构、业务执行机构、协调机关等部门负责督导和执行，各机构配合默契，使复杂的医疗保险体系运行有序。

③监督机构健全。

日本国民健康保险的审查机构是一种自下而上、具有反馈性质的审查机构，使运行过程的监督能及时纠正偏差，避免失误进入下一次循环。

为了避免失控，审查官及审查委员会被赋予绝对独立的职权，受法律保护，审查委员会由同属的被保险人代表及企业主代表、有经验有资历的委员组成（三方制），各自代表一方利益，避免监督过程中出现利益偏向。

④国民健康保险与雇员健康保险之间相互独立，且具有排他性。

日本国民健康保险与雇员健康保险之间的保险收入构成是不同的，保险费在他们的财源中所占的比重也有较大的不同。

政府对国民健康保险的投入比较大，占医疗保险费用总支出的32%~52%。

（三）法国农村养老保险制度

1910年，法国政府建立了养老保险制度。1952年，法国政府又单独为农民建立了社会养老保险制度。

法国政府建立农村养老保险的目的在于：一是保障农业劳动者的基本权益，使他们在遇到风险时能够获得经济支持和社会援助；二是促使年老的农民将土地经营权转让给年轻一代，以提高农业的现代化经营水平和国际竞争能力。

1.覆盖范围

根据不同的保险对象，法国农村养老保险制度分为两大类：一类是针对农民（农场主或农业经营者）及其家属的社会保险，被称为"农业非工薪人员保险制度"，是法国全民社会保险体系中的一项专门制度。另一类是针对农业工薪人员和其家属的社会保险，与其他养老保险制度类似。

2.资金来源

根据法国的法律规定，农民及其家庭成员必须参加养老、医疗、妇保、工伤和残疾等各项保险，经费根据《农民社会保险预算附则》规定，每年都由法国议会表决后通过执行。

目前"农业非工薪人员保险制度"的经费来源为：国家补贴占8%，全国辅助基金占12%，农产品附加税占22%，农民缴纳的保险费占28%，其他公共社会保险部门的转移支付占30%。

农业工薪人员的基础养老保险费由雇主和雇员按照工资的一定比例分担，总的缴费率为14.75%。其中，雇主缴纳8.2%，雇员缴纳6.55%。保险费由雇主从工资中代扣并转交给当地的农村养老保险经办机构。

3.支付条件

被保险人60岁退休且缴费时间达到150个季度的，可以享受全额养老金；不够上述条件的减少一定比例；65岁退休但缴费时间未达到标准的也可享受全额养老金。2003年做出修改，60岁退休且获得全额养老金的缴费时间要达到160个季度。

（四）泰国农村的医疗保障制度

泰国的医疗保障制度共分成三类：第一类是强制性医疗保险，适用于企业工人；第二类是自愿性医疗保险，包括商业性医疗保险及农村健康卡；第三类是免费医疗，实质上是一种国家医疗保险制度，由国家财政预算分配经费，适用对象是国家公务员、僧侣、老人、儿童和低收入家庭。

农民的医疗保障主要分为两个阶段：2002年以前主要是通过购买健康卡形式参加社区合作医疗保障；2002年以后主要按"30铢计划"参与医疗保障。

1.泰国的"健康卡"制度

（1）主要内容。

泰国的"健康卡"制度于1983年6月开始在农村推行，以家庭（户）为单位参加，1户1卡，超过5人者再购1卡，50岁以上的人和12岁以下儿童享受免费医疗。每张卡由家庭自费500泰铢（1泰铢约合0.0264美元），政府补助500泰铢。为了推动健康卡的发行，政府规定只有当全村35%以上家庭参加时，政府才给予补贴。

健康卡所筹资金，由省管理委员会统筹管理（全国分为76个省），90%用于支付医疗保健费用，10%用于支付管理费用。健康卡可用于医疗、母婴保健和计划免疫。

（2）主要特点。

泰国最基本的卫生健康保障除公共卫生医疗服务外，都是用消费金额限制所得到的医疗保障，在操作上方便易行，运作成本低，有利于医疗卫生费用的控制。

泰国农村实行的健康卡制度，为农民提供最基本的保障，使一个区域的资金筹集、因病造成的经济损失的分担及医疗保健集于一身，能够在基层单位提供较好的医疗和预防保健，对于保障居民的身体健康有很好的作用。其局限性是资金有限，覆盖人群少，抗御风险能力差。

2.泰国的"30铢计划"

（1）主要内容。

泰国"30铢计划"是针对农民及流动人口推行的一项全民医疗服务计划。它由中央财政按照一定标准（2002年为人均1 202铢，约250元人民币），将资金预拨到省，省卫生管理部门按人力工资、预防保健和医疗等几个部分分配给相应的医疗卫生机构。

参与本计划的国民到定点医疗机构就诊，无论是门诊还是住院，每诊次只需要支付30铢的挂号费（约6元人民币，对收入低于2 800铢的农民可予免缴），即可得到下列医疗服务：一是预防保健，包括体检、计划免疫、妇幼保健及艾滋病预防等；二是门诊和住院服务，包括医学检查、治疗及《国家基本用药目录》规定的药品和医疗用品；三是不多于2次的分娩；四是正常住院食宿；五是口腔疾病治疗等。

开展"30铢计划"所需资金主要通过调整国家卫生支出结构来实现。国家将每年用于卫生的财政拨款，在事先作必要扣除后，全部用于该项计划。

"30铢计划"规定对定点医疗机构的偿付主要采用"按人头付费"和"按病种付费"制，但在具体操作时，各省可相机选择使用何种偿付方式。

（2）主要特点。

①决策的权威性。

在2001年试点成功的基础上，2002年泰国颁布了《国民健康保险法》，赋予该项计划权威性。

同时，在计划的管理上，泰国政府成立了以卫生部长为首的国家卫生委员会，具体负责相关政策的制定；建立国家健康保险办公室作为"基金持有者"，依据每个省卫生经费需求分配预算并负责监管其运行；在省成立地方"卫生委员会"，作为医疗服务购买方与医疗机构签订合同，为该计划的参与人购买医疗服务。

②在筹资机制上以政府出资为主。

政府每年按一定标准（一般人均不少于1 202铢）预拨到相应卫生机构，作为"30铢计划"的主要运行基金，计划参保人每次就诊仅需支付30铢的挂号费即可享受到规定医疗服务。

③付费的灵活性。

医疗服务的偿付以"按人头付费"和"按病种付费"制为主。

三、外国农村养老保险制度的主要特点

（一）农村社会养老保险制度以法律形式加以规范

前述国家农村社会养老保险制度的建立大都遵循这样一个原则，即先立法、后实施。

因为法律不仅明确规定了受保险人的范围、缴纳保险费的原则和标准、获得社会保障待遇的条件及标准，而且明确规定了社会保障机构为受保险人提供咨询、解释和说明以及享受社会保障待遇的义务和责任，规定社会保障机构对基金的管理和监督以及在受保险人的权利受到侵犯时提供法律救助的职能问题，从而对政府、保险经办机构以及受保险人都具有约束力。

（二）在农业社会保障基金的筹措上，政府扮演重要角色

在德国，社会保障立法的主导思想是谋求社会公平。因此，德国政府为农业社会保障提供各种补贴或援助，国家正是通过这种国民收入再分配的经济手段来实现社会公平的。

例如，在德国所有的社会保险项目中，农民养老保险是唯一的在一定条件下向受保险人提供保险费津贴的社会保险；农民养老保障缴纳保险费人数与获得待遇人数之间的不均衡，使得政府资金在农民养老保障支出中占绝大部分。

尽管法国的农业人口占总人口的比例不到10%，但农民的养老保险制度已经成为法国众多社会保障制度的第二大分支。从经费来源看，农村养老保险基金的给付得到了政府财政和其他公共保险部门的支持。日

本也是如此。

（三）农村养老保险制度的建立是政府农业政策选择中的重要因素

发达国家较为重视农民养老保险制度的建设，许多国家都根据本国农村人口的特殊情况为农民单独建立了养老保险制度。

日本在第二次世界大战后的50多年间成功地从一个农业人口比例近40%的国家完成城市化，将农村人口比例降至4%。其中，农业政策经历了两次重大转折：

一是鼓励离农政策。第二次世界大战后，为了实现农业现代化，达到扩大农业生产经营规模的目的，日本政府在大力推进城市化的同时，制定和实施了《农民养老基金法》，通过建立土地经营权转让养老金的政策，鼓励农民离开土地。

二是返农政策。20世纪90年代以后，日本的农业人口急剧减少，农业人口的老龄化程度十分严重。因此，日本的农业政策由"鼓励离农"转为"鼓励返农"，农民养老金政策也随之改变，即当政府鼓励农民留在土地上的时候，土地权益转让养老金也被取消。德国和法国政府也规定，农民领取养老保险金的前提条件是转让土地经营权。

（四）农村养老保险制度建设和发展过程中的"滞后性"和"渐进性"

大部分发达国家农村养老保险制度的建设都落后于城市养老保险制度，都是先解决企业和政府雇员的养老保险后，当经济发展到一定程度，才考虑农民的养老保险。而农民养老保险的待遇也是随着经济发展水平的提高和农业人口的减少而逐渐提高的。

四、外国农村社会保障制度对我国的启示

（一）建立农村社会保障制度必须立法先行

以上各国农村保障的建立都是以法律的形式加以规范，这也是国际上的通行做法。

农村社会保障法规不仅明确规定了被保险人的范围、缴费标准和原则、给付的条件和标准；规定了社会保险机构对基金的管理和监督以及被保险人的权利受到侵害时提供的法律救助职能，还规定了保险机构为被保险人提供咨询、解释和说明以及享受社会保险待遇的义务和责任。所以其对保险机构和被保险人都有约束力，从而避免了人为的主观随意性。

长期以来，我国农村社会保障都没有完善的法律。农村养老保险一直依靠各级政府的政策、文件进行引导，强调农民自愿参加的原则。政策不具有法律效力，没有强制性，约束力不强，导致农村社会保障无法可依、无章可循，运行不规范，因此，应该尽快出台《农民养老保险法》来规范农村养老保险。

（二）我国农村社会养老保险制度要坚持多层次性的原则

多层次的改革是发达国家农民社会养老保险发展的一个重要趋势。

例如，德国为减轻财政负担，将养老金给付水平降下来，其改革设想就是通过优惠政策，鼓励农场主购买商业年金保险。这样就可以成功构建一个由社会保险、终老财产和自我保障"三根支柱"组成的更为安全可靠的保障体系。法国也是通过鼓励农场主自愿购买补充养老保险，以弥补社会养老保障的不足。

建立多层次的社会养老保障制度也应该成为我国农村养老保障发展的基本方向。应因地制宜，根据当地的经济发展水平和各种养老保障的适用范围，灵活选择养老保障模式，应该建立多层次、相互补充的农村养老保障体系。多层次原则既包括家庭保障、社区保障、社会保险、商业保险、国家救济、社会互助以及其他的多层次，还包括保障水平起点高低的多层次。

（三）强调政府在农村社会保障中应尽的责任和作用发挥

从公共财政的角度来讲，为农民建立社会保障制度是政府必须履行的公共职能，政府应该通过公共支出的供给方式为社会保障提供最低保障。如德国就规定了养老保险保费不足由政府予以补助，政府还对养老保险的实施进行监督和管理；泰国的农村医疗保障制度也明确了中央财政的职责。

凡是农村社会保障搞得好的国家，都是政府直接参与农村社会保险的组织、管理和监督。

长期以来，我国公共财政对农村社会保险缺乏足够的重视与资金投入。因此，必须强调国家公共财政在解决农村社会保险问题上的支出比重，政府必须在农村社会保险的制度设计和财政投入方面采取更加积极的态度和措施。

第三节 我国农村养老保险制度

老有所养是老年人的天然权利，生存权是老年人最根本的权利，保障老年人生活的首要条件是保障老有所养。老年人作为社会的资深公民和家庭的长辈，他们是在完成了国家和家庭赋予他们的生产和生育的责任后进入老年的。按照代际交换的经济观、"老有所终，壮有所用，幼有所长"的大同思想和"老者安之，朋友信之，少者怀之"的伦理道德观，国家、社会和家庭应当为老年人提供维持生存的物质和劳务帮助，保障他们"老有所养，安度晚年"。

一、传统家庭养老保障模式面临的挑战

"养儿防老"这句古训已经流传了几千年，在很大程度上反映了我国农民的真实生存状态。改革开放以来，农村经济虽然有了很大的发展，整体社会结构也发生了较大的变化，但家庭养老在我国农村养老保障体系中的地位并未发生根本动摇，其作用也未被其他养老方式所取代。

所谓家庭养老，是指由年轻的家庭成员，主要是年轻子女或孙子女赡养家庭年老成员的养老方式。养老内容主要包括经济上供养、生活上照料、精神上慰藉三个方面。

从历史上看，家庭养老保障对于维系家庭和睦、保持农村地区的社会稳定都发挥了积极的作用，但随着时代的发展，市场经济的不断深入，这种养老模式的弊端逐步暴露出来。

（一）家庭养老保障模式无法应对人口老龄化的挑战

据第七次全国人口普查资料，我国60岁及以上人口为2.64亿人，占18.7%，其中65岁及以上人口为1.91亿人，占13.5%。居住在城镇的人口为9.02亿人，占63.89%；居住在乡村的人口为5.1亿人，由此可以推算出我国60岁以上的农村人口为0.95亿人，65岁以上农村人口为0.69亿人。预计2030年5.1亿农村人口中，65岁老年人口将占到17.39%，为0.89亿人。

我国计划生育政策实施多年来，农村家庭也出现了小型化的发展趋

势，人口增幅减缓使得年轻子女对于老年人口的供养系数不断上升，有时一对独生子女夫妇需要同时照顾多位老人，这在农村是一件极其困难的事情。

（二）随着土地保障功能的弱化，家庭养老经济基础也在不断缺失

我国农村实行家庭联产承包责任制后，土地分割成小块由家庭分散经营。随着农村人口的快速增长，人地关系日益紧张，农村土地的保障功能在弱化。农村土地保障功能的发展面临着一系列新的矛盾。

以浙江省为例，至2001年年底，浙江省人均耕地面积仅0.036公顷，远低于联合国粮农组织认定的人均0.053公顷的最低警戒线。据有关资料统计，2005年我国农村户数已达到2.5亿，平均每户拥有耕地仅7.8亩。耕地面积的日趋缩小，使得农村家庭养老保障愈发艰难。

二、农村养老保险制度的产生与发展

我国传统家庭养老模式面临着严重的挑战，政府自20世纪80年代中期开始，探索性地建立了农村养老保险制度。

到目前为止，我国农村养老保险制度已经有了30多年的历史，大体可以分为5个阶段：

（一）试点阶段：1986—1992年

1986年10月，民政部根据"七五"计划提出"建立职工农村社会保障制度雏形"的要求，在江苏沙洲县（现张家港市）召开了"全国农村基层社会保障工作座谈会"，这标志着农村养老保险在我国开始萌芽。会议的主要意见是，从我国实际出发，因地制宜建立和完善多层次的农村社会制度，即在贫困地区主要搞社会救济和扶贫；在多数人的温饱问题已解决的经济发展中等地区，重点兴办福利工厂，完善"五保"制度，建立敬老院，解决残疾人和社会孤老的问题；在经济发达和比较发达的地区，发展以社区（乡、镇、村）为单位的农村养老保险。会后，民政部在一些经济发达地区进行了农村社会养老保险试点工作。

（二）推广阶段：1992—1998年

1991年6月，民政部农村养老办公室发布了《县级农村社会养老保险基本方案（试行）》（以下简称《基本方案》），确定了以县为基本单位开展农村社会养老保险的原则。农民养老保险采取政府引导、组织，农民自愿参加的方式，资金筹集坚持"个人缴费为主、集体补助为辅、

国家予以政策扶持"的原则。

《基本方案》自1992年1月1日起在全国公布实施。此后，农村社会养老保险工作在各地逐步推广，参保人数不断上升。继《基本方案》之后，民政部又先后下发了一系列政策文件。到1995年年底，全国已有30个省、自治区、直辖市的1 500多个县（市、区）开展了工作，有近5 000万农村人口（含乡镇企业职工）参加了农村社会养老保险（占农村总人口的5.8%），积累保险基金50多亿元。

（三）整顿阶段：1998—2003年

1998年，国务院机构改革，将农村社会保险工作划归新成立的劳动和社会保障部管理。由于受多种因素的影响，全国大部分地区农村社会养老保险工作遇到了参保人数下降、基金运行难度加大等困难，一些地区农村社会养老保险工作甚至陷入停顿状态。

1999年，《国务院批转整顿保险业工作小组保险业整顿与改革方案的通知》，要求对农村社会养老保险进行清理整顿，停止接受新业务，有条件的可以逐步过渡为商业保险。

2001年，原劳动和社会保障部根据党中央关于"整顿规范农村社会养老保险，要从实际出发，充分考虑各地农村经济、社会发展的差异"的指示，对农村社会养老保险整顿规范进行了分类指导。

2002年10月14日，原劳动和社会保障部向国务院呈送了《关于整顿规范农村养老保险进展情况的报告》，阐明了农村养老保险整顿规范既要考虑目前我国尚不具备普遍实行农村养老保险的条件这一总体判断，同时也要考虑这项工作已经开展了十几年，参保人数和基金积累已达到一定规模，上百万农民开始领取养老金，如果简单停办或退保可能引发农村社会不稳定，提出农村社会保障工作要坚持在有条件的地区逐步实施，同时要研究探索适合农民工、失地农民、小城镇农转非人员特点的养老保险办法。

（四）恢复阶段：2003—2009年

2002年，党的十六大提出"在有条件的地区探索建立农村养老保险制度"，在这个大背景下，农村养老保险进入新的发展阶段。为了与1992年实施的《基本方案》区别，政府和学术界把1992年实施的《基本方案》确立的农村养老保险制度称为"老农保"；把2003年之后实施的农村养老保险制度称为"新型农村养老保险",简称"新农保"。

在政府的指导下,经济发达地区开始进入新农保探索试点阶段,纷纷出台新农保政策,总体的原则为"个人缴费、集体补助、政府补贴相结合"。经济发达地区在加大政府引导和支持力度、扩大覆盖范围、创新制度模式、建立调整增长机制、防范基金风险等方面取得了一定的突破和进展。

到2003年年底,31个省、自治区、直辖市的1 870个县(市、区)开展了农村养老保险工作。养老保险基金积累总额为259.4亿元,约198万参保农民领取了养老金,当年支付保险金15亿元。

(五)快速推进阶段:2009年以后

2009年9月1日,国务院发布《国务院关于开展新型农村社会养老保险试点的指导意见》,2009年试点覆盖面为全国10%的县(市、区、旗),以后逐步扩大试点,在全国普遍实施,2020年之前基本实现对农村适龄居民的全覆盖。这标志着我国农村社会养老保险制度建设进入了一个崭新时期,这在我国农村社会保障发展史上具有里程碑的意义。

2011年6月21日,国务院召开全国城镇居民社会养老保险试点工作部署暨新型农村社会养老保险试点经验交流会议。会议指出,国务院决定在全国范围启动城镇居民社会养老保险制度试点,并加快新农保试点进度,在本届政府任期内基本实现制度全覆盖。

随后,各省都根据自身的实际情况推进本省新农保制度全覆盖工作。

新型农村社会养老保险制度全覆盖比原计划要提早8年,这表明新农保在试点地的成功和中央推进新型农村社会养老保险制度的决心。

2014年2月21日,国务院印发了《关于建立统一的城乡居民基本养老保险制度的意见》;2月24日,经国务院同意,人社部、财政部印发了《城乡养老保险制度衔接暂行办法》。

到2013年底,全国参加养老保险总人数达到8.2亿人,其中城镇职工3.22亿人,城乡居民4.98亿人;领取养老金人数达2.18亿人,其中离退休人员8 040万人,城乡老年居民1.38亿人。

农村养老保险的主要政策和重要事件可见表11-1之归纳。

表 11-1   农村养老保险的主要政策和重要事件

项目	主要政策和重要事件
老农保	①1986年12月，民政部向国务院递交了《关于探索建立农村基层社会保障制度的报告》，一些经济发达地区的农村便开始了社区型的养老保险的最初探索。②1992年1月，民政部通过《县级农村养老保险基本方案（试行）》，试点工作在全国950多个县、市展开，其中160多个县、市基本建立了农村社会养老保险制度。③1999年，农业部要求暂停农村社会保险。同年7月2日，国发〔1999〕14号文件提出："目前我国农村尚不具备普遍实行社会保险的条件，对民政系统原来开展的'县级农村养老保险'要进行整顿，停止接受新业务，区别情况，妥善处理；有条件的可以逐步将其过渡为商业保险。"
新农保	①2002年，党的十六大提出，有条件的地方要探索建立农村养老保险制度，标志着农村养老保险进入了一个新阶段。②2006年，中央一号文件强调了"探索建立与农村经济发展水平相适应、与其他保障措施相配套的农村社会养老保险制度"。③2009年的中央一号文件又明确提出建立个人缴费、集体补助、政府补贴的新农保制度模式和要求。④2009年，国务院出台了《关于开展新型农村社会养老保险试点的指导意见》，在全国开启新型农村社会养老保险试点。⑤到2012年6月底，全国各地已经全部实现了新农保的制度全覆盖
城镇居民保险	2011年，《国务院关于开展城镇居民社会养老保险试点的指导意见》印发，决定按照"保基本、广覆盖、有弹性、可持续"的基本原则，从2011年7月开展城镇居民养老保险试点，2012年基本实现城镇居民养老保险制度全覆盖
城乡居民养老保险	2014年2月21日，国务院印发了《关于建立统一的城乡居民基本养老保险制度的意见》；2月24日，经国务院同意，人社部、财政部印发了《城乡养老保险制度衔接暂行办法》 ①2018年建立城乡居民基本养老保险待遇确定和基础养老金正常调整机制 ②2020年实现贫困人员基本养老保险全覆盖 ③2022年基础养老金最低标准提高至98元/月

三、我国"老农保"制度存在的缺陷

1991 年 6 月，民政部农村养老办公室发布的《基本方案》确定了以县为基本单位开展农村社会养老保险的原则，并确定以个人缴费为主。在几经反复的改革过程中，由于种种条件的限制，现行制度基本上还是一种完全个人储蓄积累式的自我保险，与本来意义上的社会养老保险还有一定的距离。

（一）"老农保"制度的基本内容

1.制度模式

农村养老保险实行基金积累式个人账户模式。个人缴费以及集体补助全部记入个人账户，个人账户属于个人所有。个人账户根据一定的记账利率进行计息。

2.缴费方式

社会养老保险主要由农民个人缴费，有条件的地区，集体可给予一定的补助。个人缴费一般占一半以上。个人缴费标准划分为每月 2 元、4 元、6 元、8 元、10 元、12 元、14 元、16 元、18 元、20 元十个档次，不同个人可根据实际情况进行选择。个人和集体缴费形成社会养老保险基金。管理机构按基金总额的 3% 提取管理服务费；提取管理服务费后的基金可进行投资，目前的投资渠道只能是存入银行或购买国债。

3.养老金计发办法

在农民达到一定年龄（一般为 60 周岁）时，可以领取养老金，养老金数额根据其个人账户积累额和平均预期寿命来确定。养老金的保证期为 10 年。领取年限不到 10 年就死亡的，领取者的法定继承人或指定受益人可继续领取至 10 年期满为止，或者一次性继承。如果领取养老金超过 10 年，可继续领取，直至死亡。

（二）"老农保"制度运行中存在的问题

1.政府不投入资金，承担责任很轻

《基本方案》提出了资金筹集坚持"个人缴费为主，集体补助为辅，国家予以政策扶持"的原则。从这点可以看出，政府并不承担经济责任。在集体经济实力不强的地区，农村养老保险资金的来源主要是农民个人。

这就使这种农村社会保险失去了意义，已经退化为一种商业保险。

按照社会保险的基本要求，国家或雇主应为参加者缴纳一定比例的保险费，即使在采取完全积累制的新加坡，雇工社会保险费也都是由雇佣双方共同缴纳的。

2.保障水平低，难以保障农村老年人的基本生活

按照《基本方案》的规定，农民缴纳保险费时，可以根据自身情况按2元到20元的10个档次分月缴费。由于农民收入有限，大多数地区农民投保时都选择了保费最低的2元/月的投保档次。在不考虑通货膨胀等因素的情况下，如果农民在缴费10年后开始领取养老金，每月只可以领取4.7元，难以起到保障养老的作用。即使投保者按最高标准缴纳，缴费达到足够年限40年，从60岁算起，该投保者按月可领取养老金700元，也不能从根本上解决养老问题。

3.基金保值增值困难

农村社会养老保险同其他社会保障项目一样，资金筹集和运行是核心问题。正是在这个问题上，农村社会养老保险制度出现了未曾预料到的弊端。

根据《基本方案》的规定，农村社会养老保险基金以县为单位统一管理，主要以购买国家债券和存入银行的方式实现保值增值，实际运行过程中，有关部门一般把基金存入银行。

随着1996年以来银行利率不断下调，再加上通货膨胀等因素的影响，农村养老保险基金要保值已相当困难，更不用说增值了。为使资金能够平衡运行，国家原先承诺的养老保险账户的利率只好下调，造成投保人实际收益明显低于按过去高利率计算的养老金，这使农民对农村社会养老保险的信心大打折扣。

4.农民参保缴费标准较低，积极性不足

我国农村居民养老保险一直采取非强制性政策，导致农民参保积极性不高。中央政府通过持续加大财政补贴力度，以及各地基层政府的"上门动员""代缴保费"等积极措施，大大提升了农村居民的整体参保率。从近十几年的参保率看，我国农村居民养老保险参保率在提升，2012年参保率约为85%，2018年约为95%，2023年约为99%。参保率较高，但整体参保缴费档次均较低，大部分居民选择较低的缴费档次，尤其是中西部地区，大部分居民仍选取最低档的缴费标准，按照我国养

老保险政策多缴多得的原则，较低的缴费档次就意味着较低的养老金水平，因此，农村居民的参保缴费积极性仍有待提高。

四、我国新农保制度的主要内容与特征

根据国家指导意见，新农保试点的基本原则是"保基本、广覆盖、有弹性、可持续"；从农村实际出发，低水平起步，筹资标准和待遇标准要与经济发展及各方面承受能力相适应；个人（家庭）、集体、政府合理分担责任，权利与义务相对应；政府主导和农民自愿相结合，引导农村居民普遍参保；中央确定基本原则和主要政策，地方制定具体办法，对参保居民实行属地管理。

（一）新农保的主要内容

1.参保范围

凡是年满16周岁（不含在校学生）、未参加城镇职工基本养老保险的农村居民，都可以在户籍地自愿参加新农保。年满60周岁，未享受城镇职工基本养老保险的农村户籍老人，可以按月领取养老金。

新农保制度开始实施时，已年满60周岁、未享受城镇职工基本养老保险待遇的，不用缴费，可以按月领取基础养老金，并采取与其子女"捆绑"的原则，其符合参保条件的子女应当参保缴费（制度全覆盖后取消了"捆绑"制度）。距领取年龄不足15年的，应按年缴费，也允许补缴，累计缴费不超过15年；距领取年龄超过15年的，应按年缴费，累计缴费不少于15年。

2.基金筹集

新农保基金由个人缴费、集体补助、政府补贴构成。

（1）个人缴费。

参加新农保的农村居民应当按规定缴纳养老保险费。缴费标准目前设为每年100元、200元、300元、400元、500元5个档次，地方可以根据实际情况增设缴费档次。参保人自主选择档次缴费，多缴多得。国家依据农村居民人均纯收入增长等情况适时调整缴费档次。

（2）集体补助。

有条件的村集体应当对参保人缴费给予补助，补助标准由村民委员会召开村民会议民主确定。鼓励其他经济组织、社会公益组织、个人为参保人缴费提供资助。

（3）政府补贴。

政府对符合领取条件的参保人全额支付新农保基础养老金，其中中央财政对中西部地区按中央确定的基础养老金标准给予全额补助，对东部地区给予50%的补助。

地方政府应当对参保人缴费给予补贴，补贴标准不低于每人每年30元；对选择较高档次标准缴费的，可给予适当鼓励，具体标准和办法由省（自治区、直辖市）人民政府确定。

对农村重度残疾人等缴费困难群体，地方政府为其代缴部分或全部最低标准的养老保险费。

3.建立个人账户

国家为每个新农保参保人建立终身记录的养老保险个人账户。个人缴费，集体补助及其他经济组织、社会公益组织、个人对参保人缴费的资助，地方政府对参保人的缴费补贴，全部记入个人账户。个人账户储存额目前每年参考中国人民银行公布的金融机构人民币一年期存款利率计息。

4.养老金待遇

养老金待遇由基础养老金和个人账户养老金组成，支付终身。

中央确定的基础养老金标准为每人每月55元。地方政府可以根据实际情况提高基础养老金标准，对于长期缴费的农村居民，可适当加发基础养老金，提高和加发部分的资金由地方政府支出。

个人账户养老金的月计发标准为个人账户全部储存额除以139（与现行城镇职工基本养老保险个人账户养老金计发系数相同）。参保人死亡，个人账户中的资金余额，除政府补贴外，可以依法继承；政府补贴余额用于继续支付其他参保人的养老金。

5.基金管理与监督

新农保基金暂时属于县级管理，并纳入社会保障基金财政专户，实行收支两条线管理，单独记账、核算，按有关规定实现保值增值。随着试点扩大和推开，逐步提高管理层次；有条件的地方也可直接实行省级管理。

新农保基金监督实行政府、社会与群众监督相结合的办法。

各级人力资源和社会保障部门要切实履行新农保基金的监管职责，

制定完善新农保各项业务管理规章制度，规范业务程序，建立健全内控制度和基金稽核制度，对基金的筹集、上解、划拨、发放进行监控和定期检查，并定期披露新农保基金筹集和支付信息，做到公开透明，加强社会监督。

财政、监察、审计部门按各自职责实施监督，严禁挤占挪用，确保基金安全。试点地区新农保经办机构和村民委员会每年在行政村范围内对村内参保人缴费和待遇领取资格进行公示，接受群众监督。

（二）新农保的特点

新农保和老农保相比较，有以下突出的特点：

1.政府承担了资金的责任

老农保主要都是农民自己缴费，实际上是自我储蓄的模式。而新农保一个最大的特点就是个人缴费、集体补助和政府补贴相结合，有三个筹资渠道。

政府承担资金的责任主要体现在中央财政全额支付最低标准基础养老金（即补出口）；地方财政对参保农民缴费进行补贴（即补入口）。

2.普惠式

老农保主要是建立农民的账户，新农保在支付结构上分为两部分：一部分是基础养老金，另一部分是个人账户的养老金。而基础养老金是由国家财政全部保证支付的。换句话说，就是中国农民60岁以后都将享受到国家普惠式的养老金。

五、城乡居民养老保险制度

（一）整合城乡居民养老保险的意义

1.有利于健全和完善统筹城乡的社会保障体系，打破了公共服务城乡分割

党的二十大报告提出，健全覆盖全民、统筹城乡、公平统一、安全规范、可持续的多层次社会保障体系。

《社会保险法》规定，要做好城镇职工基本养老保险与新型农村社会养老保险制度、城镇居民社会养老保险制度的衔接。

2009年，国务院发布《城镇企业职工基本养老保险关系转移接续暂行办法》，解决了参保人员在城镇职工养老保险制度内跨地区流动转移接续的问题。

2014年2月24日，人社部、财政部联合印发《城乡养老保险制度衔接暂行办法》，自2014年7月1日起实施，首次明确城乡居民养老保险和城镇职工养老保险之间可以转移衔接，但要在参保人达到法定退休年龄后进行。

2.整合了资源，节约了制度运行的成本，有利于推动城镇化的健康发展

国家统计局发布的新中国75年经济社会发展成就系列报告显示，2023年末我国常住人口城镇化率达66.16%，比1949年末提高55.52个百分点。这一增速客观上要求城乡二元的社会保险体系进一步整合，以适应人口流动加速的趋势。

3.有利于建立统一的基础养老金制度

城乡居民养老保险制度有利于保障参保人员特别是农民工的养老保险权益，消除了缴费不足15年的参保人员退保现象和重复参保、重复领取待遇的养老保险制度碎片化现象。

（二）城乡居民养老保险制度内容

新农保和城镇居民保险合并实施，在全国范围内建立统一的城乡居民基本养老保险制度。国务院2014年2月发布的《关于建立统一的城乡居民基本养老保险制度的意见》中提出，到"十二五"（2011—2015年）末，在全国基本实现新农保和城居保制度合并实施，并与职工基本养老保险制度相衔接；2020年前，全面建成公平、统一、规范的城乡居民养老保险制度。

目前，我国基本完成了城乡居民养老保险制度的整合。城乡居民养老保险的制度内容如下：

1.目标群体

年满16周岁（不含在校学生），非国家机关和事业单位工作人员及不属于职工基本养老保险制度覆盖范围的城乡居民，可以在户籍地参加城乡居民养老保险。

2.个人缴费标准

目前设有每年200元至3 000元不等的多个档次，具体标准由各省（自治区、直辖市）人民政府确定。

3.政府补贴

政府对符合领取城乡居民养老保险待遇条件的参保人全额支付基础养老金，其中，中央财政对中西部地区按中央确定的基础养老金标准给予全额补助，对东部地区给予50%的补助。

地方人民政府应当对参保人缴费给予补贴，对选择最低档次标准缴费的，补贴标准不低于每人每年30元；对选择较高档次标准缴费的，适当增加补贴金额；对选择500元及以上档次标准缴费的，补贴标准不低于每人每年60元，具体标准和办法由省（自治区、直辖市）人民政府确定。对重度残疾人等缴费困难群体，地方人民政府为其代缴部分或全部最低标准的养老保险费。

4.给付结构

城乡居民养老保险由基础养老金和个人账户养老金构成，支付终身。个人缴费、集体补贴、地方政府补贴进入个人账户，退休后，个人账户养老金的月计发标准为个人账户全部储存额除以139，中央政府2023年确定的基础养老金最低为每人每年98元，但地方政府可以提高。有些地方政府规定，每缴费1年，基础养老金增加1元。领取待遇条件是达到退休年龄60岁，且缴费满15年。

第四节　我国农村医疗保险制度

我国是一个农业大国，能否解决好广大农村人口的医疗保障问题，将直接影响到我国农村的经济发展和社会稳定。我国农村合作医疗制度经历了曲折的发展过程。近年来，新型农村合作医疗的提出和运行，使农村合作医疗走出停滞阶段，步入调整、改革和完善的创新阶段。

一、我国传统农村合作医疗模式的产生与发展①

我国合作医疗实际上是社区范畴内的合作医疗保险模式，只是其社区范畴是农村社区，因此，合作医疗制度从理论上来说，主要是依靠社区居民的力量，按照"风险分担，互助共济"的原则，在社区范围内多

---

① 张琪.社会保障概论.北京：中国劳动社会保障出版社，2008：340.

方面筹集资金，用来支付参保人及其家庭的医疗、预防、保健等服务费用的一项综合性医疗保健措施。

中国农村的合作医疗制度有其自身的产生发展足迹，也是我国特殊国情下的必然选择。自20世纪50年代开始，在经济发展工业化的驱动下，保护工业部门的劳动力成为我国公共政策的首选目标，在城镇逐步建立了与计划经济相适应的医疗保障制度，即由国家向公有单位机构的劳动力提供公费医疗和劳保医疗福利。但由于资源分配的限制，这一福利制度没有延伸到广大农村，使农村绝大多数农民基本游离于国家的医疗福利体系之外。因此，缺乏医疗保健的农民采取互助形式来解决农村看病的难题，由此诞生了中国农村的合作医疗制度。

（一）农村合作医疗制度的出现（1955年）

我国农村正式出现具有互助性质的合作医疗制度，是在1955年农村合作化高潮阶段。其标志是山西高平、河南正阳、山东招远、湖北麻城等地农村建立了一批由农业生产合作社举办的保健站。

最早实行"医社结合"建立合作医疗保健制度的是山西省高平县米山乡联合保健站。这是当时全国第一个农村医疗保健站。保健站的医生是从农村中选拔，并经卫生部门培训的医生，采取了以社员群众出保健费与合作社公益金补助相结合的办法，实现了农民"无病早防，有病早治，省工省钱，方便可靠"的愿望。

（二）合作医疗正常推广时期（1956—1965年）

山西省高平县米山乡的做法得到了卫生部的认可，并在全国部分地区推广。

1956年6月30日，全国人大一届三次会议通过《高级农业生产合作社示范章程》，规定合作社对于因公负伤或因公致病的社员要负责医疗，并且要酌量给予一定补助，从而第一次赋予集体介入农村社会成员疾病医疗的职责，并促使由农民在农业生产合作化运动中创造和开展的合作、互助医疗成为农民看病的主要形式。

1960年2月，这一办医形式得到了党中央的肯定，党中央转发了卫生部《关于农村卫生工作现场会议的报告》，将这种制度称为集体医疗保健制度。这对于推动全国农村合作医疗制度的发展起到了一定的作用，全国农业生产大队中举办合作医疗制度的已达40%。

（三）合作医疗异常发展时期（1966—1977年）

"文化大革命"时期，农村合作医疗制度被大力推广。

1965年9月，中共中央批转卫生部党委《关于把卫生工作重点放到农村的报告》，强调要加强农村基层卫生保健工作，使农村合作医疗保障事业更加普及。

1968年12月，毛泽东批示推广湖北省长阳县乐园公社办好合作医疗的经验后，广大农村掀起了大办合作医疗的热潮。这一时期农村合作医疗快速推广。到1976年，全国约90%的生产大队实行了合作医疗制度，形成了"赤脚医生"、合作医疗和农村三级卫生网相结合的农村医疗卫生体系。

到1976年，全国农村约有90%的生产大队实行了合作医疗保健制度。

（四）合作医疗衰退的时期（1978—1989年）

20世纪70年代末期，由于农村推行了以家庭联产承包责任制为主要内容的经济体制改革，农村集体经济组织逐步解体，合作医疗制度依存于原有集体经济组织的、可以直接分配与扣除的筹资制度，也丧失了基础。农村合作医疗覆盖率出现阶段性下降，1989年的统计数据表明，继续坚持合作医疗的行政村仅占全国的5%。

二、我国传统合作医疗制度的主要特征

通过回顾我国农村合作医疗模式的产生和发展可以发现，我国农村合作医疗制度具有如下特征：

（一）合作医疗以农村居民为保障对象

合作医疗是农村居民在缺乏医疗保健时自发、逐渐形成的医疗保障制度，是解决当时我国农民的医疗、保健问题的主要方式，从合作医疗的保障对象看，合作医疗制度是针对农民群众的一项医疗制度，因此是农村社会保障体系的重要组成部分。

（二）合作医疗以集体经济为基础

从合作医疗的产生看，是在农村合作化运动的基础上，依靠集体经济发展起来的。集体经济的资助是合作医疗保健基金的主要来源，这种制度的实质是一项低补偿的农村集体福利事业。因此，集体经济强弱与合作医疗的发展有直接关系。

（三）合作医疗模式不尽相同

从合作医疗制度的内容看，合作医疗以全方位服务为内容。它不仅为农民提供一般的门诊和住院服务，而且担负着妇女孕产期保健、计划生育、儿童计划免疫、地方病疫情监测等职责，还负责宣传和执行国家制定的各项卫生工作方针、政策，宣传卫生科学知识，进行疾病预防、饮食饮水卫生等工作，可见，合作医疗对农民的初级保健起着不可替代的重要作用。

从各地实践中的减免项目来看，我国自20世纪50年代建立起的合作医疗保健制度，各地模式不尽相同，主要有合医合药、合医不合药及合药不合医几种。合医合药是指农民看病免收部分药费与各种劳务费；合医不合药是指农民看病时药费自理，但免收劳务费，为限制大处方、控制贵重药，一般要求按照进价收取药费；合药不合医是指农民看病时免收部分药费，但须交诊断、住院、透视、化验、妇科检查或注射等劳务费。

（四）合作医疗以自愿和互助互济为原则

从合作医疗的产生看，一些地方在土地改革后的农业互助合作运动的启发下，由农民群众自发集资创办了具有公益性质的保健站和医疗站，具有明显的自愿和互助互济性。

所谓互助互济，是指合作医疗的参与者通过互助合作、共同承担医疗风险，即通过个人缴纳一定费用的方式来分担疾病风险，解除全体农民在基本医疗卫生方面的后顾之忧。

此后，农民群众在认识到合作医疗的公益性、福利性后，切实感受到它的好处，从而进一步推动农村社会成员的积极参与，使合作医疗发展成为针对农民的医疗保健制度。

三、传统农村合作医疗制度面临的困境

纵观新中国成立后的农村传统合作医疗制度的产生与发展变化，我们不能否认它在我国社会经济发展中起到的积极作用。

随着农村经济体制改革的不断深化，传统的农村合作医疗开始面临着困境。

（一）集体经济解体，资金筹集困难

20世纪80年代以来，农村联产承包责任制的实施，促进了农村经

济的发展，但同时计划经济也随之解体，合作医疗失去了经济基础。加上农村经济的多元化发展，农民的医疗保健费用由原来的主要由集体支付转变为主要由个人支付，不仅削弱了合作医疗的筹资能力，也降低了合作医疗原有的凝聚力，合作医疗随之走向下坡路。

（二）抗风险能力差，对农民的吸引力下降

原有的农村合作医疗的保障范围比较小，一般以村为单位集资管理，社会化程度低，保障水平有限，抗风险的能力较差。自农村实行家庭联产承包责任制之后，合作医疗失去了集体经济这一稳定来源。

这导致合作医疗的经费只能来源于农民个人，使合作医疗的筹资能力下降，只能对农民的一般性常见病给予保障。农民的实际受益程度不明显，因此对农民的吸引力下降。

（三）农民收入变化引发医疗需求多元化

自20世纪80年代以来，农村的经济体制改革取得了很大的成绩，部分农民趁着改革之风迅速脱贫致富，因此在农村内部也出现了经济发展不平衡的状况，农民之间的收入差距也逐步拉大。收入水平决定了农民的医疗服务的需求。比较富裕的农民已经不满足合作医疗制度的较低的保障水平，他们希望得到更好的保障，合作医疗的作用大大削弱。

四、新型农村合作医疗制度的建立与发展历程

（一）新型农村合作医疗制度的发展与改革历程

2003年1月16日，国务院转发了原卫生部、财政部、农业部《关于建立新型农村合作医疗制度的意见》（国办发〔2003〕3号），要求由政府组织、引导、支持，农民自愿参加，个人、集体和政府多方筹资，以大病统筹为主的农民医疗互助共济制度。

为了与传统医疗制度相区别，根据国办发〔2003〕3号文件建立的医疗制度被称为"新型农村合作医疗制度"（以下简称"新农合"），从2003年起在全国部分县（市）试点，取得经验后逐步推开，到2010年逐步实现基本覆盖全国农村居民。

国办发〔2003〕3号文件规定："从2003年起，中央财政对中西部地区除市区以外的参加新型合作医疗的农民每年按人均10元安排合作医疗补助资金，地方财政对参加新型合作医疗的农民补助每年不低于人均10元，农民为参加合作医疗、抵御疾病风险而履行缴费义务不能视

为增加农民负担。"截至 2004 年 12 月，全国共有 310 个县参加了新型农村合作医疗，有 1 945 万户，6 899 万农民参合，参合率达到了 72.6%。

2006 年 1 月 10 日，原卫生部等七部委联合下发了《关于加快推进新型农村合作医疗试点工作的通知》（卫农卫发〔2006〕13 号），进一步明确了扩大试点工作的目标和要求，并加大中央和地方财政的支持力度。要使 2006 年全国新农合试点县（市、区）数量达到全国县（市、区）总数的 40% 左右；2007 年扩大到 60% 左右；2008 年在全国基本推行；2010 年实现新型农村合作医疗制度基本覆盖农村居民的目标。财政也逐年加大对新农合的补贴，从 2006 年起，中央财政对中西部地区除市区以外的参加新型农村合作医疗的农民由每人每年补助 10 元提高到 20 元，地方财政也要相应增加 10 元。财政确实有困难的省（自治区、直辖市），可 2006 年、2007 年分别增加 5 元，在两年内落实到位。地方财政增加的合作医疗补助经费，应主要由省级财政承担，原则上不由省、市、县按比例平均分摊，不能增加困难县的财政负担。农民个人缴费标准暂不提高。同时，将中西部地区中农业人口占总人口比例高于 70% 的市辖区和辽宁、江苏、浙江、福建、山东和广东六省的试点县（市、区）纳入中央财政补助范围。中央财政对辽宁、江苏、浙江、福建、山东和广东六省按中西部地区补助标准的一定比例安排补助资金。

2009 年 4 月 6 日，《中共中央、国务院关于深化医药卫生体制改革的意见》正式出台，提出 2010 年各级财政对新农合的补助标准提高到每人每年 120 元，增幅为 50%，并逐步提高政策范围内的住院报销比例和门诊费用报销范围和比例。新农合最高支付限额逐步提高到当地农民人均纯收入的 6 倍以上。

2009 年 7 月 2 日，原卫生部、民政部、财政部、农业部、原中医药局联合发布《关于巩固和发展新型农村合作医疗制度的意见》（卫农卫发〔2009〕68 号），全国新农合筹资水平要达到每人每年 100 元，其中，中央财政对中西部地区参合农民按每人每年 40 元标准补助，对东部省份按照中西部地区的一定比例给予补助；地方财政补助标准要不低于每人每年 40 元，农民个人缴费增加到不低于每人每年 20 元。要在 2010 年将全国新农合筹资水平提高到每人每年 150 元，其中，中央财政对中西部地区参合农民按每人每年 60 元的标准补助，对东部省份按照中西地区一定比例给予补助；地方财政补助标准相应提高到每人每年60元，确有困难的地区可分两年到位。在报销医药费方面也做了较大提高，从2009年下半年开始，新农合补偿封顶线（最高支付限额）达到当地农民人均纯收入的6倍以上。

2011年2月13日，国务院办公厅印发《医药卫生体制五项重点改革2011年度主要工作安排》（国办发〔2011〕8号），规定进一步巩固新农合覆盖面，参合率继续稳定在90%以上；进一步提高筹资标准，政府对新农合补助标准均提高到每人每年200元，适当提高个人缴费标准；明显提高保障水平，新农合政策范围内住院费用支付比例力争达到70%左右；统筹地区范围内统筹基金最高支付限额达到全国农民年人均纯收入的6倍以上，且均不低于5万元；扩大门诊统筹实施范围，普遍开展新农合门诊统筹，将基层医疗卫生机构使用的医保目录内药品和收取的一般诊疗费按规定纳入支付范围；新农合统筹基金当年结余率控制在15%以内，累计结余不超过当年统筹基金的25%。基金当期收不抵支的地区要采取切实有效措施确保基金平稳运行。

2012年5月17日，原卫生部、财政部、民政部联合下发《关于做好2012年新型农村合作医疗工作的通知》（卫农卫发〔2012〕36号），规定财政对新农合的补助标准从每人每年200元提高到每人每年240元。其中，原有200元部分，中央财政继续按照原有补助标准给予补助，新增40元部分，中央财政对西部地区补助80%，对中部地区补助60%，对东部地区按一定比例补助。农民个人缴费原则上提高到每人每年60元，有困难的地区，个人缴费部分可分两年到位。新生儿出生当年，随父母自动获取参合资格并享受新农合待遇，自第二年起按规定缴纳参合费用。将新农合政策范围内住院费用报销比例提高到75%左右，统筹基金最高支付限额提高到全国农村居民人均纯收入的8倍以上，且不低于6万元。全面开展新农合门诊统筹工作，进一步提高门诊医药费用报销比例，人均门诊统筹基金达到50元左右。要将符合条件的村卫生室纳入新农合定点范围，引导参合农民在村卫生室就医，使新农合门诊统筹基金用于村卫生室的比例达到50%左右。此外，还要创新新农合经办的体制机制，按照管理与经办分开的原则，创造条件加快推进委托有资质的商业保险机构等社会公共服务平台经办新农合业务的试点工作，扩大商业保险机构经办新农合的规模，建立新农合管理、经办、监管相对分离的管理运行机制。

卫生部门主要承担政策制定、监督监管、落实相关保障等职责。全面推行新农合省级、市级定点医疗机构和村卫生室的即时结报工作。加快新农合信息系统建设，开展"一卡通"试点工作结合居民健康卡的发放，推进新农合"一卡通"工作，逐步实现农民持卡在省、市、县、乡、村五级医疗机构就医和结算的目标。加强新农合与医疗救助信息系统的互联互通，实现两项保障制度间信息资源的共享，加快推行农村地区"一站式"即时结算服务，方便困难群众就医。

2012年，有条件的地区要积极开展省级新农合信息平台与国家级新农合信息平台互联互通的试点，探索方便参合农民跨省（自治区、直辖市）流动的就医管理、费用核查、审核结报、监督监管的机制。

（二）新型合作医疗制度"新"的特点

与传统的农村合作医疗制度不同的是，新型农村合作医疗在筹资机制、资金管理、组织体系、监督管理等方面具有以下特点：

1.筹资机制相对完善，明确了个人、集体、政府的筹资责任，加大了政府的支持力度

新型农村合作医疗制度筹资机制实行个人缴费、集体扶持和政府资助相结合的筹资机制。新制度在明确政府的经济责任上，较之以往农民个人投保、集体给予适当补贴的做法有了较大进步。资金管理采取"以收定支、收支平衡、专款专用、专户储存"的原则。

2.突出了以大病统筹为主，兼顾门诊医疗，共济抗风险能力提高

传统合作医疗采取的是预防保健与门诊医疗相结合，仅在有条件的地方实行住院合作医疗保险的补偿模式。

由于筹资区域小、筹资水平低，这种补偿模式帮助农民抵御大病经济风险的能力很低。而新型农村合作医疗制度以保"大病"为主，提高了农民抵御大病经济风险的能力，对有效解决农民因病致贫、因病返贫问题具有重要作用。随着新农合的发展，也逐步兼顾一些门诊医疗，抵抗风险的能力逐步提高。

3.提高了统筹层次，扩大了统筹范围，增强了合作医疗的抗风险能力

传统合作医疗制度以乡村为单位统筹合作医疗基金。因为乡村人数

少，不能形成具有经济规模的参合人群，筹资水平低，农民看病所支付的医药费用不能通过合作医疗制度得到较多减免，所以，农民抵御疾病风险的能力较低。

新型农村合作医疗制度以县为统筹单位，扩大了统筹范围，增加了参合人数，扩大了合作医疗基金规模，增强了合作医疗的抗风险能力。

4.提高了管理层次，加大了政府的管理责任

传统合作医疗实行由乡村管理的办法，而新型农村合作医疗的管理机构设在县及县以上行政部门，管理层次有所提高。并且，经办机构及监督管理机构由政府组建，管理经费由地方政府承担，不得挤占、挪用合作医疗基金。新型农村合作医疗被规定为政府公共事务管理的职责之一。

5.强调农民自愿参加的原则以及农民知情、参与监管的权利

新型农村合作医疗制度与社会保障制度不同，是建立在农民自愿参加的基础上的医疗互助共济制度，因此，强调农民自愿参加的原则。新型农村合作医疗制度还通过吸收农民代表参加管理委员会及监管委员会、经办机构定期公开报销制度及其运行情况等方法，赋予农民知情、参与监管的权利。

6.同步建立农村医疗救助制度

新型农村合作医疗制度同步建立农村医疗救助制度，强调合作医疗制度与医疗救助制度之间的有机联系，帮助贫困农民参加合作医疗，并从中受益。

五、城乡居民医疗保险制度模式比较

1998年，我国开始建立城镇职工基本医疗保险制度，为实现基本建立覆盖城乡全体居民的医疗保障体系的目标，国务院决定，从2007年起开展城镇居民基本医疗保险试点。

人力资源和社会保障部、财政部联合印发的《关于做好2015年城镇居民基本医疗保险工作的通知》指出，2015年各级财政对居民医保的补助标准在2014年的基础上提高60元，达到人均380元。同时，为了平衡政府与个人的责任，建立政府和个人合理分担可持续的筹资机制。2015年，居民个人缴费在2014年人均不低于90元的基础上提高30元，达到人均不低于120元。

1. 个人筹资方式和标准

人均财政补贴基本相同，人均筹资水平相差不大，但个人的筹资方式与标准却有所不同。

新农合以家庭为单位整体参保（家庭捆绑参保），实行统一的个人缴费标准，个人缴费标准仅50元左右。新农合的家庭整体参保导致重复缴费和财政重复补贴。

城镇居民医保则是个人参保，分人群设定不同的缴费标准，主要分为两个人群——学生儿童和成年人，人均缴费为100元以上。此外，不少地方为老年人、大学生另外设置不同的缴费标准，形成老年人、成年人、学生儿童、大学生由高到低四个缴费档次。城镇居民医保制度按人群设置不同的缴费和待遇政策，不符合制度内所有居民团结互助、风险共担的社会保险原则，损害了医疗保险制度的公平性。

2. 待遇范围和水平

一是报销目录差距大。就可报销的药品目录来说，新农合有1 100种左右，城镇医保有2 400种之多，后者是前者的两倍多。

二是报销比例和封顶线有差距。在相同层级的医疗机构住院，城镇居民的报销比例还是高于农村居民。原因是：

（1）受县外异地就医的限制和县外就医报销比例偏低的影响，农村居民更多地是享受基层乡镇卫生院和县级医院的医疗服务。

（2）城镇居民可支配收入远高于农村居民纯收入，从而导致以这两种收入为基础的报销封顶线（收入的6倍）也存在较大差距。三是门诊大病病种及待遇水平有差异。

大多数地方城镇居民医保门诊大病病种数量远多于新农合，且报销比例和报销限额也远高于新农合。

3. 统筹层次

一是在基金统筹上，城镇居民医保基本实现市级统筹；新农合一直是县级统筹，仅仅县内统一缴费、待遇，县与县之间筹资、待遇存在一定差异；县外就医属于异地就医，需要审批和转诊，而且异地就医的待遇水平往往远低于本地。

二是在经办管理上，城镇居民医疗保险基金管理、支付和医疗服务监管等核心的经办业务都在市级经办机构，新农合只在县级有经办机构，基金管理、支付和医疗服务监管都由县级经办机构负责。

4.大病保险

城镇居民医保按费用定义大病，将超出一定标准（起付线）的医疗费用纳入大病保险的报销范围，并且通常将报销范围限定在政策范围内（医保目录内）；而新农合则是按病种确定大病，先后将20种大病病种纳入大病保险的支付范围，给予高于一般疾病的报销待遇，而且报销范围可以突破医保目录（即所谓的合规费用）。大病保险的筹资直接来源于基本保险，应该遵循公平原则、保基本的原则。

随着2016年制度整合，城乡居民医保已实现"六个统一"（覆盖范围、筹资政策、保障待遇、医保目录、定点管理、基金管理）。

随着居民生活水平、医疗水平的提高，我国城乡居民基本医疗保险政策的保障水平也随之提升，并积极拓宽大病保障的范围，有效缓解了城乡居民医疗负担。

思政课堂

发扬邻里互助传统 破解农村养老难题

第七次全国人口普查数据显示，我国农村60周岁、65周岁及以上老年人口的比重比城镇分别高出7.99%、6.61%，与城市相比，农村老年人养老面临着资金、照料、医护短缺等突出困难。面对形势所需和老人期盼，中国老龄事业发展基金会践行慈善组织扶贫济困、雪中送炭的使命，实施乐龄陪伴工程，为农村老年人服务，为党和政府分忧。

"我国有邻里互助的优良传统。'互助'是破解农村养老难题的重要途径。我们在推进乐龄陪伴工程的过程中，十分重视发挥'互助'的作用。"据中国老龄事业发展基金会理事长于建伟介绍，自2019年10月，启动实施乐龄陪伴——农村留守老年人关爱工程以来，基金会共投入资金物资5 000多万元，在江西、福建、河南、河北等省份，资助建设"乐龄之家"1 000余个，组织低龄健康老人为留守老年人及其他高龄、失能老人提供生活照料、精神陪伴等服务，先后惠及10余万农村老年人。

在新时代背景下，积极应对人口老龄化和乡村振兴都成为国家战略。

《中共中央、国务院关于全面推进乡村振兴加快农业农村现代化的意见》对农村老龄工作提出明确要求：健全县乡村衔接的三级养老服务网络，推动村级幸福院、日间照料中心等养老服务设施建设，发展农村普惠型养老服务和互助性养老。

《中共中央、国务院关于加强新时代老龄工作的意见》明确：结合实施乡村振兴战略，加强农村养老服务机构和设施建设，鼓励以村级邻里互助点、农村幸福院为依托发展互助式养老服务。

"农村老人是乡村振兴的重要力量。"调研乐龄陪伴工程过程中，于建伟有一个很深的体会，农村老年人是一个巨大的人力资源宝库，特别是绝大多数身体尚好、经验丰富、热爱家乡的低龄健康老年人。在他看来，党中央提出的建设社会主义新农村的20字目标"生产发展、生活宽裕、乡风文明、村容整洁、管理民主"，哪一项都离不开农村老年人的参与。

"农村养老问题的解决是一个复杂而漫长的过程，有赖于乡村振兴具体措施的落地。"从发展农村养老服务来看，于建伟表示，只有农村集体经济发展壮大，农民逐步走向富裕，农村老人的晚年幸福才有保障。为此，他建议在中西部经济落后地区，加大财政转移支付力度，并将乡村振兴具体措施有效落地，用好农村集体经济资源和相关土地政策，大力发展农村产业，增强农村造血功能。

资料来源：马丽萍.发扬邻里互助传统 破解农村养老难题［N］.中国社会报，2022-03-10（004）.此处有改动.

练习与思考

一、单项选择题

1.农村社会保障制度的对象是（　　　）。

A.农村劳动力

B.农村社会成员

C.农村弱势群体

D.农村老年人

2.1991年6月，民政部农村养老办公室制定的《县级农村社会养老保险基本方案（试行）》规定的资金的筹集渠道主要是（　　　）。

A.社会　　　　　　　　　　　B.集体

C.国家　　　　　　　　　　　D.个人

3.新型农村合作医疗主要是保（　　　）。

A.大病　　　　　　　　　　　B.小病

C.基本医疗　　　　　　　　　D.预防

4.当前我国农村的养老方式主要是（　　　）。

A.家庭养老　　　　　　　　　B.社会养老

C.集中供养　　　　　　　　　D.政府供养

5.新型农村合作医疗制度采取（　　　）参与的原则。

A.强制　　　　　　　　　　　B.自愿

C.引导　　　　　　　　　　　D.强制与引导相结合

二、多项选择题

1.国外农村养老保险制度的主要模式有（　　　）。

A.社会保险型

B.福利保险型

C.储蓄保险型

D.个人缴费型

2.现阶段我国农村社会保障制度建设的内容主要有（　　　）。

A.农村最低生活保障制度

B.新型农村合作医疗制度

C.农村基本养老保险制度

D.计划生育保险和奖励

3.建立农村社会保障制度的原则是（　　　）。

A.因地制宜原则

B.立足保障农民基本生活原则

C.保障资金社会化筹集原则

D.社会保障同家庭保障相结合原则

4.我国传统农村合作医疗制度的特征是（　　　）。

A.以农村居民为保障对象

B.以集体经济为基础

C.保障内容较广

D.以自愿和互助互济为原则

5.传统农村养老保险制度运行困难的原因有（　　　　）。

A.政府没有承担主要责任

B.保障水平太低

C.基金保值增值困难

D.农民参加养老保险的意识低

三、思考题

1.我国能建立起城乡统一的社会保障制度吗？请谈谈你的观点。

2.依据目前我国的现实国情，如果建立起统一的城乡社会保障制度需要解决哪些问题呢？

3.建立城乡统一的社会保障制度，其理论基础是什么？

4.如何评价我国新型农村合作医疗制度？它与传统合作医疗制度有什么主要区别？

5.新型农村合作医疗制度能否采用强制参加的方式？为什么？

第十二章

社会保障体系的改革与发展

学习目标

社会保障制度经历了100多年的发展历程，已经成熟和稳定，但是随着经济和社会环境的变化，世界各国包括中国的社会保障制度还处于不断的改革完善之中。通过本章的学习，要了解社会保障体系改革的动因和面临的挑战，掌握社会保障体系改革的理论起源和发展趋势，能够对我国现行社会保障制度进行评估，掌握我国社会保障改革存在的主要问题。

关键概念

人口老龄化　"第三条道路"

案例

推进新就业形态下社保制度改革

近年来，随着共享经济模式的蓬勃发展，基于互联网平台产生的新就业形态迅速延伸至交通出行、外卖送餐、货运物流等服务性行业，网约车司机、外卖骑手、快递配送员等从业者数量呈激增态势。

国家信息中心发布的《中国共享经济发展报告（2021）》显示，2020年全国共享经济参与者约为8.3亿人，其中服务提供者约为8 400

万人，同比增长约7.7%。这一经济业态在拉动消费、激发市场活力、创造就业机会的同时，以"网约工"为主体的互联网平台用工模式也对现行劳动与社会保障制度提出了挑战。对此，党的二十大报告明确指出，健全劳动法律法规，完善劳动关系协商协调机制，完善劳动者权益保障制度，加强灵活就业和新就业形态劳动者权益保障。

由于我国《劳动法》《劳动合同法》《社会保险法》的制定时间较早，其在调整新就业形态方面具有一定的滞后性。互联网平台用工模式又存在准入门槛较低、用工形式复杂、工作地点灵活、劳动时间自由、收入极度量化和人员流动性大的特点。劳动者对平台企业表现出的"弱从属性"，与典型劳动关系中劳动者对用人单位的"强从属性"明显不同，这就决定了"管理""控制""支配"的传统要素很难作为平台用工模式下双方法律关系的判断标准。如果机械适用，就容易得出双方不存在劳动关系的结论，甚至导致与劳动关系紧密挂钩的社保制度难以适应此种用工模式，大量的新就业形态劳动者实际处于社保制度的边缘。

实践中，有的平台企业不提供任何保险，有的虽然为劳动者购买商业保险，但相较于社保的保障力度有一定差距，且普遍存在险种不对应、保费承担个体化、保险范围有限、保险期间较短、理赔金额低等问题，无法提供全面有效的保障。一旦劳动者在工作期间发生人身伤害，缺少工伤保险的救济，就会对其生存权和发展权造成严重影响。当前形势下，改革现行社保制度，从而将这类人员纳入社保体系中，已成为亟待解决的现实问题。

资料来源：汪小棠.推进新就业形态下社保制度改革［N］.中国社会科学报，2022-12-07（006）.

［分析要点］新就业形态；劳动关系；劳务关系；社会保险。

［问题］

1.新就业形态下劳动者权益保障的难点是什么？

2.设计适合新就业形态的社会保障方案需要考虑的因素有哪些？

社会保障制度是现代社会经济和社会制度的基本组成部分，是经济与社会发展的内在稳定器，是人类社会发展和文明进步的共同成果。但从世界范围内考察，在社会保障制度建立与发展的100多年中，世界各国都非常重视社会保障制度的改革和完善，它一直处于不断调整、变革和完善之中。

第一节　社会保障体系的发展趋势

一、社会保障体系的改革动因与面临的挑战

20世纪70年代以前，社会保障制度在各国快速发展。一方面，从地域上来看，从欧洲到北美洲、大洋洲、亚洲，社会保障制度几乎遍及所有发达国家；另一方面，从内容上来看，社会保障向全方位发展，形成了一整套"从摇篮到坟墓"的完整的社会保障体系。

与此相适应，社会福利的开支也呈现巨额的增长，20世纪70年代西欧各国的社会福利支出占国内生产总值的1/4甚至更多。然而，20世纪70年代中期之后，资本主义经济发展进入了"滞胀"阶段，社会保障制度也陷入了困境。西欧发生"福利国家危机"，美国出现"福利困境"，日本惊呼21世纪年金制度将要崩溃。各国社会保障制度走上了改革与调整之路。

（一）改革动因

社会保障改革的原因主要有：

第一，随着20世纪70年代石油价格两次大幅度上升、国际金融体系（布雷顿森林货币体系）瓦解，发达国家经济由第二次世界大战后的迅速发展转入严重的"滞胀"阶段，经济危机导致经济增长速度放缓，社会保障体系收入紧缩，社会保障体系持续发展的经济基础不再牢靠。

第二，社会保障制度成熟，开支越来越大。福利国家均为年老、抚养儿童、生育、失业、患疾病、长期丧失工作能力者或残疾者提供现金津贴，在必要时甚至提供低费、免费的医疗保健照顾，而且经常把医疗保健扩大到牙科、眼科、伤残康复，以及特种预防等康复项目。另外，提供现金津贴的期限也不断延长，一些国家为失业者提供较长期的津贴等。高昂的社会保障开支日益成为各国财政的沉重负担。

第三，全球范围内出现的人口老龄化现象，使社会保障制度面临巨大的挑战。

（二）面临的挑战

1.人口老龄化

人口老龄化是指60岁以上人口占总人口的比例达到10%或65岁以上人口比例达到7%。老龄化意味着老年人口占总人口比重不断上升，一方面这部分人群不用缴纳社会保障税（费），社会保障收入减少，另一方面老人的养老保险、医疗保险等险种的开支又大幅度增加，对传统社会保障构成巨大的压力。

自20世纪中后期开始，随着出生率的下降和寿命的延长，全球普遍出现人口老龄化。根据联合国发布的数据，1950年时仅8.1%的世界人口为60岁及以上的老年人口，到2015年这一比例增加到12%。1950年世界老年人口有2.05亿，2015年增加到9亿，2050年将达到20亿。2015—2050年期间，世界上60岁以上老年人口总数将从12%上升至22%。人口老龄化已经成为人类社会的大趋势和21世纪人口发展的主要特征。这势必要求各国提前做好应对措施，以克服严峻的人口老龄化问题。

2.社会保障影响经济效率

一方面，社会保障开支不断膨胀，英美等国政府的社会保障开支数额已占本国政府总支出的1/2～2/3，赤字和国债的增长超过经济的增长。高福利是靠高税收支撑的，沉重的税收负担导致资本外流。高福利同时挤占了生产资金，固定资产投资增长减慢。

另一方面，人们普遍认为，过高水平的社会保障削弱了企业的市场竞争力。在很多欧洲发达国家，社会保障费用在劳动力成本中的比重都很大，如奥地利、比利时、法国、德国、意大利和瑞典等国，社会保障费用已占到劳动力成本的25%～30%；与此同时，这些国家的失业率已经达到10%左右。随着世界经济一体化进程加快，这些国家非常担心由于过高的社会保障费用，企业的市场竞争力会进一步下降，雇主会进一步减少雇员数量，对经济发展产生不利影响。

3.社会保障管理效率低下

随着社会保障项目的逐步完善，发达国家管理社会保障的机构也从中央到地方组织了一支庞大的队伍，维持这支队伍的开支是很大的。庞大的社会保障管理机构体系，在工作中不可避免地会出现互相推诿的官僚主义现象，使工作效率低下，服务欠佳，无法适应经济和社会发展的需要，改革管理体制的呼声越来越高。

4.就业方式的多样化

随着产业结构的变动及全球化导致的激烈市场竞争，工业化前期以正规就业为主要就业形式的格局也发生了明显的变化，在发达国家和发展中国家都不同程度地出现了正规就业相对萎缩，各种形式灵活多样的非正规就业增多的就业格局。

传统的、依托单位的社会保障体系在保障理念、制度设计和经办管理等方面都不适应这种分散化、流动性强的就业格局。结果，在世界各国，非正规就业群体基本处于无保障的状态，把社会保障覆盖到各类非正规就业就成为各国和国际劳工组织面对的共同挑战。

社会保障制度的危机与政府的财政压力迫使各国政府重新审视现行的社会保障制度，在20世纪七八十年代，各国政府开始着手对高福利的社会保障体系实施改革与调整。

二、社会保障改革的理论起源和改革的总体趋势

20世纪五六十年代，世界经济的高速增长推动着社会保障的急剧扩张，一些欧美国家相继建立并完善了福利国家社会保障制度。但是，1973年第一次石油危机导致整个世界经济发展停滞不前，欧美发达国家经济陷入"滞胀"，高福利成为各国日益沉重的财政负担，直接导致了福利国家理论和凯恩斯主义的危机。经济危机在很大程度上改变了人们对"从摇篮到坟墓"的高福利社会保障模式的迷信和追求，理论界开始了反思。

以弗里德曼为代表的经济学家对福利国家进行了深刻的剖析，并为解决西方社会保障制度所面临的严重危机提出了一系列政策建议，主张民营化、私有化、市场化，即将国家原来在社会保障中拨付资金、管理资金和提供社会服务的职能改由私人机构承担，按市场化规律通过商业保险等私营计划来分担政府的社会保障责任，最终解决发达国家所面临的社会保障财务危机。

新自由主义经济学影响深远，在20世纪80年代一度成为某些国家

的官方经济学。但由于其忽略了市场失灵导致的失业增加、贫富分化等，这一理论在各国也引起了争议。进入20世纪90年代，一些国家社会民主党上台，吸取新自由主义和国家干预主张之长，采取"第三条道路"的策略，即取新自由主义与凯恩斯主义之长，既不采取完全市场形式，也不采取国家包揽形式，而是将效率与公平、自由市场与国家干预结合起来，以便在经济增长与社会发展之间求得平衡。在社会保障方面，它主张国家责任应当与个人责任并重，福利应当由国家、非政府机构和个人共同参与，国家提供非普遍的社会服务，帮助最需要帮助的社会成员，同时提倡发展私人的和志愿的福利事业作为补充，以引进竞争机制和消费者选择福利服务的自由。

在上述理论的支撑下，各国对原有的社会保障制度进行了改良，甚至大刀阔斧地进行了彻底的改革。改革的总体趋势如下：

1.在资金来源上开源节流

开源节流的主要措施有：

（1）提高缴纳社会保险费的上限，或取消缴费上限。

（2）提高社会保险费率，包括提高职工的保险费率和雇主的保险费率。英国、德国、法国、比利时、荷兰等国都不同程度地提高了社会保险费率。

（3）征收社会保障所得税，过去社会保障所得一般不纳税，改革后对社会保障对象所得的退休金、疾病保险金、残废补贴、失业救济金都要缴纳一定的所得税。

（4）修改社会保障金的调整办法。

过去普遍实行"社会保障金自动指数化"即社会保障待遇标准自动随着物价、工资或生活费指数的变化进行调整，此时，为了限制社会保障金的增长，一些国家都采取了限制措施。

此外，一些国家还适当缩小支付范围，降低支付水平，严格资格条件，提高退休年龄，控制医疗费用等。

2.制度体系上强调多层次的社会保障体系

在国家提供基本生活保障的基础上，鼓励发展企业补充保险和个人储蓄保险，充分调动劳动者的自我积累和自我保障意识，这一点更多体现在养老保险体系上。这是因为，随着人口老龄化进程加快，现行的现收现付的养老金制度没有足够的积累资金来应付老年人口的增长。另外，单一支柱的公共养老金模式忽略了个人的自我责任，容易助长个人依赖政府的倾向，在基金不足时经常靠提高缴费比例增加资金，缺乏保值增值的手段；基金运营成本高，效率低下。

由此可见，单一支柱的公共养老金模式已经无法承担社会保障的重荷，多支柱的养老保险模式成为社会发展的必然趋势。企业年金和个人储蓄模式是养老金体系的另外两个重要支柱，企业年金主要建立在效率的基础上，与个人的工作年限及收入紧密相关，公共年金模式和企业年金模式的结合也体现了公平和效率的结合。

个人储蓄完全根据自愿的原则，它可以使个人获得更高的福利水平，是养老保险模式的重要补充。多支柱的养老保险模式显然更易于分散风险，提高效率，也更适合日新月异的经济、人口等因素的变化，所以必然成为养老保险模式的主流。

3.社会保障制度"私有化"趋势

养老基金由完全的公共管理转向公共管理和私人管理并存，并且私人管理的比重逐渐增大，私有化趋势日趋明显。

养老基金原来是实行公共管理，即由政府统一管理。政府出于公共利益和降低风险的考虑，投资渠道严格限制，收益率很低，且管理效率低下，成本较高，同时人口老龄化又导致资金危机问题突出，于是，私人管理开始受到青睐。但公共管理并没有消失，在一些国家仍然居主要地位，尤其在公共年金的管理上主要采取公共管理的手段。企业年金和强制性个人养老储蓄大都采取私人管理，其基金投资的方式很多，也很灵活。

事实证明，私人管理下的年金收益率很高，从而使基金能够实现增值的目的。大量的基金投入资本市场，必将对资本市场的发展产生积极的影响，从而有利于一国的经济发展。因此，尽管私人管理存在许多问题，比如收益率不稳定、风险过大、盲目竞争造成资源的浪费等，但私人管理和年金私营化趋势是不可阻挡的。

4.应对就业模式变革对社会保障制度的挑战

面对非全日制就业和各种灵活就业模式的兴起，传统的社会保障体制也必须做出相应的改革。各发达国家纷纷将临时就业、非全日制就业和岗位分享等的劳动者纳入社会保障体系之中，使他们享有与其他就业者一样的权利。例如，美国于2000年7月通过了《临时工人平等法》，规定临时工人如在12个月内工作满1 000小时以上，应和正规雇员获得同样的津贴。而在此之前，《联邦家庭和病假法》规定临时工人须在上年工作1 250小时以上才可以享受正规工人所享受的津贴。

发达国家的社会保障制度改革一直在进行着，但也一直存在着很大的阻力。因为长期的高福利政策造就的既得利益集团阻挠和社会福利的刚性、政府拥有信息的不充分性等，使社会保障制度改革举步维艰。而社会保障不仅是一个重要的社会问题，更是一个极其复杂的经济问题，需要与其他政策或制度相协调，需要得到各方面的支持，才能不断地调整完善。

第二节　中国社会保障体系的基本评估与改革完善

一、对现行制度的基本评估

20世纪80年代初以来，我国对社会保障制度进行了重大改革。从总体上讲，改革取得了明显成效。

在1978年改革开放以前，我国长期实行与计划经济体制相统一的保障政策，最大限度地向人民提供各种福利与保障。

20世纪80年代中期以来，伴随着社会主义市场经济体制的建立与完善，我国对计划经济时期的社会保障制度进行了一系列改革，逐步建立起与市场经济体制相适应，由中央政府和地方政府分级负责的社会保障体系基本框架。总体来看，经过多年的改革，我国社会保障制度改革取得了历史性的成就，实现了以下四个方面的重要突破。

（一）制度创新，实现从企业保障到社会保障的本质转变

养老保险、医疗保险实行社会统筹与个人账户相结合的制度模式，五项主要的社会保险项目实现了社会统筹，建立了用人单位、劳动者共同缴费、政府给予补助的筹资机制，并基本实现社会化管理服务，从根本上突破了传统的企业（或单位）保障格局，保障制度实现了向社会保障社会性的回归。

（二）最低生活保障制度从无到有，建立了社会保障"最后一道安全网"

1997年，国家逐步建立了城镇居民最低生活保障制度，对收入低于当地最低生活保障标准的城镇贫困人员直接提供经济援助，经费来自财政拨款或政府通过其他渠道的筹资。

最低生活保障制度属于非缴费型福利，面向所有城镇居民。受保障对象只要符合基本条件，就可以享有社会保障权利，而不必承担缴费义务。

目前，最低生活保障制度的实施，正从城镇逐步扩大到农村。这项制度的建立和实施，标志着我国社会保障制度建设实现了又一个突破。

（三）实现制度全覆盖，促进了社会的公平、稳定与和谐

计划经济时期，只有国有单位的职工才可以享受社会保险。改革开放以来，随着所有制经济的发展和多种就业形式的出现，社会保险的覆盖范围逐步扩大，并已经实现社会保障的制度全覆盖，使老年、失业、患病、工伤以及低收入等社会群体的基本生活得到保障，并使其在一定程度上分享了社会经济发展成果。

（四）初步形成法律法规体系，社会保障逐步走上法治轨迹

为促进社会保障制度的实施，国家颁布了一系列法律法规。《宪法》明确提出国家发展社会保险、社会救济和医疗卫生事业，建立健全同经济发展水平相适应的社会保障制度，并规定公民有从国家获得物质帮助的权利。依据《宪法》，国家相继制定了《中华人民共和国劳动法》《社会保险法》《中华人民共和国残疾人保障法》等多部法律，国务院先后颁布了《失业保险条例》《社会保险费征缴暂行条例》《城市居民最低生活保障条例》《工伤保险条例》等行政法规，还发布了《关于建立统一的职工基本养老保险制度的决定》和《关于建立城镇职工基本医疗保险制度的决定》，初步建立了国家社会保障法律法规体系，为依法推进各项社会保障制度改革奠定了坚实的基础。

二、社会保障改革存在的主要问题

改革开放以来，虽然我国对计划经济时期形成的单位保障制度成功地进行了改革，社会保障制度改革取得了举世瞩目的成绩，但是面对全球化、人口老龄化、城镇化和就业形式多样化的挑战，还存在一些突出

的问题。

（一）城乡社会保障制度发展失衡

现行城镇职工基本养老保险和医疗保险制度是在城乡二元结构下形成的，部分农民群体的社会保障水平仍相对较低。

城乡居民基本养老保险待遇与城镇职工存在差距，农村地区医疗资源分布不均衡问题仍需改善。

城乡居民基本医疗保险制度虽已全面覆盖，但在筹资可持续性和服务可及性方面仍需优化。

（二）保障水平低，统筹层次低

一方面，由于现行社会保障制度是在国有企业改革的推动下建立的，制度设计针对国有企业等正规单位的情况，难以适应就业格局的变化。

截至2023年，基本养老保险参保率达95%以上，但城乡居民养老保险人均待遇水平仍不足城镇职工的1/5，存在保障层次差异。

社会保障发展过程中坚持"广覆盖、保基本、可持续"的原则，导致社会保障制度发展中体现为一种低水平的广覆盖现象。

另一方面，统筹层次低，制度被分割。养老保险仅在陕西、吉林等几个省份实行省级统筹，多数地区仍为县市级统筹，全国有近2 000个统筹单位，形成了各统筹单位内各自为政、区域自治和统筹单位之间无法连接、协调和共济的分割局面。其结果是，不仅在不同的人群之间存在着制度公平问题，而且地区之间的保障水平和筹资责任也不平衡，养老保险关系难以转移和携带，无法适应统一的城乡劳动力市场的需要。

（三）制度不完善，基金未来支付存在危机

养老保险制度运行中，虽然确立了国家、单位、个人的三方责任共担机制，但历史转轨成本的分担方式仍需完善。其结果是，由于当期支付压力大，社会统筹基金透支个人账户基金，将造成个人账户空账，基金不可持续。

在支付环节，法定退休年龄偏低，大量劳动者提前退休，计发基数和系数、保障项目和水平等存在着明显缺陷，大大增加了基金的支付压力和风险。

国家应对人口老龄化战略研究预测，到2035年左右，我国60岁及以上老年人口将突破4亿，养老保险制度运行压力将相应增大。

（四）立法滞后

现有的社会保障制度的法律法规立法层次偏低，还没有一部专门调整社会保障关系的基本法律。作为社会保障制度核心内容的社会保险，目前还没有建立起统一的、适用范围比较大的社会保险法律制度，社会保险费的征缴、支付、运营、统筹管理不规范。

社会救济、社会福利和优抚安置的立法相当欠缺。国家立法滞后，地方立法分散，社会保障工作在许多方面只能靠政策规定和行政手段推行。这是导致社会保障制度不统一、覆盖面窄、保障程度低的重要原因。

三、改革完善我国社会保障体系的建议

完善社会保障制度是完善社会主义市场经济体制的中心环节之一。

党的十六大明确提出了到2020年我国现代化建设的目标是全面建成小康社会。党的十六届六中全会确定构建和谐社会的目标和主要任务之一是覆盖城乡居民的社会保障体系基本建立。

党的十七大又进一步提出到2020年要基本建立覆盖城乡的社会保障体系，人人享有基本生活保障和基本医疗卫生服务。

党的十八大以来，我国进入了社会主义新时代，党的十八大报告对社会保障工作给予了高度的重视，将社会保障摆在了更加突出的位置，社会保障制度体系加速改革和发展。

党的二十大在充分肯定社会保障体系实现历史性跨越基础上，提出健全覆盖全面、统筹城乡、公平统一、安全规范、可持续的多层次社会保障体系。

党的二十大报告中提出的全面推进中国式现代化建设，促进全体人民共同富裕目标导向，为走出有中国特色的社会保障发展新路提供了精神引领，有助于提升人民群众的获得感、幸福感、安全感。

21世纪，我国社会保障改革与发展的任务十分艰巨。推进社会保障的指导思想是：以党的指导思想为指导，坚持社会保障与经济发展水平相适应的基本原则，坚持改革，加强管理，不断实现制度创新和机制创新，建立长效机制，让更多的人享有保障，努力实现我国社会保障的高质量可持续发展。在完善社会保障体系的过程中，要努力全面深化社

会保障制度改革，实现机制创新，加强基金筹集和基础管理，加快法治建设，以建立和完善覆盖城乡的社会保障体系。

（一）扩大社会保障覆盖面，让更多的人享有社会保障

覆盖面的大小集中反映一国社会保障的总体状况，是社会保障的核心问题。

我国是世界上人口最多的发展中国家，面临扩大社会保障覆盖面的艰巨任务。为此，要把"让更多的人享有保障"作为推进社会保障发展的优先目标，通过不断扩大覆盖范围，使越来越多的公民享有社会保障，增进全民福祉。

在具体对策上，一要适应所有制调整和就业形式变化的格局，以混合所有制、非公有制经济从业人员和灵活就业人员为重点，扩大社会保障的覆盖面。二要适时改革政府机关和事业单位的养老保险制度，形成既适合机关、企业、事业单位各自特点，又相互衔接，便于人才流动的社会保障体系。三要根据城镇化的进程，研究制定适应农民工就业特点和需求的社会保障政策，适时将进城务工经商的农民工纳入社会保障，首先解决他们在工伤和大病医疗方面的突出问题，同时探索被征地农民的合理补偿机制，并在全国范围内逐步建立农村养老保险制度，实现新型农村合作医疗和农村居民最低生活保障的城乡统筹。

（二）实现制度创新，建立覆盖城乡的社会保障体系

面对新世纪的新形势、新机遇和新挑战，必须从实际出发，对社会保障进行制度创新。

首先，在养老保险方面，城镇职工基本养老保险重点是逐步做实个人账户。要在总结试点的基础上，在全国逐步做实养老保险个人账户，真正实现现收现付向部分积累的模式转换。做实个人账户后，社会统筹基金与个人账户基金分别管理，社会统筹基金不再占用个人账户基金；新增的当期支付缺口，由中央财政、地方财政和基金增值部分共同填补；对积累的个人账户资金，要探索保值增值的途径，按市场方式投资运营，政府将制定规则，加强监管。

要逐步提高退休年龄，进一步改革养老金计发办法，将养老金待遇水平和缴费紧紧挂钩，鼓励劳动者多工作；完善个体工商户和灵活就业人员的参保缴费政策，防止产生新的隐性债务。同时，加快推进多支柱

的养老保险制度建设，政府引导，政策鼓励发展企业年金，个人储蓄养老等。

其次，要建立覆盖全民的基本医疗保障体系，必须将现有的城镇职工基本医疗保险、城镇居民基本医疗保险、新型农村合作医疗和医疗救助制度四套制度重新进行整合，解决城乡居民的基本医疗保障需求，实现人人享有医疗保障的目标。

再次，要完善城乡社会救助体系。这是最广泛、最基本、最重要的保障，也是社会保障的最后防线。要坚持城乡统筹的原则，进一步完善社会救助体系：一是完善灾害救助制度。二是健全城乡统一的居民最低生活保障制度，进一步整合现有的城市低保、农村低保、农村"五保""送温暖工程"等各种救助资源。三是把医疗救助从社会救助中分离出来，纳入医疗保障体系。这是国际惯例，这样会在管理体制、管理成本和救助效率等方面更有优势。四是稳步开展教育救助、住房救助和司法救助等专项救助活动。

最后，要建立适合农民的社会保险制度。我国农村社会保障制度体系发展滞后，长期以来主要依靠传统的家庭保障。目前，加快农村社会保障制度建设的时机已经成熟。农村社会保障制度建设，重点要解决最低生活保障、基本医疗保障和社会养老三大问题。

在建立覆盖城乡的社会救助和基本医疗保障制度后，重点就要解决农民的社会养老问题。要改革和完善农村社会养老保险制度，建立由各级政府、乡村集体以及农民三方合理负担的筹资机制，加强基金监管和投资运营，并使之与城镇基本养老保险制度对接，以满足农村劳动力跨城乡、跨地区流动就业和农村人口城镇化的需要。

（三）加强基金筹集和基础管理

社会保障基金是社会保障制度的物质基础，是制度可持续发展的根本所在，必须依法强化社会保险费的征缴，加强缴费基础的审查与稽核，建立社会保险参保缴费的诚信制度，做到应缴尽缴。进一步调整政府财政支出结构，特别是加大地方政府对社会保障的财政资金投入，逐步使社会保障支出占财政支出的比例进一步提高，并建立规范的社会保障预算管理制度。

要加强社会保障机构能力建设，完善各项规章制度，全面开展工作人员的培训，提高工作效率和服务质量。加快社会保障信息系统工程建设步伐，尽早实现社会保险的全国联网，提升管理手段，强化人本化的计算机管理，支持科学宏观决策。要进一步提高管理服务的现代化水平，健全城市街道、社区和农村乡镇的社会保障服务功能，使失业人员、退休人员、伤残人员以及困难群体能够享受更直接、更完善的社会保障服务。

（四）加快社会保障法治建设

社会保障是通过国家立法强制实施的社会经济制度，必须有完善的法律法规作保证。社会保障法律体系的健全和完善，对于推进社会保障具有十分重要的作用。

当前，我国已经具备较好的社会保障立法基础，需要加快这方面的工作步伐，把成熟的经验和做法上升为法律，尽快出台社会保障的法律法规。

党中央高度重视社会保障立法工作，《社会保险法》已经出台，其他配套法规也正在积极研究之中。同时，我国还严格执法监察，提高各级政府的依法行政水平，提高用人单位参保缴费的自觉性，提高劳动者依法维权的意识。

加强社会保障法治建设，形成基本法律、行政法规和政策措施相结合的法律政策体系，将为社会保障事业发展提供法律依据，推动社会保障事业健康有序地发展。

改革开放以来，中国社会保障制度建设已经具有了一个比较坚实的基本制度框架。展望其未来发展，我们应当根据中国经济发展的阶段性特征和社会保障自身发展规律，加快健全"老有所养、学有所教、病有所医、劳有所得、住有所居"的现代社会保障体系。

思政课堂

以党的二十大精神引领社会保障体系建设

党的二十大报告提出，要"健全覆盖全民、统筹城乡、公平统一、安全规范、可持续的多层次社会保障体系"。这一重要论述实际上揭示了我国社会保障制度的发展方向。

"覆盖全民"体现的是普惠性要求，即我国的社会保障制度必须造福全体人民，包括各种社会保险制度应当实现应保尽保，各种社会救助制度应当实现应救尽救，各种社会福利及相关服务应当满足有需求者的需要。

"统筹城乡"要求的是必须打破城乡分割的传统格局，按照城乡一体化的思路来优化现行制度安排，不断缩小城乡之间的社会保障差距。

"公平统一"体现的是社会保障制度的本质，它强调通过制度整合和统筹层次的提升来消除现实中的制度碎片化及其导致的权益不公现象；

"安全规范"是要确保基金安全和运行规范，真正维护社会保障制度的可靠性和实际运行的正常有序。

"可持续"强调的是要考虑长远发展，做到循序渐进，确保社会保障制度能够造福世代人民。

"多层次"要求的是充分调动政府、市场与社会各方的积极性，以多层次制度安排来满足人民群众不断升华的美好生活需要。因此，在全面推进中国式现代化建设进程中，我国社会保障体系建设需要的是全面推进而不再是过去的单项突破，必须建立社会保障体系的整体观与系统性，坚持统筹规划、共建共享、互助共济、水涨船高等基本原则，实质性地增强社会保障与整个经济社会发展的协调性，以及制度之间、部门之间等的协同性。唯有如此，才能实现整个社会保障体系持续健康发展，进而为全体人民提供清晰、稳定的预期。

资料来源：郑功成.以中共二十大精神引领社会保障体系建设［J］.群言，2023（01）：6-9.有改动.

练习与思考 ▬▬▬▬▬▬▬▬▬▬▬▬▬▬▬▬▬▬▬▬▬▬▬▬▬▬▬▬▬▬▬▬▬▬

一、单项选择题

1.人口老龄化是指60岁以上人口占总人口的比例达到（　　　）。

A.7%

B.8%

C.9%

D.10%

2.下列20世纪70年代以来世界社会保障制度改革的动因的说法中不正确的是（　　　）。

A.资本主义经济进入"滞胀"阶段

B.社会保障制度成熟，开支越来越大

C.全球范围内出现人口老龄化现象

D.国家福利论的推动作用

3.下列选项中不属于新自由主义的思想的有（　　　）。

A.民营化　　　　　　　　　B.私有化

C.市场化　　　　　　　　　D.国际化

4."第三条道路"的思想实质是（　　　）。

A.社会民主主义思想

B.新自由主义思想

C.介于前两者之间的折中政策

D.以上都不是

5.我国社会保障制度的"最后一道安全网"是（　　　）。

A.最低生活保障制度　　　　B.最低工资制度

C.社会救助　　　　　　　　D.失业保险

二、多项选择题

1.目前社会保障面临的挑战主要有（　　　）。

A.人口老龄化

B.社会保障影响经济效率

C.社会保障管理效率低下

D.就业方式的多样化

2.世界社会保障改革的总体趋势有（　　　）。

A.在资金来源上开源节流

B.在制度体系上强调多层次的社会保障体系

C.社会保障制度"私有化"趋势

D.应对就业模式变革对社会保障制度的挑战

3.多层次社会保障体系主要指（　　　）。

A.商业保险

B.法定社会保障

C.企业补充保险

D.个人储蓄保险

4.我国目前社会保障改革存在的问题主要有（　　　）。

A.城乡社会保障制度发展失衡

B.覆盖面小，统筹层次低

C.制度不完善，基金未来支付存在危机

D.对城镇化过程中迁移人口的保障缺失

5.完善我国目前的社会保障制度可以从以下几个方面进行（　　　）。

A.扩大社会保障覆盖面，让更多的人享有社会保障

B.实现制度创新，建立覆盖城乡的社会保障体系

C.加强基金筹集和基础管理

D.加快社会保障法治建设

三、思考题

1.20世纪70年代以后，西方发达国家社会保障改革面临的挑战是什么？

2.西方国家社会保障改革发展的总体趋势是什么？

3.思考和评价中国社会保障制度改革的公平和效率问题。

4.目前中国社会保障制度存在的主要问题是什么？

5.你认为应该如何进行制度创新以建立覆盖城乡的社会保障体系？

参考文献

一、图书

［1］赵映诚. 社会福利与社会救助［M］. 4版. 大连：东北财经大学出版社，2024.

［2］林卡，易龙飞，李骅. 现代社会保障理论、政策与实务［M］. 武汉：华中科技大学出版社，2021.

［3］王磊. 中国适度普惠型社会福利制度建构研究［M］. 沈阳：辽宁人民出版社，2021.

［4］吴伟东，吴杏思，陈淑敏，等. 社会保障与劳动力市场参与［M］. 天津：南开大学出版社，2021.

［5］胡永霞. 论我国社会保险制度改革［M］. 武汉：武汉大学出版社，2020.

［6］李若青，赵云合，何灵. 城乡社会保障理论与实践［M］. 昆明：云南大学出版社，2020.

［7］杨翠迎，汪润泉，程煜. 中国社会保险制度费率水平及调整研究［M］. 上海：上海人民出版社，2020.

［8］钟仁耀. 社会福利与社会救助［M］. 4版. 上海：上海财经大学出版社，2019.

［9］番瀬康子. 社会福利基础理论导读［M］. 沈洁，赵军，译. 武汉：华中师范大学出版社，2018.

［10］郑功成. 中国社会保障发展报告2018［M］. 北京：中国劳动社会保障出版社，2018.

［11］郑功成. 社会保障概论［M］. 4版. 上海：复旦大学出版社，2018.

［12］孙光德，董克用．社会保障概论［M］．5版．北京：中国人民大学出版社，2016.

［13］林义．社会保险基金管理［M］．3版．北京：中国劳动社会保障出版社，2015.

［14］潘锦棠．社会保障学［M］．2版．大连：东北财经大学出版社，2015.

［15］吕学静．社会保障基金的管理［M］．北京：首都经济贸易大学出版社，2014.

［16］李珍．社会保障理论［M］．3版．北京：中国劳动社会保障出版社，2013.

［17］蒲春平，唐正彬．劳动法与社会保障法［M］．北京：航空工业出版社，2013.

［18］张琪．社会保障概论［M］．2版．北京：中国劳动社会保障出版社，2013.

［19］钟仁耀．社会保障概论［M］．4版．大连：东北财经大学出版社，2013.

［20］宋明岷．社会保障基金管理：理论、实践与案例［M］．上海：复旦大学出版社，2012.

［21］王来柱，米有录．民政工作文选［M］．北京：中国社会出版社，2012.

［22］夏敬．社会保险理论与实务［M］．大连：东北财经大学出版社，2011.

［23］费梅萍．社会保障学概论［M］．上海：华东理工大学出版社，2008.

［24］孙树菡．社会保险学［M］．北京：中国人民大学出版社，2008.

［25］张洪艳．社会保障概论［M］．哈尔滨：黑龙江人民出版社，2007.

［26］钱亚仙．农村社会保障制度理论与实践［M］．北京：中共中央党校出版社，2007.

［27］吕学静．社会保障国际比较［M］．北京：首都经济贸易大学

出版社，2007．

［28］田成平．社会保障制度建设［M］．北京：人民出版社，
2006．

［29］曹立前．社会救助与社会福利［M］．青岛：中国海洋大学出版社，2006．

［30］郑功成．社会保障学——理念、制度、实践与思辨［M］．北京：商务印书馆，2000．

二、论文

［1］刘国良．失业保险预防失业功能的理论证成与制度构建［J］．中国劳动关系学院学报，2023，37（2）：55-67．

［2］王士心，赵明．劳动力跨地迁移、社会福利与产业振兴［J］．技术经济与管理研究，2023（1）：108-115．

［3］岳宗福．新业态劳动者失业保险：改革思路与政策优化［J］．中州学刊，2023（6）：90-96．

［4］余澍，席恒，范昕．开源节流、政策补充与政策替代：中国失业保险基金结余形成的多元路径研究［J］．社会保障研究，2023（3）：69-79．

［5］张盈华．深化失业保险改革势在必行［J］．中国社会保障，2022（12）：52-53．

［6］蔡昉．社会福利的竞赛［J］．社会保障评论，2022，6（2）：36-45．

［7］丁纯．社会保障与经济发展：来自欧洲的证据和启示［J］．社会保障评论，2022，6（5）：26-55．

［8］何文炯．建设适应共同富裕的社会保障制度［J］．社会保障评论，2022，6（1）：23-34．

［9］卫小将．中国社会福利发展的动因与机理［J］．吉林大学社会科学学报，2022，62（5）：59-71，236．

［10］郑功成，何文炯，童星，等．社会保障促进共同富裕：理论与实践——学术观点综述［J］．西北大学学报（哲学社会科学版），2022，52（4）：35-42．

［11］王凯风，吴超林．个税改革、收入不平等与社会福利［J］．财

经研究，2021，47（1）：18-31.

［12］匡亚林，梁晓林，张帆.新业态灵活就业人员社会保障制度健全研究［J］.学习与实践，2021（1）：93-104.

［13］席恒.新时代、新社保与新政策——党的十九大之后中国社会保障事业的发展趋势［J］.内蒙古社会科学（汉文版），2019，40（1）：24-30.

［14］郑功成.中国社会保障70年发展（1949—2019）：回顾与展望［J］.中国人民大学学报，2019，33（5）：1-16.

［15］林闽钢，梁誉.我国社会福利70年发展历程与总体趋势［J］.行政管理改革，2019（7）：4-12.

［16］封进.人口老龄化、社会保障及对劳动力市场的影响［J］.中国经济问题，2019（5）：15-33.

［17］柳如眉，柳清瑞.人口老龄化、老年贫困与养老保障——基于德国的数据与经验［J］.人口与经济，2016（2）：104-114.

［18］谭金可.从失业保险转向就业保险的加拿大经验与启示［J］.财经问题研究，2016（3）：80-86.

［19］李佳.美国失业保险制度对我国的借鉴［J］.福建质量管理，2016（3）：103.

［20］李春明.精准扶贫的经济学思考［J］.理论月刊，2015（11）：5-8.

［21］魏淑娟，邱德钧.非商品化和商品化的紧张——从失业保险再看瑞典的福利改革［J］.西北民族大学学报（哲学社会科学版），2013（1）：144-150.

［22］李文琦.日本失业保险制度的运行及对中国的借鉴［J］.陕西行政学院学报，2010（1）：32-34.

［23］杨文忠.德国的失业保险和促进就业［J］.中国劳动保障，2009（4）：61-62.

［24］芦铭.浅议生育保险存在的问题及对策［J］.经济师，2008（2）：52；116.

［25］刘明松.社会福利服务：英国的经验及启示［J］.经济研究，2008（7）：48-50.

［26］张传翔，陈玉光，刘文俭，等．西方发达国家农村养老保障的实践及其启示［J］．青岛科技大学学报（社会科学版），2006（2）：77-80．

［27］唐斌尧．美国社会的失业问题及相关救助制度［J］．人口与经济，2005（2）：72-75；45．

［28］牟放．西方国家农村养老保险制度及对我国的启示［J］．地方财政研究，2005（12）：48-52．

［29］代志明，何洋．国外农村医疗保障制度的解读与借鉴［J］．经济纵横，2005（2）：62-66．

［30］王翔．北欧国家社会福利制度的观察与思考［J］．财经论丛，2003（11）：7-11．